中国政法大学法商精品教材
2022年北京高校优质本科课程
中国政法大学新兴学科培育与建设计划资助
北京市教改项目“法商大数据分析创新型人才培养模式研究”（京教函〔2020〕427号）研究成果

法统计学

JURIMETRICS

张巍　李超　霍钊◎编著

中国经济出版社
CHINA ECONOMIC PUBLISHING HOUSE
·北京·

图书在版编目(CIP)数据

法统计学／张巍，李超，霍钊编著．--北京：中国经济出版社，2021.8(2024.7重印)
ISBN 978-7-5136-6687-9

Ⅰ．①法… Ⅱ．①张… ②李… ③霍… Ⅲ．①法学-统计学 Ⅳ．①D90-059

中国版本图书馆CIP数据核字(2021)第268793号

策划编辑 姜 静
责任编辑 王西琨
责任印制 马小宾
封面设计 任燕飞装帧设计工作室

出版发行 中国经济出版社
印 刷 者 北京建宏印刷有限公司
经 销 者 各地新华书店
开 本 787mm×1092mm 1/16
印 张 18.75
字 数 450千字
版 次 2021年8月第1版
印 次 2024年7月第4次
定 价 78.00元
广告经营许可证 京西工商广字第8179号

中国经济出版社 网址 http://epc.sinopec.com/epc/ 社址 北京市东城区安定门外大街58号 邮编 100011
本版图书如存在印装质量问题，请与本社销售中心联系调换(联系电话：010-57512564)

序

本书的编撰缘起于中国政法大学研究生院设置的跨学科课程“法学定量研究方法”。为贯彻落实党的十九大，党的十九届历次全会精神和习近平总书记2017年5月3日视察中国政法大学重要讲话精神，贯彻落实《中国政法大学建设高水平研究生教育行动方案》，坚持“强研创优”基本战略，进一步深化中国政法大学研究生教育教学改革，促进不同学科之间的交流与互通，促进中国政法大学教师对知识经济、信息社会、“互联网+”与人工智能时代研究生教育教学规律和趋势的研究把握，不断拓宽研究生学术视野，加强研究生创新思维和创新能力的培养，着力加强研究生课程建设，提升跨学科课程的科学化、规范化和制度化水平，提高研究生课程的教学水平和教学质量，加快“世界一流大学和世界一流学科”建设，培养德法兼修、德学兼备的社会主义合格建设者和接班人，结合中国政法大学研究生跨学科课程建设的实际情况，研究生院请相关教师申请开设跨学科课程。我们团队有幸成功申请开设首批跨学科课程，该课程目前已经成功开设三年，且受学生欢迎，为学生提供了开阔的研究视野与科学的分析方法。

近年来，很多知名高校都在积极筹措将数据法学设立为法学目录外二级学科。一方面，数据法学应当成为跨学科专业的新文科建设的典范；另一方面，数据法学应当实现理论知识与实践操作的无缝对接。就当前的研究现状来看，虽然中国的大数据法律研究已经开始使用爬虫软件等抓取数据，但内容分析仍以描述性的数据分析为主，很少有研究者能够使用统计软件与统计学分析方法对数据资料进行精确的定量分析。对于如何整理与分析大数据，法学研究者大多“还不能科学、熟练地运用数理统计等分析手段与方法对问题展开统计学意义上的定量分析，更遑论在研究中进行数理模型的建构，从而在定量研究的方法上与统计学、社会学、经济学等其他学科展开对话”。如果不得不采取数据科学方法，研究者往往也只能依靠统计学家和数据科学家进行数据收集、挖掘、统计与分析。法学教育与法学研究形势发展迅速，对法学教育中统计分析方法的使用提出了比以往任何时候更为迫切的要求。

商学院坚持践行“一主两翼，融合创新，培养社会需要的复合型人才”的办学理念，致力于培养学生的经商与法商结合的知识结构。产业经济系于2018年设立应用经济学一级学科自主下设的二级学科——商业大数据分析，旨在培养具有国际化学术视野与创新精神、综合能力突出的高级复合型人才。本团队成员本身就是商学院的统计学课程开课教师，本科统计学课程荣获2020年度中国政法大学校级精品课程，正在被学校推荐参评国家级精品课程；硕士课程应用统计分析获批2021年度研究生精品课程，三位教师的课程受到本院学生的一致好评。统计学是一门应用性很强的学科，我们致力于将统计学知识与能力向法科学生的传授与普及，使他们可以具备研究和分析数据的能力。虽然在经济学与管理学的研究中统计学已经成为最为常用的定量分析方法，但针对法科学生而言，限于其数学基础与思考问题方式，这种定量分析方法的应用目前依然存在一定难度。

作为一门通用方法论的科学，统计学是基础处理数据学科，为其他学科提供统计学方法与定量研究工具来处理问题，也只有和具体学科结合，统计分析方法才能真正发挥其功能。从学科体系上看，统计学与其他学科是交叉关系，如经济统计学、人口统计学，与不同实质学科融合形成以各个不同领域的群体现象数量规律为研究对象的应用统计分支。这些分支学科，既是统计学分支，也是相应实质学科分支。随着大数据、人工智能技术的快速推进，统计学对促进社会科学发展发挥着巨大的作用，这将是未来法学研究的重要发展趋势。因此，我们反复推敲本教材名称，经过与中国政法大学法学院崔林林等多位法学教授展开大量讨论，最终定名为"法统计学"。对我们而言，这是一种大胆探索和尝试。

本书力求深入浅出，针对法科学生的特点，以实际数据分析为纽带，结合案例与统计产品与服务解决方案（Statistical Product and Service Solutions，SPSS）软件实际操作，讲解统计分析方法和 SPSS 软件输出结果，让学生能够用最短的时间掌握相应的统计分析技术。这些技术一部分已经经过课程检验，取得了非常好的授课效果。呈现在读者面前的这本教材就是三位老师实际授课心血与不断尝试探索的结晶。

本书各章撰写人如下：第一章导论由李超撰写；第二章数据的收集、第三章数据的图表展示由霍钊、张梦姿撰写；第四章数据的描述性提炼、第五章统计量及其抽样分布由霍钊、金凡蕾撰写；第六章参数估计、第七章假设检验、第八章列联分析、第九章方差分析由李超撰写；第十章相关与回归分析、第十一章多元回归分析、第十二章 Logistic 回归模型、第十三章主成分与因子分析由张巍撰写。其中，由于书稿最终完成之际恰逢霍钊老师生育，为了保持各章体例一致，合写的章节由张梦姿、金凡蕾同学完成了案例分析与数据分析部分。本书其他章节的撰写过程中，张梦姿、金凡蕾、赵文捷同学承担了校阅与数据处理工作，并对本书的内容提出了很多有益建议。因此本书最终的完成是教学相长的成果。

本书案例所引用的数据来源于中国裁判文书网，使用关键词"抢夺罪""刑事一审""判决书"和"2020-04-01 至 2020-04-30"进行检索，获取到 2020 年 4 月 1 日至 4 月 30 日期间以抢夺罪定罪量刑的刑事一审判决书共计 112 份。由于少数判决书里面可能有多个被告人，例如共同犯罪，因此，共得到 123 个研究样本（sample）。研究对象既包括被告人的性别、犯罪时年龄（周岁）、文化程度等与被告人个体相关的变量（variable），也包括刑事拘留到逮捕的间隔天数（日）、逮捕到一审判决的间隔天数（日）等审前阶段的时间变量，还包括被告人被判处刑期（月）、罚金数额（千元）等直接表现定罪量刑结果的相关变量。本书的数据收集是在中国政法大学商学院2016级工商管理专业本科生（现为中国政法大学法律硕士学院2020级硕士研究生）易培源同学的大力协助下完成的，这也是本课程在我校商学院法商结合本科教育教学成果的一种体现。

本书的出版得到了中国政法大学和商学院的多方资助，特此鸣谢。崔林林教授提出很多可行性修改建议，在此对崔林林和其他几位法学教授的鼎力支持表示感谢。

特别感谢中国经济出版社编辑姜静和王西琨老师对本书最终出版给予的支持与帮助。

由于撰写人的写作与统稿时间仓促，作为一种尝试与探索，本书难免存在不足之处，请各位同行指正。

张 巍

2021年8月于蓟门桥

目 录

第十二章 12 Logistic 回归模型 / 180

第十三章 13 主成分与因子分析 / 199

第一章 导论

开篇案例

对于法律的理性研究而言，现在的主流是对法律进行“白纸黑字”的解读，而未来必定属于那些精通统计学和经济学的人。

——奥利弗·温德尔·霍姆斯(Oliver Wendell Holmes)大法官，1897年[①]

在未来，渊博的法律工作者需要知道一些经济学、历史、政治学、实证技巧、人类学、社会学、数学或者更多的知识。而且，法律工作者还应掌握如何快速、有效地学习这些其他学科主要知识的方法。

——托马斯·尤伦(Thomas S. Ulen)，2009年[②]

法学者需要有“问题意识”，应当关注现实问题。但如何在现实中发现问题，并在分析问题的过程中提出解决问题的办法，这需要进行实证调查。[③] 近年来，包括以质性经验和量化数据为对象的法律实证研究在中国法学界得到了较为广泛的讨论与认可，并且讨论的范围越来越广，被认可程度越来越高。尤其是，关于法律实证研究的价值，已经得到了较为系统的表述和认可。[④]

随着法学文献资料的数字化发展，各种法律数据库获得了迅猛发展，比如，中国裁判文书网、中国知网中国法律知识资源总库、北大法宝(智能型法律信息一站式检索平台)等，都为开展法律实证研究特别是定量研究提供了前所未有的丰富素材。

当前，中国的法学实证研究尚在起步阶段，实证研究基本规范尚未形成，多数法学实证研究仍然停留在数据简单统计的层次，一些数据分析、整理方面的偏差甚至错误仍然大量存在。[⑤]

在21世纪初，针对美国法律实证研究普遍存在的各种不规范问题，美国两位知名法律实证分析学者李·爱泼斯坦(Lee Epstein)和加里·金(Gary King)建议美国法学界应该加强

---

① Jr. O. W. H. The path of the law[J]. Harvard Law Review, 1897(110): 469.

② Ulen T. S. The impending train wreck in current legal education: how we might teach law as the scientific study of the social governance[J]. University of St. THOMAS Law Journal, 2009, 6(2): 303.

③ 苏力. 好的研究与实证研究[J]. 法学, 2013(4): 16-20.

④ 程金华. 迈向科学的法律实证研究[J]. 清华法学, 2018(4): 149-166.

⑤ 胡昌明. 法学实证研究的制约及突破[N/OL]. 中国科学社会网-中国社会科学报, 2021-3-17[2021-9-2]. http://ex. cssn. cn/zx/bwyc/202103/t20210317_5318711. shtml.

法律实证的"研究基础设施"(research infrastructure)建设。为此，他们提出的建议之一就是给法学院的学生开设实证研究课程。①

基于此，本书希望将法统计学方法介绍给从事法律领域研究与实践的学生和相关人员。本章将概括性讨论法学定量研究方法的界定、存在的问题及出路，介绍统计学的概念及应用领域，并在此基础上，提出什么是法统计学、如何进行法统计学研究、统计数据(statistics)类型和研究过程等问题，希望通过本章学习，读者能够对上述问题有所收获。

第一节 | 法统计学的形成与发展

一、定量研究在法律领域中的运用

(一) 法学定量研究方法的界定

作为近年来在中国法学研究领域日趋兴盛的研究方法，法律实证研究(empirical legal study)目前还没有形成完全统一的定义，但基本上形成一种相对被广泛接受的认识，即法律实证研究包括定性研究与定量研究。定性研究主要包括典型案例、访谈、参与观察、历史文献研究等。定量研究是将研究对象或样本量化，有针对性地广泛收集数据，对所收集的数据运用数理方法进行分析。定量研究大概可分为初等和高等两种大类，初等的定量研究是指研究者运用简单的初等数学知识，对样本数据进行描述性统计；高等的定量研究是指运用复杂的高等数学、统计学知识，建立数学模型，对所设置的变量进行回归分析，检测变量之间的相关性，验证其因果关系进而对假设进行科学的证成。②

胡平仁、蔡要通也认为，当今中国的法律实证研究实践中呈现定性研究与定量研究两大进路，实证研究的事实相应地包括两类，一类是定性研究所依据的经验事实，另一类是定量研究所形成的数据事实。目前学界对描述型数据分析应用最为广泛，但统计学数理分析更具科学性，体现了定量研究乃至整个实证研究的"核心科技"，也是未来定量研究深入发展的方向之一。③

此外，在我国，最早从事法律定量研究的是北京大学白建军教授，白教授认为实证研究就是定量研究④；程金华教授认为实证研究仍包括定量和定性两方面，但在法律实证研究实践中常被视为定量研究。⑤

正义如普罗米修斯的脸变幻莫测，人们试图借助科学技术的方法让法律变得更为客观，减少法律体系中的主观性，在此思想的驱动下，出现了一系列法律与技术的交叉学科，一般

① Lee Epstein, Gary King. The rules of inference[J]. The University of Chicago Law Review, 2002, 69(1): 1515.

② 缪因知．计量与案例：法律实证研究方法的细剖析[J]．北京法学，2014，8(45)：113-120.

③ 胡平仁、蔡要通．部门法学领域的法律实证研究——基于文章和课题统计数据的实证分析[J]．学术论坛，2017(6)：54-64.

④ 白建军．论法律实证分析[J]．中国法学，2000(4)：29-39.

⑤ 程金华．当代中国的法律实证研究[J]．中国法学，2015(6)：60-78.

量化方法、计算智能和认知智能先后被应用于法学系统，对法学理论与司法实践都产生了重要推动作用。[①]

大数据技术的不断发展与进步，不仅为传统的数据管理和分析模式带来了重大挑战，而且极大地推动了机器学习和云计算等大数据分析方法的发展。[②] 在此背景下，本书作者认为，法学定量分析方法是法律实证研究的重要方法之一，是对法律数据进行量化分析的各种方法的集合，既包括统计学方法，又囊括实验法、语义处理(treatment)、机器学习、多主体模拟等计算智能方法。法学定量研究是对法学传统研究范式的一种补充，旨在促进立法科学性和司法裁量的统一性。

(二)法学定量研究方法面临的现实问题与出路

实证研究者群体在壮大，研究领域在扩散，研究成果在增加，影响面在扩大。这些都是好迹象。但是，法律实证研究出现的问题也很多。例如，白建军认为，许多冠名以法律实证研究的论著中所选用的研究方法，仍以单变量描述、频次分析、饼图、某某率等简单分析工具为主，以为只要有图有表有数据就是实证研究了。这导致有人认为，法律实证分析和治安形势报告差不多。[③] 程金华指出，当前促成实证研究发展的市场动力主要是短期的、阶段性的，也因之造成一定的知识泡沫。[④]

当前，判决书的量化研究已然成了一股新的法律实证研究潮流，并吸引了越来越多的跨界研究，比如经济学者、社会学者和政治学者对判决书的量化研究。其他社会科学领域学者加入中国法律实证研究阵营是件好事，对于推动这项事业有非常明显的好处。然而，一个潜在的问题是，受他们自身学科背景的影响，经济学者、社会学者和政治学者在统计模型搭建中，有时候会“用药过猛”，过于“卖弄”统计数据与技术，导致文章变得非常没有可读性，甚至变得“面目可憎”。换言之，受制于种种原因，目前适合中国法学界人士阅读，变量设计、统计模型建构和分析得“刚刚好”的作品还不多。[⑤]

在美国，两位知名法律实证分析学者李·爱泼斯坦和加里·金对在1990—2000年美国所有法律评论发表的两百多篇法律实证研究文章进行了系统研究，认为每篇文章都至少有一处违反了社会科学实证研究所必须遵守的“推论规则”(rules of inference)。[⑥] 这两位学者以“入门指南”的写作方式对美国法学界所发表的实证研究文章全面开火，令美国法学界非常难堪，并引发了针锋相对的辩护。然而，该文虽然用语简单且没有太高深的理论建构，但分析非常系统，批评非常严肃，建议非常有针对性，奠定了美国学界反思法律实证研究质量的基调，并引发了后来一系列关于法律实证研究作品“质量控制”的思考。爱泼斯坦和金是从事法律实证研究的一流学者，对实证研究价值坚信不疑，但对研究操作的批评毫不留情，是“恨其不争”的批评，其意义远远大于诸如“法律实证研究有什么价值”这样的宏观讨论。这

---

① 张妮，蒲亦非．计量法学、计算法学到认知法学的演进[J]．四川大学学报(自然科学版)，2021，58(2)：7-12.
② 于晓虹，王翔．大数据时代计算法学兴起及其深层问题阐释[J]．理论探索，2019(3)：110-117.
③ 白建军．法学研究中的实证发现——以刑事实证研究为例[J]．政治与法律，2019(11)：2-15.
④ 程金华．当代中国的法律实证研究[J]．中国法学，2015(6)：60-78.
⑤ 程金华．迈向科学的法律实证研究[J]．清华法学，2018(4)：149-166.
⑥ Lee Epstein，Gary King. The rules of inference[J]．The University of Chicago Law Review，2002，69(1)：1515.

种批评采用内部人的技术批评、操作反思的视角，非常有意义。①

因此，承认实证研究方法的缺陷，我们要坚持研究方法多元与互补。程金华认为，实证研究只是诸多研究方法中的一种，并非任何法学的问题都值得实证研究——甚至绝大多数的法学问题都不值得实证研究。坦然面对实证研究方法的缺点，并不是方法论上的怯懦。学术的交流和发展，只应建立在坦诚相对的基础上。②

潘德勇认为，在进行法学实证研究时，一定要注意定量研究与定性研究相结合，两者不可偏废。定性研究是基础，决定了实证研究的方向、论题和价值；定量研究则决定实证研究的深度、结论的正确性以及论证的程度。定量研究的目的是确定事物之间的数量、比例或因果关系。在法学研究中，它是科学立法的要求。定量研究在理清各种复杂的变量，并确定一定条件下其间的数量、比例关系方面，发挥了其他研究方法不可替代的作用。基于对事实定量研究的立法，对社会关系和具体客体的调整是“精细化”的。定量研究因此被用于解决更为细致的社会决策和立法问题。③

综上，本书作者认为，随着各种类型法律数据量的与日俱增，在法学实证研究重要性不断凸显的今天，如何进行科学的法学定量研究，以达到促进立法科学性和司法裁量统一性的目标，其答案是明确的，即学习并科学运用各种法学定量分析方法，以法律数据分析为核心，对能够体现法律事实和反映法律关系的数据进行收集、整理、描述与建模分析，利用统计学、计算机科学等量化分析方法，对法律事实和法律关系得出初步认知，最后以规范、定性的方法对其进行深层次解析，使定量研究真正成为法学传统研究范式的有力补充。

二、统计学及其应用领域

（一）统计学的定义

“统计”（Statistics）一词有三种含义：统计数据、统计活动和统计学，而这三种含义以统计数据为核心而紧密联系在一起。统计数据是指能够通过统计方法加以处理和分析的数据，是对客观现象进行计量的结果。统计活动包括统计设计、数据收集、数据整理以及数据分析与结论阐释四个基本环节。统计学是关于统计数据的科学，具体来说是研究数据收集、整理和分析的方法论科学，用数字来说明群体现象的特征。

（二）统计学的应用领域

与数学一样，统计是一种数据分析的工具。统计研究的是来自各领域的数据。统计方法是适用于各个学科领域的通用数据分析方法。只要是有数据的地方，就都会使用统计方法。迄今为止，统计方法已被广泛应用到自然科学和社会科学的各个领域，统计学也因此发展成为由若干分支学科，比如人口统计学、经济统计学、管理统计学、医学统计学、教育统计学等组成的学科体系。

数据分析是整个统计研究的核心，主要包括描述统计和推断统计方法。描述统计通常使

① 程金华．迈向科学的法律实证研究［J］．清华法学，2018(4)：149-166.

② 程金华．当代中国的法律实证研究［J］．中国法学，2015(6)：60-78.

③ 潘德勇．从价值到事实：法学实证方法的变迁［J］．社会科学，2015(3)：100-109.

用统计图、表等形式展示数据，具体包括数据的集中趋势(central tendency)、离散程度和数据分布的形状。在描述统计基础上，统计学最重要的功能是对数据进行推断统计分析，即通过样本特征推断总体的特征，其主要贡献在于利用正确选出的样本，为每一种推断提供准确度量的方法。

当然，统计方法也不是万能的，它必须要建立在专业学科知识的基础之上。例如，移动互联网的发展导致青少年犯罪率上升，这是一个统计结论，但要解释其背后的原因，则需要更多来自法学、心理学和社会学等其他相关学科的知识。

三、法统计学提出的背景及含义

(一)提出背景

20世纪50年代，时任美国律师协会科学技术法委员会主席李·罗伊温格(Lee Loevinger)借鉴生物统计学(biometrics)和计量经济学(econometrics)的做法，于1949年首次在《计量法学——前进的下一步》一文中提出法律计量学(jurimetrics)的概念，致力于通过统计学等方法对数量庞大和日益复杂的法律问题进行定量研究。① 日本学者松村良之于1975年在日本《法学家》杂志上发表了题为《法计量学》的学术论文。② 代表法律计量学研究旗帜的《法律计量学：法律与科学、技术杂志》在持续至今的七十多年里聚焦于法律与科技交叉的广泛领域。我国部分学者将“法律计量学”翻译为“计量法学”“数量法学”等概念引入中国，致力于通过计算技术辅助法学研究和法治模式的完善。但是，由于法律计量学起源于计算技术尚不发达的历史时期，“计量”的内涵也难以与人文社会科学在本质上相融合，导致目前的法律计量学已经被法律信息学、计算法学(computational jurisprudence)等概念替代。③

20世纪80年代，随着信息技术和互联网在社会科学和人文学科多个领域中的延伸运用，以实证化、可视化、计算化为特征的计算法学开始逐步发展起来。④

自2009年15位科学家在世界著名的《科学》杂志联合发文宣告“计算社会科学”诞生以来，很多研究者推断“计算法学”也将成为一门新兴学科并不断发展壮大。事实上，近年来许多国内外法学院都将与信息科技的融合作为一个重要的学科发展方向予以建设，法学领域和计算科学领域交叉的研究论文和著作也不断面世。在信息技术相关的各类法律问题研究大繁荣之际，传统的民法、行政法、刑法等部门法都在积极回应信息技术的发展带来的机遇与挑战，同时也出现了计算机法学、互联网法学、信息技术法学、数据法学、人工智能法学、机器人法学、未来法学、法律科技等新的学科概念。

计算法学是法学与计算机科学、现代统计学的交叉学科，基于现代人工智能技术和大数据挖掘技术，属于法学的研究分支，通过统计学、现代数学、计算智能等技术方法模拟和预测法律事务，其核心思想是计算思维与法学思想的深度融合，主要通过主体的分布式实时计

---

① Lee Loevinger. Jurimetrics: The next step forward[J]. Minnesota Law Review, 1949, 33(5): 455.

② 松村良之.ジュリメトリックス[J].ジュリメト, 1975(11): 118.

③ 申卫星，刘云．法学研究新范式：计算法学的内涵、范畴与方法[J]．法学研究，2020(5): 3-23.

④ 于晓虹，王翔．大数据时代计算法学兴起及其深层问题阐释[J]．理论探索，2019(3): 110-117.

算分析法律行为，从而发现法律发展的深层规律。① 张妮等认为，从计量法学、计算法学发展到认知法学是法学研究的必然趋势。作为认知社会科学的一部分，认知法学将完善和发展传统法学理论，促进英美法系和大陆法系的深度融合，并有望成为法学研究的新交叉学科分支。②

在我国，“人工智能热”也带动了“人工智能与法律的研究热”，人工智能与法律的结合在我国司法实践领域取得了令世界瞩目的成绩。2018 年最高人民法院正式上线运行了案情事实、争议焦点、法律适用等为要素的“类案智能推送系统”，2019 年 1 月，上海“206 系统”——“刑事案件智能辅助办案系统”推出，安徽、贵州、重庆等的地方法院纷纷推出了针对某类案件的类案指引。

计算法学的研究需要法学家与计算机科学的学者深度合作，正在吸引着众多法学、计算机科学的研究者的目光，并将形成新的法律职业。目前已形成的诸如斯坦福大学法学院CodeX中心、欧洲人工智能与法律的专委会等专门研究团体，正在吸引着更多交叉学科研究学者的加入。2018 年清华大学成立了“计算法学”专业、四川大学开设了“计算法学”课程，进行人工智能与法学的交叉研究和人才培养。人工智能引发的伦理问题譬如机器人的主体地位、无人驾驶车的侵权责任、机器作品的版权等，人工智能在法学领域的具体应用譬如建立司法裁判模型、语义分析模型、立法实验等，人工智能产品进入法学领域引发技术风险防控机制与传统司法协调机制改革等问题，正待我们进行更为广泛和深入的研究。

《中共中央关于全面推进依法治国若干重大问题的决定》明确提出，要加强法治工作队伍建设，创新法治人才培养机制。在一个现代信息技术飞速发展的时代，互联网、云计算、大数据、人工智能等正深刻影响和改变着人们的生活，人才市场急需能够处理庞大规模和复杂结构数据类型的信息管理专业人才。同时，随着中国法治建设的推进，要面对和处理大量的法治信息。在此背景下，中国政法大学法治信息管理学院于 2017 年 9 月成立，开设交叉学科法治信息管理专业，合作单位为最高人民法院，适应“互联网+”时代对新型法治人才的需求，旨在为法治工作部门、企事业单位培养懂现代信息技术、大数据信息管理，又懂法治运行规律的专业人才。

(二) 法统计学的含义

在前文关于法统计学产生的背景中指出，美国学者李 · 罗伊温格(Lee Loevinger)于 1949 年最早提出“jurimetrics”的概念，一直以来，我国大部分学者将其翻译为“法律计量学”“计量法学”“数量法学”等概念，但《英汉大词典》将其译为“法律统计学”。③《元照英美法词典》也将其译为“法律统计学”，是指运用科学方法调查法律问题，包括运用计算机与其他机器于法律目的，如为立法、判决及书籍提供检索资料，从非法律知识中查阅资料，用于在统计或数理基础上对判决作出预测，以及解决词语与短语意义上的逻辑关联关系。④

本书作者主张将 jurimetrics 译为“法统计学”，感觉更准确，它强调将统计分析原理和统

---

① 张妮，徐静村．计算法学：法律与人工智能的交叉研究[J]．现代法学，2019，41(6)：77-90.
② 张妮，蒲亦非．计量法学、计算法学到认知法学的演进[J]．四川大学学报(自然科学版)，2021，58(2)：7-12.
③ 陆谷孙．英汉大词典(第二版)[Z]．上海：上海译文出版社，2007：1032.
④ 薛波．元照英美法词典[Z]．北京：法律出版社，2003：755.

计分析技术在法律领域的应用，是收集、处理、分析、解释法律数据并从法律数据中得出结论的法学定量研究方法。

作为一门通用的方法论科学，统计学是一种数据分析工具。随着近年来大数据技术的不断发展与进步，统计学在法律领域的应用逐渐增多，统计学与大数据的联系也日益密切。

统计学的研究对象是总体（population），用样本来推断总体是推断统计学的重要内容。一般而言，大样本方法适用于所有总体，而小样本方法则适用于某些特殊总体。由于大数据具有动态增长性，因而任何时点的大数据也只是样本数据，在一定程度上看，统计学也是关于样本的科学。大数据不仅需要统计学知识，还需要具备数学和计算机知识。统计学知识可以应用在大数据分析领域，为大数据进行数据价值化奠定了一定的基础。

本书作者认为，目前的计量法学、计算法学、认知法学、数据法学、人工智能法学等概念是着眼于运用大数据时代信息技术与分析算法，将法学研究置于大数据时代情境下的一种研究范式。本书提出的“法统计学”概念重在强调统计方法在法律领域的应用，希望通过简明的统计学语言和详细的案例操作讲解，使从事法律领域研究与实践的学生和学者们能快速、准确地掌握统计方法要义。

第二节　统计数据类型与研究过程

一、数据与统计数据

统计学是关于统计数据的科学，我们先要搞清楚数据和统计数据的具体含义。数据的定义很多。一般而言，数据是指对客观事件进行记录并可以鉴别的符号，是对客观事物的性质、状态以及相互关系等进行记载的物理符号或这些物理符号的组合。① 它不仅指狭义上的数字，还可以是具有一定意义的文字、字母、数字符号的组合、图形、图像、视频、音频等，也是客观事物的属性、数量、位置及其相互关系的抽象表示。例如，“0，1，2，…”“阴、雨、下降、气温”“学生的档案记录、货物的运输情况”等都是数据。数据经过加工后就成为信息。

统计数据是指能够通过统计方法加以处理和分析的数据，那些暂时不能运用统计方法进行处理和分析的数据则不是统计数据。统计数据是对客观现象进行计量的结果。例如，对犯罪水平的测量可以得到犯罪率的数据、对上市公司法律风险的测量可以得到上市公司法律风险指数的数据等。随着统计学的不断发展，会有越来越多的数据成为统计数据。

二、统计数据类型

关于统计数据的类型，主要从以下四个方面进行分类。

---

① 王珊，萨师煊．数据库系统概论（第5版）［M］．北京：高等教育出版社，2014.

(一)按照计量尺度不同分类

按照计量尺度不同，统计数据可以分为定类数据(nominal data)、定序数据(ordinal data)、定距数据(interval data)和定比数据(ratio data)四类。

1. 定类数据

定类数据又称类别数据，是按照事物的某种属性进行平行的分类或分组，排序无关紧要，由定类尺度计量而成的数据。

其具有的运算功能是可以计数，即计算每一类型的频数(frequency)或频率(relative frequency)。

定类数据的特征是具有分类功能。在分类过程中，要注意以下两个原则：一是互斥原则，每个单位只能划归到某一类型中，不能既是这一类，又是那一类；二是穷尽原则，所有被观察的单位都可归属到适当的类型中，没有一个单位无从归属。

例如，人口按照性别分为男与女两种类别，被告人户籍所在地可以分为东部地区、中部地区和西部地区三种类别，都属于定类数据。为了便于统计处理(计算机录入等计数处理)，常用数字代码来表示各个类别，比如分别用 0、1 表示男性和女性，分别用 1、2、3 表示东部地区、中部地区和西部地区。需要注意的是，这时的数字没有任何程度上的差别或大小多少之分，只是符号而已。

2. 定序数据

定序数据又称顺序数据，是将所有单位按互斥和穷尽原则加以分类，使各类型之间具有某种意义的等级差异，从而形成一种确定的排序，由定序尺度计量而成的数据。

其具有的运算功能是不仅可以计数，而且在此基础上还可以进行排序。但是，定序数据不能测定各等级之间的间距大小。

定序数据的特征有两个，分别是能分类和排序。定序数据所包含的信息量大于定类数据。

例如，被告人文化程度表示为文盲、小学、初中、中专、高中、大专、本科及以上学历，学生对教师授课的满意程度表示为非常不满意、不满意、一般、满意、非常满意等，其都属于定序数据。同样，定序数据也可以用数字代码来表示，比如分别用 1、2、3、4、5 来表示非常不满意、不满意、一般、满意、非常满意。这时，数字代码可以体现一种顺序或程度的不同，但还不能体现不同程度之间的具体数量差别。

3. 定距数据

定距数据又称间距数据，是将事物区分为不同类型并排序，可测定其间距大小，由定距尺度计量而成的数据。

其具有的运算功能包括计数、排序、加和减，但不能进行乘除运算。这是由于没有标准“零”位，即 0 没有实际意义。

定距数据的特征有三个：能分类、排序以及有基本的、确定的计量单位，如 1 分。

例如，学生成绩为 90 分、80 分、70 分等。可以说 90 分比 80 分高，而且高 10 分。此外，还要注意的是，不能说 90 分是 80 分的 1.125 倍，因为成绩“0 分”并不代表毫无知识。

4. 定比数据

定比数据又称比率数据，是一种不仅能体现事物之间数量差距，而且还能进行对比运算，即计算两个测度值之间的比值来体现相对程度的数据，由定比尺度计量而成。

其具有的运算功能包括可以进行计数、排序、加减乘除运算。

定比数据的特征包括能分类、排序以及有基本的、确定的计量单位，此外，还存在绝对零点的现象。

定比数据是包含信息量最多的数据，绝大多数统计数据都属于这一类，因此有总规模、总水平等绝对指标；还有相对指标和平均指标。

定距数据与定比数据的区别在于：定距尺度测量的量可以进行加减运算，而定比尺度测量还要求具有实际意义上的真正零点。

比如，“温度”是定距数据，“温度”不能进行定比测量，因为0℃并不是没有温度，“温度”没有真正的零点，所以不能说20℃是10℃的2倍，只能说20℃比10℃高10℃。再比如，“年龄”是定比数据，其真正零点就是刚出生的瞬间，因此可以说20岁是10岁的2倍。

总之，四个计量层次是就客观事物量化程度与运算功能而言的，但并不涉及统计研究的高低优劣。四个计量层次由低向高，后面的可以向前面的转化，前面的不能转化为后面的。前面的尺度具有的运算功能和特征，后面的尺度也有，而且又新添加了自己的运算功能、特征。

(二)按照时间或空间状态不同分类

按照时间或空间状态不同，统计数据可以分为横截面数据(Cross-sectional Data)、时间序列数据(Time-series Data)和面板数据(Panel Data)三类。

1. 横截面数据

横截面数据是对一些同类现象在同一时点或大约在同一时点所收集的数据(空间状态不同，时间状态相同)。例如我国2020年各省、自治区、直辖市的国内生产总值(Gross Domestic Product，GDP)数据。

2. 时间序列数据

时间序列数据又叫时序数据，是对同一现象按时间顺序收集到的一系列数据(空间状态相同，时间状态不同)。例如我国1978—2020年的GDP数据。

3. 面板数据

面板数据，也称TS-CS(Time Series-Cross Section)数据，或平行数据，是对多个事物在不同时期或时点上进行测量得到的数据(空间状态不同，时间状态不同)。如1978—2020年全国各省、自治区、直辖市的GDP数据。

此外，与面板数据容易混淆的是混合横截面数据(pooled cross section data)，混合横截面数据是指有些数据既有横截面数据的特点又有时间序列数据的特点，但每一时点的样本不同。

例如，对家庭人口进行年度抽样调查，如果每年所调查的家庭是随机抽取的，每年的样本就会不同，因此就是混合横截面数据；如果每年对特定的家庭进行调查，比如2015年抽样被调查的家庭，到 2020 年依旧还是这些被调查的家庭，那么就是面板数据。

(三)按照来源不同分类

按照来源不同，统计数据可以分为观测数据(Observational Data)、实验数据(Experimental Data)和大数据(Big Data/Mega Data)三类。

1. 观测数据

观测数据是通过调查或观测的方式而收集到的数据，这类数据是在没有人为控制的条件下得到的。例如，有关社会经济现象的统计数据几乎都是观测数据。

2. 实验数据

实验数据是在人为控制的条件下，通过实验的方式获得的关于实验对象的数据。自然科学领域的数据大多都属于实验数据。随着实验方法在经济等领域的运用，逐步形成了实验经济等学科，在经济领域也出现了许多实验数据。

3. 大数据

大数据是基于现代信息技术而产生的数字化信息。也许正如数学是什么永远没有统一的答案，大数据是什么也永远没有最终的答案。百度百科上的解释大体上接受度高一些(接近于维基百科的解释)：大数据是无法或很难在一定时间内用常规软件进行捕捉、管理和处理的数据集合，是需要新处理模式才能具有更强的决策力、洞察发现力和流程优化能力的海量、高增长率和多样化的信息资产。大数据拥有 5V 特点：大量性(Volume)、高速性(Velocity)、多样性(Variety)、价值性(Value)和真实性(Veracity)。①

(四)按照其加工程度不同，可以分为原始数据和次级数据两类

原始数据(Firsthand Data/Original Data)，也称一手数据，指通过人员访谈、询问、问卷、测定等方式直接获得的数据，其时效性和相关性更好。原始数据是进行各项综合整理、分析研究的基础。

次级数据(Secondary Data)也称加工数据、二手数据，是指已经经过加工整理、能反映总体数量特征的各种非原始数据。次级数据包括直接根据原始数据整理而来的汇总数据，以及根据各种已有数据进行推算而来的推算数据，如果次级数据已能满足有关分析和研究需要，我们就不需要再去收集原始数据，以免造成浪费。次级数据的来源包括各种统计年鉴、有关期刊和有关网站(网络数据)等。

三、法律数据研究过程

法律数据研究过程，也就是统计过程，一般包括四个基本环节：统计设计、数据收集、数据整理，以及数据分析与结论阐释。

(一)统计设计

统计设计是制订法律数据研究方案的环节，是法律数据研究过程各环节的总体安排。统

---

① 顾海兵．对大数据的经济学之多维思考[J]．学术界，2019(6)：100-107.

计设计应在相关法律理论指导下，根据研究问题的性质和目的，科学确定研究总体对象，明确收集数据的类型，确定数据收集、整理、推断和分析的基本方法，设定研究的进度安排、实施方式等。

(二)数据收集

数据收集是按照统计设计的要求，有针对性地获取法律数据的环节，也称为统计调查环节。例如，通过抽样调查、实验等方法收集所需要的原始数据，以及其他已经存在的各种相关数据。数据收集是否准确、及时、完整，直接影响统计分析的质量。

(三)数据整理

数据整理是对收集而来的数据进行必要的系统化处理，使之条理化、综合化，成为能反映总体特征的统计数据的环节，也称为统计整理环节。数据整理包括对已有数据的再加工和深加工。数据整理的方法有统计分组、汇总和计算等，整理结构表现为统计图、统计表和统计指标等。

(四)数据分析与结论阐释

数据分析是在数据整理的基础上，围绕研究任务，运用各种统计方法对数据进行统计分析，得出定量结论的环节，也称为统计分析环节。数据分析是整个统计研究的核心，也是统计研究的最终目的。在这个环节中，会用到计量描述和分析推论的方法。

如果研究一个总体，里面的每一个数据都已掌握，利用图形和数值分析阐明这些数据，说明其意义，称为描述统计学。通过随机抽样的样本特征推论总体的特征，称为推断统计学。推断统计学的主要贡献在于利用正确选出的样本，给每一种推断提供准确度量的方法。

结论阐释是对整理和分析的数据或有关数量结果进行说明，例如，数据的含义是什么，可以得出哪些具有规律性结论，还需要进一步探讨哪些问题等。结论阐释是对数据分析的进一步深化。

第三节 基本概念与统计分析软件

我们对所研究现象的数量特征分析是基于总体而言的。样本是与总体相对应的概念，几乎所有的统计理论和方法都是建立在样本之上的，而统计实践研究现象的数量方面也是由样本开始的。参数(parameter)和统计量是分别用来描述总体和样本特征的概括性数字度量。变量是说明现象某种特征的概念，变量的具体取值称为变量值。标志是用来描述个体特征的名称，而指标是用来反映现象总体数量特征的概念及其数值。

一、总体与样本

(一)总体

1. 总体的含义和特征

总体是调研者研究对象(个体)的集合。组成总体的每个个别事物称为个体，也称总体单位。总体中个体数量的多少，称为总体容量或总体单位总数。例如，在由多份判决书构成的总体中，每份判决书就是一个个体。

总体有大量性、同质性和变异性三大特点。大量性是指有足够数量的单位；同质性是指总体中各个单位要有共同性质；变异性是指总体各个单位之间除了具有某些共同性质外，在其他方面应存在一定的差异，即具有质的差别与量的差别，称为变异性。统计研究主题的数量特征，大量性是条件，同质性是基础，而变异性是前提。

2. 总体的分类

总体根据其所包含的个体数量是否有限，可以分为有限总体和无限总体两类。

有限总体是指由有限多个个体所组成的总体，即总体容量是有限的，例如由若干份判决书构成的总体就是有限总体。

无限总体是指由无穷多个个体所组成的总体，即总体容量是无限的，例如宇宙中的星球总体。

无论是有限总体还是无限总体，都需要运用统计方法去研究其数量特征。

3. 总体与个体的关系

个体是组成总体和样本的一个个元素。总体与个体的关系不是一成不变的，其可变性具体表现为三个方面：一是总体容量随着个体数量的增减而相应增加或减少。二是随着研究目的不同，总体中的个体可以发生变化。例如，要研究某地区的公民法律意识，总体就是该地区所有公民；而要研究某地区的居民家庭消费结构，总体则是该地区所有居民家庭。三是随着研究范围的变化，总体与个体的角色可以变化。例如，在研究东部地区国有企业的纳税情况时，总体就是由东部地区所有国有企业构成；而要研究全国国有企业的纳税情况时，当我们把全国分为东部、中部和西部三个地区时，总体则是由全国东部、中部、西部三个地区所有国有企业构成，东部地区所有国有企业则成为其个体。这说明总体与个体是要根据研究对象和目的而具体确定的。

(二)样本

1. 样本的含义

样本是来自总体的部分对象的集合。样本中所包含的个体数，称为样本容量或样本单位数。

从理论上看，样本可以大到与总体容量相同，也可以小到只包含一个个体。但在实践中，样本的大小总是处于总体容量和 1 之间。从理论上而言，根据中心极限定理，一般样本容量在 30 以上时，就称为大样本，否则就是小样本。

2. 样本与总体的关系

样本和总体的关系是多方面的。第一，总体是所要研究的对象，而样本是所要观测的对象。样本是总体的代表和缩影。第二，样本是用来推断总体的，这是推断统计学的重要内容。一般而言，大样本方法适用于所有总体，而小样本方法则适用于某些特殊总体。第三，总体和样本的角色是可以改变的。例如，有人说，大数据就是全体数据，这在一定条件下是对的，但考虑到大数据的动态增长性，任何时点的大数据也只是样本数据，因此，在一定程度上看，统计学就是关于样本的科学。

二、参数和统计量

（一）参数

参数是用来描述总体特征的概括性数字度量。经常使用的总体参数包括总体平均数（mean）、总体标准差（standard deviation）、总体比例等。在统计学中，总体参数通常用希腊字母来表示。比如，总体平均数用 μ 表示，总体标准差用 σ 表示，总体比例用 π 表示等。

由于总体参数通常是未知的，所以总体参数是一个未知的常数。研究者通常用样本统计量去估计总体参数。

（二）统计量

统计量（statistics）是用来描述样本特征的概括性数字度量。由于抽样是随机的，统计量是样本的函数。经常使用的样本统计量包括样本平均数、样本标准差、样本比例等。在统计学中，样本统计量通常用英文字母来表示。比如，样本平均数用 $\bar{x}$ 表示，样本标准差用 s 表示，样本比例用 p 表示等。

样本统计量是已知的，我们通常用样本平均数 $\bar{x}$ 去估计总体平均数 μ、用样本标准差 s 去估计总体标准差 σ、用样本比例 p 去估计总体比例 π 等。

此外，还有一些为统计分析需要而人为构造出来的统计量，例如，z 统计量、t 统计量、x^2 统计量、F 统计量等，将在后面学习中陆续展开介绍。

三、变量

（一）变量的含义

变量用来描述现象某种令人感兴趣的特征。例如，年龄、性别、刑期、罚金数额等都是变量。变量的具体取值称为变量值。比如，年龄是 20 岁，20 岁就是变量值。统计数据就是统计变量的具体取值。

（二）变量的分类

变量可以分为以下几种类型。

1. 按照变量反映的数据计量尺度不同，可以分为定性变量和定量变量两种

反映定性数据的变量就是定性变量，包括反映定类数据的定类变量和反映定序数据的定序变量。而反映定量数据的变量就是定量变量，包括反映定距数据的定距变量和反映定比数

据的定比变量。

2. 按照变量数值变化是否连续，可以分为离散型变量和连续型变量两种

离散型变量(discrete variable)是指有限个数值或诸如0，1，2…之类无限可列值的变量，离散型变量只能取整数值。例如，一串葡萄的数量、某一会计账簿上有差错账的数量，它们的取值是0，1，2，…。离散型变量只能用计数的方法来取得其数值。定类尺度和定序尺度只能用来计量离散型变量。

连续型变量(continuous variable)是指变量的取值在某一个区间上是连续不断的，可以取无限多个数值。例如，从一口井内每天抽出原油的数量、正常情况下一台电视机的使用寿命等。连续型变量要采用测量或计量的方法来取得其数值。定距尺度和定比尺度既可以用来计量离散型变量，也可以用来计量连续型变量。

四、统计指标与标志

(一)统计指标的含义与分类

1. 含义

统计指标简称指标，是反映现象总体的数量特征的概念及其数值，如人口总数、土地总面积、国民收入等。

完整的指标包括指标名称和指标数值两部分。指标名称反映总体质的规定，指标数值反映总体数量特征，是所研究现象具体数量综合的结果，统计指标有数量性、具体性、综合性，又称为综合指标。例如，2020年全国法院受理案件超过3 000万件。在这里，指标名称是全国法院受理案件数，指标数值是3 000万件。

2. 分类

统计指标按其所反映的数量特点和作用不同，分为数量指标和质量指标两种。

数量指标是反映现象总体某一方面绝对数量特征的指标，表明现象所达到的总体规模、总水平或工作总量。一般而言，数量指标用绝对数来表示。例如，投资总额、总产值等。

质量指标是反映现象总体内在对比关系或总体间对比关系的指标，表明现象所达到的相对水平、平均水平、工作质量或相互依存关系。一般用相对数和平均数来表示。例如，人均工资、产值增长速度等。

(二)标志的含义与分类

1. 含义

标志是用来说明总体单位属性或特征的名称，即分类标准。标志表现是指在标志名称之后所表明的属性或数值。例如，“性别”是标志名称，“男”为标志表现。

2. 分类

(1)按照其结果的表示方式不同，标志可分为品质标志与数量标志两种。

品质标志是不能用数量只能用性质属性上的差别表示的标志，如文化程度、工种等。

数量标志是以数量的多少来表示的标志，如工龄、工资、工人数、产量、产值等。

(2)按照在每个个体上的表现结果是否相同，标志可分为不变标志和可变标志两种。

如果标志表现在各单位之间完全相同，称为不变标志。例如，标志名称是“经济类型”，标志表现为“国有企业”。对于国有企业这一总体来说，经济类型为不变标志。在构成任何总体的各个总体单位中，至少要有一个共同的不变标志。

可变标志是指在每个个体上的具体表现不相同的标志。例如，我国抢夺罪犯总体中，年龄、性别、身高、文化程度等是可变标志，总体的差异性体现在至少要有一个可变标志。

(三)统计指标与标志的关系

统计指标和标志之间既有联系又有区别。联系表现在两个方面：第一，标志是计算统计指标的依据，即统计指标数值是根据个体的标志表现综合而来的。例如，对品质标志可根据定类尺度或定序尺度计算各类个体数及其所占的比重(如犯罪率)，对数量标志则可根据定距尺度或定比尺度计算各种总量指标、平均指标和相对指标等。第二，由于总体与个体的确定是相对的、可以换位的，指标与标志的确定也是相对的、可以换位的。由于研究目的不同，总体转为总体单位，指标相应转为标志。

区别也表现在两个方面：第一，指标说明的是总体特征，而标志说明的是总体单位(个体)特征；第二，指标都是用数值来表现的，而标志则既有用数值来表现的数量标志，又有用文字来表现的品质标志。

五、常用的统计分析软件

在法学定量分析方法中，最经常使用到的是 SPSS 软件，随着高阶统计分析方法掌握得越来越多，我们还可以使用诸如 Stata 软件、AMOS 软件和 R 软件等，从而为定量分析法律问题提供更全面的分析视野和手段。

(一)SPSS 软件

SPSS 软件中文名译为“统计产品与服务解决方案”软件。最初软件全称为“社会科学统计软件包”(Solutions Statistical Package for the Social Sciences)，但是随着 SPSS 软件产品服务领域的扩大和服务深度的增加，SPSS 软件公司已于 2000 年正式将英文全称更改为“Statistical Product and Service Solutions”，这标志着 SPSS 软件的战略方向正在做出重大调整。

SPSS 软件界面非常友好，除了数据录入及部分命令程序等少数输入工作需要键盘键入外，大多数操作可通过鼠标拖曳、点击“菜单”“按钮”和“对话框”来完成。

SPSS 软件提供了从简单的统计描述到复杂的多因素统计分析方法，比如数据的探索性分析、统计描述、列联表(contingency table)分析、二维相关、秩相关、偏相关、方差(variance)分析、非参数检验、多元回归、生存分析、协方差分析、判别分析、因子(factor)分析、聚类分析、非线性回归、Logistic 回归等。

在本书中，我们会重点介绍统计描述、列联表分析、方差分析(Analysis of Variance, ANOVA)、多元回归、因子分析、聚类分析、Logistic 回归等。

(二)Stata 软件

Stata 统计分析能力远远超过了 SPSS 软件。由于 Stata 在分析时是将数据全部读入内存，在计算全部完成后才和磁盘交换数据，计算速度极快。Stata 也采用命令行方式来操作，但使用上远比 SAS(Statistical Analysis System)简单。其生存数据分析、纵向数据(重复测量数据)分析等模块的功能甚至超过了 SAS。用 Stata 绘制的统计图形相当精美，很有特色。

Stata 是一个统计分析软件，但它也具有很强的程序语言功能，这给用户提供了一个广阔的开发应用的天地，用户可以充分发挥自己的聪明才智，熟练应用各种技巧，真正做到随心所欲。

Stata 的统计功能很强，除了传统的统计分析方法外，还收集了近 20 年发展起来的新方法，如 Cox 比例风险回归、指数与 Weibull 回归、多类结果与有序结果的 Logistic 回归、Poisson 回归、负二项回归及广义负二项回归等。

(三)AMOS 软件

AMOS(Analysis of Moment Structure)是结构方程模型(Structural Equation Modeling，SEM)的常用软件。结构方程模型是基于变量的协方差矩阵来分析变量之间关系的一种统计方法，是多元数据分析的工具。近年来在心理、教育、医学、经济等领域得到了广泛应用。结构方程模型常用的分析软件有 LISREL、AMOS、EQS。

AMOS 是 SPSS 软件公司开发的一款用于处理结构方程模型的软件，简称矩阵结构分析。结构方程模型主要包括测量模型和结构模型。

测量模型描述的是潜在变量如何被相对应的显性指标所测量或概念化，潜在变量指的是无法直接测量的变量信息，采用降维分析方法，根据众多考察变量相关关系，将它们浓缩成几个代表性变量，并确定权重，得出综合评分。

结构模型由多个线性回归方程组成，而线性回归的作用是通过建立线性回归模型分析不同潜在变量之间的线性相关关系。结构方程模型分析也被称为路径分析。

(四)R 软件

R 是一套完整的数据处理、计算和制图软件系统。其功能包括：数据存储和处理系统；数组运算工具(其向量、矩阵运算方面的功能尤其强大)；完整连贯的统计分析工具；优秀的统计制图功能；简便而强大的编程语言，可操纵数据的输入和输出，可实现分支、循环，用户可自定义功能。

与其说 R 是一种统计软件，还不如说 R 是一种数学计算的环境，因为 R 并不是仅仅提供若干统计程序，使用者只需指定数据库和若干参数便可进行一个统计分析。R 的思想是，它可以提供一些集成的统计工具，但更大量的是它提供各种数学计算、统计计算的函数，从而使使用者能灵活机动地进行数据分析，甚至创造出符合需要的新的统计计算方法。

R 是一个免费的自由软件，它有 Unix、Linux、MacOS 和 Windows 版本，都是可以免费下载和使用的。在 R 主页可以下载 R 的安装程序、各种外挂程序和文档。在 R 的安装程序中只包含了 8 个基础模块，其他外在模块可以通过 CRAN 获得。

第二章

数据的收集

开篇案例

在数据收集过程中，二手数据是一种非常重要的信息获取渠道。二手数据是相对于原始数据而言的，指那些并非为正在进行的研究而是为其他目的已经收集好的统计资料。与原始数据相比，二手数据具有取得迅速、成本低、易获取、能为进一步原始数据的收集奠定基础等优点。具体来说，二手数据的获取来源相对而言更为丰富，例如商业和政府机构、营销研究公司和各种信息数据库提供的公开信息资料等。

本章案例使用的数据即为二手数据，数据收集源自中国裁判文书网数据库，使用判决日期为“2020-04-01 至 2020-04-30”，关键词与“抢夺罪”“刑事一审”“判决书”有关的裁判文书，总计获得 123 个研究样本。研究变量包括犯案地区、被告人被判处罚金数额(千元)、刑事拘留到逮捕的间隔天数(日)、性别、逮捕到一审判决的间隔天数(日)、被告人犯罪时年龄(周岁)、被告人受教育水平、抢夺财物价值(元)等因素。其中地区、性别、受教育水平三者为定性变量，地区分为东部地区和其他地区，性别分为男和女，受教育水平分为高中学历以下和以上，其余变量均为定量变量。

本章将通过介绍统计数据收集的基本流程、数据收集需要注意的问题、数据收集方式(数据来源)以及数据的质量和误差控制等方面，比较详细地涵盖数据收集的整个工作流程。通过学习本章，可以比较清晰地了解统计数据收集工作的具体内容。

第一节　统计数据收集的基本流程

统计数据收集，就是按照统计研究的目的运用合理的方式方法，有针对性地收集反映客观现实的统计数据的活动过程。统计数据收集是整个统计活动的基础阶段，通常也称为统计调查阶段。统计数据收集的基本要求是具有准确性、及时性和完备性。

一、统计数据收集的基本流程

统计数据的收集过程是一项系统性工作，大致包括以下流程：确定数据收集的目的，设计数据收集方案，开展数据收集活动，评估数据收集的质量。其中，设计完整的数据收集方案是重中之重，是后续开展数据收集活动的依据，需要周密的计划。

二、数据收集需要注意的问题

确定数据收集的目的，也即收集的数据将用于研究什么问题，解决什么困难，对所研究的现象要研究到什么样的深度，达到什么样的标准。

确定所需要收集的数据类型，哪些是定性数据，哪些是定量数据，哪些可以通过观测获得，哪些必须通过实验获得，哪些可以找到其他人已经做好的二手数据，哪些需要自行收集原始数据，所需要的数据是某一时点的截面数据，还是某一段时间内的时间序列数据，抑或是面板数据。

确定数据的收集对象（总体）、观测单位（个体）和样本。数据收集的对象，也就是所要研究的现象的总体。数据观测单位则是构成观测对象总体的每一个个体元素。具体地说，总体是包括所研究的全部个体（数据）的集合，通常由所研究的一些个体组成，例如，由多个企业构成的集合，多个居民户构成的集合，某学校全体毕业生收入的集合，某农场的全部小麦植株高度的集合，某保健品的中老年潜在消费者产品满意度评价的集合。样本是从总体中抽取的一部分元素的集合，构成样本的元素的数目称为样本量（sample size）。抽样的目的是根据样本提供的信息推断总体的特征。例如，某学校的所有毕业生中随机抽取 100 人做收入调查，随机抽取 20 棵农场植株测量高度，随机访问 50 名中老年消费者做调查问卷，随机抽取 20 个灯泡测量使用寿命。

确定观测标志和调查表。观测标志是根据数据收集目的所确定的调查项目，是说明总体单位属性或特征的名称，即作为原始数据来源的分类标准，分为品质标志和数量标志。品质标志是不能用数量只能用性质属性上的差别表示的标志，如文化程度、工种等。数量标志是以数量的多少来表示的标志，如工龄、工资、工人数、产量、产值等。标志在各总体单位上具体表现不完全相同，称为变异标志或可变标志。例如国有企业的产量、产值、工人数，依具体情况而变，都属于可变标志。把所要观测的标志按照逻辑顺序组织成为一定的表格，称为调查表（也叫登记表、记录表、调查问卷）。调查问卷作为一种特殊的调查表，在统计数据的收集中具有非常重要的地位和作用，如何设计一份好的调查问卷，常常是统计数据收集的核心问题。

确定数据收集的方式方法。采用什么样的数据收集方法，直接关系到能否及时、准确、完整地收集到所需要的统计数据，也关系到数据收集所需要投入的人力、物力和财力。因此，要根据研究目的、总体情况、现有条件和数据收集的需要来确定合适的收集方式与方法。

确定数据收集的时间、地点、组织形式。世上的万事万物无不处在发展变化之中，在不同的时间具有不同的表现。因此，在统计数据的收集过程中，必须明确每一个数据的所属时间。同时，统计数据收集活动的完成过程也要有确定的起止时间，以保证按时完成研究。除了时间之外，数据收集的地点，即记录、观测统计数据的地点也需要确定。在人口普查过程中，这个地点的确定具有专门的要求，对于流动人口、短期出差人口的统计地点，按照规定应该在“常住地点”登记，这就有可能造成登记地点和观测单位个体实际所在的地点不一致的情况。任何一项统计数据的收集都需要对人力、物力和财力进行统一调配和规划，大规模的数据收集活动，例如人口普查，要建立专门的组织机构统一安排各项工作，如人员培训、经费预算、活动分工、进度计算、资料传递、材料印刷等。制订好统计数据收集方案后，要严格按照方案进行统计数据的收集活动，要求每一位数据收集者都要认真负责，严防各种可能出现的差错，确保数据质量。

第二节　数据的来源

统计数据的收集方式，即数据来源，是指获取统计数据的组织形式，根据数据来源的不同，统计数据的收集方式包括两大类：间接来源与直接来源。其中直接来源数据包括调查数据与实验数据。

一、间接来源数据

如果与研究内容相关的原信息已经存在，只是对这些原信息进行加工整理，使之成为我们进行统计分析可以使用的数据，则称之为间接来源数据，也叫作二手数据。间接来源数据（二手数据）可以取自系统外部和系统内部。系统外部间接来源数据包括：统计部门和政府部门公布的有关资料，如各类统计年鉴、统计公报；各类经济信息中心、信息咨询机构、专业调查机构、行业协会和联合会提供的市场信息及行业发展的数据情报；各类专业期刊、报纸、图书所提供的文献资料；各种会议，如博览会、展销会、交易会及专业性、学术性研讨会上交流的有关资料；从互联网或图书馆查阅到的相关资料等。取自系统内部的间接来源数据包括：业务资料，如与业务经营活动有关的各种单据，记录；经营活动过程中的各种统计报表；各种财务、会计核算和分析资料；等等。

间接来源数据的优点有很多：首先，间接来源数据收集容易，采集成本低，可以很快得到；其次，间接来源数据作用广泛，可以帮助研究者分析所要研究的问题，提供研究问题的背景，帮助研究者更好地定义问题，检验和回答某些疑问和假设，寻找研究问题的思路和途径。在研究中，收集数据时应优先考虑间接来源数据。

间接来源数据也具有一些局限性：使用间接来源数据要保持谨慎的态度，因为它的产生并非针对特定的研究问题，所以回答特定问题时是有所欠缺的。此外，资料可能存在相关性不够，口径不一致，数据不准确，时效性不够好等问题。因此，在研究者决定使用间接来源数据之前，要先对它进行评估。

间接来源数据的评估主要考虑以下问题：数据是谁收集的？要重点考察数据收集者的实力和社会信誉度。国家统计局、世界银行的可信度常常就要高于某个专业性调查机构的可信度。为什么而收集？有些数据是为了个体利益而收集的，比如某奶茶公司声称自己的产品“每年销售 8 亿杯”。数据是怎样收集的？收集数据的方法不同采集到的数据解释力和说服力是不同的。什么时候收集的？过去的数据可能已经过时失效了。

此外，研究者需要注意，使用间接来源数据，要注意数据的定义、含义、计算口径和计算方法，避免错用误用。引用间接来源数据时，应注明数据来源，以符合学术规范。

二、直接来源数据

虽然间接来源数据具有收集方便、采集快、成本低等优点，但是考虑到其主要弱点是针对性不够，不能满足很多研究者的要求。这时就需要采用调查和实验的方法获得直接来源数据，即一手数据。直接来源数据(一手数据)是通过自主调查和实验获得的数据，其中，调查获得的数据称为调查数据；通过实验获得的数据称为实验数据。

(一)调查数据

通过调查的方法获得的数据称为调查数据，如人口普查数据、国民经济调查数据。调查数据的调查内容通常是对社会现象而言的。调查数据通常取自有限总体，即总体中包含的个体是有限的。如果调查针对总体中所有个体单位进行，则称为普查。当总体较大时，进行普查是一项很大的工程，普查涉及的范围广，接受调查的单位多，耗时耗力，成本非常高，不可能经常进行。我国的人口普查一般每十年进行一次。

实际上，由于普查耗时耗力，统计学研究者面临的经常是从总体中抽取出来的样本数据，如何从总体中抽取一个"好"的样本是需要重点关注的问题。在这里，"好"的样本意味着两层含义：一是针对研究问题而言的，好的样本具有针对性。例如，研究某种奶粉的顾客购买意愿。二是针对调查费用和估计精度而言的，好的样本具有更高的精度，消耗更低的调查费用。可惜，这二者常常矛盾，研究者常常要考虑在精度和费用之间进行"性价比"的衡量，即在相同调查费用的情况下，选择数据估计精度最高的，在相同估计精度条件下，选择调查成本最低的。在一定条件下，研究者可以适当放宽精度要求，以降低调查成本。比如航天器中精密仪器加工精度和制作鸡肉卷饼所要求的精度就完全不同。样本的抽取方法主要分为概率抽样和非概率抽样。

1. 概率抽样

概率抽样(probability sampling)也称随机抽样，是指遵循随机原则(random rule)进行的抽样，总体中每个单位都有一定的机会被选入样本。概率抽样的特点抽样时是按一定的概率以随机原则抽取样本。随机原则，就是在抽取样本时排除主观上有意识地抽取调查单位，使每个单位都有一定的机会被抽中。每个单位被抽中的概率是已知的，或是可以计算出来的。当用样本对总体目标量进行估计时，要考虑每个单位样本被抽中的概率。也就是说，参数估计(parameter estimation)量不仅与样本单位的观测值(观察值)有关，也与其入样概率有关。概率抽样和等概率抽样是两个不同概念。概率抽样是指总体中每个单位都有一定的非 0 概率被抽中，单位之间被抽中的概率可能相等，也可能不等。因此概率抽样可以分为等概率抽样和不等概率抽样。概率抽样的分类包括简单随机抽样、分层抽样、整群抽样、系统抽样、多阶段抽样。

(1)简单随机抽样(simple random sampling)就是从总体 N 个单位中随机地、一个一个地抽取 n 个单位作为样本，每个单位抽入样本的概率是相等的，是等概率随机抽样。

第一步，构造抽样框(sampling frame)。进行概率抽样需要首先构造抽样框，抽样框通常包括所有总体单位的信息，如企业名录、学生名册、住户门牌号码等。抽样框的作用不仅在于提供备选单位的名单以供抽选，还是计算各个单位入样概率的依据。

在抽样调查中可以把总体分成若干个互不重叠又穷尽的有限个部分，每个部分称为一个抽样单位(sampling unit)。抽样单位可以是一个总体单位，也可以包含多个个体。

第二步，利用随机数表进行简单随机抽样。抽样的随机性是通过抽样的随机化程序体现的，实施随机化程序可以使用随机数表，也可以使用能产生符合要求的随机数序列的计算机程序。采用随机数表抽取简单随机样本可采用两种方法。

方法一：根据总体单位个数 N 决定在随机数表中随机抽取几列，如 $N=678$，要抽取 $n=5$ 的样本，这时 N 为三位数，则在随机数表中随机抽取 3 列，顺序往下，选出前 5 个001~678 互不相同的数，如果这 3 列随机数字不够，可另选其他 3 列继续，直到抽满 n 个单元。

方法二：如果首位数比较小，方法一效率不够高，如 $N=327$，首位数为 3，要抽取 001~327的数，会有很多数大于 327，例如 486，略大于 327 只好遗弃比较可惜。这时候采用余数法。486/327，商为 1，余数为 159，则 159 被抽中。如果抽中 999，则 999/327，商为 3，余数为 18，则 18 被抽中。

简单随机抽样的优点和局限性：简单随机抽样是最基本的抽样方法，是其他抽样方法的基础，它的优点包括简单、直观，在抽样框构造完整时，可直接从中抽取样本。由于抽选的概率都相同，用样本统计量对目标量进行估计和计算估计误差都比较方便。大规模调查往往很少直接采用简单随机抽样，因为它具有一定的局限性：它要求将包含所有总体单位的名单作为抽样框，当 N 很大时，不易构造抽样框。抽取出的单位往往很分散，给实施调查增加了困难，没有利用其他辅助信息以提高估计的效率。简单随机样本：由简单随机抽样形成的样本，从总体 N 个单位中随机地抽取 n 个单位作为样本，使得每一个容量为 n 的样本都有相同的机会(概率)被抽中。参数估计和假设检验所依据的主要是简单随机样本。

(2)分层抽样(stratified sampling)将抽样单位按某种特征或某种规则划分为不同的层，然后从不同的层中独立、随机地抽取样本。将各层样本结合起来，对总体目标量进行评估。

分层抽样在实践中应用广泛，因为其具有以下优点：保证了样本中包含各种特征对应的抽样单位，从而样本的结构与总体的结构比较相近，从而提高估计的精度。组织实施调查方便(当层按照行业或行政区域划分时)，既可以对总体参数进行估计，也可以对各层的目标量进行估计。

(3)整群抽样(cluster sampling)将总体中若干个单位合并为组(群)，抽样时直接抽取群，然后对中选群中的所有单位全部实施调查。相比简单随机抽样，整群抽样具有一定优势：抽样时只需群的抽样框，而不要求所有单位的抽样框，可简化工作量。由于群通常是由那些地理位置临近或隶属于同一系统的单位构成，调查的地点相对集中，节省调查费用，方便调查的实施。整群抽样的缺点：估计的精度较差，因为同一个群内的单位或多或少有些相似，在样本量相同的条件下，整群抽样的抽样误差(sampling error)同差比较大。为了得到和简单随机抽样相同的精度，整群抽样需要增加基本调查单位。例如抽查企业员工收入时，如果抽到 IT 企业，平均收入估计就会偏高，而如果抽到纺织企业就会偏低，所以要增加抽取的企业个数，才能接近简单随机抽样的精度。

(4)系统抽样(systematic sampling)将总体中的所有单位(抽样单位)按一定顺序排列，在规定的范围内随机地抽取一个单位作为初始单位，然后按事先规定好的规则确定其他样本单位。典型的系统抽样先从数字 1 到 k 之间随机抽取一个数字 r 作为初始单位，以后依次抽取

$r+k$、$r+2k$ 等单位。可以把系统抽样看作将总体内的单位按照顺序分成 k 群，用相同的概率抽取一群的方法。系统抽样的优点是操作简便，如果有辅助信息，对总体内的单位进行有组织的排列，可提高估计的精度。系统抽样的缺点是当对估计量进行方差运算时会比较困难。

(5)多阶段抽样(multi-stage sampling)先抽取群，但并不是调查群内的所有单位，而是再进一步抽样，从选中的群中抽取出若干个单位进行调查，称为二阶段抽样。二阶段抽样中群是初级抽样单位，第二阶段抽取的是最终抽样单位。将该方法推广，使抽样的阶段数增多，就称为多阶段抽样。阶段不宜过多，否则会增大误差。多阶段抽样具有整群抽样的优点，保证样本相对集中，节约调查费用；不需要包含所有低阶段抽样单位的抽样框；同时由于实行了再抽样，使调查单位在更广泛的范围内展开。

概率抽样的优点：可以依据调查结果，计算估计量误差，从而得到对总体目标量进行推断的可靠程度(推断信度)，也可以按照要求的精确度，计算必要的样本单位数目(样本容量)，因此为统计估计结果的评估提供了有力依据。统计分析的样本主要是概率样本，即采用概率抽样方式得到的样本。

2. 非概率抽样

非概率抽样(non-probability sampling)抽取样本时不是依据随机原则，而是根据研究目的对数据的要求，采用某种方式从总体中抽出部分单位对其实施调查。

(1)方便抽样，是调查过程中由调查员依据方便的原则，自行确定入抽样本的单位。例如调查员在街头、公园、商店等公共场所进行的拦截调查；厂家在出售产品柜台前对路过顾客进行的调查。优点是容易实施，调查的成本低；缺点是样本单位的确定带有随意性，样本无法代表有明确定义的总体，调查结果不宜推断总体，只可以用于初步探索一些想法和认识，建立假设。

(2)判断抽样，是研究人员根据经验、判断和对研究对象的了解，有目的地选择一些单位作为样本，根据不同目的，判断抽样有重点抽样、典型抽样、代表抽样等方式。

重点抽样是从调查对象的全部单位中选择少数重点单位，对其实施调查。这些重点单位数量不多，但是在总体中占有重要地位。例如调查钢铁生产，抽取宝钢、鞍钢、首钢、包钢等，对这些单位进行重点调查。

典型抽样是从总体中选择若干典型的单位进行深入调研，目的是通过典型单位来描述或揭示所研究问题的本质和规律。例如研究青少年犯罪问题，可以选取典型犯人进行调查。

代表抽样是通过分析选择具有代表性单位作为样本，类似于典型抽样。例如某奶粉厂商想要了解消费者对奶粉的成分需求，选取一些年轻母亲进行调查。

判断抽样的特点是具有主观性，样本选择的好坏取决于调研者的判断、经验、专业程度和创造性。抽样成本比较低，容易操作。样本是人为确定的，没有依据随机的原则，调查结果不能用于推断总体。

(3)自愿样本，是指被调查者自愿参加，成为样本中的一份子，向调查人员提供有关信息。例如，参与报刊上和互联网上刊登的调查问卷活动，向某类节目拨打热线电话等，都属于自愿样本。自愿样本与抽样的随机性无关，样本组成往往是某类特定人群(例如选秀节目投票)，尤其是对该活动感兴趣的人群。因此样本是有偏的，不能依据样本的信息推断总体。但是它可以提供一些有价值的信息，反映某类群体的一般看法。

(4)滚雪球抽样，先选择一组调查单位，对其实施调查之后，再请它们提供另外一些属于研究总体的调查对象，调查人员根据所提供的线索，进行此后的调查。这个过程持续下去，就会形成滚雪球效应。适合对稀少群体和特定群体进行研究，例如，研究冬泳者群体。优点是容易找到那些属于特定群体的被调查者，调查的成本也比较低，适合对特定群体进行研究的资料收集。

(5)配额抽样，类似于概率抽样中的分层抽样，在市场调查中有广泛的应用。它先将总体中的所有单位按一定的标志(变量)分为若干类，然后在每个类中采用方便抽样或判断抽样的方式选取样本单位。优点是操作简单，可以保证总体中不同类别的单位都能包括在所抽的样本之中，使得样本的结构和总体的结构类似。抽取具体样本单位时，不是依据随机原则，属于非概率抽样。配额抽样可以按单一变量控制(表 2.1)，也可以按交叉变量控制(表 2.2)。按单一变量控制(表 2.1，配额抽样抽出 $n=500$ 的居民，控制变量有年龄和性别，配额按照单个变量分别分配，如各个年龄段上的配额和性别的配额)，方法简便，但是结果可能出现偏斜，比如年龄低的均为女性。按交叉变量控制，可以保证样本数据分布更均匀，但是为了保证配额的实现，调查操作难度可能更大。

表 2.1　按单一变量控制的配额分配表

年龄	人数
18~30 岁	50
30~45 岁	150
45~60 岁	150
60 岁以上	150
合计	500
是否注射疫苗	人数
是	250
否	250
合计	500

表 2.2　按交叉变量控制的配额分配表

年龄/是否注射疫苗	是	否	合计
18~30 岁	25	25	50
30~45 岁	75	75	150
45~60 岁	75	75	150
60 岁以上	75	75	150
合计	250	250	500

概率抽样与非概率抽样相比较，概率抽样依据随机原则抽选样本，可根据调查的结果推断总体，样本统计量的理论分布存在，因而可以根据调查结果(样本统计量)对总体参数进行估计，计算估计误差，得到总体参数的置信区间(confidence interval)，并且在进行抽样设计时，对估计的精度提出要求，计算为满足特定精度所需要的样本量。技术含量较高，要求

较高的统计学专业知识。

非概率抽样不是依据随机原则抽选样本，样本统计量的分布是不确定的，无法使用样本的结果推断总体，适合探索性研究，操作简便，专业难度小，时效快，成本低，调查结果用于发现问题，进行市场调查等。

3. 调查数据收集方法

调查数据的收集方法有以下几种：自填式、面访式、电话式。

(1)自填式调查，是在没有调查员协助的情况下由被调查者自己完成调查问卷。自填式问卷递送方法有调查员分发、邮寄、网络、报刊媒体等。因为调查员一般不在现场，所以要求调查问卷结构严谨，有清楚的说明，被调查者应有一定的文化素养，可以正确理解问卷问题。优点是管理容易，成本低，便于被调查者选择合适的时间作答，减小被调查者回答敏感问题的压力。缺点是问卷的回收率比较低，不适合结构复杂的问卷，调查周期比较长，数据收集过程中出现的问题难以及时采取调改措施。

(2)面访式调查，是在现场调查中调查员与被调查者面对面，调查员提问、被调查者回答的一种调查方式。优点是可提高调查的回答率和调查数据的质量，丰富调查的内容，能调节数据收集所花费的时间。缺点是调查的成本较高，调查过程的质量控制有一定难度，被调查者对于敏感问题的回答可能面临更大压力。

(3)电话式调查，是指调查人员通过电话向被调查者实施调查。特点是速度快，能在短时间内完成调查，适合样本单位十分分散的情况，成本大大下降，可以随时处理和解决问题，监听和控制比较容易，可以通过计算机辅助电话调查(Computer Assisted Telephone Interview，CATI)系统。局限是如果被调查者没有电话，调查将无法实施；访问的时间不能太长；使用的问卷需要简单；被访者不愿意接受调查时，难以面对面说服他们以收集数据。

不同方法各有特点，选择方法时要考虑以下问题。

抽样框中的有关信息：抽样框没有地址或邮箱地址，则不能使用自填式问卷；如果没有计算机随机数字拨号系统，没有电话号码抽样框，则无法采用电话式。

目标总体特征：总体的识字率低，不适用自填式(北京出租车司机问卷调查采用的是面访式)；样本的地理分布太广，则面访的交通费用提高，质量监控和管理都不容易。

调查问题内容：问题比较复杂，适合采用面访式；涉及敏感问题和隐私，采用匿名方法，比如自填式或电话式更合适。

有形辅助物的使用：如果调查期间展示产品、广告和试用装，则面访式比较合适，邮寄问卷的自填式也可以(图书问卷)，电话式调查对于有形辅助物的使用受到限制。

实施调查的资源：这些资源包括经费预算、人员、调查设备、调查所需时间等。面访式调查费用最高，包括调查员劳务费、交通费、被调查者礼品费，还要找到或培训满足调查需要的调查员；如果使计算机辅助电话调查，则需要计算机设备和 CATI 系统。

管理与控制：电话式调查的调查员常常集中在一起工作，管理控制相对简单。面访式调查的调查员相对分散、独立，管理控制则相对困难。

质量要求：调查员经过考核选拔出来，有较好的素质和责任心，经过专门培训，可以有效减少回答误差(有效解释问题，判断回答真实性，提高回答率)。面访式调查回答率最高，自填式调查回答率最低，但是面访式调查成本最高，自填式调查成本最低。

(二)实验数据

通过实验方法得到的数据，通常是对自然现象而言的，比如杂交水稻的产量研究、农药残留量研究等。近来实验数据也被广泛运用到社会科学中，如心理学、教育学、社会学、经济学、管理学等。实验数据是指在实验中控制实验对象而收集到的变量的数据。为此，将研究对象分为两组：实验组(experiment group)和对照组(control group)。实验组是指随机抽选的实验对象的子集，其中每个单位接受某种特别的处理。对照组中每个单位不接受实验组成员所接受的某种特别的处理。实验法的基本逻辑是有意识地改变某个变量的情况(设为A项)，然后看另外一个变量变化的情况(设为B项)。如果B项随着A项的变化而变化，则说明A项对B项有影响。例如，某种新药品的临床试验，分为给药组(实验组)和给安慰剂组(对照组)。控制其他所有相关方面(比如性别、年龄、饮食、体重、病情和其他药品摄入等)，使得不同组的患者大致拥有相同的背景，然后操纵少数实验者感兴趣的变量(给药物，给安慰剂)，最后观察实验结果(两组患者病情发展是否有显著差别)。

请注意，实验组和随机组所处的外部环境应该相同，产生应遵循随机原则，而且应该是匹配和符合双盲原则的。匹配指对实验单位的背景材料进行分析比较，将情况类似的每对单位分别随机地分配到实验组和对照组。例如，实验新药品的给药组和给安慰剂组成员，应该按照年龄、性别、病情、体重等变量匹配成对，然后随机分到实验组和对照组。控制所有人饮食和其他药品的摄入，使得不同组的患者大致拥有相同的背景，只在给试验新药品还是给安慰剂上有所不同。

双盲法是指分组的结果不能让患者和执行评价的医生知道。例如，在美剧《实习医生格蕾》中，女主格蕾医生在执行抗老年痴呆新药试验时，发现其恩师的妻子阿黛尔被分在了给安慰剂组，她违规将阿黛尔偷换到给药组，毁了整个试验的结果。

【案例】脊髓灰质炎疫苗的现场试验

1916年，脊髓灰质炎病毒第一次袭击美国。20世纪50年代，乔纳斯·索尔克(Jonas Salk)培育出疫苗。1954年美国公共卫生署组织试验。

试验对象为最易受袭击的一、二、三年级的小学生。试验遍及全美各学区，比较患病比率。包括：50万人接种，100万人故意不给予接种，50万人拒绝接种。

对照组——处理组——对照组

【伦理问题】既然已有新药，应不应该给所有儿童接种？

【对照组的作用】如果没有对照组，只有接种组，则患病率低有可能是因为疫苗有效，也可能是当年并没有流行此病。因此无法断定药效。

为什么不以父母决定为依据分组？对愿意接种的儿童有可能使用安慰剂——保证随机性。

美国国家小儿麻痹症全国基金会方案：所有小学二年级经父母同意的儿童接种疫苗，一、三年级留作对照(见表2.3和表2.4)。

传染性、家庭因素、年龄没有考虑——不利的偏倚——违背了随机原则。

给谁安慰剂？——符合双盲原则——医生与实验对象。

表 2.3 NFIP 研究随机对照与结果(患病率)

	人数(人)	比率(%)
处理	200 000	28
对照	200 000	71
不同意	350 000	46

表 2.4 NFIP 研究双盲实验结果(患病率)

	人数(人)	比率(%)
二年级(接种疫苗)	225 000	25
一、三年级(对照)	725 000	54
二年级(不同意)	125 000	44

第三节 数据的质量和误差控制

一、数据的误差

(一)非抽样误差

1. 回答误差

被调查者在接受调查时给出的回答与真实情况不符，包括三种：理解误差、有意识误差、记忆误差。

(1)理解误差。

不同的被调查者对问题的理解不同，每个人按照自己的理解作答，大家的标准不一致。例如“经常”和“偶尔”的含义，应该采用更准确的时间来定义。有时候，问题的排序也会导致不同结果，例如 1980 年美国居民关于社会主义国家和美国互相开放新闻记者的调查。

(2)有意识误差。

当调查问题比较敏感，被调查者不愿意回答又不得不回答时，有可能提供一个虚假数字。有意识误差的原因可能有二：一是涉及个人隐私，二是受利益驱动。有意识误差危害大于记忆误差，因为它是一种有倾向性的系统性误差，比如收入调查，大家倾向于低报，而捐赠调查，大家倾向于高报。而记忆误差是有的人可能高有的人可能低，最终结果可能会相互抵消。为了减少有意识误差，一是要做好被调查者思想工作，打消他们的顾虑，二是调查者谨遵职业道德，保证为被调查者保密，三是调查中尽量少涉及敏感问题，四是加强法制管理。

(3)记忆误差。

调查的问题是关于一段时间内的现象事实，需要被调查者回忆，时间间隔越久，数据越不准确。

2. 无回答误差

这指的是被调查者拒绝接受调查，调查人员得到空白答卷的情况，包括被调查者不在家、被调查者搬家、电话无人接听、邮寄问卷写错地址、问卷遗忘丢失等情况。无回答误差也可能是随机性的，比如被调查者刚好不在家，如果作答，答案可能高也可能低，这时候只需要增大样本量，众多数据相互抵消后，不会产生有偏的估计。无回答误差可能是系统性的，比如调查收入时，拒绝回答的往往是高收入人群，用得到的调查结果估计总人口收入时，可能会偏低；调查公共交通满意度时，不在家的往往是加班族，结果可能没有考虑他们的意见。

3. 调查员误差

由于调查员的原因而产生的误差，如粗心漏记错记，或者诱导性提问等。

4. 测量误差

与调查和测量工具有关的误差。例如协管员车流量计数错误，小学生视力调查的灯光影响等。

（二）抽样误差

在抽样检查中，由于用样本指标代替全及指标所产生的误差可分为两种：一种是由于主观因素破坏了随机原则而产生的误差，称为系统性误差；另一种是由抽样的随机性引起的偶然的代表性误差。抽样误差仅仅是指后一种由抽样的随机性而带来的偶然的代表性误差，而不是指前一种因不遵循随机性原则而造成的系统性误差。总的说来，抽样误差是指样本指标与全及指标之间的绝对误差。在进行抽样检查时不可避免会产生抽样误差，因为从总体中随机抽取的样本，其结构不可能和总体完全一致。虽然抽样误差不可避免，但可以运用大数定律的数学公式加以精确地计算，确定它具体的数量界限，并可通过抽样设计加以控制。

抽样误差也是衡量抽样检查准确程度的指标。抽样误差越大，表明抽样总体对全及总体的代表性越小，抽样检查的结果越不可靠。反之，抽样误差越小，说明抽样总体对全及总体的代表性越大，抽样检查的结果越准确可靠。

二、误差的控制

只要采用概率抽样，抽样误差就不可避免。但是抽样误差是可计算和控制的。在特定的问题中，研究人员对抽样误差有一个可以容忍的限度。非抽样误差与抽取样本随机性无关，在概率抽样和非概率抽样中都会存在(但是抽样框误差仅在概率抽样中存在)。采用概率抽样，就需要抽样框，就可能出现抽样框误差。例如教师意见调查，抽样框可以用教师工号、姓名、门牌号、教室编号、手机号码等，不同的抽样框，质量可能不同。认真分析，广泛收集信息，结合使用多种抽样框，可以有效减少抽样框覆盖不全等问题。抽样误差是不可避免的，但可以减少，其措施有增加样本个案数，适应选择抽样方式。由于总体真正的参数值未知，真正的抽样误差也未知，所以抽样误差的计算一般都以抽样平均误差来代表真正的抽样误差。

控制非抽样误差的重要方面是调查过程的质量控制。比如调查员的挑选、调查员的培训、督导员的调查专业水平、调查过程控制，对调查结果进行检验、评估，对现场调查员进行奖惩的制度等。

第三章 数据的图表展示

开篇案例

在收集数据的工作基本完成以后，需要对数据进行预处理，也即数据清洗。现实世界中数据大体上都是不完整的、不一致的“脏”数据，无法直接进行数据挖掘，或挖掘结果不尽如人意。为了提高数据挖掘的质量，产生了数据预处理技术，数据预处理有多种方法，如数据清理、数据集成、数据变换、数据归约等。这些数据处理技术在数据挖掘之前使用，大大提高了数据挖掘模式的质量，降低实际挖掘所需要的时间。数据的预处理是指对所收集数据进行分类或分组前所做的审核、筛选、排序等做必要的处理。

本章案例继续引用中国裁判文书网数据库中的二手数据资料，收集判决日期为“2020-04-01 至 2020-04-30”，关键词与“抢夺罪”“刑事一审”“判决书”有关的裁判文书，总计获得 123 个研究样本。研究变量包括犯案地区、被告人被判处罚金数额(千元)、刑事拘留到逮捕的间隔天数(日)、性别、逮捕到一审判决的间隔天数(日)、被告人犯罪时年龄(周岁)、被告人受教育水平、抢夺财物价值(元)等因素。其中地区、性别、受教育水平三者为定性变量，地区分为东部地区和其他地区，性别分为男和女，受教育水平分为高中学历以下和以上，其余变量均为定量变量。

为更加全面地了解本案例中与“抢夺罪”有关的各变量指标的统计属性，本章使用 Excel 软件对本案例数据进行了数据预处理，并分别介绍了品质数据与数值型数据的处理和展示，最后利用 SPSS 软件对原始数据进行图表可视化处理，分别详细介绍条形图、直方图、茎叶图、箱线图、散点图在 SPSS 软件中的具体操作步骤。通过本章学习，我们可以对不同类型数据的预处理和相应的图表展示有更清楚的了解。

第一节 数据的预处理

通过调查取得的数据为原始数据，需要从完整性和准确性两方面进行审核。完整性审核指审核应调查的单位或个体是否有遗漏，所有的调查项目或变量是否填写齐全；准确性审核指审核数据是否有错误，数据是否存在异常值，如果异常值属于记录错误，在分析之前应予以纠正；如果异常值是一个正确的值，则应予以保留。

二手数据指通过其他渠道获得的数据，应当着重审核数据的适用性和时效性。适用性审核：二手数据可以来自多种渠道，有些数据可能是为了某种特定目的通过专门调查而取得的，或者已经按特定目的的需要做了加工整理(如××品牌奶茶绕地球××圈)。这需要我们弄清楚数据的来源、数据的口径以及有关的背景材料，确定数据是否符合自己分析研究的需要。时效性审核指应尽可能使用最新的数据。

一、数据筛选

数据筛选(data filter)是根据需要找出符合特定条件的某类数据。比如，找出销售额超过1 000万元的企业，找出成绩在80分以上的学生。当数据中的错误不能予以纠正，或者有些数据不符合调查的要求而又无法弥补时，需要对数据进行筛选。数据筛选的内容包括将某些不符合要求的数据或有明显错误的数据，予以剔除。

比如，在本章的开篇案例数据库中，我们想筛选出“被告人犯案地区在东部地区，并且犯罪时年龄在30周岁及以下”的样本数据。在Excel里我们可以完成初步的筛选工作，具体步骤如下：

(1)打开Excel，用鼠标选中第一行全部的数据指标，之后点击功能区的“开始”选项卡，进入开始选项菜单，找到并点击“排序和筛选”。弹出排序和筛选下拉菜单，点击“筛选”，此时发现在第一行各个数据指标的单元格右下角都出现了一个三角形标志。

(2)在本例中，点击要进行筛选的“所属地区”列中的三角形标志，弹出筛选内容菜单，一般默认全选。本例中我们取消全选，只选择“东部地区”列。

(3)返回数据列，再次点击要进行筛选的“被告人犯罪时年龄(周岁)”列中的三角形标志，点击“数字筛选”之后点击二级菜单的“小于或等于”，在弹出的自定义自动筛选方式对话框中输入“30”。最后点击“确定”。见图3.1。

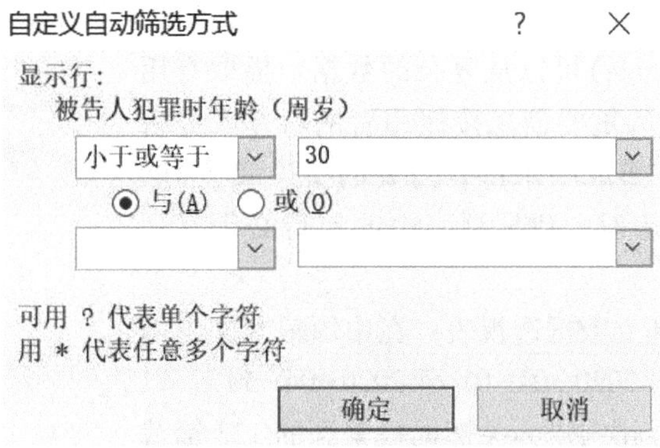

图3.1　Excel“自定义自动筛选方式”对话框

等待软件处理完成，筛选之后显示的结果就是我们想要获取的“被告人犯案地区在东部地区，并且犯罪时年龄在30周岁及以下”的样本数据。

【例3.1】用Excel进行数据筛选：8名学生的考试成绩数据，尝试筛选出统计学成绩等于75分的学生、英语成绩最高的3名学生、四门课成绩都高于70分的学生。

(1)点击“数据”菜单、“筛选”命令、“自动筛选”命令，会出现下拉箭头。

(2)点“统计学”下拉箭头，选择“75”，即显示统计学得75分的学生。点“英语”下拉箭头，选择“(前10个)”，在对话框中输入3，确定后即显示英语前三名。

(3)点击“数据”菜单、“筛选”命令、“高级筛选”命令。在高级筛选时，需要留出至少3行，用于建立条件区域。然后在“列表区域”中选中要筛选的数据清单，在“条件区域”中选择匹配的条件。

二、数据排序

数据排序(data rank)是指按照一定顺序将数据排列，以发现一些明显的特征或趋势，找到解决问题的线索。排序有助于对数据检查纠错，以及为重新归类或分组等提供依据。例如，按照产值排序后，将大中型企业分为一组，小微企业分为一组。在某些场合，排序本身就是分析的目的之一。例如，国际网球公开赛积分排位，世界500强排位。分类数据和数值型数据的排序都可借助Excel完成。

数据排序的方法如下：

(一)分类数据的排序

字母型数据，排序有升序降序之分，但习惯上用升序；汉字型数据，可按汉字的首位拼音字母排列，也可按笔画排序，其中也有笔画多少的升序降序之分。

(二)数值型数据的排序

递增排序：设一组数据为 x_1，x_2，…，x_n，递增排序后可表示为 $x_{(1)}<x_{(2)}<\cdots<x_{(n)}$；递减排序可表示为 $x_{(1)}>x_{(2)}>\cdots>x_{(n)}$。排序后的数据称为顺序统计量(order statistics)。

三、数据透视表

数据透视表(pivot table)可以从复杂的数据中提取有用的信息，可以对数据表的重要信息按使用者的习惯或分析要求进行汇总和作图，形成一个符合需要的交叉表(列联表)。在利用数据透视表时，数据源表中的首行必须有列标题。

图3.2 数据透视表操作图

【例3.2】用Excel建立数据透视表：在中国裁判文书网数据库中以判决日期为“2020-04-01至2020-04-30”，以“抢夺罪”“刑事一审”“判决书”为关键词检索到的123篇裁判文书为案例，在Excel表中做数据透视表，使其能清楚地显示被告人在东部、中部、西部地区的分布情况。

第一步，在Excel工作表中建立数据清单。

第二步，选中数据清单中的任意单元格，并选择“数据”菜单中的“数据透视表和数据透视图”。

第三步，确定数据源区域。

第四步，在“向导—3 步骤之 3”中选择数据透视表的输出位置。然后选择“布局”。

第五步，在“向导—布局”对话框中，依次将“分类变量”拖至左边的“行”区域，上边的“列”区域，将需要汇总的“变量”拖至“数据区域”，见图 3.2。

第六步，然后单击“确定”，自动返回“向导—3 步骤之 3”对话框。然后单击“完成”，即可输出数据透视表，见图 3.3。

计数项:被告人犯罪时年龄（周岁）	被告人性别		
所属地区	男	女	总计
东部地区	54	1	55
西部地区	40		40
中部地区	28		28
总计	122	1	123

图 3.3　数据透视表最终结果输出

通过输出的数据透视表图 3.3 可以发现，在 123 个犯罪样本中，东部地区犯罪发生件数总计 55 件，被告人中有 54 人为男性，1 人为女性；西部地区犯罪发生件数总计 40 件，全为男性；中部地区犯罪发生件数总计 28 件，全为男性。从本案例中大致可以得出，东部地区的抢劫罪犯罪发生频率更高，且被告人大多为男性。

第二节　品质数据的整理与展示

一、分类数据的整理与图示

数据经过预处理后，可以根据需要做进一步的分类或分组。绘制统计图一般都需要先对数据进行统计分组，在得到的频数分布表的基础上制图。首先，要弄清所面对的数据类型，针对不同类型的数据采取不同的处理方法。对品质数据（分类数据和顺序数据）主要是做分类整理，对数值型数据则主要是做分组整理。适合低层次数据的整理和显示方法也适合高层次数据；但适合高层次数据的整理和显示方法并不适合低层次数据。分类数据整理的基本过程：列出所分的各个类别，计算各个类别的频数、频率或比例、比率等，形成频数分布表，选择适当的图形展示数据特征。

（一）频数和频数分布表

频数：落在某个特定类别或组中的数据个数。

频数分布（frequency distribution）：把各个类别及落在其中的相应频数全部列出并用表格的形式表示出来。

【例 3.3】用 Excel 生成频数分布表：顾客性别和饮料类型。

（1）最简单的方法是使用数据透视表，在“数据透视表和数据透视图向导—布局”对话框中，依次将“饮料类型”拖至左边的“行”或“列”区域，将“顾客性别”拖至对应区域，将“饮料类型”拖至“数据区域”。

(2)使用“数据分析”工具中的“直方图”也可以生成频数分布表。

列联表：由两个或两个以上变量交叉分类的频数分布表。

交叉表(cross table)：二维的列联表(两个变量交叉分类)。

【例 3.4】用 SPSS 软件生成交叉频数分布表：在中国裁判文书网数据库中以判决日期为“2020-04-01 至 2020-04-30”，以“抢夺罪”“刑事一审”“判决书”为关键词检索到的 123 篇裁判文书为案例，在 Excel 表中做数据透视表，使其能清楚地显示被告人在东部、中部、西部地区的分布情况。

第 1 步，点击菜单栏“分析”—“描述统计”—“交叉表”，弹出对话框。

第 2 步，把左侧需要进行频数统计的变量移动至右侧框中，还可以根据需要设置统计量、格式等，点击“确定”。在本案例中将“所属地区”移入行，将“被告人性别”移入列，点击“确定”，见图 3.4。

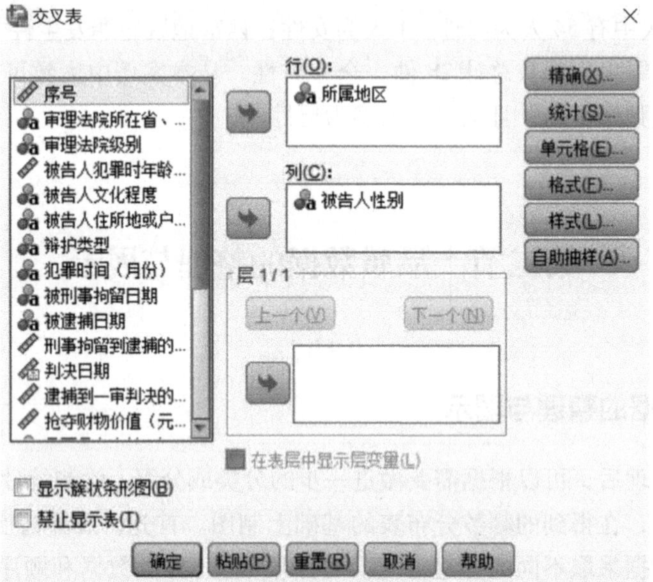

图 3.4 用 SPSS 软件生成的交叉频数分布表示意图

第 3 步，按前 2 步操作就生成了简单的频数分布统计表。生成的“所属地区”与“被告人性别”的交叉频数分布表如表 3.1 所示。

表 3.1 “所属地区”与“被告人性别”交叉频数分布表

		被告人性别		总计
		男	女	
所属地区	东部地区	54	1	55
	西部地区	40	0	40
	中部地区	28	0	28
总计		122	1	123

本例中也可以看到局限性，那就是只适用于分组数据(grouped data)，而不适用于连续型数据，那么针对连续型数据，就需要用到分组频数分布表。分组频数分布表的生成步骤：计算全距，决定组距和组数，列出区间，分组归类，频数统计。利用SPSS软件进行分组归类，点击“转换”—“重新编码为不同变量”，在输出变量处输入新名字，点击“旧值新值”，按设置范围区间里的值对应新的值，并添加，后面全部点击“确定”即可生成一列新的变量。最后，利用SPSS软件统计分组后的频数，点击菜单栏“分析”—“描述统计”—“交叉表”，步骤和简单频数分析是一样的(只是多了一步将连续型数据进行分组的步骤)。

定性数据除了用频数分布表描述还可以用一些统计量描述。

比例(proportion)：也称构成比，是一个样本(或总体)中各个部分数据与全部数据之比，通常用于反映样本(或总体)的构成或结构。

百分比(percentage)：将比例乘100得到的数值用%表示成为百分比。

比率(ratio)：是样本(或总体)中不同类别数据之间的比值，由于比率不是部分与整体之间的对比关系，因此可能大于1。

(二)分类数据的图示

(1)条形图(bar chart)：是用宽度相同的条形的高度或长短来表示各类别数据多少的图形。条形图主要用于反映分类数据的频数分布。条形图可以横置或纵置，即类别放在纵轴，也称为柱形图(column chart)。条形图有简单条形图、复式条形图等形式。

(2)帕累托图(pareto chart)：以意大利经济学家帕累托(V. Pareto)的名字命明，按照各类别数据出现的频数多少排序后绘制的条形图。通过排序，可以看出哪类数据出现得多(或少)。左侧的纵轴给出计数值(count)，即频数；右侧纵轴给出了累计百分比。

(3)饼图(pie chart)：也称圆形图，是用圆形及圆内扇形的角度来表示数值大小的图形。它主要用于表示样本(或总体)中各组成部分的数据占全部数据的比例，用于研究结构性问题。如果相比较男女两类顾客的饮料类型构成，要用复式饼图。复式饼图是简单饼图的嵌套，主要用于展示两个或多个分类变量的构成比较。

(4)环形图(doughnut chart)：简单的饼图只能显示一个样本各部分所占的比例，为了显示多个类别(比如5个地区的高、中、低三种收入人口构成)将多个饼图叠在一起，挖去中间部分，就形成了环形图。

饼图与环形图相类似，又有区别：环形图中间有一个“空洞”，每个样本用环表示，样本中的一部分数据用环的一段表示，可以显示多个样本中各部分所占的相应比例，用于对构成的比较研究。

二、顺序数据的整理与图示

分类数据的频数分布表和图示方法，如频数、比例、百分比、比率、条形图、饼图等，都适用于顺序数据的整理和图示。但是适用于顺序数据的整理和图示方法并不适用于分类数据。顺序数据除了上述方法外，可计算的统计量有累计频数(cumulative frequencies)和累计频率(或累计百分比)。

累计频数：各类别频数或组的频数逐级累加起来得到的频数。频数累计方法有两种：

(1)从类别顺序的开始一方向类别顺序的最后一方累加频数(数值型分组数据则是从变量值小的一方向变量值大的一方累加频数)，称为向上累积。

(2)从类别顺序的最后一方向类别顺序的开始一方累加频数(数值型分组数据则是从变量值大的一方向变量值小的一方累加频数)，称为向下累积。通过累计频数，可以很容易看出某一类别(或数值)以下或某一类别(或数值)以上的频数之和。

累计频率或累计百分比：各有序类别或组的百分比逐级累加起来，也有向上累积和向下累积之分。根据累计频数或累计频率，可以绘制累计频数分布或频率图。

第三节 数值型数据的整理与展示

品质数据的整理与图示方法适用于数值型数据；数值型数据还有一些特有的整理和图示方法。

一、数据分组

数据分组：根据统计研究的需要，将原始数据按照某种标准分成不同的组别，分组后的数据为分组数据。

分组的主要目的：观察数据的分布特征。数据分组后再计算出各组中数据出现的频数，就形成了频数分布表。

频数分布的两个构成要素：各组的分组界限、每组中的次数或频率。通过频数分布表可以发现数据分布的特征。

频数：每个组中的数据个数，也称次数。

频率：频数/总数据个数。

数据分组：将所有统计数据按不同的标准分成不同的类。例如，按年龄可分为 18 岁以下、18~20 岁、20~22 岁及 22 岁以上。

分组的基本作用是将原始数据条理化，显现数据的数量分布特征，揭示内在规律性，使有限的信息得到最大利用。如及格、不及格分组；人口按收入分组，各组收入比重与各组人口比重联系起来，得到洛伦茨曲线，可以说明收入分配等。同一研究目的可以有许多分组标志，选择最恰当的反映本质特征。品质标志易分组，组与组间界限清楚，如性别；但有些分组涉及现象的具体特点，需要深入分析。数量标志不易分组，各组间无本质差别。尽量往品质标志上靠。组间差异大；组内差异小。

如研究对象内容太多，可选择两个或两个以上的标志进行复合分组。只按一个标志分组，称简单分组；按两个或两个以上标志层叠分组，称为复合分组。复合分组的组数会随分组标志的增加而成倍增加，如按第一标志分 2 组，按第二标志分 2 组，复合起来就是 4 组，组数太多，容易冲淡主要特征，工作量大增，须注意分清主次。全面系统反映某一宏观现象，设立统计分组体系。如人口按性别、年龄、民族、文化程度等多个标志分组，形成人口统计分组体系。

二、数据分组方法

(一)单变量值分组和组距分组

单变量值分组：把每一个变量作为一组，只适合离散变量，且在变量值较少的情况下使用。

例如，居民家庭按照人口数进行分组，可分为 1 口人家庭、2 口人家庭、3 口人家庭、4 口人家庭、5 口人及以上家庭的组别。

例如，某班级同学按照网购次数进行单变量值分组，可以分为 1 次、2 次、3 次、4 次及以上。

【例 3.5】在中国裁判文书网数据库中以判决日期为“2020-04-01 至 2020-04-30”，以“抢夺罪”“刑事一审”“判决书”为关键词检索到的 123 篇裁判文书为案例，按照“是否具有累犯等从重处罚情节”将 123 个犯罪样本进行分组，可分为具有累犯等从重处罚情节、不具有累犯等从重处罚情节 2 种组别。运行描述统计后的频数分布表见表 3.2，前者包含有 57 个样本，后者包含有 66 个样本。

表 3.2 累犯等从重处罚情节分组表

	频率	百分比(%)
否	66	53.7
是	57	46.3
总计	123	100.0

(二)组距分组

组距分组：将全部变量划分为若干个区间，将一个区间的变量值作为一组。适用于连续变量或变量值较多的情况。

一组的最小值称为下限(lower limit)，一个组的最大值称为上限(upper limit)。上限与下限的差称为组距，每组的中点值称为组中值，即为(上限+下限)/2。

组距分组的种类：等距分组，各组组距都相等。组距分组方便漂亮，但不是所有数据都适合。异距分组，各组组距不相等。

采取组距分组时，要遵循不重不漏原则：不重是指一项数据只能分在其中某一组，不能在其他组重复出现；不漏是指组别能够穷尽，即在所分的全部组别中每项数据都能分在其中的某一组，不能遗漏。为了解决不重问题，习惯上规定“上组限不在内”，即 $a \leqslant x < b$。具体地，对于离散变量，可以采用相邻两组组限间断的办法(如销售 140~149 台，150~159 台)；对于连续变量：采用相邻两组组限重叠的办法[如 140~150(不含 150)，150~160(不含 160)]；或者某一组上限采用小数点形式，小数点位数按照要求精度确定(如零件尺寸10~11.99，12~13.99)。组距分组中，如果全部数据中的最大值和最小值与其他数据相差悬殊，为了避免出现空白组或个别极端值被漏掉，第一组和最后一组可以采用“××以下”“××以上”的方式，称为开口组。由于存在离群点(outlier，野点)，上限或下限不能确定时，可以使用开口组。如是界限是可确定的，则不用开口组。如成绩 100 分上限可确定，则不写 90 分以上。组距分

组掩盖了各组内的数据分布状况，为了反映各组数据的一般水平，通常采用组中值(class midpoint)作为数据的一个代表值。(注意：组中值假定，各组数据在本组内呈均匀分布或在组中值两侧呈对称分布。)

用 Excel 统计函数 FREQUENCY 创建频数分布表。

(1)选择与接受区域相邻近的 n 个区域作为频数分布表输出区域；

(2)选择统计函数中的“FREQUENCY”函数；

(3)点击对话框“Date_array”后输入数据区域，在“Bins_array”输入接受区域；

(4)“Ctrl”+“Shift”+“Enter”输出频数分布表。

【例 3.6】在中国裁判文书网数据库中以判决日期为“2020-04-01 至 2020-04-30”，以“抢夺罪”“刑事一审”“判决书”为关键词检索到的 123 篇裁判文书为案例，利用 SPSS 软件对数值型数据“被告人犯罪时年龄(周岁)”进行组距分组，并输出频数分布表。

第一步，打开数据文件，单击“转换”—“重新编码为不同变量”，弹出“重新编码为不同变量”对话框。

第二步，将“被告人犯罪时年龄(周岁)”变量移入“输入变量->输出变量”框中，在右边的“输出变量”的“名称”栏中输入“犯罪时年龄分组”。

第三步，在窗口中选择“旧值和新值”，在出现图 3.5 所示的界面中，显示的是把旧值按照一定的规则分类形成新的组。将旧值中最小数至 20 的数分为新的一组，点击“范围，从最低到值”，输入 20，新组值代号为 1，点击“添加”按钮形成的规则；点击“范围”，分别输入“21”“30”，新组值代号为 2，点击“添加”按钮。点击“范围”，分别输入“31”“40”，新组值代号为 3，点击“添加”按钮。点击“范围”，分别输入“41”“50”，新组值代号为 4，点击“添加”按钮。点击“范围”，分别输入“51”“60”，新组值代号为 5，点击“添加”按钮。点击“继续”。

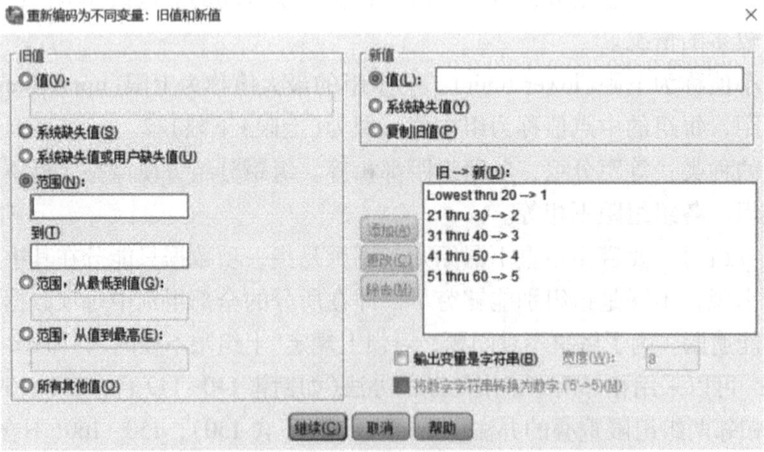

图 3.5 用 SPSS 软件进行组距分组操作示意图

第四步，一定要记得点击“变化量”。点击“确定”，分组后的情况即显示在数据表最后一列。将“犯罪时年龄分组”运行描述统计，统计结果如图 3.6 所示。可以看到，在 123 个样本中，第 1 组即 20 周岁及以下的犯罪个例数为 20 个，第 2 组即 21~30 周岁的犯罪个例数为

46 个，第 3 组即 31~40 周岁的犯罪个例数为 41 个，第 4 组即 41~50 周岁的犯罪个例数为 14 个，第 5 组即 51~60 周岁的犯罪个例数为 1 个。

第五步，对数据进行组距分组后，需要输出频数分布表。点击“分析”—“描述统计”—“频率”，将新生成的变量“犯罪时年龄分组”右移至“变量”框中。如图 3.6 所示。

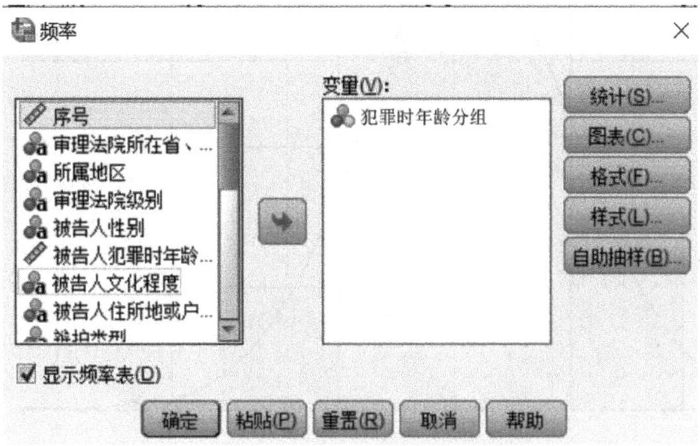

图 3.6　频数分布表和直方图制作对话框

第六步，点击“统计”，根据研究需要勾选想要的集中趋势[平均值、中位数(median)、众数(mode)等]和离散趋势值(标准差、方差、最小值、最大值等)。点击“继续”。

第七步，点击“图表”—“直方图”，勾选“在直方图中显示正态曲线”。点击“继续”，最后点击“确定”。

输出的频数分布表和直方图如表 3.3、图 3.7 所示。

表 3.3　犯罪时年龄分组后的累计频数分布表

分组	新组编号	频数	百分比(%)	有效百分比(%)	累计百分比(%)
有效	1	20	14.9	16.4	16.4
	2	46	34.3	37.7	54.1
	3	41	30.6	33.6	87.7
	4	14	10.4	11.5	99.2
	5	1	0.7	0.8	100.0
	总计	122	90.9	100.0	
缺失	系统	12	9.1		
总计		134	100.0		

累积频数分布表的作用：回答有多少人小于(大于)……分。

向下累积(以上、较大制累积)：变量值由大到小。

向上累积(以下、较小制累积)：变量值由小到大。

(1)分组数据：直方图。

(2)未分组数据：茎叶图和箱线图。

(3)时间序列数据：线图。

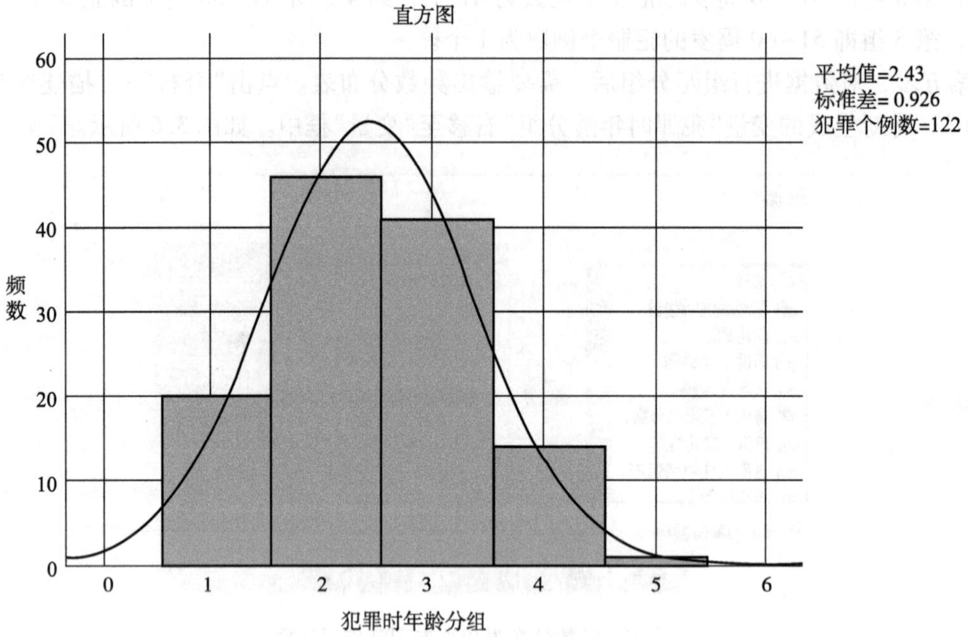

图 3.7 犯罪年龄直方图

(4)多变量数据的图示：散点图、气泡图和雷达图。

三、数值型数据的图示

分组数据：分组数据频数分布特征可以使用直方图、折线图、曲线图等显示。

(一)分组数据：直方图

直方图(histogram)，是用于展示分组数据分布的一种图形。用矩形的宽度和高度(面积)来表示频数分布，在平面直角坐标系中，用横轴表示数据分组，纵轴表示频数或频率，各组与相应的频数或频率就形成了一个矩形，即直方图。

直方图与条形图的差别：条形图用条形长度(横置时)表示各类别的频数，宽度(表示类别)则是固定的；直方图用面积表示各组频数，矩形高度表示每组频数或频率，宽度表示各组组距，高度、宽度均有意义。由于分组数据具有连续性，直方图各矩形通常连续排列，而条形图是分开排列的。条形图主要展示分类数据，直方图主要展示数值型数据。

(二)未分组数据：茎叶图和箱线图

1. 茎叶图

茎叶图(stem-and-leaf display)用于显示未分组的原始数据的分布，由“茎”和“叶”两部分构成，其图形是由数字组成的。绘制关键是设计好树茎。以该组数据的高位数值作树茎，低位数字作树叶，树叶上只保留最后一位数字。

茎叶图类似于横置的直方图，但又区别于直方图。直方图可观察一组数据的分布情况，但没有给出具体的数值；茎叶图既能给出数据的分布形状和离散状况，又能给出每一个原始数值，保留了原始数据的信息。直方图适用于大批量数据，茎叶图适用于小批量数据。

2. 箱线图

箱线图(box plot)由一组数据的5个特征值绘制而成：最大值(maximum)、最小值(minimum)、中位数和两个四分位数(quartiles，下四分位数QL和上四分位数QU)。用于反映原始数据的分布特征，或者进行多组数据分布特征的比较。绘制方法和步骤：首先找出一组数据的5个特征值，即最大值、最小值、中位数和两个四分位数(下四分位数QL和上四分位数QU)，连接两个四分位数画出箱子，再将两个极值点与箱子相连接。由箱线图的形状可以看出数据的分布特征。数值型数据是不同时间上取得的时间序列数据，可以用线图表示现象随时间变化的特征。时间一般绘在横轴，数据绘在纵轴。例如，城乡收入提高，城乡收入差距持续扩大。

3. 多变量数据-雷达图

多变量数据-雷达图(radar chart)也称蜘蛛图(spider chart)，是显示多个变量常用的图示方法。在显示或对比各变量的数值总和时十分有用。假定各变量的取值具有相同的正负号，总的绝对值与图形所围成的区域成正比。可用于研究多个样本之间的相似程度。

雷达图的制作：设有 n 个样本 S_1，S_2，…，S_n，每个样本测得 P 个变量 X_1，X_2，…，X_P。要绘制这 P 个变量的雷达图，其具体做法是：先作一个圆，然后将圆 P 等分，得到 P 个点，令这 P 个点分别对应 P 个变量，在将这 P 个点与圆心连线，得到 P 个辐射状的半径，这 P 个半径分别作为 P 个变量的坐标轴，每个变量值的大小由半径上的点到圆心的距离表示。将同一样本的值在 P 个坐标上的点连线。这样，n 个样本形成的 n 个多边形就是一个雷达图。

绘制统计图时的注意事项很多，通过选择恰当的图形类型、刻度、长宽比例等，使图形能够准确反映数据中包含的信息。时间一般绘在横轴，指标数据绘在纵轴。一般情况下，纵轴数据下端应从“0”开始。数据与“0”之间的间距过大时，可以采取折断的符号将纵轴折断。图形要尽量简明。图形应该突出所要传达的信息，不必要的标签、背景、网格线等会分散读者的注意力。图形应该有清楚的标题和必要的说明，明确图形的含义、计量单位、坐标轴代表的变量、资料来源等。反复加工和修改是获得优秀统计图形的重要步骤。统计软件给出的统计图形没有多少可以不加修改而直接应用的。

合理安排统计表的结构，行标题、列标题、数据资料的位置安排要合理，长宽比例得当。表头一般应包括表号、总标题和表中数据的单位等内容。总标题内容应满足3W(When、Where、What)要求。数据计量单位相同时，可放在表的右上角标明，不同时应放在每个变量后或单列出一列标明。

表中的上下两条横线一般用粗线，其他线用细线，通常情况下，统计表的左右两边不封口，列标题之间必要时用竖线分开，行标题通常不必用横线隔开(尽量少用横竖线)。表中的数据一般是右对齐，有小数点时应以小数点对齐，而且小数点的位数应统一。对于没有数字的表格单元，一般用“—”表示。必要时可在表的下方加上注释，注明数据来源，尊重他人劳动成果，以备读者查阅使用。

第四节 图表显示的SPSS软件分析

一、条形图

第一步，用SPSS软件打开本案例数据库，以抢劫罪的“所属地区”指标为例，分析对比中国各地区的抢劫罪发生案例数量，见图3.8。

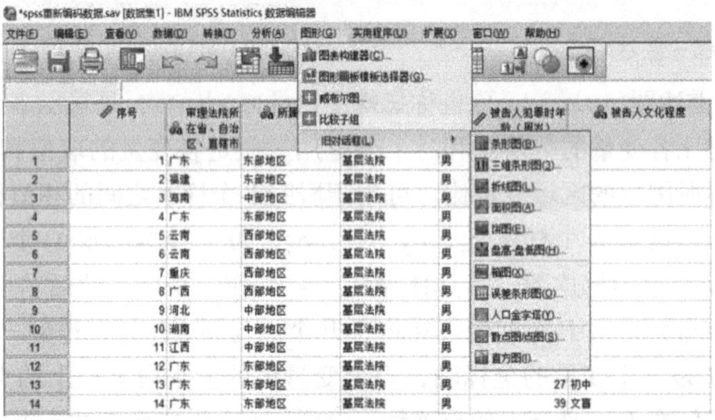

图3.8 条形图制作导向图

第二步，在SPSS软件页面窗口分别选择“图形”→“旧对话框”→“条形图”，弹出条形图对话窗口，见图3.9。

第三步，在对话窗口中选择“简单”“个案组摘要”，然后点击“定义”，进入定义简单条形图对话框，见图3.10。

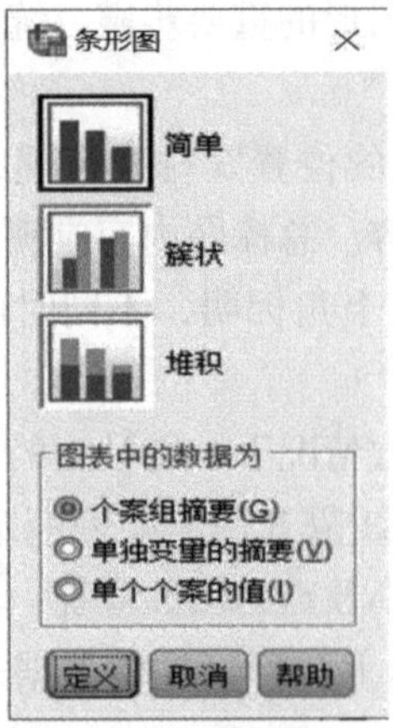

图3.9 “条形图”对话框

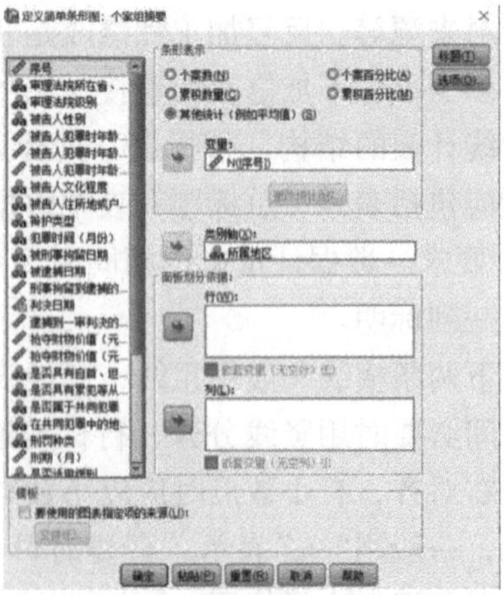

图3.10 “定义简单条形图：个案组摘要”对话框

第四步，选择“其他统计(例如平均值)(s)”，在“变量”窗口选入“序号”，然后“更改统计(H)”，选择个案数，然后继续。在“类别轴”中选择“地区”，类别轴指横轴。最后单击“确定”，输出条形图，见图 3. 11。

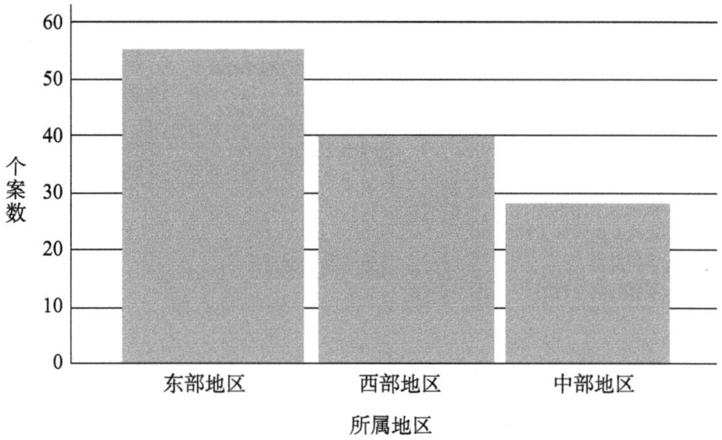

图 3. 11　条形图输出结果

从输出的条形图 3. 11 我们可以看出，东部地区抢劫罪发生案例数最多，累计 54 例，其次为西部地区，中部地区最少。由此可见，不同地区抢劫罪的发生概率很不相同，这可能与各地区经济发展水平相关。

最后，如果想要图表更加美观，可以双击图形，进入图表属性编辑窗口，可以更改图标颜色、边框等图表属性，见图 3. 12。

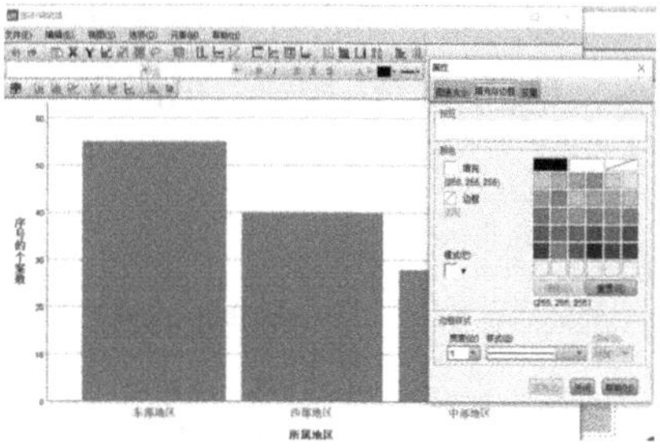

图 3. 12　图表属性编辑窗口

二、直方图、茎叶图、箱线图

第一步，将数据输入到 SPSS 软件中，单击“分析”—“描述统计”—“探索”，见图 3. 13。

图 3. 13　探索分析导向图

第二步，在弹出的“探索”对话框中，将变量移到因变量(dependent variable)列表中，选中左下方的单选按钮“两者”，见图 3.14。

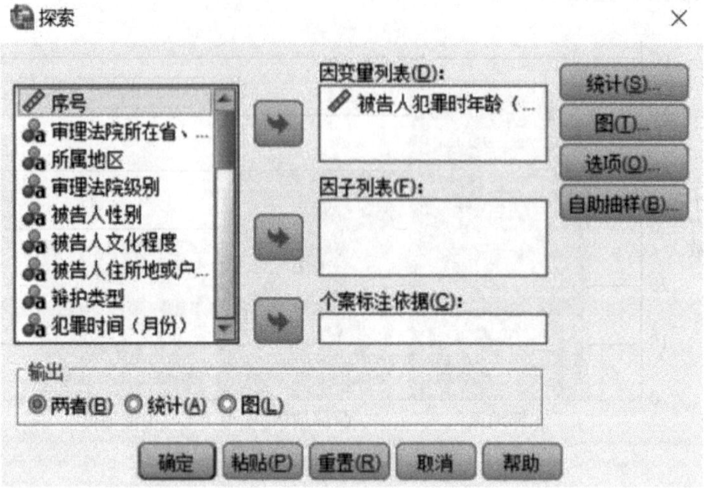

图 3.14 “探索”对话框

第三步，单击右上方“统计”按钮，在“探索：图”对话框中，勾选“茎叶图”“直方图”选项，单击“继续”按钮，见图 3.15。

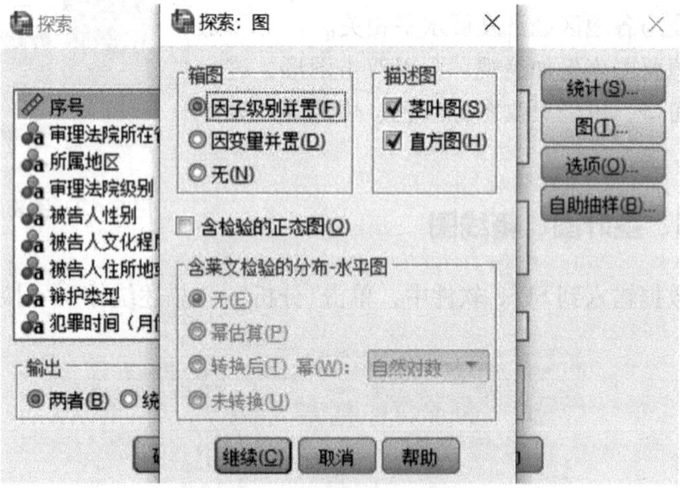

图 3.15 “探索：图”对话框

第四步，在“探索”对话框中单击“确定”按钮，SPSS 软件就会输出直方图、茎叶图、箱线图。直方图见图 3.16，茎叶图见表 3.4，箱线图见图 3.17。

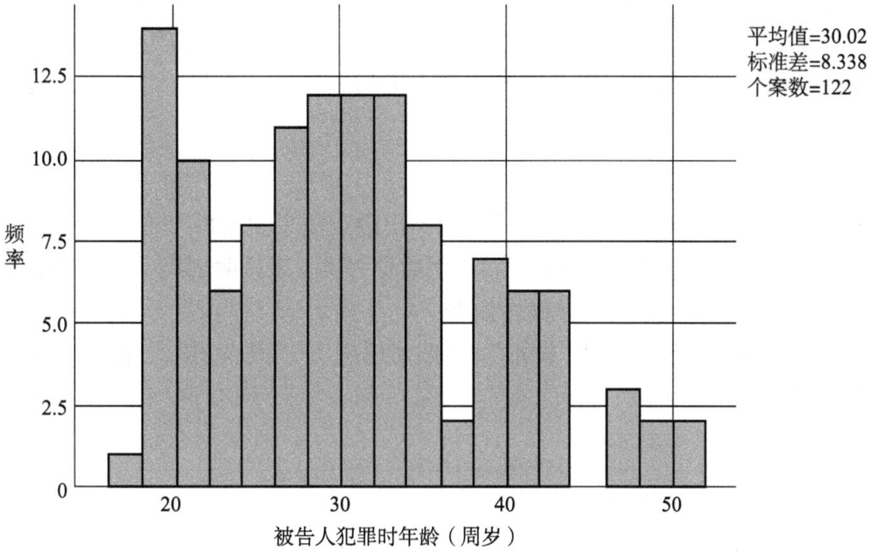

图 3.16 直方图输出结果

表 3.4 被告人犯罪时年龄(周岁)茎叶图

频率	茎 & 叶
15.00	1. 788889999999999
21.00	2. 000001111122233344444
26.00	2. 55566667777777888888899999
28.00	3. 0000111111112223333333334444
13.00	3. 5555678889999
12.00	4. 000011223333
5.00	4. 66789
2.00	5. 01

主干宽度：10；每个叶：1 个案。

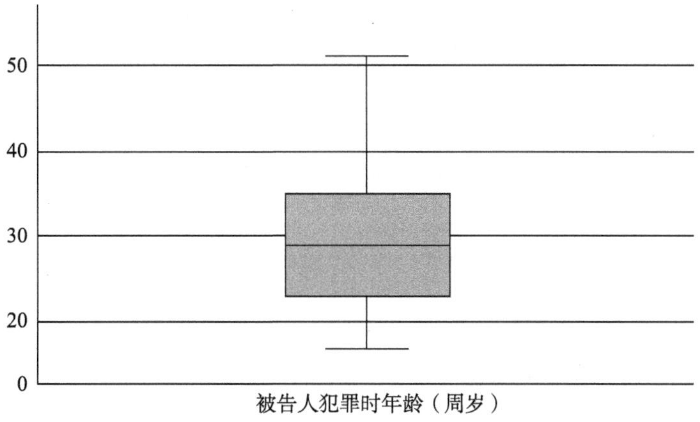

图 3.17 被告人犯罪时年龄(周岁)箱线图

从上述直方图、茎叶图和箱线图可以看出，抢劫罪被告人在 30～35 周岁的年龄范围内犯案率最为集中，其次在 25～30 周岁的犯案率也较高，50 周岁以上的犯案数最少。这说明，与中老年年龄层次的人群相比，青壮年的犯案率更高。

三、散点图

SPSS 软件的绘图命令集中在图形菜单，现画出散点图来观察两个变量的关联程度。下面通过例题来介绍具体操作方法。以本章开篇案例数据为例，来说明刑期(月)与被告人被判处罚金额(千元)两变量的相关关系，具体操作如下：

第一步，打开数据文件，单击“图形”—“旧对话框”—“散点图”，弹出“简单散点图”对话框，见图 3. 18。

图 3. 18　简单散点图制作导向图

第二步，将所想要考察相关关系的目标变量选进相应方框内，在本例中选择变量刑期(月)进入 Y 轴，变量被告人被判处罚金数额(千元)进入 X 轴，见图 3. 19。

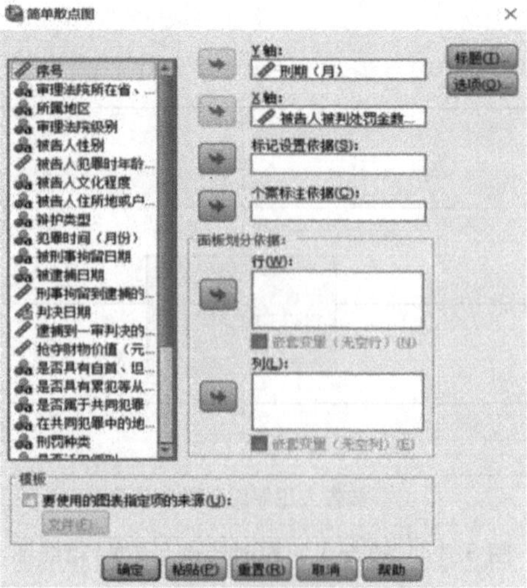

图 3. 19　简单散点图对话框

第三步，点击确定后就可以得到刑期(月)与被告人被判处罚金额(千元)两变量的散点图，见图 3.20。

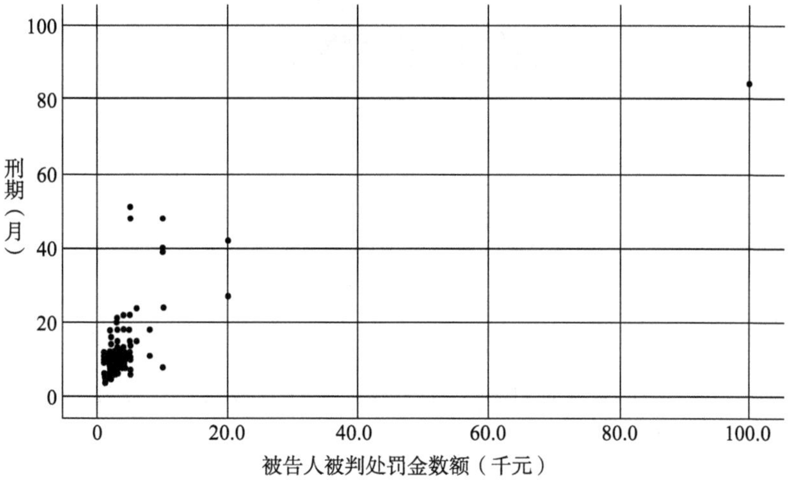

图 3.20　刑期与被告人被判处罚金额的散点图

从上面输出的刑期(月)与被告人被判处罚金额(千元)两变量的相关分析散点图中可以粗略地看出，两个变量之间存在较为明显的正相关线性关系。

第四章

数据的描述性提炼

开篇案例

2014年1月1日，《最高人民法院关于人民法院在互联网公布裁判文书的规定》正式实施，本章案例引用中国裁判文书网数据库中判决日期为“2020-04-01至2020-04-30”，关键词与“抢夺罪”“刑事一审”“判决书”有关的裁判文书，总计获得123个研究样本。研究变量包括犯案地区、被告人被判处罚金数额（千元）、刑事拘留到逮捕的间隔天数（日）、性别、逮捕到一审判决的间隔天数（日）、被告人犯罪时年龄（周岁）、刑期（月）、被告人受教育水平、抢夺财物价值（元）等因素。通过对这123个研究样本的统计数据进行加工整理，我们可以对它的分布规律有一个直观的了解，然而，要进一步挖掘数据信息，做更深入的分析，仅靠直观的了解是远远不够的，还需要寻找一些能够充分度量统计数据特征的统计指标，对现象进行分析研究。

本章内容主要对上述123个研究数据进行了描述性提炼，从而得到结论，我国发生抢夺罪最多的地区是东部地区，异众比率为55.28%。因抢夺罪被判处的刑期的中位数为10个月，第一四分位数为8个月，第二四分位数为10个月，第三四分位数为14个月，平均数为13.26个月，四分位差（quartile deviation）为6个月，极差为84个月，平均差为6.35，方差为117.358，标准差为10.833，离散系数为0.817，偏态系数（coefficient of skewness）为3.574，峰度系数（coefficient of kurtosis）为16.825。若将因抢夺罪被判处的刑期分组整理为等距数列并计算，则刑期的众数为7.15个月、中位数为8.48个月，第一四分位数为4.24个月，第二四分位数为8.48个月，第三四分位数为15.25个月。

此外，本章运用简单几何平均数（geometric mean）的计算方法计算出投资者股票的平均收益率，运用加权几何平均数的计算方法计算出投资者通过银行进行投资的平均年利率，运用简单调和平均数（harmonic mean）和加权调和平均数的计算方法分别计算距离相等和距离不等的行程往返的平均速度，最后以求解农贸市场蔬菜的平均价格的例子辨析各种平均数计算方法的使用差异。

数据的分布特征可以从三个方面进行概括性测度和描述：集中趋势、离散程度和分布的形状，相信通过本章内容的学习，可以对上述指标有更加深刻和全面的理解。

第一节　数据的集中趋势

集中趋势是指一组数据向某一中心值靠拢的程度，可以反映出一组数据中心点的位置。变量分布的集中趋势用平均指标来反映。平均指标具体表现为平均数，平均数因计算方法不同，分为位置型平均数和数值型平均数两类。位置型平均数是指根据变量分布特征直接观察，或者根据变量数列部分位于特殊位置的变量值来确定的平均数，具体包括众数、中位数、四分位数、百分位数(percentiles)等。数值型平均数是指根据变量的所有数据计算而得到的平均数，具体包括算术平均数、调和平均数、几何平均数等。

不同类型的数据用不同的集中趋势测度值，低层次数据的测度值适用于高层次数据，但高层次数据的测度值并不适用于低层次的测量数据。比如，众数不仅适用于定类数据，而且适用于定序数据和数值型数据；中位数和分位数不仅适用于定序数据，而且适用于数值型数据；数值型平均数只适用于数值型数据。

常用的集中趋势的测度指标有算术平均数、调和平均数、几何平均数、众数、中位数、四分位数等。

一、定类数据：众数

(一)众数的定义

众数是一组数据中出现次数最多的变量值，用 M_o 表示。众数主要用于测度定类数据的集中趋势，也可用于顺序数据和数值型数据集中趋势的测度。一般而言，众数适合数据量较大的情况。

众数是一个位置代表值，不受数据中极端值的影响。从分布的角度看，众数是具有明显集中趋势点的数值，一组数据分布的最高峰点所对应的数值即为众数。对于一组数据而言，可能有众数，也可能没有众数；可能有一个众数，也可能有两个或多个众数。

(二)众数的确定

1. 对于不分组数据：用眼直接观察

【例 4.1】在中国裁判文书网数据库中以判决日期为“2020-04-01 至 2020-04-30”，以“抢夺罪”“刑事一审”“判决书”为关键词检索到的 123 篇裁判文书为案例，找到发生抢夺罪最多的地区。

解：

表 4.1　所属地区频率表

	频率	百分比(%)	有效百分比(%)
东部地区	55	44.7	44.7
西部地区	40	32.5	32.5

续表

	频率	百分比(%)	有效百分比(%)
中部地区	28	22.8	22.8
合计	123	100.0	100.0

通过用眼直接观察表 4.1 中的数据，可以发现发生抢夺罪最多的地区是东部地区，即众数 M_o=东部地区。

2. 对于分组数据

考虑众数组两侧的数据组是否对称。在等距分组条件下，众数组就是频数最多的那一组；在不等距分组的条件下，众数组则是频数密度或频率密度最高的那一组。然后再按前后相邻两组分布频数之差所占的比重来推算众数的近似值。

下限公式为：

$$M_o = L + \frac{\Delta_1}{\Delta_1 + \Delta_2} \cdot i \tag{4-1}$$

上限公式为：

$$M_o = U - \frac{\Delta_2}{\Delta_1 + \Delta_2} \cdot i \tag{4-2}$$

式中 L 表示众数所在组的精确下限，U 表示众数所在组的精确上限，Δ_1 为与众数组下限相邻的频数，Δ_2 为与众数组上限相邻的频数，i 为组距。

【例 4.2】在中国裁判文书网数据库中以判决日期为“2020-04-01 至 2020-04-30”，以“抢夺罪”“刑事一审”“判决书”为关键词检索到的 123 篇裁判文书为案例，将刑期整理为等距数列后找到刑期的众数。

解：

表 4.2　刑期分组频率表

刑期(月)	频率	百分比(%)	有效百分比(%)	累计百分比(%)
$0 \leqslant m \leqslant 12$	87	70.7	70.7	70.7
$12 < m \leqslant 24$	28	22.8	22.8	93.5
$24 < m \leqslant 36$	1	0.8	0.8	94.3
$36 < m \leqslant 48$	5	4.1	4.1	98.4
$m > 48$	2	1.6	1.6	100.0
合计	123	100.0	100.0	

先确定众数所在组为频数最大(87)的“$0 \leqslant m \leqslant 12$”这一组，再依照公式计算众数的近似值：

运用下限公式：

$$M_o = 0 + \frac{87-0}{(87-0)+(87-28)} \times 12 = 7.15$$

或运用上限公式：

$$M_o = 12 - \frac{87-28}{(87-0)+(87-28)} \times 12 = 7.15$$

二、定序数据：中位数和分位数

在一组数据中可以找出某个具体位置上的数据，这些位置上的数据就是相应的分位数。包括中位数、四分位数、十分位数(deciles)、百分位数等。

(一)中位数

1. 中位数的定义

中位数是一组数据排序后处于中间位置上的变量值，用 M_e 表示。中位数是将全部数据等分成两部分，每部分包含 50%的数据，一部分数据比中位数大，另一部分数据则比中位数小。

中位数是个位置代表值，其不受极端值的影响，现实中在研究收入、成绩这类差异性比较大的数据时，代表性非常好。

中位数主要用于测度顺序数据的集中趋势，当然也适用于测度数值型数据的集中趋势，但不能用于定类数据的测度。

2. 中位数的计算

(1)根据未分组数据计算中位数时，先要对数据排序，然后确定中位数位置，最后确定中位数的具体数值。

中位数位置的确定公式为：

$$中位数位置=\frac{n+1}{2}，n\ 为数据个数 \tag{4-3}$$

设一组数据为 x_1，x_2，x_3，…，x_n，先将数据进行排序 $x_{(1)}$，$x_{(2)}$，$x_{(3)}$，…，$x_{(n)}$，当 n 为奇数时，中位数 $M_e=x_{\left(\frac{n+1}{2}\right)}$；当 n 为偶数时，中位数 $M_e=\frac{1}{2}\left[x_{\left(\frac{n}{2}\right)}+x_{\left(\frac{n}{2}+1\right)}\right]$。

当变量值的项数 n 为奇数时，处于中间位置的变量值即为中位数；当 n 为偶数时，中位数则为处于中间位置的 2 个变量值的平均数。

【例 4.3】在中国裁判文书网数据库中以判决日期为“2020-04-01 至 2020-04-30”，以“抢夺罪”“刑事一审”“判决书”为关键词检索到的 123 篇裁判文书为案例，找到刑期的中位数。

解：

表 4.3 刑期频率表

刑期(月)	频率	百分比(%)
0	1	0.8
4	1	0.8
5	4	3.3
6	14	11.4
7	7	5.7
8	12	9.8
9	10	8.1

续表

刑期(月)	频率	百分比(%)
10	13	10.6
11	9	7.3
12	16	13.0
13	3	2.4
14	4	3.3
15	4	3.3
16	2	1.6
18	8	6.5
20	1	0.8
21	1	0.8
22	2	1.6
24	3	2.4
27	1	0.8
39	1	0.8
40	1	0.8
42	1	0.8
48	2	1.6
51	1	0.8
84	1	0.8

n 的个数为 123 个，中位数 $M_e=x_{\left(\frac{n+1}{2}\right)}=10$，可知刑期的中位数为 10 个月。

(2)根据分组数据计算中位数时，应先求出中位数所在组的位置$\frac{N}{2}$，然后再按下限公式或上限公式确定中位数。

用向上累计频数时，按比例法下限公式推算中位数值。

$$M_e=L+\frac{\frac{N}{2}-S_{m-1}}{f_m}\cdot i \tag{4-4}$$

其中，L 代表中位数组的下限；S_{m-1} 代表向上累计时中位数组前一组的累计频数；i 代表中位数组的组距；f_m 代表中位数组的频数。

用向下累计频数时，按比例法上限公式推算中位数值。

$$M_e=U-\frac{\frac{N}{2}-S_{m+1}}{f_m}\cdot i \tag{4-5}$$

其中，U 代表中位数组的上限，S_{m+1} 代表向下累计时中位数组后一组的累计频数。

【例 4.4】在中国裁判文书网数据库中以判决日期为“2020-04-01 至 2020-04-30”，以“抢夺罪”“刑事一审”“判决书”为关键词检索到的 123 篇裁判文书为案例，将刑期整理为等距数列后找到刑期的中位数。

解：

表 4.4　刑期频率及向上累计频数表

刑期（月）	频率	向上累计频数
$0 \leqslant m \leqslant 12$	87	87
$12 < m \leqslant 24$	28	115
$24 < m \leqslant 36$	1	116
$36 < m \leqslant 48$	5	121
$m > 48$	2	123
合计	123	

首先确定中位数所在组。因为 123/2＝61.5，所以中位数在 $0 \leqslant m \leqslant 12$ 这一组，再根据公式计算中位数的近似值：

用向上累计频数时，按比例法下限公式推算中位数值：

$$M_e = 0 + \frac{61.5-0}{87} \times 12 = 8.48$$

用向下累计频数时，按比例法上限公式推算中位数值：

$$M_e = 12 - \frac{87-61.5}{87} \times 12 = 8.48$$

（二）四分位数

中位数是用一个中间点将数据等分为两部分，四分位数、十分位数、百分位数是分别用 3 个点、9 个点和 99 个点将数据 4 等分、10 等分和 100 等分后各分位点上的变量值。

1. 四分位数的定义

四分位数也称四分位点，是一组数据排序后处于 25%（下四分位数）位置上和 75%（上四分位数）位置上的值。用 3 个点将全部数据 4 等分，每部分包含 25%的数据。显然，中间的四分位数就是中位数，因此通常所说的四分位数是指处在 25%和 75%位置上的数值。

四分位数的特点是不受极端值的影响。

2. 四分位数的计算

（1）与中位数的计算方法类似，根据未分组数据计算四分位数时，先要对数据排序，然后确定四分位数位置，最后确定四分位数值。

与中位数不同的是，四分位数位置的确定方法有几种，这里介绍三种方法。每种方法得到的结果会有一定差异，但差异不会很大。

第一种位置确定方法为：

第一四分位数（Q_1），又称“下四分位数”，则 Q_1 的位置为 $n/4$；

第二四分位数（Q_2），又称“中位数”，则 Q_2 的位置为 $(n+1)/2$；

第三四分位数（Q_3），又称“上四分位数”，则 Q_3 的位置为 $3n/4$。

第二种位置确定方法为：

第一四分位数 Q_1 的位置为 $(n+1)/4$；

第二四分位数 Q_2 的位置为 $(n+1)/2$；

第三四分位数 Q_3 的位置为 $3(n+1)/4$。

第三种位置确定方法为：

第一四分位数 Q_1 的位置为 $(n+3)/4$；

第二四分位数 Q_2 的位置为 $(n+1)/2$；

第三四分位数 Q_3 的位置为 $(3n+1)/4$。

如果计算出来的位置是整数，四分位数就是该位置对应的变量值；如果是在 0.5 的位置上，则取该位置两侧变量值的均值；如果在 0.25 或 0.75 位置上，则四分位数等于该位置的下侧变量值加上按照比例分摊的两侧数值的差值。

【例 4.5】分布计算刑期的第一四分位数、第二四分位数和第三四分位数。

结合表 4.3 刑期的频率表，我们以第二种位置确定方法为例算出四分位数。

解：第一四分位数 Q_1 的位置为 $(n+1)/4=31$，$Q_1=8$；

第二四分位数 Q_2 的位置为 $(n+1)/2=62$，$Q_2=10$；

第三四分位数 Q_3 的位置为 $3(n+1)/4=93$，$Q_3=14$。

(2) 根据分组数据计算四分位数时，应先求出下四分位数 Q_1 所在组的位置 $\frac{N}{4}$，上四分位数 Q_3 的位置 $\frac{3N}{4}$，这里只给出按下限公式确定具体四分位数值。

第一个四分位数值 Q_1 为：

$$Q_1=L_{Q_1}+\frac{\frac{N}{4}-S_{m-1}}{f_m}\cdot i \tag{4-6}$$

其中，L_{Q_1} 代表下四分位数组的下限；S_{m-1} 代表向上累计时下四分位数组前一组的累计频数；i 代表下四分位数组的组距；f_m 代表下四分位数组的频数。

第二个四分位数值 Q_2 为：

$$Q_2=L_{Q_2}+\frac{\frac{N}{2}-S_{m-1}}{f_m}\cdot i \tag{4-7}$$

其中，L_{Q_2} 代表中位数组的下限；S_{m-1} 代表向上累计时中分位数组前一组的累计频数；i 代表中位数组的组距；f_m 代表中位数组的频数。

第三个四分位数值 Q_3 为：

$$Q_3=L_{Q_3}+\frac{\frac{3N}{4}-S_{m-1}}{f_m}\cdot i \tag{4-8}$$

其中，L_{Q_3} 代表上四分位数组的下限；S_{m-1} 代表向上累计时上四分位数组前一组的累计频数；i 代表上四分位数组的组距；f_m 代表上四分位数组的频数。

【例 4.6】以表 4.4 为例，计算刑期的四分位点。

解：

$$Q_1=0+\frac{30.75-0}{87}\times 12=4.24$$

$$Q_2=0+\frac{61.5-0}{87}\times12=8.48$$

$$Q_3=13+\frac{92.25-87}{28}\times12=15.25$$

(三)百分位数

1. 百分位数的定义

将一组数据从小到大进行排序，计算相应的累计百分位，则某一百分位所对应数据的值称为这一百分位的百分位数。可表示为：处于 $p\%$ 位置的值称第 p 百分位数。表示为有 $p\%$ 的数据项小于或等于第 p 百分位数的值；有 $(100-p)\%$ 的数据项大于或等于这个值。

2. 百分位数的计算

首先，对数据由小到大排序；其次，计算第 p 百分位数所在的位置 i。

$$i=n\cdot p\% \tag{4-9}$$

其中，n 是总项数。

若 i 不是整数，将之向上取整，得到的整数即是第 p 百分位数所在的位置，相对应的数即是第 p 百分位数；若 i 是整数，则第 p 百分位数是第 i 项与第 $(i+1)$ 项数据的算术平均数。

【例 4.7】以表 4.3 刑期的频率表为例，求刑期的第 85 个百分位数。

解：(1)排序：如表 4.3 中数据所示，已经排好；

(2) $i=n\cdot p\%=123\times85\%=104.55$；

(3)向上取整：$i=105$；

(4)第 105 项对应的值为 18。

三、数值型数据：平均数

平均数也称均值，是一组数据相加后除以数据的个数得到的结果。均值是集中趋势最主要的测度值，适用于数值型数据，不适用于分类数据和顺序数据。均值易受极端值的影响。一般而言，均值包括算术平均数、几何平均数和调和平均数。

根据总体数据计算的均值称为总体平均数，记为 μ；根据样本数据计算的均值称为样本平均数，记为 $\bar{x}$。

(一)算术平均数

1. 简单算术平均数

根据未经分组数据计算的平均数称为简单算术平均数(simple arithmetic mean)。设一组样本数据为 x_1，x_2，x_3，…，x_n，样本数据的个数为 n 个，简单算术平均数用 $\bar{x}$ 表示，计算公式为：

$$\bar{x}=\frac{x_1+x_2+x_3+\cdots+x_n}{n}=\frac{\sum_{i=1}^{n}x_i}{n} \tag{4-10}$$

【例 4.8】在中国裁判文书网数据库中以判决日期为“2020-04-01 至 2020-04-30”，以“抢夺罪”“刑事一审”“判决书”为关键词检索到的 123 篇裁判文书为案例，计算刑期的简单算术平均数。

解：

$$\bar{x}=\frac{x_1+x_2+x_3+\cdots+x_n}{n}=\frac{1\ 631}{123}=13.26$$

2. 加权算术平均数

简单算术平均数是根据未经分组的数据计算的平均数。加权算术平均数(weighted mean)是根据分组数据计算的平均数。设原始数据被分成 k 组，各组的组中值分别用 M_1，M_2，…，M_k 表示，各组变量值出现的频数分别用 f_1，f_2，…，f_k 表示，则样本加权算术平均数的计算公式为：

$$\bar{x}=\frac{M_1f_1+M_2f_2+\cdots+M_kf_k}{f_1+f_2+\cdots+f_k}=\frac{\sum_{i=1}^{k}M_if_i}{\sum f_i} \tag{4-11}$$

【例 4.9】以表 4.3 中的数据为例，计算刑期的加权算术平均数。

解：

$$\bar{x}=\frac{0\times0.8\%+4\times0.8\%+\cdots+84\times0.8\%}{100\%}=13.26$$

一方面，算术平均数可以利用变量的每一个观测值获取更多的信息，但另一方面，正是因为使用了每一个观测值，所以算术平均数的计算相对麻烦，而且会受到极端值的影响，这也是算术平均数的一个重要缺点。

（二）几何平均数

几何平均数是 n 个变量值乘积的 n 次方根，用 G 表示。几何平均数适用于对比率数据的平均，当所掌握的数据本身是比率形式时，采用几何平均法更为合理。主要用于计算平均比率、平均增长率。

1. 简单几何平均数

简单几何平均数的计算公式为：

$$G=\sqrt[N]{x_1\cdot x_2\cdot\cdots\cdot x_n}=\sqrt[N]{\prod_{i=1}^{n}x_i} \tag{4-12}$$

【例 4.10】一位投资者购持有一种股票，在 2017 年、2018 年、2019 年和 2020 年收益率分别为 4.5%，2.1%，25.5%，1.9%。计算该投资者在这四年内的平均收益率。

解：

$$G=\sqrt[4]{104.5\%\times102.1\%\times125.5\%\times101.9\%}=108.08\%$$

该投资者在这四年内的平均收益率为 8.08%。

2. 加权几何平均数

$$G=\sqrt[f_1+f_2+\cdots+f_n]{x_1^{f_1}\cdot x_2^{f_2}\cdot\cdots\cdot x_n^{f_n}}=\sqrt[\sum f]{\prod X^f} \tag{4-13}$$

f_i 为变量值 x_i 重复出现的次数，又称权数。

【例 4. 11】某投资银行某笔投资是复利计算的，25 年间年利率的分配情况是：有 1 年为 3%，有 4 年为 5%，有 8 年为 8%，有 10 年为 10%，有 2 年为 15%。求平均年利率。

解：

$$G=\sqrt[25]{103\%^{1}\times105\%^{4}\times110\%^{10}\times115\%^{2}}=106.00\%$$

平均年利率为 6. 00%。

(三) 调和平均数

调和平均数又称倒数平均数，是指 N 个变量值的倒数的算术平均数的倒数。调和平均数也有简单调和平均数和加权调和平均数两种。

1. 简单调和平均数

简单调和平均数是算术平均数的变形。

设有 n 个变量值，为 x_1，x_2，x_3，…，x_n，简单调和平均数的计算公式为：

$$\overline{H}=\frac{1}{\frac{1}{n}\left(\frac{1}{x_1}+\frac{1}{x_2}+\cdots+\frac{1}{x_n}\right)}=\frac{n}{\sum_{i=1}^{n}\frac{1}{x_i}} \tag{4-14}$$

【例 4. 12】甲、乙两地相距 100 千米，某人乘车往返甲、乙两地之间，去时速度为每小时 10 千米，回来时速度为每小时 30 千米，求整个行程的平均速度。

解：如果不假思索地应用算术平均数的话，结果是 20 千米/小时[(10+30)/2]。但是这么算不对。因为回程速度更快，整个行程中以 30 千米/小时的速度行驶的时间更少，以 10 千米/小时的速度行驶的时间更多，所以，整个行程中的平均速度不会是 30 千米/小时和 10 千米/小时的中点，而应该更接近 10 千米/小时。

$$\overline{H}=\frac{1}{\frac{1}{2}\left(\frac{1}{30}+\frac{1}{10}\right)}=15$$

平均速度为两者的调和平均数时速 15 千米/小时，比使用未加权的算术平均数计算所得低了 5 千米/小时。

需要注意的是，这里之所以可以直接应用调和平均数，是因为去程和返程的距离是相等的，如果两者距离不等(比如去程和返程走了不同路线)，那么需要应用加权调和平均数。

2. 加权调和平均数

加权调和平均数是加权算术平均数的变形。它与加权算术平均数在实质上是相同的，而仅有形式上的区别，即表现为变量对称的区别、权数对称的区别和计算位置对称的区别。

在单变量值分组的情况下，加权均值的计算公式为：

$$\overline{H}=\frac{\sum_{i=1}^{n}M_i}{\sum_{i=1}^{n}\frac{M_i}{x_i}} \tag{4-15}$$

在很多情况下，由于只掌握每组某个标志的数值总和(M)而缺少总体单位数(f)的资料，不能直接采用加权算术平均数法计算平均数，则应采用加权调和平均数。

【例 4. 13】甲、乙两地相距 100 千米，某人从甲地前往乙地，去时速度为每小时 10 千米，回来时走了不同路线，路线长度为 150 千米，返回速度为每小时 30 千米，求整个行程的平均速度。

解：

$$\overline{H}=\frac{250}{\left(\frac{150}{30}+\frac{100}{10}\right)}=16.67$$

整个行程的平均速度是 16. 67 千米/小时。

在组距分组的情况下，仍然根据是否拥有各组组均值数据，加权调和平均数的计算分为两种不同的方式。拥有各组组均值数据时，采用各组组均值计算加权调和平均数；不具有各组组均值数据时，需要采用各组组中值来计算加权调和平均数的近似数值。

由于调和平均数计算起来相对复杂，并且当有一组数据的取值为零时，则无法计算调和平均数。所以，在法律层面甚至是在日常生活中，我们都很少能够使用到调和平均数。

【例 4. 14】农贸市场有三种蔬菜，分别求蔬菜的平均价格。

(1)各买 1 千克(见表 4. 5)，求平均价格。

表 4. 5　蔬菜的销售单价和数量

品种	单价(元/千克)	数量(千克)
甲	1. 0	1
乙	1. 6	1
丙	2. 0	1
合计	4. 6	3

解：

平均价格为：

$$\bar{x}=\frac{1.0+1.6+2.0}{1+1+1}=1.53(\text{元/千克})$$

(2)各买 1 元(见表 4. 6)，求平均价格。

表 4. 6　蔬菜的单价和购买额

品种	单价(元/千克)	购买额(元)
甲	1. 0	1
乙	1. 6	1
丙	2. 0	1
合计	4. 6	3

解：

平均价格：

$$\bar{x}=\frac{1+1+1}{\frac{1}{1.0}+\frac{1}{1.6}+\frac{1}{2.0}}=1.41(\text{元/千克})$$

(3)购买额分别为 2 元、5 元、4 元(见表 4. 7)，求平均价格。

表 4.7 蔬菜的单价和购买额

品种	单价(元/千克)	购买额(元)
甲	1.0	2
乙	1.6	5
丙	2.0	4
合计	4.6	11

解：

平均价格：

$$\bar{x}=\frac{2+5+4}{\frac{2}{1.0}+\frac{5}{1.6}+\frac{4}{2.0}}=1.54(\text{元/千克})$$

小结：在计算平均指标时，若缺少分子资料，适宜采用加权算术平均数方法，用分母作权数；若缺少分母资料，适宜采用加权调和平均数方法，用分子作权数。

四、众数、中位数与平均数比较

（一）众数、中位数与平均数的关系

平均数是这三个测度中唯一的数值型测度。平均数采用的是算数平均方法计算得出的集中趋势测度，所以平均数对于极端数值的反应比较敏感，当数据的偏倚程度越大时，平均数受到的影响也会越大。而众数和中位数反映的是数据的集中趋势，是对位置的集中趋势的一种测度指标，具体的取值不会受到极端值的影响。

众数始终是一组数据分布的峰值，中位数是处于一组数据中间位置上的值，平均数是全部数据的算术平均值。

若数据的分布是对称的，则有平均数＝众数＝中位数，见图 4.1，这三个集中趋势的测度都位于数据分布的顶峰的位置上。

若数据的分布不是对称的，众数仍然处在数据分布的峰值，但是均值和中位数则会偏向数据偏倚的一方，并且平均数的偏倚程度在一般情况下是大于中位数的。见图 4.2，当数据呈现左偏态时，平均数的取值最小，其次是中位数，众数的取值是最大的，在频数分布图上，众数始终对应峰顶，平均数和中位数偏在峰顶的左边，平均数又在中位数的左边。见图 4.3，当数据呈现右偏态时，平均数的取值最大，其次是中位数，众数的取值是最小的，在频数分布图上，众数始终对应峰顶，平均数和中位数偏在峰顶的右边，平均数又在中位数的右边。

根据均值、众数、中位数之间的这种关系，通过比较这三个集中趋势测度的具体数值，可以反映数据的分布状态，进而可以大致把握偏态程度。

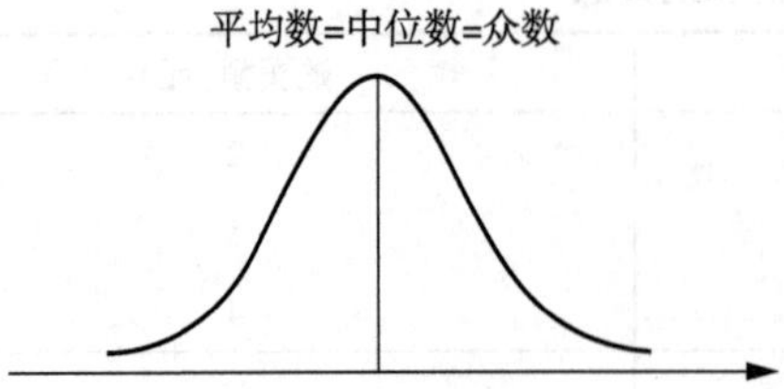

图 4.1　对称分布

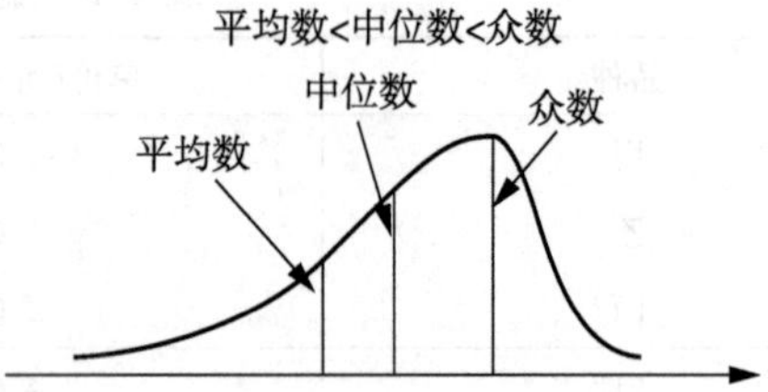

图 4.2　左偏态分布

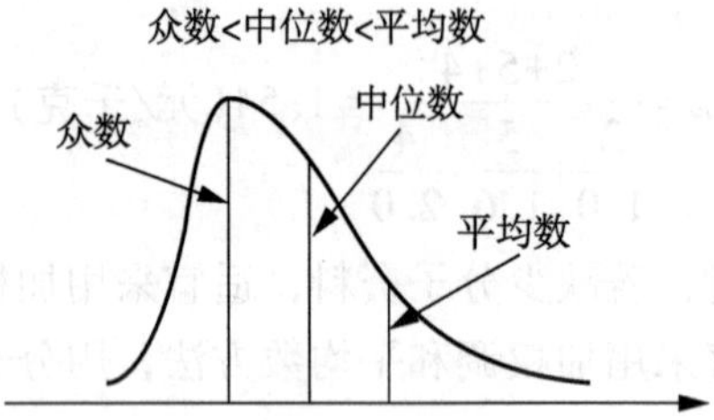

图 4.3　右偏态分布

(二)皮尔逊经验规则

根据英国统计学家卡尔·皮尔逊(Karl Pearson)的经验，在偏态分布的偏斜程度不太显著时，上述三种平均数的位置有一定的关系，即中位数与算术平均数的距离，约等于众数与算术平均数距离全长的 1/3；中位数与众数的距离，约等于众数与算术平均数距离全长的 2/3。据此，得出如下经验公式：

$$\bar{x}-M_o=3(\bar{x}-M_e) \tag{4-16}$$

利用上述经验公式，已知其中任何两个平均数之值，可以推算另一个平均数之值。

【例 4.15】某企业工人月收入 1 200 元的人数最多，平均收入为 1 500 元，试估计月收入的中位数，并判断其偏斜方向。

解：

$$M_o=1\ 200$$

$$\bar{x}=1\ 500$$

根据上述公式得：

$$M_e=1\ 400$$

月收入的中位数为 1 400 元。

因为 $M_o<M_e<\bar{x}$，所以为右偏态分布。

(三)众数、中位数与平均数的优缺点比较

平均数包含的信息最丰富，代表性最好。当数列不是偏态分布的时候，平均数是集中趋势的最佳选择。但平均数要受数列中离群值的影响。而且，样本越少，这种影响越大。此外，当数据资料是定类、定序变量或者是有开口组的定距测量时，平均数都变得无能为力。

中位数的适用范围比平均数宽，而且不受离群值的影响。当数列的分布是偏态时，中位数是最有用的集中趋势代表值，因为它位于平均数和众数之间。但中位数由于是依据变量值的排序位置决定的，它对于数列分布中的变量值不敏感。此外，它易受样本规模大小的影响。

众数的适用范围比平均数和中位数都宽，也不受离群值的影响。而且，在图上它很容易被观察到。但由于众数提供的信息很少，因此它是用途最小的集中趋势代表值。众数的最大用途在于，在对中位数和平均数进行测量的同时也测量众数。当对这三个值同时进行测量的时候，会提供很多的信息。

第二节 数据的离散程度

集中趋势度量的是数据分布去向的中心数值的一般水平，是事物共性的测度，而数据的离散程度是数据分布的另一个重要特征，它反映的是各变量值远离中心值的程度，是事物个性的测度。数据的离散程度越大，集中趋势的测度值对该组数据的代表性就越差；数据的离散程度越小，集中趋势的测度值就越具有代表性。集中趋势度和离散程度是分析事物基本特征和数据分布状态的两个重要测度。

根据数据类型不同，离散程度测度值包括异众比率、四分位差、极差、平均差、方差、标准差和离散系数等。

一、定类数据：异众比率

异众比率(variation ratio)是指非众数组的频数占总频数的比例，用 V_r 来表示，其计算公式为：

$$V_r = \frac{\sum f_i - f_m}{\sum f_i} = 1 - \frac{f_m}{\sum f_i} \qquad (4\text{-}17)$$

其中，$\sum f_i$ 是变量值的总频数；f_m 是众数组的频数。

异众比率的作用是评价众数的代表性，取值为 0~1。异众比率越接近 1，众数所在组的频数占总频数的比率越低，众数的代表性就越弱，也就说明数据的频数分布不存在明显集中的态势，用众数来反映数据的集中趋势是不合适的；异众比率越接近 0，众数所在组的频数占总频数的比率越高，用众数反映数据的集中趋势的代表性就越强。

异众比率主要适用于测度定类数据的离散程度，当然对于定序数据以及数值型数据也可以计算异众比率。

【例 4.16】以表 4.1 发生抢夺罪所属地区频率表为例，计算异众比率。

解：发生抢夺罪的地区划分为东部、西部和中部地区三类，发生的频率分别为 55，40，28，众数 M_o = 东部地区，则异众比率为：

$$V_r=\frac{68}{123}=55.28\%$$

调查的123起抢夺罪中，抢夺罪发生在西部和中部地区的数量约占55.28%，异众比率还是比较高的，说明用东部地区代表抢夺罪罪犯进行抢劫的地区偏好，代表性是较差的。

二、定序数据：四分位差

四分位差也称内距或四分间距(Inter-Quartile Range，*IQR*)，是第三四分位数与第一四分位数的差值。其计算公式为：

$$IQR=Q_u-Q_l$$

四分位差反映了中间50%数据的离散程度，其数值越小，说明中间的数据越集中，反之说明数据越分散。四分位差不受极端值的影响，可以用于衡量中位数的代表程度。

四分位差是对定序数据离散程度的测度，也可以计算数值型数据的离散程度，但是其不适合分类数据。

【例4.17】以表4.3刑期的频率为数据，计算刑期的四分位差。

解：首先，要先对数据进行排序，表中数据已排好序；

其次，找到第一四分位数和第三四分位数，因为123/4=30.75，所以第一四分位数为第30和第31个数字的平均数，即 $Q_l=\frac{8+8}{2}=8$，因为 $\frac{123\times3}{4}=92.25$，所以第三四分位数为第92和第93个数字的平均数，即 $Q_u=\frac{14+14}{2}=14$；

最后，四分位差 $IQR=Q_u-Q_l=14-8=6$。

三、数值型数据：极差

极差(range)是一组数据最大值与最小值的差值，用 R 表示，公式表示为：

$$R=\max(x_i)-\min(x_i) \tag{4-18}$$

【例4.18】以表4.3刑期的频率为数据，计算刑期的极差。

解：$R=x_{31}-x_1=84-0=84$

刑期的极差为84。

四、数值型数据：平均差

平均差(mean deviation)也称平均绝对离差(mean absolute deviation)，是指全部变量值与其均值离差的绝对值的均值，用 $A.D.$ 表示。

简单平均差计算公式为：

$$A.D.=\frac{\sum|X-\bar{X}|}{N} \tag{4-19}$$

加权平均差计算公式为：

$$A.D.=\frac{\sum|X-\overline{X}|F}{\sum F} \tag{4-20}$$

平均差以平均数为中心，反映了每个数据与平均数的平均差异程度，它能准确全面地反映一组数据的离散情况。平均差越大，说明数据离散程度越大；反之，则说明数据的离散程度越小。

为了避免离差之和等于0而无法计算平均差，采用了绝对值(绝对值计算不便，故实际中应用较少)。

【例4.19】以表4.3刑期的频率为数据，计算刑期的平均差。

解：首先，先计算抢夺罪案例数占总人口数比例的平均值：

$$\overline{X}=13.26$$

其次，分别计算全部变量值 x_i 与抢夺罪案例数占总人口数比例的平均值 $\overline{X}$ 的差的绝对值：

$$\sum|X-\overline{X}|=780.82$$

最后，计算平均差：

$$A.D.=\frac{\sum|X-\overline{X}|}{N}=\frac{780.82}{123}=6.35$$

五、数值型数据：方差、标准差

对于数值型数据离散程度的度量，可以用异众比率、四分位差、极差，但是更多情况下会使用方差、标准差。方差和标准差是数据离散程度的最常用测度值，能较好地反映数据的离散程度，也反映了各变量值与均值的平均差异。

(一)方差

方差是全部变量与其均值的离差平方的数值。在数学处理上，用平方的方法消除离差的正负号，然后再进行平均。用 σ^2 来表示，计算公式为：

$$\sigma^2=\frac{\sum_{i=1}^{n}(X_i-\mu)^2}{N} \tag{4-21}$$

根据总体数据计算的，称为总体方差(标准差)，记为 $\sigma^2(\sigma)$；根据样本数据计算的，称为样本方差(标准差)，记为 $s^2(s)$。

注意：在实际应用的过程中，我们往往是用样本数据方差来估计总体的方差，用 s^2 表示样本方差，计算公式为：

$$s^2=\frac{\sum_{i=1}^{n}(X_i-\overline{X})^2}{n-1} \tag{4-22}$$

注意：样本方差使用样本数据个数(样本容量 n)减1后去除离差平方和，其中，样本容量减1叫作自由度(degree of freedom)。

自由度是指数据个数与附加给独立的观测值的约束或限制的个数。从字面含义来看，自由度是指一组数据中可以自由取值的个数。当样本数据的个数为 n 时，若样本平均数确定后，则附加给 n 个观测值的约束个数就是1个，因此只有 $n-1$ 个数据可以自由取值，其中必有一个数据不能自由取值。按着这一逻辑，如果对 n 个观测值附加的约束个数为 k 个，自由度则为 $n-k$。

例如，样本有3个数值，即 $x_1=2$，$x_2=4$，$x_3=9$，则 $\bar{x}=5$。当 $\bar{x}=5$ 确定后(丧失了一个自由度)，假定 x_1，x_2 和 x_3 有两个数据可以自由取值，另一个就不能自由取值，比如 $x_1=6$，$x_2=7$，那么 x_3 则必然取2，而不能取其他值。

样本方差的自由度为什么是 $n-1$ 呢？因为在计算离差平方和时，必须先求出样本均值 $\bar{x}$，而 $\bar{x}$ 则是附加给离差平方和的一个约束，因此，计算离差平方和时只有 $n-1$ 个独立的观测值，而不是 n 个。

样本方差用自由度去除，其原因可从多方面解释，从实际应用角度看，在抽样估计中，当用样本方差 s^2 去估计总体方差 σ^2 时，它是 σ^2 的无偏估计量。

【例4.20】以表4.3刑期的频率为数据，计算刑期的方差。

解：首先，抢夺罪案例数占总人口数比例的平均值 $\bar{x}=13.26$；

其次，计算全部变量值 x_i 与 $\bar{x}$ 的差的平方和 $\sum_{i=1}^{123}(x_i-\bar{x})^2$；

最后，抢夺罪案例数占总人口数比例的方差：

$$s^2=\frac{\sum_{i=1}^{n}(x_i-\bar{x})^2}{n-1}=\frac{\sum_{i=1}^{123}(x_i-\bar{x})^2}{122}=117.358$$

(二)标准差

方差的平方根称为标准差。标准差测度的是观察值与均值之间的距离。离均值越远，彼此之间离得也越远，则标准差越大。方差开方后即得到标准差。与方差不同的是，标准差是有量纲的，它与变量值的计量单位相同，其实际意义要比方差清楚。因此，在对实际问题进行分析时更多地使用标准差，标准差的计算公式分别为：

$$\text{未分组数据：}s=\sqrt{\frac{\sum_{i=1}^{n}(x_i-\bar{x})^2}{n-1}} \tag{4-23}$$

$$\text{分组数据：}s=\sqrt{\frac{\sum_{i=1}^{k}(M_i-\bar{x})2f_i}{n-1}} \tag{4-24}$$

【例4.21】以表4.3刑期的频率为数据，计算刑期的标准差。

解：抢夺罪案例数占总人口数比例的方差 $s^2=117.358$，故抢夺罪案例数占总人口数比例的标准差 $s=10.833$。

六、相对离散程度：离散系数

离散系数也称变异系数(coefficient of variation)，是指一组数据的标准差与其相应的均值之比。

在上述测度数据变量离散程度的指标中，取值范围均为具有量纲和具体数值水平的测度，不具有直接的可比性。其中，标准差为全部变量值与其均值离差平方和的平均数的平方根，具有与变量相同的量纲，不同量纲的标准差的数值不能直接进行对比分析。另外，标准差的取值还要受到均值水平的制约，均值数值水平不等的标准差之间，即使量纲相同也不具有可比性。

所以用标准差除以同一组数据的均值，分子分母量纲相同可约去，同时剔除了均值数值水平，得到了一个没有量纲的相对数测度，这就是离散系数。

计算离散系数的主要目的就是消除标准差的量纲和数值水平上的差异，使其成为一个抽象的、纯粹的反映数据分布离散程度的测度，一个具有广泛直接可比性的离散程度测度。从形式上看，离散系数是一个相对的比值，是一个相对数。

总体离散系数的计算公式为：

$$V_\sigma = \frac{\sigma}{\overline{X}} \tag{4-25}$$

样本离散系数的计算公式为：

$$V_s = \frac{s}{\bar{x}} \tag{4-26}$$

离散系数是测量数据离散程度的相对统计量。离散系数大，说明数据的离散程度大；离散系数小，说明数据的离散程度小。一般用百分数来表示。

【例 4.22】对 20 名经理人员的调查表明年平均收入为 500 000 元，标准差为 50 000 元。对 20 名普通员工的调查表明平均收入为 32 000 元，标准差为 5 000 元。请计算两者的离散系数。

解：

经理人员的离散系数为：$V_s = \frac{s}{\bar{x}} = \frac{50\ 000}{500\ 000} = 0.1$

普通员工的离散系数为：$V_s = \frac{s}{\bar{x}} = \frac{50\ 000}{320\ 000} = 0.156\ 25$

虽然经理人员收入的绝对离散程度远远大于普通员工，但经理人员收入的相对离散程度小于普通员工。因此，在本例中，运用离散系数来比较经理和普通员工的平均收入差异更具有现实意义。

七、相对位置的度量：标准分数、经验法则、切比雪夫不等式

有了均值和标准差后，可以计算一组数据中各个数值的标准分数（standard score），以测度每个数据在该组数据中的相对位置，判断一组数据是否有离群点数据。

（一）标准分数

标准分数是变量值与其平均数的离差除以标准差后的值，也称标准化值或者 z 分数。

其计算公式为：

$$z_i = \frac{x_i - \bar{x}}{s} \tag{4-27}$$

其中，z_i 表示第 i 个变量的标准化值。

标准化值的分子 $x_i-\bar{x}$ 为第 i 个变量值与其均值的差额，一般称为数据的中心化，表现为变量值与其均值的绝对距离。标准化的分母为标准差 s，通过用标准差 s 除中心化后的数据，来消除标准化值的量纲和绝对水平，剔除不同的数据分布离散程度在量纲和绝对水平上的差异，使离散程度不同的数据之间具备了广泛的可比性。

标准分数给出了一组数据中各个数值的相对位置，反映了以标准差 s 为单位计量的第 i 个变量值与其均值的相对距离。比如，某个数值的标准分数为-1.5，则该数值低于平均数 1.5 倍的标准差。在对多个具有不同量纲的变量进行处理时，常常需要对各变量进行标准化处理。

【例 4.23】以表 4.3 刑期的频率为数据，计算刑期为 20 个月的标准分数。

解：

$$Z_i=\frac{x_i-\bar{x}}{s}=\frac{20-13.26}{10.833}=0.6222$$

刑期为 20 个月的标准分数为 0.622 2，即 20 个月的刑期高于平均值 0.622 2 倍的标准差。

（二）经验法则

经验法则是指当一组数据为对称分布时，约有 68%的数据在平均数加减 1 个标准差的范围之内；约有 95%的数据在平均数加减 2 个标准差的范围之内；约有 99%的数据在平均数加减 3 个标准差的范围之内。

在一个数据集中，反常的大或小的值，称为异常值，即野点。z 分数可用于检测异常值。根据经验法则，对于钟形分布，几乎所有的数据项与平均数的距离都在 3 个标准差内。因此，任何 z 分数小于-3 或大于+3 的，都是异常值。

（三）切比雪夫不等式

如果一组数据不是对称分布，经验法则就不再适用，这时可使用切比雪夫不等式，它对任何分布形态的数据都适用。

切比雪夫不等式（Chebyshev's inequality）提供的是“下界”，也就是“所占比例至少是多少”。对于任意分布形态的数据，根据切比雪夫不等式，至少有$(1-1/k^2)$的数据落在平均数加减 k 个标准差之内。其中 k 是大于 1 的任意值，但不一定是整数。

对于 $k=2，3，4$，切比雪夫不等式的含义是：至少有 75%的数据落在平均数加减 2 个标准差的范围之内；至少有 89%的数据落在平均数加减 3 个标准差的范围之内；至少有 94%的数据落在平均数加减 4 个标准差的范围之内。

第三节　偏态和峰度

集中趋势和离散程度是关于数据分布的基本测度，但若要进一步描述数据分布的形态是否对称、偏倚的方向和程度以及分布的扁平程度等，需要对数据分布的偏态和峰度(kurtosis)进行度量。

一、偏态及其测度

偏态一词最早由统计学家皮尔逊于 1895 年首次提出，是对数据分布对称性的一种测度。测度偏态的统计量是偏态系数，记作 *SK*。

计算偏态系数的公式为：

$$SK = \frac{n\sum(x_i - \bar{x})^3}{(n-1)(n-2)s^3} \tag{4-28}$$

式中，s^3 是样本标准差的三次方。

如果一组数据的分布是对称的，那么其偏态系数为 0；如果偏态系数不为 0，则表明数据的分布是非对称的。若偏态系数大于 1 或小于-1，则这组数据是高度偏态分布的；若偏态系数为 0.5~1 或-1~-0.5，则这组数据是中等偏态分布的；偏态系数越接近 0，偏斜程度就越小。

【例 4.24】以刑期的频率为数据，计算刑期的偏态系数。

解：

$$SK = \frac{n\sum(x_i - \bar{x})^3}{(n-1)(n-2)s^3} = 3.574$$

刑期的偏态系数为 3.574≠0，则表明数据的分布是非对称的，并且偏态系数是大于 1 的，所以刑期这组数据是高度偏态分布的。

二、峰度及其测度

峰度一词是由统计学家皮尔逊于 1905 年首次提出的，是对数据分布平峰或尖峰程度的一种测度。测度峰度的统计量是峰度系数，记作 *K*。

峰度通常是与标准正态分布(Normal distribution)相比较而言的，如果一组数据服从标准正态分布，则峰度系数的值为 0；若峰度系数的值明显不为 0，则表明分布比正态分布更加平坦或更加陡峭。

根据未分组数据，计算峰度系数的公式为：

$$K = \frac{n(n+1)\sum(x_i - \bar{x})^4 - 3\left[\sum(x_i - \bar{x})^2\right]^2(n-1)}{(n-1)(n-2)(n-3)s^4} \tag{4-29}$$

根据分组数据，计算峰度系数的公式为：

$$K = \frac{f_i\sum_{i=1}^{k}(M_i - \bar{x})^4}{ns^4} - 3 \tag{4-30}$$

式中，s^4 是样本标准差的四次方。

公式中将离差四次方的平均数除以 s^4 是为了将峰度系数转化成相对数。用峰度系数说明分布的尖峰和平峰程度，是通过与标准正态分布的峰度系数进行比较来实现的。由于正态分布的峰度系数为 0，当 $K>0$ 时为尖峰分布，数据的分布更集中；当 $K<0$ 时为平峰分布，数据的分布更分散。根据分组数据计算峰度系数的公式也可以不减去 3，此时的比较标准是 3。当 $K>3$ 时为尖峰分布，当 $K<3$ 时是平峰分布。

【例 4.25】以刑期的频率为数据，计算刑期的峰度系数。

解：

$$K=\frac{n(n+1)\sum(x_i-\bar{x})^4-3\left[\sum(x_i-\bar{x})^2\right]^2(n-1)}{(n-1)(n-2)(n-3)s^4}=16.825$$

峰度系数为 16.825，刑期的分布为尖峰分布。

第四节　用 SPSS 软件进行描述统计分析

一、用 SPSS 软件确定发生抢夺罪最多的地区

单击“分析”—“描述统计”—“频率”，出现对话框，将“所属地区”放到变量框中(见图 4.4)。

单击“统计”，出现新的对话框，勾选“众数”，点击“继续”，然后点击“确定”，输出结果(见图 4.5)。

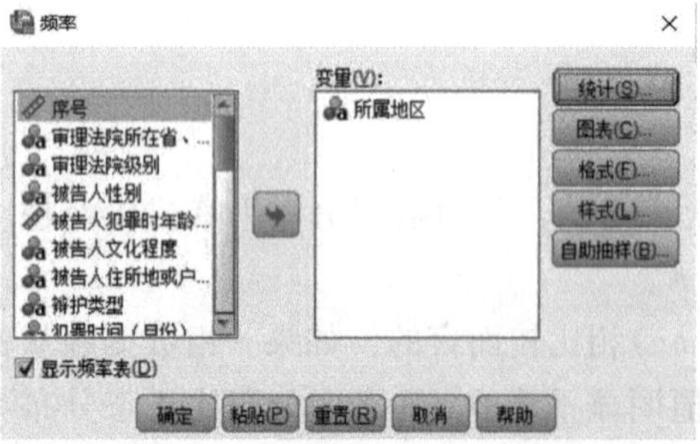

图 4.4 “频率”对话框(1)

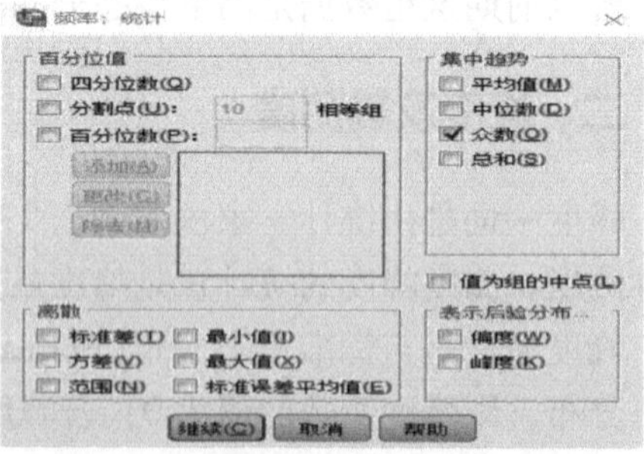

图 4.5 “频率：统计”对话框(1)

二、用 SPSS 软件确定刑期的中位数

单击“分析”—“描述统计”—“频率”，将“刑期(月)”添加到变量框中(见图 4.6)。

单击“统计”，勾选“中位数”，然后确定输出结果(见图 4.7)。

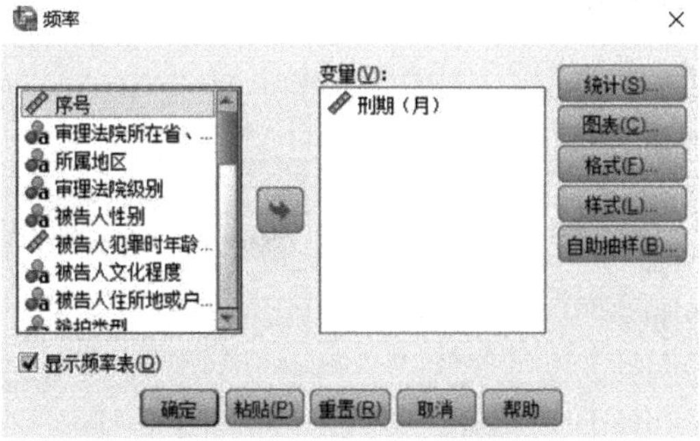

图 4.6　“频率”对话框(2)

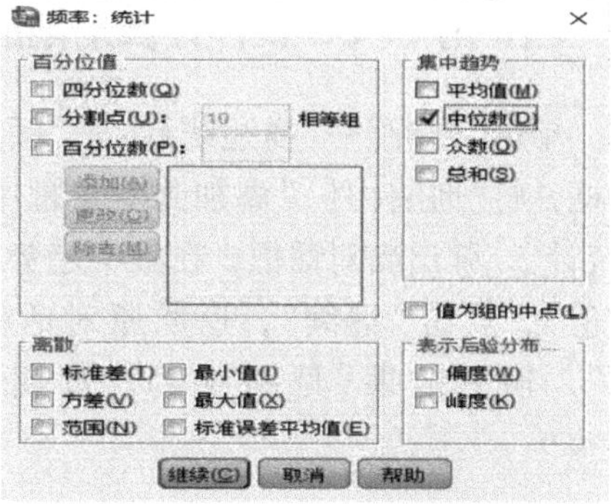

图 4.7　“频率：统计”对话框(2)

三、用 SPSS 软件计算刑期的四分位数

单击“分析”—“描述统计”—“频率”，弹出对话框，将“刑期(月)”添加到变量框中，点击右侧“统计”，弹出新对话框，在百分位值框中勾选“四分位数”，点击“继续”，返回原对话框，点击“确定”，输出结果(见图 4.8)。刑期的百分位数见表 4.8。

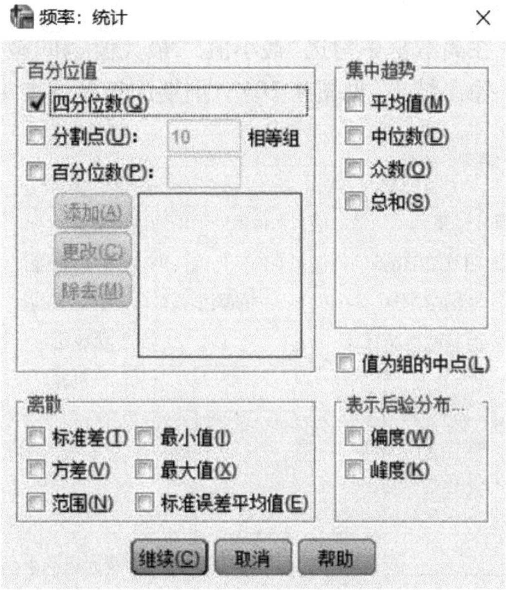

图 4.8　“频率：统计”对话框(3)

表 4.8　刑期的百分位数

个案数		123
百分位数	25	8
	50	10
	75	14

四、用 SPSS 软件计算刑期的简单算术平均数

单击“分析”—“描述统计”—“频率”，弹出对话框，将“刑期(月)”添加到变量框中，点击右侧“统计”，弹出新对话框，在集中趋势框中勾选“平均值”，点击“继续”，返回原对话框，点击“确定”，输出结果(见图 4.9)。刑期的平均值见表 4.9。

表 4.9 刑期的平均值

个案数	123
平均值	13.26
总和	1 631

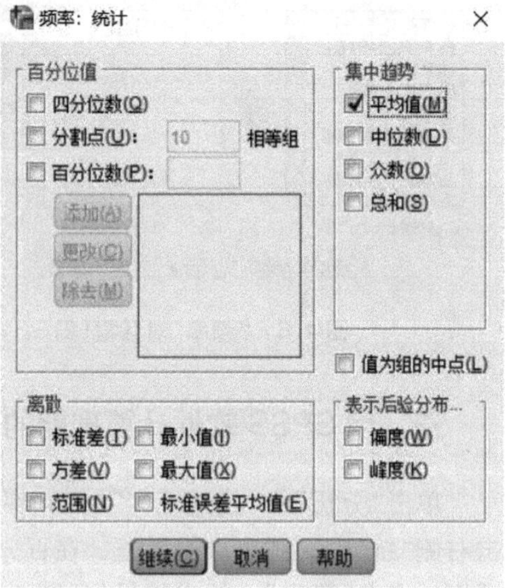

图 4.9 “频率：统计”对话框(4)

五、用 SPSS 软件计算刑期的极差

单击“分析”—“描述统计”—“频率”，弹出对话框，将“刑期(月)”添加到变量框中，点击右侧“统计”，弹出新对话框，在离散框中勾选“最小值”“最大值”和“范围”，点击“继续”，返回原对话框，点击“确定”，输出结果(见图 4.10)。刑期的极差见表 4.10。

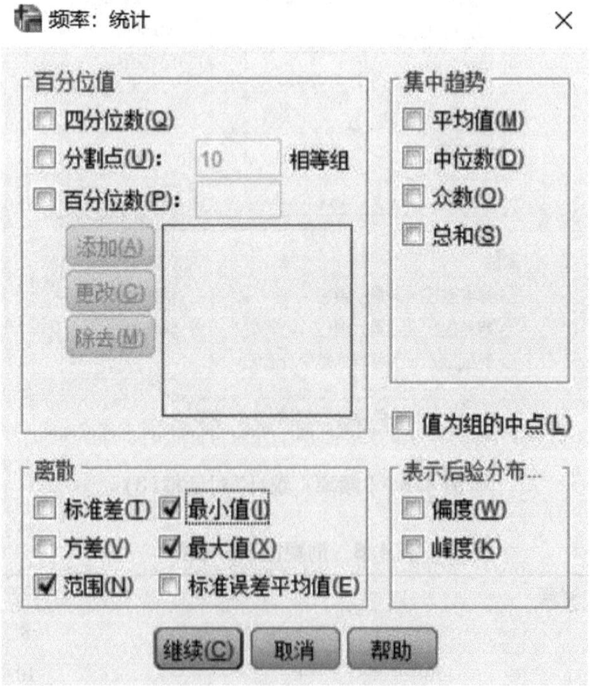

图 4.10 “频率：统计”对话框(5)

表 4.10　刑期的极差

个案数	123
极差	84
最小值	0
最大值	84

六、用 SPSS 软件计算刑期的方差

单击“分析”—“描述统计”—“频率”，弹出对话框，将“刑期(月)”添加到变量框中，点击右侧“统计”，弹出新对话框，在离散框中勾选“方差”，点击“继续”，返回原对话框，点击“确定”，输出结果(见图 4.11)。刑期的方差见表 4.11。

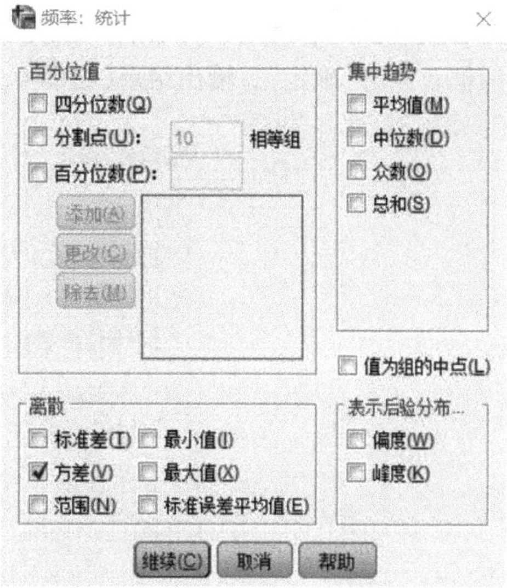

图 4.11　“频率：统计”对话框(6)

表 4.11　刑期的方差

个案数	123
方差	117.358

七、用 SPSS 软件计算刑期的标准差

单击“分析”—“描述统计”—“频率”，弹出对话框，将“刑期(月)”添加到变量框中，点击右侧“统计”，弹出新对话框，在离散框中勾选“标准差”，点击“继续”，返回原对话框，点击“确定”，输出结果(见图 4.12)。刑期的标准差见表 4.12。

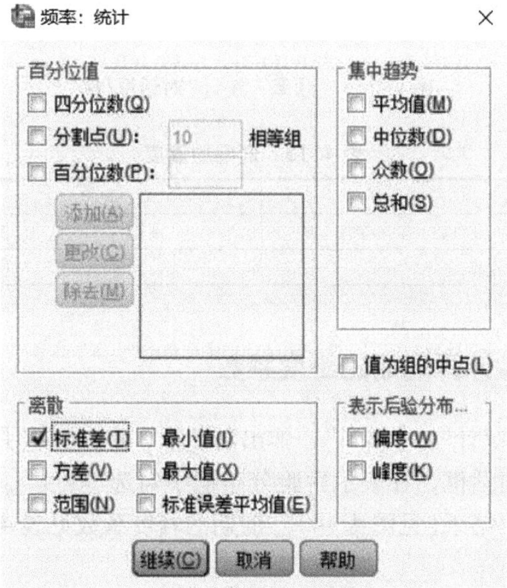

图 4.12　“频率：统计”对话框(7)

表 4.12 刑期的标准差

个案数	123
标准差	10.833

八、用 SPSS 软件计算刑期的偏态系数

单击“分析”—“描述统计”—“频率”，弹出对话框，将“刑期(月)”添加到变量框中，点击右侧“统计”，弹出新对话框，在表示后验分布框中勾选“偏度”，点击“继续”，返回原对话框，点击“确定”，输出结果(见图 4.13)。刑期的偏度见表 4.13。

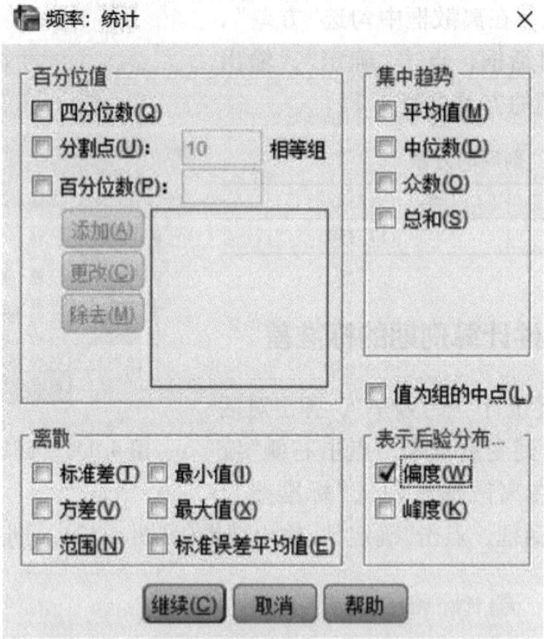

图 4.13 “频率：统计”对话框(8)

表 4.13 刑期的偏度

个案数	123
偏度	3.574
偏度标准误差	0.218

九、用 SPSS 软件计算刑期的峰度系数

单击“分析”—“描述统计”—“频率”，弹出对话框，将“刑期(月)”添加到变量框中，点击右侧“统计”，弹出新对话框，在表示后验分布框中勾选“峰度”，点击“继续”，返回原对话框，点击“确定”，输出结果(见图 4.14)。刑期的峰度系数见表 4.14。

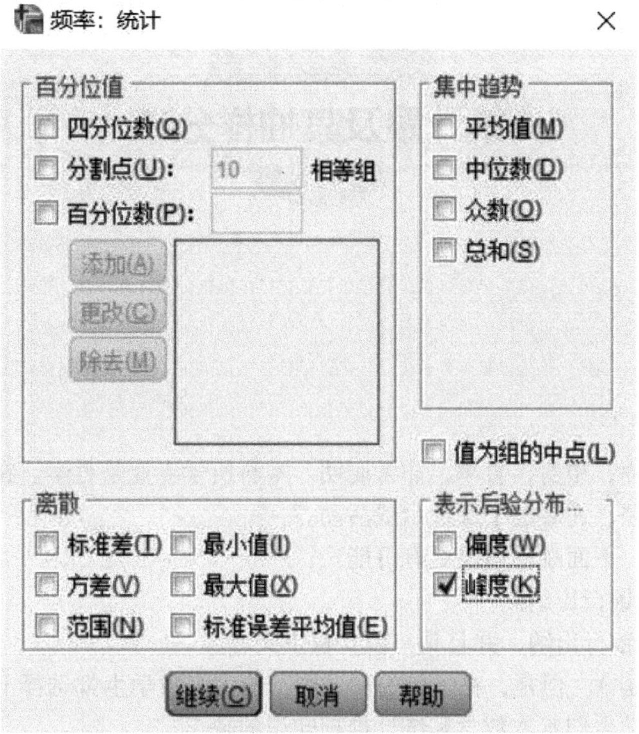

图 4.14　“频率：统计”对话框(9)

表 4.14　刑期的峰度系数

个案数	123
峰度系数	16.825
峰度系数标准误差	0.433

第五章

统计量及其抽样分布

开篇案例

“琳达今年 31 岁，单身，直率，非常聪明。本科所学专业是哲学。在大学期间，她关注歧视和社会正义问题，还参加了反核示威活动。”

根据以上描述，下面哪种情况更有可能？

A. 琳达是一位银行出纳。

B. 琳达是一位银行出纳，并且是一位女权主义者。

正确答案明显是 A。但是，在每年的测试中，绝大多数学生都选择 B，通过这样一个简单的调查可以看出学生们基本数学和统计推理知识的缺乏。

近年来，生活中通过各种渠道采集的数据爆炸性增长，法律纠纷处理和司法审判中需要依赖科学方法对相关数据进行分析推理的情况也越来越常见。数据分析可以应用于司法中的多个领域，其中包括对过去已发生事件的认定、未发生事件的推断、因果关系证明以及违法行为的认定等。

描述统计学是指运用制表和分类、图形以及计算概括性数据来描述数据特征的各项活动。当我们拿到原始数据后，通常需要对其进行整理，以便把我们感兴趣的信息提取出来，比如用直方图、饼图、条形图、散点图等图表方式直观表达出来，在此基础上，我们还需要对原始数据进行一定的运算，得出某些有代表性的数字，以反映数据某些方面的特征，这种数字被称作统计量，统计量是样本的函数，其不依赖于任何未知参数。推断统计学的重要作用是通过从总体中抽取样本构造适当的统计量，由样本性质去推断关于总体的性质，例如，从中国裁判文书网数据库中抽取 123 份判决日期为“2020-04-01 至 2020-04-30”，关键词与“抢夺罪”“刑事一审”“判决书”有关的裁判文书，来研究我国抢夺罪的基本状况时，就是根据这 123 份判决文书相关数据计算的频数分布、均值和方差等统计量，来推断我国抢夺罪的真实情况。

本章的第一节系统地介绍了统计量的概念并且以元件不合格率筛查为例进一步将次序统计量和充分统计量两个概念进行了区分；第二节介绍了总体分布、样本分布和抽样分布的特征及相互关系，以正态分布为基础导出 χ^2 分布、t 分布和 F 分布这三个重要分布；第三节介绍了中心极限定理，以增设水龙头解决水房拥堵问题为例，对如何运用中心极限定理解决现实生活中的问题进行了详细介绍；第四节分别介绍了大样本场合下和小样本场合下的样本均值抽样分布，以民事赔偿金额状况的调查为例，推断不同样本水平下民事赔偿的平均金额；

第五节介绍了样本比例的抽样分布和样本方差的抽样分布。

第一节　统计量

实际应用中，我们从某总体 X 中抽取一个样本(X_1，X_2，X_3，…，X_n)后，并不能直接用它去对总体的性质和特征进行推断，因为样本来源于总体，含有总体性质，但是并不等于总体(样本数量较少，较为分散)。为了实现用样本推断总体，首先对样本进行加工处理，把样本的一些特征提取出来——针对不同的研究目的，我们构造不同的样本函数，即形成样本统计量。统计量是统计推断的基础。

一、统计量的概念

推断统计学的重要作用就是：通过从总体中抽取样本构造适当的统计量，由样本性质推断总体性质。

统计量：设 X_1，X_2，…，X_n 是从总体 X 中抽取的容量为 n 的一个样本，如果由此样本构造一个函数 $T(X_1, X_2, \cdots, X_n)$，不依赖于任何未知参数，则称函数 $T(X_1, X_2, \cdots, X_n)$ 是一个统计量，也称样本统计量。

当获得样本的一组具体观测值 x_1，x_2，…，x_n 时，代入 T，计算出的 $T(x_1, x_2, \cdots, x_n)$即为一个具体的统计量值。

统计量是样本的一个函数，不依赖于总体未知参数。例如，样本均值、样本比例、样本方差等都是统计量，而$[X_i-E(X)]/D(X)$就不是统计量，因为 $E(X)$、$D(X)$都是依赖于总体分布的未知参数。

二、常用统计量

当 n 充分大时，有定理可以保证经验(样本)分布函数 $F_n(x)$很靠近总体分布函数$F(X)$，因此，经验(样本)分布函数 $F_n(x)$各阶矩的信息反映了总体各阶矩的信息①。比如，样本均值、样本方差和标准差、样本变异系数、样本偏度、样本峰度等都是常用的统计量。

(一)次序统计量

设 X_1，X_2，…，X_n 是从总体 X 中抽取的一个样本，$X_{(i)}$称为第 i 个次序统计量，它是样本(X_1，X_2，…，X_n)满足如下条件的函数：每当样本得到一组观测值 x_1，x_2，…，x_n 时，其由小到大的排序 $x_1 \leqslant x_2 \leqslant \cdots \leqslant x_i \leqslant \cdots \leqslant x_n$ 中，第 i 个值 x_i 就是第 i 个次序统计量 $X_{(i)}$的观测值，而 $X_{(1)}$，$X_{(2)}$，…，$X_{(n)}$称为次序统计量。

$R_{(n)}=X_{(n)}-X_{(1)}$称为样本极差，即样本中最大值 $X_{(n)}$和最小值 $X_{(1)}$的差距，反映了样本观测值的离散程度。样本极差损失了中间信息。当样本量 n 增大时，样本极差变得不可靠。

① 在概率论教材中，通常把数学期望和方差等概念用“矩”的概念来进行描述。

在上一章数据的集中趋势一节中提到的中位数、分位数、四分位数等都属于次序统计量。

（二）充分统计量

我们由样本$(X_1, X_2, \cdots, X_n)$构造了一个统计量$T(X_1, X_2, \cdots, X_n)$，用样本统计量T对总体特征进行推断，而不是由样本观测值来推断总体，这就意味着经过加工后得出统计量的值即可。因此，在构造统计量的过程中，我们希望尽可能地保留样本中有关总体的信息，以保证统计推断质量。统计量加工过程中一点信息都不损失的统计量通常称为充分统计量。

充分统计量建立在统计量基础之上，要求统计量的充分性。统计量的充分性是统计学中最重要的基本概念之一。它是费希尔（R. A. Fisher）于1922年提出的，但充分性的严格论述和证明是哈尔姆斯（Halmos）和萨维奇（Savage）在1949年完成的。“不损失信息”的统计量就是充分统计量。

【例5.1】电子元件厂为了调查不合格率p，抽检100个原件，前三个是不合格品$(X_1=1, X_2=1, X_3=1)$，其余为合格品$(X_i=0, i=4, 5, \cdots, 100)$。质检员得到如下结论：

结论（1）：元件有3个不合格；

结论（2）：元件前3个不合格。

请问：哪一个结论背后所用的统计量属于充分统计量？

解：这两种回答反映了质检员对样本的两种不同处理思想，这两种回答所用的统计量分别为：

$$T_1 = \sum_{i=1}^{100} X_i$$

$$T_2 = X_1 + X_2 + X_3$$

显然，T_2没有包含样本中有关p的全部信息，信息有损失，因此，不能令人满意。而统计量T_1综合了样本中有关p的全部信息，也就是说，T_1使得样本信息没有任何损失。

第二节 抽样分布的基本问题

近代统计学创始人之一、英国统计学家费希尔曾把抽样分布、参数估计和假设检验看作统计推断的三个中心内容。研究统计量的性质和评价统计推断的优良性，都取决于其抽样分布的性质。因此，抽样分布的研究是统计学的重要内容。

一、总体分布、样本分布和抽样分布

总体是客观存在的事实，总体参数是确定的常数，推断统计是借助样本信息计算样本统计量来估计总体参数。而样本统计量是样本的函数，完全依赖于样本数据，不同的样本就会产生不同的统计量数值，按照具体的抽样方法随机抽取的样本所包含的个体会处于随机状态。因此，由这样的随机样本确定的统计量，如样本均值、样本方差、样本比例等是一个随

机变量。学习统计推断方法，必须要明确总体分布、样本分布和抽样分布的特征及相互关系。

（一）总体分布及其特征

总体分布（population distribution）是指总体中所有个体关于某个变量（标志）的取值所形成的分布。反映总体分布特征的指标叫作总体参数，一般用 θ 来表示。例如，在研究抢夺罪案例时，被告人犯罪时年龄（周岁）的频数分布、均值、方差、偏态系数和峰度系数等，从不同角度综合描述了这一总体的分布特征。

实际上，总体分布通常是未知的，我们大都通过样本数据计算的统计量，例如样本均值、样本方差、样本比例等来推断总体参数，用来估计总体分布。我们可以假定它服从某种分布，如正态分布。

（二）样本分布及其特征

样本分布（sample distribution）是指样本中所有个体关于某个变量（标志）的取值所形成的分布。反映样本分布特征的指标叫作样本统计量，一般用 T 来表示。

样本中的个体都来自总体，具有总体的相关信息和基本特征，样本分布是总体分布的一个缩影，当样本容量 n 逐渐增大时，样本分布逐渐接近总体分布。

由于样本是随机抽取的，每一次抽取的样本中的个体不尽相同，每一个具体的样本分布也会与对应的总体分布存在或大或小的偏误，因此根据样本计算的统计量是随机变量。

例如，从中国裁判文书网数据库中抽取 123 份判决日期为“2020-04-01 至 2020-04-30”，关键词与“抢夺罪”“刑事一审”“判决书”有关的裁判文书，来研究我国抢夺罪的基本状况时，就是根据这 123 份判决文书相关数据计算的频数分布、均值和方差等统计量，来推断我国抢夺罪的真实情况。由于我国抢夺罪的案情是客观的，而每次抽取的 123 份裁判文书都是不同的，甚至可以是随机抽取的，样本统计量与我国抢夺罪的基本状况之间总会存在或大或小的偏误。在利用样本数据反映总体状态时，需要了解样本统计量与总体参数真值的误差状态，确定这一误差是以多大的概率落在某一区间范围内。研究样本分布与总体分布之间的误差，需要借助抽样分布的概念。

（三）抽样分布及其特征

抽样分布（sampling distribution）是指从总体中抽取一个样本量为 n 的随机样本，我们可以计算出统计量的一个值。如果从总体中重复抽取样本量为 n 的样本，就可以得到统计量的多个值。样本统计量的抽样分布就是这一统计量所有可能值的概率分布，是一种理论分布。

统计量 T 是样本 X_1，X_2，X_3，…，X_n 的一个函数，并且不依赖于任何未知参数。如 μ 已知，$x-\mu$ 是统计量；μ 未知，$x-\mu$ 就不是统计量。

抽样分布的随机变量是样本统计量，如样本均值、样本比例、样本方差等构成的分布。

抽样分布提供了关于样本统计量长远而稳定的信息，是进行推断的理论基础，也是抽样推断科学性的重要依据。例如，在大样本情况下，由中心极限定理可知样本均值趋于正态分布，当运用所抽取的 123 份抢夺罪裁判文书相关数据构成的样本计算的样本均值推断总体均值时，就可以按照正态分布计算样本均值偏离总体均值 1%，3%，5%的可能性有多大，从而，可以在此基础上，通过合理确定样本容量，来实现对抽样误差的有效控制。

二、由正态分布导出的几个重要分布

抽样分布是统计学中的一个重要内容，精确的抽样分布大多是在正态总体情况下得到的，对于样本量n较小时的统计推断问题非常有用。在正态总体条件下，主要有χ^2分布、t分布和F分布。

正态分布是数据分析中最常见的一种分布，许多随机变量都服从正态分布或近似正态分布，许多统计方法也因此会假定变量或者估计量呈正态分布，如果实际情况不是如此，那么这些统计方法就可能导致有偏的结果。

正态分布，也称常态分布，又名高斯分布(Gaussian distribution)，最早由法国数学家棣莫弗(Abraham De Moivre)于1733年在求二项分布的渐近公式中首次提出，后由德国数学家高斯(Gauss Carl Friedrich)率先将其应用于天文学研究，故正态分布又叫高斯分布，高斯这项工作对后世的影响极大，他使正态分布同时有了“高斯分布”的名称，后世之所以多将最小二乘法的发明权归之于他，也是基于这一工作。正态分布是一个在数学、物理及工程等领域都非常重要的概率分布，在统计学的许多方面有着重大的影响力。

正态曲线呈钟形，两头低，中间高，左右对称，因其曲线呈钟形，因此人们又经常称之为钟形曲线。若随机变量X服从一个数学期望为μ、方差为σ^2的正态分布，则记为$N(\mu, \sigma^2)$。其概率密度函数为正态分布的期望值μ决定了其位置，其标准差σ决定了分布的幅度。

标准正态分布又称为u分布，是以0为均数($\mu=0$)、以1为标准差($\sigma=1$)的正态分布，记为$N(0, 1)$，见图5.1。

(一)χ^2分布

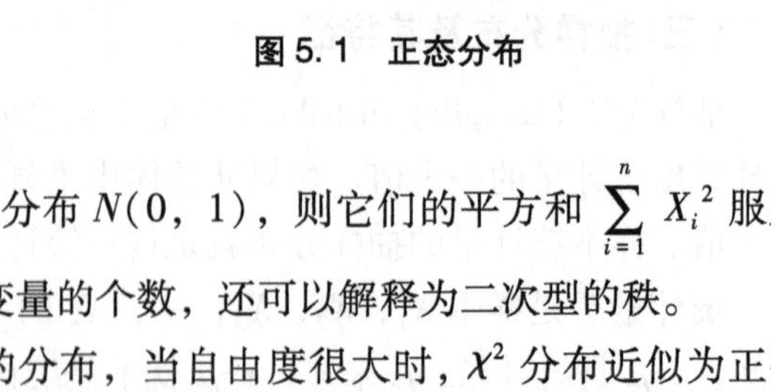

图5.1 正态分布

χ^2分布(χ^2 Distribution)在数理统计中具有重要意义。χ^2分布是由阿贝(Abbe)于1863年首先提出的，后来由海尔墨特(Hermert)和现代统计学的奠基人之一的皮尔逊分别于1875年和1900年推导出来，是统计学中的一个非常有用的著名分布。

定义：设随机变量X_1，X_2，…，X_n相互独立，且$X_i(i=1, 2, \cdots, n)$服从标准正态分布$N(0, 1)$，则它们的平方和$\sum_{i=1}^{n} X_i^2$服从自由度为n的χ^2分布。自由度可以解释独立变量的个数，还可以解释为二次型的秩。

χ^2分布是由正态分布构造而成的一个新的分布，当自由度很大时，χ^2分布近似为正态分布。

图5.2所示是当$n=1$，$n=2$，$n=3$和$n=4$时，χ^2分布的概率密度函数曲线。

性质：

(1)χ^2分布在第一象限内，χ^2值都是正值，呈正偏态(右偏态)，随着参数的增大，χ^2分布趋近于正态分布，χ^2分布密度曲线下的面积都是1。

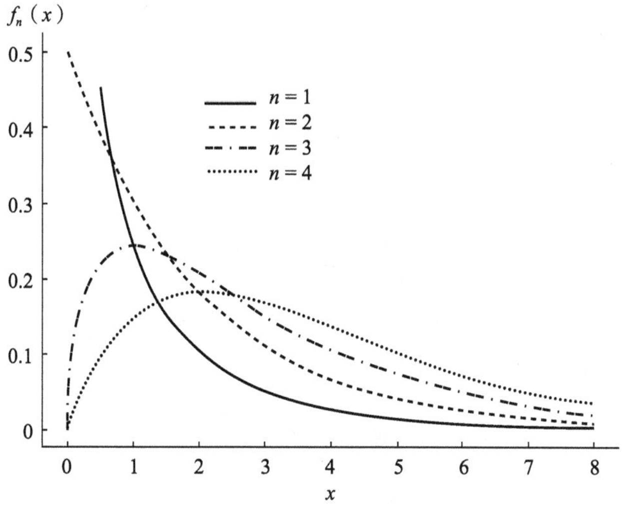

图 5.2　χ^2 分布

(2)由χ^2分布的均值与方差可以看出，随着自由度 n 的增大，χ^2 分布向正无穷方向延伸，分布曲线也越来越低阔。

(3)不同的自由度决定不同的χ^2分布，自由度越小，分布越偏斜。

(4)若$\chi^2(n_1)$和$\chi^2(n_2)$相互独立，则$\chi^2(n_1)+\chi^2(n_2)$服从χ^2分布，自由度为 n_1+n_2。

(5)χ^2分布的平均数为自由度 n，记为 $E(\chi^2(n))=n$。

(6)χ^2分布的方差为 2 倍的自由度 $2n$，记为 $D(\chi^2(n))=2n$。

(二) t 分布

学生 t-分布可简称为 t 分布，由威廉・戈塞(W. S. Gosset)于 1908 年首先发表，因不能以他本人的名义发表，所以论文使用了学生(Student)这一笔名。之后 t 检验以及相关理论经由罗纳德・费雪的工作发扬光大，而正是他将此分布称为学生分布。

定义：设随机变量 $X\sim N(0,\ 1)$，$Y\sim\chi^2(n)$，且 X 与 Y 独立，则

$$t=\frac{X}{\sqrt{\frac{Y}{n}}}$$

其分布称为 t 分布，记为 $t(n)$，其中，n 为自由度。

t 分布的密度函数是偶函数，见图 5.3。

特征：

(1)以 0 为中心，左右对称的单峰分布。

(2)t 分布是一簇曲线，其形态变化与 n 大小有关。自由度 df 越小，t 分布曲线越低平；自由度 df 越大，t 分布曲线越接近标准正态分布曲线。

(3)随着自由度逐渐增大，t 分布逐渐接近标准正态分布。

(4)自由度为 1 的分布称为柯西分布，随着自由度 n 的增加，t 分布的密度函数越来越接近标准正态分布的密度函数。在实际应用中，一般当 $n\geqslant30$ 时，t 分布与标准正态分布就

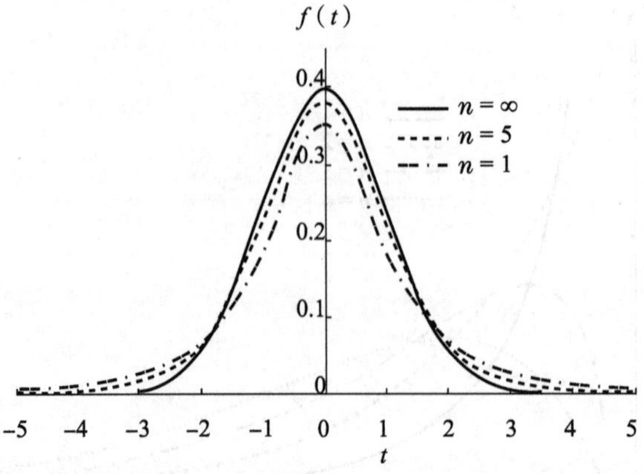

图 5.3 t 分布

非常接近。t 分布对于统计学中小样本理论及其应用有着重要的促进作用。

性质：

(1)当 $n\geqslant 2$ 时，t 分布的数学期望 $E(t)=0$。

(2)当 $n\geqslant 3$ 时，t 分布的方差 $D(t)=\dfrac{n}{n-2}$。

(三)F 分布

F 分布是 1924 年英国统计学家费希尔爵士提出，并以其姓氏的第一个字母命名的。它是两个服从 χ^2 分布的独立随机变量各除以其自由度后的比值的抽样分布，是一种非对称分布，且位置不可互换。

定义：设随机变量 Y 与 Z 相互独立，且 Y 和 Z 分别服从自由度为 m 和 n 的 χ^2 分布，随机变量 X 有如下表达式：

$$X=\frac{Y/m}{Z/n}=\frac{nY}{mZ}$$

则称 X 服从第一自由度为 m，第二自由度为 n 的 F 分布，记为 $F(m, n)$，简记为 $X\sim F(m, n)$。F 分布的密度函数见图 5.4。

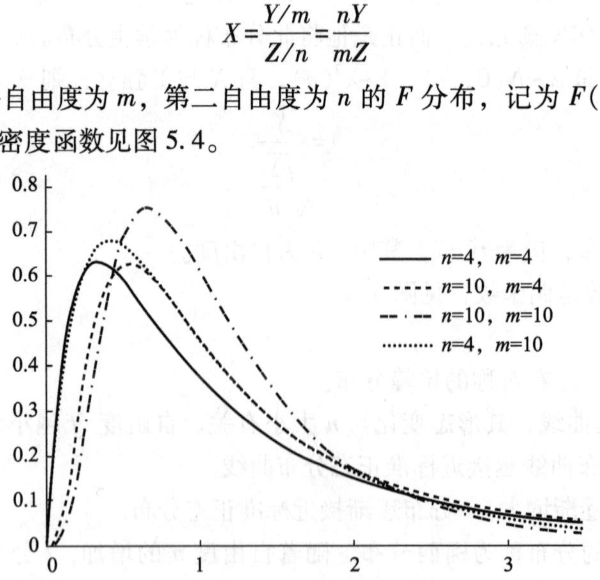

图 5.4 F 分布

性质：

(1)$E(X)=\frac{n}{n-2}$，$n>2$

(2)$D(X)=\frac{2n^2(m+n-2)}{m(n-2)(n-4)}$，$n>4$

(3)F 分布的 p 分位数 $F_p(v_1, v_2)$可查 F 分布表获得，且

$$F_p(v_1, v_2)=\frac{1}{F_{1-p}(v_1, v_2)}$$

由此可知，在 F 分布中，两个自由度的位置不可互换，这一性质在查 F 分布表时有重要的应用。

如果随机变量 X 服从自由度为 n 的 t 分布，则 X^2 服从自由度为(1，n)的 F 分布。这在回归分析的回归系数显著性检验中有重要作用。

第三节　中心极限定理

设 x_1，x_2，x_3，…，x_n 为从某一总体中抽出的随机样本，这些样本是相互独立且与总体有相同分布的随机变量。若想要知道$\overline{X}$的分布，就必须要知道总体的分布。由于正态分布是最常见的分布之一，本节主要介绍在总体分布为正态分布时样本均值$\overline{X}$的分布。

当总体分布为正态分布 $N(\mu, \sigma^2)$时，我们可以得到以下结论：

$\overline{X}$的抽样分布仍是正态分布，$\overline{X}$的数学期望为 μ，方差为 σ^2/n，则

$$\overline{X} \sim N(\mu, \sigma^2/n)$$

上述结果表明，$\overline{X}$的数学期望值与总体均值相同，而方差则缩小为总体方差的 $1/n$。这说明当用样本均值$\overline{X}$去估计总体均值 μ 时，平均来说是没有偏差的(无偏性)；当 n 越来越大时，$\overline{X}$的散布程度越来越小，即用$\overline{X}$估计 μ 越来越精准。

但是在实际问题中，总体的分布并不总是正态分布或者近似于正态分布的，此时$\overline{X}$的分布将取决于总体分布的情况。当抽样个数 n 比较大时，人们证明出了中心极限定理。

中心极限定理证明了在自然界和生产过程中，一些现象会受到许多相互独立的随机因素的影响，如果每个因素所产生的影响都很微小，那么总的影响可以看作是服从正态分布的。最早的中心极限定理是讨论 n 重伯努利试验中，事件 A 出现的次数渐近于正态分布的问题。1716 年前后，棣莫弗对 n 重伯努利试验中每次试验事件 A 出现的概率为 1/2 的情况进行了讨论，随后，P. S. 拉普拉斯和 A. M. 李亚普诺夫等进行了推广和改进。自 P. 莱维在 1919—1925 年系统地建立了特征函数理论起，中心极限定理的研究得到了快速的发展，先后产生了普遍极限定理和局部极限定理等。极限定理是概率论的重要内容，也是数理统计学的基石之一，其理论成果也比较完美。长期以来，对于极限定理的研究所形成的概率论分析方法，影响着概率论的发展，同时新的极限理论问题也在实际中不断产生。

中心极限定理(central limit theorem)：设从均值为μ，方差为σ^2的任意一个总体中抽取样本量为n的样本，当n充分大时，样本均值$\overline{X}$的抽样分布近似服从均值为μ，方差为σ^2/n的正态分布。

中心极限定理要求n必须充分大，多大才算充分大呢？这与总体的分布形状有关。总体分布偏离正态分布越远，则要求n越大。然而在实际应用中，总体的分布未知，我们通常要求$n \geqslant 30$。大样本、小样本之间并不是以样本量大小来区分的。在样本量固定的条件下所进行的统计推断、问题分析，不管样本量有多大，都称为小样本问题；而在样本量$n \to \infty$的条件下进行的统计推断、问题分析则称为大样本问题。一般统计学中的$n \geqslant 30$为大样本，$n<30$为小样本只是一种经验的说法。

一、独立同分布的中心极限定理

设随机变量X_1，X_2，…，X_n是独立同分布的，并且具有有限的数学期望和方差：$E(X_i)=\mu$，$D(X_i)=\sigma^2(i=1, 2, \cdots)$，则对任意$x$，分布函数

$$F_n(x) = P\left\{\frac{\sum_{i=1}^{n} X_i - n\mu}{\sigma\sqrt{n}} \leqslant x\right\}$$

满足

$$\lim_{n\to\infty} F_n(x) = \lim_{n\to\infty}\left\{\frac{\sum_{i=1}^{n} X_i - n\mu}{\sigma\sqrt{n}} \leqslant x\right\} = \frac{1}{\sqrt{2\pi}}\int_{-\infty}^{x} e^{-t^2/2}dt = \varphi(x)$$

当n很大时，随机变量$Y_n = \dfrac{\sum_{i=1}^{n} X_i - n\mu}{\sigma\sqrt{n}}$近似地服从标准正态分布$N(0, 1)$。因此，当$n$很大时，$\sum_{i=1}^{n} X_i = \sqrt{n}\,\sigma Y_n + n\mu$近似地服从正态分布$N(n\mu, n\sigma^2)$。独立同分布的中心极限定理是最简单又最常用的一种形式，在实际应用中，只要n足够大，就可以把独立同分布的随机变量之和当作正态变量。这种方法在数理统计中用得非常普遍，当处理大样本时，独立同分布的中心极限定理是一个重要的工具。

二、棣莫弗-拉普拉斯中心极限定理

棣莫弗-拉普拉斯中心极限定理，即二项分布以正态分布为其极限分布定律。

设随机变量$\eta n=(n=1, 2, \cdots)$，$YnB(n, p)(0<p<1, n \geqslant 1)$则对任意实数有

$$\lim_{n\to\infty} P\left\{\frac{Yn - np}{\sqrt{np(1-p)}} \leqslant x\right\} = \frac{1}{\sqrt{2\pi}}\int_{-\infty}^{x} e^{-t^2/2}dt = \varphi(x)$$

注：当n充分大时，服从$B(n, p)$的随机变量X_n经标准化后近似服从标准正态分布$N(0, 1)$，或X_n近似服从$N(np, np(1-p))$。

大数定律$P\left\{\left|\frac{u_n}{n}-p\right| \geqslant \varepsilon\right\}$当$n \to \infty$时趋近于0，即$\frac{u_n}{n}$接近于$p$，而棣莫弗-拉普拉斯中心

极限定理则给出 u_n 的渐近分布的更精确表述。

棣莫弗-拉普拉斯中心极限定理给出了两个结果。第一个结果提供了 $P\{u_n=k\}$ 的渐近表达式，这类结果一般称为局部极限定理。第二个结果给出了标准化随机变量$\frac{u_{n-np}}{\sqrt{npq}}$的渐近分布(其中 $q=1-p$)，称为积分极限定理，它是独立同分布中心极限定理的特例。

三、不同分布的中心极限定理

设 X_1，X_2，…，X_n 是一列独立随机变量，它们的概率密度分别为$f_{xk}(x)$，并有 $E(x_k)=\mu_k$，$D(x_k)=\sigma_k^2$，($k=1$，2，…)，令：

$$B_n^2=\sum_{i=1}^{n}\sigma^2k$$

$$Y_n=\frac{\sum_{k=1}^{n}Xk-\sum_{k=1}^{n}\mu k}{Bn}$$

若对任意正数 τ，有

$$\lim_{n\to\infty}\frac{1}{B_n^2}\sum_{k=1}^{n}\int_{|x-\mu k>\tau Bn|}(x-\mu_k)^2 f_{xk}(x)\mathrm{d}x=0$$

对任意 x，随机变量 Y_n 的分布函数 $F_n(x)$，满足

$$\lim_{n\to\infty}F_n(x)=\lim_{n\to\infty}P\left\{\frac{\sum_{k=1}^{n}X_k-\sum_{k=1}^{n}\mu k}{B_n}\leqslant x\right\}=\frac{1}{\sqrt{2\pi}}\int_{-\infty}^{x}\mathrm{e}^{-t^2/2}\mathrm{d}t$$

该定理说明：所研究的随机变量如果是由大量独立的而且均匀的随机变量相加而成，那么它的分布将近似于正态分布。

【例 5.2】最高人民法院对外发布《校园暴力司法大数据专题报告》显示，2015—2017 年，57.5%的校园暴力案件为故意伤害案件。从引发校园暴力案件的原因来看，五成校园暴力案件因琐事而起，在涉及故意杀人罪的校园暴力案件中，近七成也是琐事引发。开水房拥堵是很多学校都需要解决的问题，这是由于校园资源不充足等因素导致琐事发生的原因之一。

假设学校有学生 5 000 人，但只有一个开水房，由于每天晚上打开水的人较多，经常会出现排长队的现象，为此学生向后勤部门反馈此问题并提议增设水龙头，现有水龙头 45 个。

(1)未新装水龙头之前，开水房内发生拥挤的概率是多少?

解：设同一时刻，5 000 个学生中占用水龙头的人数为 X，则 $X\sim B(5\,000,\ 0.01)$，拥挤的概率为：

$$P(\xi>45)=1-P(0\leqslant\xi\leqslant45)=1-\sum_{k=0}^{45}\mathrm{C}_{5\,000}^{k}\times0.01^k\times0.99^{5\,000-k}$$

$$P(0\leqslant\xi\leqslant45)=\varphi\left(\frac{45-50}{7.04}\right)-\varphi\left(\frac{0-50}{7.04}\right)=\varphi(-0.71)-\varphi(-7.1)=0.238\,9$$

则拥挤的概率 $P(\xi>45)=1-0.238\,9=0.761\,1$

故未新装水龙头之前，开水房内发生拥挤的概率为 76.11%。

(2)至少要装多少个水龙头，才能以95%以上的概率保证不拥挤？

解：

$P(0\leqslant\xi\leqslant45)\geqslant0.95$

即 $\varphi\left(\frac{m-50}{7.04}\right)-\varphi\left(\frac{0-50}{7.04}\right)\geqslant0.95$

由于 $\varphi\left(\frac{0-50}{7.04}\right)=\varphi(-7.10)\approx0$

即 $\varphi\left(\frac{m-50}{7.04}\right)\geqslant0.95$

查表$\frac{m-50}{7.04}\geqslant1.645$

即 $m\geqslant61.6$

至少需要安装水龙头62个。

第四节 样本均值的抽样分布

一、大样本场合下的样本均值抽样分布

在反复抽取容量相同的独立同分布样本条件下，所得到的样本均值的概率分布称为样本均值的抽样分布。在样本容量充分大的情况下，即大样本场合下，样本均值根据中心极限定理趋于正态分布。

独立同分布样本是从无限总体中随机抽取的等概率样本，或从有限总体中以放回方式，随机抽取的等概率样本。

大样本是指能够满足中心极限定理要求，使样本均值趋于正态分布的样本。大样本的具体数目应根据总体分布情况，以及采用的抽样方式和对估计精度的要求予以确定，不能用一个统一的数量来规定。在实际应用中，一般认为样本容量n>30为大样本，认为此时的样本均值已经基本趋近于正态分布。

用小写的$\bar{x}$表示样本均值，于是有离散变量样本均值的计算公式：

$$\bar{x}=\frac{\sum_{i=1}^{n}X_i}{n}\quad(i=1,2,\cdots,n)$$

n为样本容量。

在样本容量n充分大的场合下，样本均值$\bar{x}$渐进地趋于数学期望为总体均值μ，方差为总体方差σ^2的$1/n$的正态分布，即$\bar{x}\sim N\left(\mu,\frac{\sigma^2}{n}\right)$，这里的$N$表示正态分布，样本均值$\bar{x}$的数学期望为总体均值，说明从平均值的观点来看，用样本均值$\bar{x}$估计总体均值μ不存在偏差，即具有无偏性；样本均值的方差为总体方差σ^2的$1/n$，这也说明只要总体方差σ^2是有限的，样本容量n的增大会导致样本均值方差的缩小，用样本均值$\bar{x}$估计总体均值μ的误差也

会相应地减小。同时可以根据总体方差 σ^2 和样本容量 n，精确地计算出这一样本均值的方差 σ^2/n，并且用这一样本方差 σ^2/n 度量使用样本均值$\bar{x}$估计总体均值 μ 的误差。

通过对样本均值$\bar{x}$的标准化处理计算样本均值$\bar{x}$的标准化值 Z，$Z=\dfrac{\bar{x}-\mu}{\sigma/\sqrt{n}}$，$\bar{x}$由渐进地趋于正态分布$\bar{x}\sim N\left(\mu,\ \dfrac{\sigma^2}{n}\right)$，转化为渐进地趋于数学期望为 0，方差为 1 的标准正态分布，即$\dfrac{\bar{x}-\mu}{\sigma/\sqrt{n}}\sim N(0,\ 1)$。因此，在用样本均值$\bar{x}$估计总体均值 μ 时，可以使用标准正态分布来计算抽样误差出现的概率。

【例 5.3】在一项关于民事赔偿金额状况的调查中，准备从目标人群中随机抽取 100 个个体的赔偿金额数据构成样本，以此推断民事赔偿的平均金额。

要求：若该样本人群民事赔偿金额的总体均值 μ 为 2 000 元，总体标准差 σ 为 250 元，试计算样本均值不小于 1 950 元的概率。

解：根据中心极限定理，在样本容量充分大时，样本均值渐进地趋于数学期望为总体均值 μ，方差为总体方差 σ^2 的 $1/n$ 的正态分布，于是有本例的样本均值渐进地趋于数学期望为 2 000 元，标准差为$\dfrac{\sigma}{\sqrt{n}}=25$(元)的正态分布，即$\bar{x}\sim N(2\ 000,\ 252)$。代入正态分布概率计算公式，得

$$P(\bar{x}\geqslant 1\ 950)=1-P(\bar{x}<1\ 950)=1-P\left(\frac{\bar{x}-2\ 000}{25}<\frac{1\ 950-2\ 000}{25}\right)$$

$$=1-P\left(Z<\frac{-50}{25}\right)=1-P(Z<-2)=P(Z\geqslant -2)=0.977\ 25$$

即样本均值不小于 1 950 元的概率为 97.725%。

二、小样本场合下的样本均值抽样分布

在样本容量较小的情况下，不满足中心极限定理对样本容量充分大的要求，样本均值就会不趋于正态分布，而是趋于 t 分布。上述已做论述，本节不再展开。

【例 5.4】在一项关于民事赔偿金额状况的调查中，准备从目标人群中随机抽取 16 个个体的赔偿金额数据构成样本，以此推断民事赔偿的平均金额。

要求：若该样本人群民事赔偿金额的总体均值 μ 为 2 000 元，总体标准差 σ 为 250 元，试计算样本均值不小于 1 950 元的概率。

解：由于样本容量小于 30，为小样本，此时的样本均值$\bar{x}$服从 t 分布。并且，已知样本容量 $n=16$，因此本例的样本均值$\bar{x}$服从自由度为 15 的 t 分布。

$$P(\bar{x}\geqslant 1\ 950)=P\left(\frac{\bar{x}-2\ 000}{\frac{250}{\sqrt{16}}}\geqslant\frac{1\ 950-2\ 000}{\frac{250}{\sqrt{16}}}\right)=P\left(T\geqslant\frac{-50}{62.5}\right)$$

$$=P(T\geqslant -0.8)=0.781\ 901$$

即在样本容量仅为 16 的小样本条件下，该次调查的样本均值不小于 1 950 元的概率为 78.190 1%。t 分布的概率值可以通过查阅 t 分布临界数值表获得。

第五节 样本比例和样本方差的抽样分布

一、样本比例的抽样分布

在实际应用的过程中，我们经常要用样本比例来推断总体比例。总体比例 π 是指总体中具有某一属性的单位数 N_0，与总体全部单位数 N 的比例，即 $\pi=\frac{N_0}{N}$；样本比例 p 是样本中具有某一属性的单位数 n_0 与样本容量 n 的比例，即 $p=\frac{n_0}{n}$。总体中不具有该属性的单位数 $N_1=N-N_0$ 与总体全部单位数 N 的比例$\frac{N_1}{N}=1-\pi$；样本中不具有该属性的单位数 n_1 与样本容量 n 的比例$\frac{n_1}{n}=1-p$。

样本比例的抽样分布是在服从二项分布的总体中，重复抽取样本容量为 n 的样本时，由样本比例为 p 的所有可能取值形成的相对频数分布。

样本比例为 p 的抽样分布就是样本比例为 p 的所有可能取值的概率分布。在大样本场合下，样本比例为 p 的抽样分布渐进地趋于正态分布。一般来说，当 $np\geqslant 5$ 和 $n(1-p)\geqslant 5$ 时，可以认为样本比例为 p 的抽样分布应渐进地趋于正态分布。此时样本比例 p 的数学期望为：

$$E(p)=\pi$$

样本比例 p 的方差为：

$$\sigma_p^2=\frac{\pi(1-\pi)}{n}$$

即在大样本场合下样本比例 p 渐进服从 $N\left(\pi,\ \frac{\pi(1-\pi)}{n}\right)$。

二、样本方差的抽样分布

在服从正态分布 $x\sim N(\mu,\ \sigma^2)$ 的同分布总体中，抽取样本容量为 n 的样本，其样本方差与总体方差的比值服从自由度为 $n-1$ 的χ^2 分布，即

$$\frac{\sum_{i=1}^{n}(x_i-\bar{x})^2}{\sigma^2}=\frac{(n-1)s^2}{\sigma^2}\sim\chi^2(n-1)$$

χ^2 分布仅在第一象限取值，所以χ^2 分布的取值永远为正数。χ^2 分布一般为右偏态的偏度分布，具体偏倚形态取决于其自由度的数值，自由度的数值越小，偏倚的程度越大；自由度的数值越大，偏倚的程度越小，并且随着自由度数值的增大，χ^2 分布的形态逐渐趋于对称，当 $n\to\infty$ 时，χ^2 分布趋于正态分布。

第六章

参数估计

开篇案例

参数估计是推断统计的重要内容之一。第五章我们重点介绍了统计量和抽样分布，参数估计就是在抽样及抽样分布基础上，根据样本统计量来推断总体参数。本章将对参数估计的基本原理、一个总体参数的估计和两个总体参数的估计进行讲解。

本章第一节介绍了参数估计的基本原理，包括估计量的评价标准和参数估计方法两部分内容，评价估计量好坏的标准有三个，即无偏性、有效性和一致性，参数估计的方法包括点估计和区间估计两种。

第二节介绍了一个总体参数的区间估计，包括总体均值 μ 的区间估计、总体比例 π 的区间估计和总体方差 σ^2 的区间估计，并且举例对相关内容做出更为详细的解释，例如，随机抽取中国裁判文书网数据库中的有关抢夺罪的裁判文书，计算得到抢夺罪被告人犯罪时年龄的 90%的置信区间为 28.78~31.26 岁；根据随机抽取的有关丢失财物调查数据，计算得到居民丢失财物比例的 90%的置信区间为 18.11%~27.89%，居民丢失财物比例的 95%的置信区间为 17.17%~28.84%。

第三节介绍了两个总体参数的区间估计，包括两个总体均值之差的区间估计、两个总体比例之差的区间估计和两个总体方差之比的区间估计，并且举例对相关内容做出更为详细的解释，例如，随机抽取两个地区抢夺罪被告人被判处刑期的数据，计算得到两个地区抢夺罪被告人被判处刑期的平均值之差的 95%的置信区间为-1.62~5.3 个月，两个地区抢夺罪的被告人被判处刑期的方差之比的置信区间为 1.28~3.49；根据财物丢失的调查数据，分析得到 A 地区与 B 地区丢失财物比率之差的置信区间为 6.68%~19.32%。

第一节　参数估计的基本原理

参数估计是用样本统计量去估计总体的参数。比如，用样本均值$\bar{x}$估计总体均值 μ、用样本方差 s^2 估计总体方差 σ^2、用样本比例 p 估计总体比例 π 等。如果将总体参数用 θ 表示，而用于估计总体参数的统计量用 $\hat{\theta}$ 表示，参数估计就是用 $\hat{\theta}$ 去估计 θ。

在参数估计中，用来估计总体参数的统计量称作估计量(estimator)，用 $\hat{\theta}$ 表示，如样本均值、样本比例、样本方差等都可以是一个估计量。而根据一个具体样本计算出来的估计量的数值称作估计值(estimated value)。例如，要估计我国抢夺罪被告人犯罪时的平均年龄，从中国裁判文书网抽取一个随机样本，我国抢夺罪被告人犯罪时的平均年龄是不知道的，称为参数，用 $\hat{\theta}$ 表示，根据样本计算的平均年龄$\bar{x}$就是一个估计量，用 $\hat{\theta}$ 表示，假定计算出来的样本平均年龄为 30 岁，这个年龄就是估计量的具体数值，称为估计值。

一、估计量的评价标准

在估计总体参数时，一个很重要的问题是估计量的选择。如前一章所述，估计量一般情况下就是样本统计量。在参数估计时，我们可以构造很多个估计量，但不是所有的估计量估计效果都一样好。例如，要估计总体平均数时，估计量可以有算术平均数、中位数、众数等，到底用哪一个估计量更合适，就需要有一定的评价标准。一般而言，评价估计量好坏的标准有三个，即无偏性、有效性和一致性。

(一)无偏性

无偏性(unbiasedness)是指估计量抽样分布的数学期望等于被估计的总体参数。对于总体参数 θ，若其估计量 $\hat{\theta}$ 的数学期望等于 θ，即 $E(\hat{\theta})=\theta$，则称 $\hat{\theta}$ 为总体参数 θ 的无偏估计量，无偏估计量见图 6.1，有偏估计量见图 6.2。

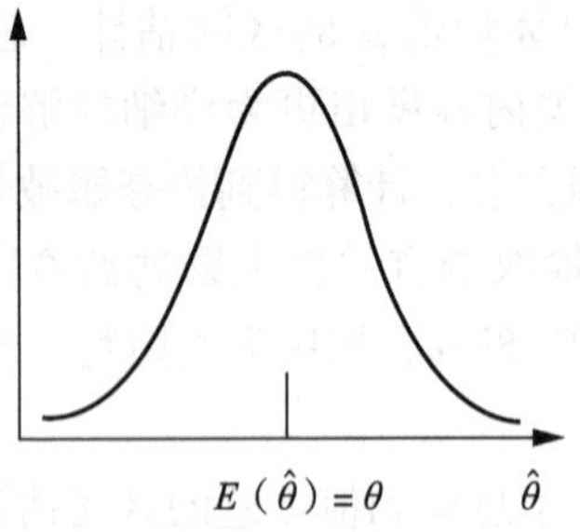

图 6.1 无偏估计量

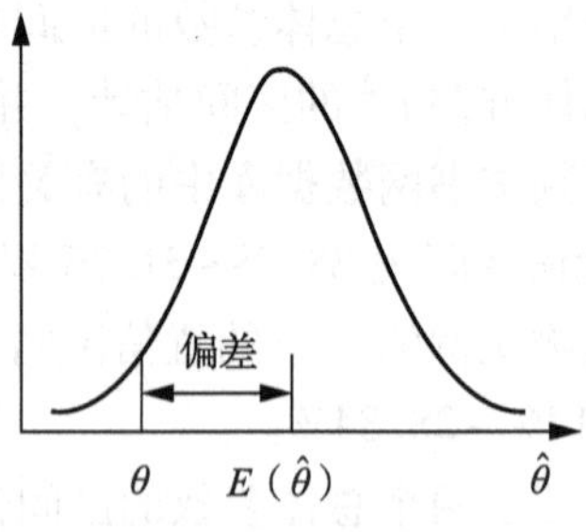

图 6.2 有偏估计量

(二)有效性

有效性(effectiveness)是指对同一总体参数的两个无偏估计量，有更小标准差的估计量更有效。

图 6.3 为两个无偏估计量$\hat{\theta}_1$和$\hat{\theta}_2$，可以看出，$\hat{\theta}_1$的方差比$\hat{\theta}_2$的方差小，因此$\hat{\theta}_1$的值比$\hat{\theta}_2$的值更接近总体的参数，即$\hat{\theta}_1$比$\hat{\theta}_2$更为有效。

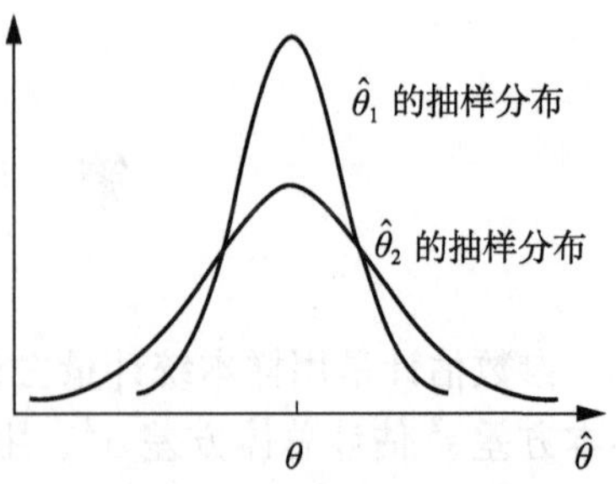

图 6.3 两个无偏估计量的抽样分布

(三)一致性

一致性(consistency)是指随着样本量的增大，估计量的值越来越接近被估计的总体参数。用样本来估计总体，估计误差会随着样本容量的增大而减小，即一个大样本给出的估计量要比一个小样本给出的估计量更接近总体的参数，如图 6.4 所示。

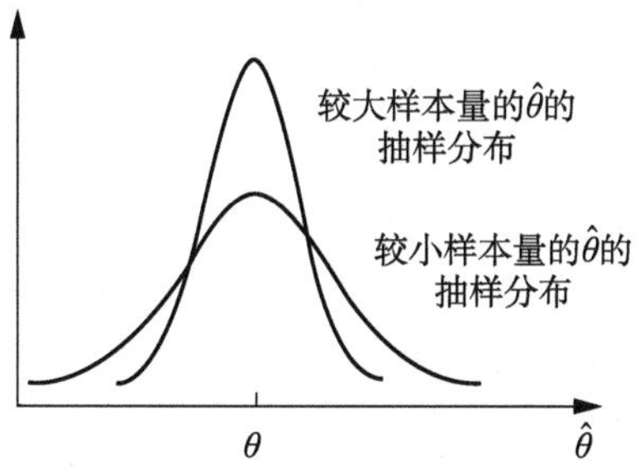

图 6.4 两个不同样本量的样本统计量的抽样分布

二、参数估计方法

参数估计的方法有两种：点估计和区间估计。

（一）点估计

点估计(point estimate)是用样本估计量的某个取值直接作为总体参数的估计值。在统计中，经常使用的点估计量包括：用样本均值$\bar{x}$直接作为总体均值 μ 的估计值，用样本方差 s^2 直接作为总体方差 σ^2 的估计值，用样本比例 p 直接作为总体比例 π 的估计值，用两个样本均值之差直接作为总体均值之差的估计值等。

假设我们正在研究某校本科毕业生月工资情况。报告研究结果有以下两种："月平均工资 5 000 元"或者"月平均工资在 4 600 元和 5 400 元之间"。这两种结果代表了估计总体参数时所用的两种不同的方式。"月平均工资 5 000 元"这个结果就是点估计，而"月平均工资在 4 600 元和 5 400 元之间"则是区间估计。

由于样本是随机的，点估计值无法给出估计值接近总体参数程度的信息，因而抽出一个具体的样本得到的估计值很可能不同于总体真值。如美国大选前民意测验，几家不同的调查组织分别进行抽样，调查人们的投票倾向性，预测候选人在未来大选中的得票率，它们得出的结论各不相同。所以，点估计的优缺点也非常明显，优点在于点估计能提供一个明确的值，缺点在于无法提供估计误差的信息。在现实中，点估计往往与区间估计同时进行。

（二）区间估计

一个点估计量的可靠性是由它的抽样标准误差来衡量的，这表明一个具体的点估计值无法给出估计的可靠性的度量。所谓区间估计(interval estimate)，就是指在点估计基础上，给出总体参数估计的一个区间范围，该区间通常由样本统计量加减估计误差而得到。

下面是区间估计的一般形式：

$$\text{点估计} \pm \text{估计误差} \tag{6-1}$$

与点估计不同，进行区间估计时，根据样本统计量的抽样分布能够对样本统计量与总体参数的接近程度给出一个概率度量。

在区间估计中，由样本统计量所构造的总体参数的估计区间称为置信区间，其中，区间的最小值称为置信下限，最大值称为置信上限。在统计学家看来，他们在某种程度上确信这个区间会包含真正的总体参数，所以给它取名为置信区间。

如果用某种方法构造的所有区间中有95%的区间包含总体参数的真值，而5%的区间则不包含总体参数的真值，那么，用该方法构造的区间称为置信水平为95%的置信区间。同样，其他置信水平的区间也可以用类似的方式进行表述。

如果将构造置信区间的步骤重复很多次，置信区间包含总体参数真值的次数所占的比例，称作置信水平(confidence level)，也叫置信度或置信系数(confidence coefficient)，具体表示为$(1-\alpha)\%$。其中，α为总体参数未在区间内的比例。常用的置信水平值有99%，95%和90%。相应的α为0.01，0.05和0.10。

在构造置信区间时，可以用所希望的任意值作为置信水平。比较常用的置信水平及正态分布曲线下右侧面积为$\alpha/2$时的z值($z_{\alpha/2}$)。如表6.1所示。

表6.1 常用置信水平的$z_{\alpha/2}$值

置信水平	α	$\alpha/2$	$Z_{\alpha/2}$
90%	0.1	0.05	1.645
95%	0.05	0.025	1.960
99%	0.10	0.005	2.576

置信区间的表述是由样本估计量构造出的总体参数在一定置信水平下的估计区间。置信水平只是告诉我们在多次估计得到的区间中大概有多少个区间包含了总体参数的真值，而不是针对所抽取的这个样本所构建的区间而言的。如图6.5所示。

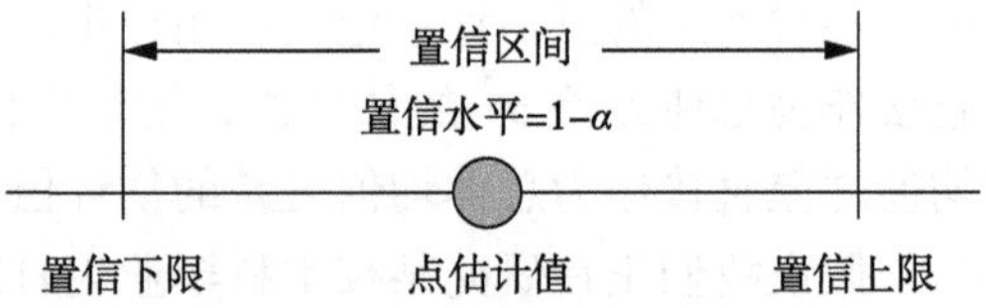

图6.5 置信区间示意图

总体参数的真值是固定的，而用样本构造的区间则是不固定的，因此置信区间是一个随机区间，它会因样本的不同而变化，而且不是所有的区间都包含总体参数。实际估计时往往只抽取一个样本，此时所构造的是与该样本相联系的一定置信水平(比如95%)下的置信区间。我们只能希望这个区间是大量包含总体参数真值的区间中的一个，但它也可能是少数几个不包含总体参数真值的区间中的一个。

当抽取了一个具体的样本，用该样本所构造的区间是一个特定的常数区间，我们无法知道这个样本所产生的区间是否包含总体参数的真值，因为它可能是包含总体参数真值的区间中的一个，也可能是未包含总体参数真值的那一个。一个特定的区间总是“包含”或“绝对不包含”总体参数的真值，不存在“以多大的概率包含总体参数”的问题。

置信区间的长度，受样本观测值个数和置信水平的影响。从图6.5可以看出，使用一个较大的置信水平会得到一个比较宽的置信区间，而使用一个较大的样本则会得到一个较准确(较窄)的区间。直观地说，较宽的区间会有更大的可能性包含总体参数真值。但实际应用中，过宽的区间往往没有实际意义。比如，天气预报说“在一年内会下一场雨”，虽然这很有把握，但有什么意义呢？另一方面，要求过于准确(过窄)的区间同样不一定有意义，因为过窄的区间虽然看上去很准确，但把握性就会降低，除非无限制增加样本量，而现实中样本量总是有限的。

一般情况下，区间估计多为双侧区间估计，即对置信区间的上限和下限都加以限定。按显著性水平(significant level)α 取值的 1/2，即 $\alpha/2$ 来确定正态分布的 $Z_{\alpha/2}$值，并根据 $Z_{\alpha/2}$值确定置信区间的上限和下限。

在实际生活中，人们关心总体参数在一定概率保证下的下限或上限。例如，某产品的平均使用寿命越长越好，人们关心的只是估计的下限。某产品的不合格率越低越好，人们关心的只是估计的上限。这种只给出下限或上限的区间估计称为单侧区间估计。在单侧区间估计场合，按显著性水平 α 的取值确定正态分布的 Z_{α} 值，并根据 Z_{α} 值确定置信区间中加以限定的上限或下限。

第二节 一个总体参数的区间估计

研究一个总体时，通常需要对总体均值 μ、总体比例 π 和总体方差 σ^2 进行区间估计，本节主要介绍如何用样本统计量来构造一个总体参数的置信区间。

一、总体均值 μ 的区间估计

总体均值区间的一般表达式是由样本均值加减估计误差得到的。估计误差由两部分组成：一是点估计量的标准误差，它取决于样本统计量的抽样分布。二是估计时所要求的置信水平为 α 时，统计量分布两侧面积为 α 的分位数值，它取决于事先所要求的可靠程度。

表达式如下：

$$\text{样本均值} \pm \text{分位数值} \times \text{样本均值的标准误差} \tag{6-2}$$

在进行总体均值的区间估计时，需要考虑总体是否为正态分布、总体方差是否已知、样本容量是否充分大等具体情况，从而选择正确的估计方法。

(一) 正态总体、总体方差已知，或非正态总体、大样本

假定：当总体服从正态分布，且方差 σ^2 已知；如果不是正态分布，但为大样本($n \geqslant 30$)，可由正态分布来近似。此时，使用正态分布统计量 z。

样本均值$\bar{x}$服从 $N(\mu, \sigma^2/n)$，对样本均值$\bar{x}$进行标准化，构建 z 统计量：

$$z = \frac{\bar{x} - \mu}{\sigma/\sqrt{n}} \sim N(0, 1) \tag{6-3}$$

根据公式(6-1)和公式(6-2)构造总体均值 μ 的置信区间，对给定的显著性水平 α，可得：

$$\bar{x} \pm z_{\alpha/2} \frac{\sigma}{\sqrt{n}} \tag{6-4}$$

假定：当总体服从正态分布，但总体方差 σ^2 未知；如果总体不是正态分布，只要是大样本($n \geqslant 30$)，此时，仍然使用正态分布统计量 z。式 6.2 中的总体方差 σ^2 就可以用样本方差 s^2 代替，这时总体均值 μ 在 $1-\alpha$ 置信水平下的置信区间为：

$$\bar{x} \pm z_{\alpha/2} \frac{s}{\sqrt{n}} \tag{6-5}$$

【例 6.1】引用中国裁判文书网数据库中判决日期为“2020-04-01 至 2020-04-30”，关键词与“抢夺罪”“刑事一审”“判决书”有关的裁判文书，总计获得 123 个研究样本，当选择变量为被告人犯罪时年龄进行分析时，有效样本数为 122 个，试建立被告人犯罪时年龄的 90%的置信区间。

解：已知 $n=122$，$1-\alpha=90\%$，$z_{\alpha/2}=1.645$。由于总体方差未知，但为大样本，可用样本方差来代替总体方差。

根据样本数据计算的样本均值和标准差如下：

$$\bar{x}=\frac{\sum_{i=1}^{122} x_i}{122}=30.02$$

$$s=\sqrt{\frac{\sum_{i=1}^{n}(x_i-\bar{x})^2}{n-1}}=\sqrt{\frac{\sum_{i=1}^{122}(x_i-\bar{x})^2}{121}}=8.338$$

根据式(6-5)得

$$\bar{x}\pm z_{\alpha/2}\frac{s}{\sqrt{n}}=30.02\pm 1.645*\frac{8.338}{\sqrt{122}}$$

即 30.02±1.24=(28.78，31.26)，被告人犯罪时年龄的 90%的置信区间为 28.78~31.26 岁。

(二)正态总体、方差未知、小样本

假定：总体服从正态分布，但总体方差 σ^2 未知且在小样本($n<30$)情况下，需要用样本方差 s^2 作为对总体方差 σ^2 的估计，替代总体方差 σ^2 构造一个新的统计量。这一新的统计量是服从自由度为 $n-1$ 的 t 分布的 T 统计量，即：

$$T=\frac{\bar{x}-\mu}{s/\sqrt{n}}\sim t(n-1) \tag{6-6}$$

根据 t 分布建立的总体均值 μ 在 $1-\alpha$ 置信水平下的置信区间为：

$$\bar{x}\pm t_{\alpha/2}\frac{s}{\sqrt{n}} \tag{6-7}$$

【例 6.2】已知某种灯泡的寿命服从正态分布，现从一批灯泡中随机抽取 12 个，测得其使用寿命如下(单位：小时)：

1 510　1 480　1 535　1 500　1 520　1 475

1 495　1 515　1 500　1 495　1 490　1 505

试建立该批灯泡平均使用寿命的 95%的置信区间。

解：根据样本数据计算的样本均值和标准差如下：

$$\bar{x}=\frac{\sum_{i=1}^{12} x_i}{12}=1\,501.67$$

$$s=\sqrt{\frac{\sum_{i=1}^{n}(x_i-\bar{x})^2}{n-1}}=\sqrt{\frac{\sum_{i=1}^{12}(x_i-\bar{x})^2}{11}}=16.12$$

根据 $\alpha=0.05$ 查 t 分布表得 $t_{0.025}(11)=2.201$，由式(6-7)得平均使用寿命的置信区间为：

$$\bar{x}\pm t_{\alpha/2}\frac{s}{\sqrt{n}}=1\ 501.67\pm 2.201\times\frac{16.12}{\sqrt{12}}=1\ 501.67\pm 10.24$$

即 1 501.67±10.24=(1 491.43，1 511.91)，该种灯泡平均使用寿命的 95%置信区间为 1491.43~1511.91 小时。

总体均值的区间估计总结见表 6.2。

表 6.2　总体均值的区间估计总结

总体分布	样本容量	总体方差 σ^2 已知	总体方差 σ^2 未知
正态分布	大样本($n\geqslant 30$)	$\bar{x}\pm z_{\alpha/2}\frac{\sigma}{\sqrt{n}}$	$\bar{x}\pm z_{\alpha/2}\frac{s}{\sqrt{n}}$
	小样本($n<30$)	$\bar{x}\pm z_{\alpha/2}\frac{\sigma}{\sqrt{n}}$	$\bar{x}\pm t_{\alpha/2}\frac{s}{\sqrt{n}}$
非正态分布	大样本($n\geqslant 30$)	$\bar{x}\pm z_{\alpha/2}\frac{\sigma}{\sqrt{n}}$	$\bar{x}\pm z_{\alpha/2}\frac{s}{\sqrt{n}}$

二、总体比例 π 区间估计

这里只讨论大样本情况下总体比例 π 的区间估计问题。

假定：总体服从二项分布；可以由正态分布来近似；np(成功次数)$\geqslant 5$ 和 $n(1-p)$(失败次数)$\geqslant 5$ 时，可以认为样本比例 p 的抽样分布趋于正态分布。

样本比例 p 服从 $N\left(\pi,\ \frac{\pi(1-\pi)}{n}\right)$，其标准化后的随机变量 Z 服从标准正态分布，即：

$$Z=\frac{p-\pi}{\sqrt{\pi(1-\pi)/n}}\sim N(0,\ 1) \tag{6-8}$$

总体比例 π 在 $1-\alpha$ 置信水平下的置信区间为：

$$p\pm z_{\alpha/2}\frac{\sqrt{\pi(1-\pi)}}{n} \tag{6-9}$$

在实际使用时，总体比例 π 是要估计的未知参数，所以需要用样本比例 p 替代总体比例 π 来计算，这时，总体比例的置信区间为：

$$p\pm z_{\alpha/2}\frac{\sqrt{p(1-p)}}{n} \tag{6-10}$$

【例 6.3】在一项财物丢失的调查中，随机抽取了 200 名居民，调查他们自身是否丢失过财物，其中丢失过财物的居民占 23%。求总体比例的置信区间，置信水平分别为 90%和 95%。

解：$n=200$ 为大样本，满足 $np=200\times 0.23=46>5$ 且 $np(1-p)=35.42>5$，样本比例 p 近似服从正态分布，

$$\frac{\sqrt{p(1-p)}}{n}=\sqrt{\frac{0.23\times 0.77}{200}}=0.029\ 8$$

(1)置信水平为 90%，$\alpha=0.1$，则置信区间为：

$$p\pm z_{\alpha/2}\frac{\sqrt{p(1-p)}}{n}=0.23\pm1.645\times0.0298=(18.11\%,\ 27.89\%)$$

(2)置信水平为 95%，$\alpha=0.05$，则置信区间为：

$$p\pm z_{\alpha/2}\frac{\sqrt{p(1-p)}}{n}=0.23\pm1.96\times0.0298=(17.17\%,\ 28.84\%)$$

三、总体方差 σ^2 的区间估计

这里只讨论正态总体方差的区间估计问题。

在总体服从正态分布时，样本方差 s^2 服从自由度为 $n-1$ 的 χ^2 分布，从而可以利用 χ^2 分布来构造总体方差 σ^2 的置信区间。

对于给定的显著性水平 α，用 χ^2 分布构造的总体方差 σ^2 的置信区间为：

$$\frac{(n-1)s^2}{\chi^2_{\alpha/2}(n-1)}<\sigma^2<\frac{(n-1)s^2}{\chi^2_{1-\alpha/2}(n-1)} \tag{6-11}$$

【例 6.4】表 6.3 为在证券交易所随机收集的 10 只 IPO 股票的 IPO 折价率，试在 95%的置信度下，估计该证券交易所 IPO 折价率的方差。

表 6.3 IPO 折价率

股票	1	2	3	4	5	6	7	8	9	10
IPO 折价率	-11	30.9	3.7	84.3	59.4	51.7	80.8	100.3	80	108.1

解：自由度 $n-1=10-1=9$，$\alpha=0.05$，通过查找 χ^2 分布表，得到 $\chi^2_{0.975}(9)=2.700$，$\chi^2_{0.025}(9)=19.023$，

$$2.700\leqslant\frac{(n-1)s^2}{\sigma^2}\leqslant19.023$$

$$s^2=\frac{\sum(x_i-\bar{x})^2}{n-1}=1\,608.2$$

$$\frac{(10-1)\times1\,608.2}{19.023}\leqslant\sigma^2\leqslant\frac{(10-1)\times1608.2}{2.700}$$

$$761.0\leqslant\sigma^2\leqslant5\,361.0$$

在 95%的置信度下，估计该证券交易所 IPO 折价率的方差为 761.0~5 361.0。

第三节 两个总体参数的区间估计

当研究的对象是两个总体时，参数估计的内容不再局限于总体参数本身，而是扩展到两个总体的均值、比例和方差的比较。

一、两个总体均值之差的区间估计

（一）均值之差区间的一般表达式

两个总体均值的置信区间是由两个样本均值之差加减估计误差得到的。估计误差由两部分组成：一是点估计量的标准误差，它取决于样本统计量的抽样分布；二是估计时所要求的置信水平为 $1-\alpha$ 时，统计量分布两侧面积为 α 的分位数值，它取决于事先所要求的可靠程度。

设两个总体的均值分别为 μ_1 和 μ_2，从两个总体中分别抽取样本量为 n_1 和 n_2 的两个随机样本，其样本均值分别为 $\overline{x_1}$ 和 $\overline{x_2}$。两个总体均值之差 $\mu_1-\mu_2$ 的估计量是两个样本之差 $\overline{x_1}-\overline{x_2}$。

两个总体均值之差 $\mu_1-\mu_2$ 在 $1-\alpha$ 置信水平下的置信区间可一般性地表达为：

$$(\overline{x_1}-\overline{x_2})\pm\text{分位数值}\times(\overline{x_1}-\overline{x_2})\text{的标准误差} \tag{6-12}$$

（二）大样本的估计（$n\geqslant30$）

假定：两个总体都服从正态分布，且总体方差 ${\sigma_1}^2$、${\sigma_2}^2$ 已知；若两个总体不是正态分布，但两个样本都是大样本（$n_1\geqslant30$ 和 $n_2\geqslant30$），可以用正态分布来近似；两个样本是独立的随机样本。此时，应使用正态分布统计量 z。

所得样本均值之差 $\overline{x_1}-\overline{x_2}$ 服从期望值为 $(\mu_1-\mu_2)$、方差为 $\left(\dfrac{\sigma_1^2}{n_1}+\dfrac{\sigma_2^2}{n_2}\right)$ 的正态分布。

将两个样本均值之差进行标准化，构建 z 统计量：

$$z=\frac{(\overline{x_1}-\overline{x_2})-(\mu_1-\mu_2)}{\sqrt{\dfrac{\sigma_1^2}{n_1}+\dfrac{\sigma_2^2}{n_2}}}\sim N(0,\ 1) \tag{6-13}$$

当两个总体方差 σ_1^2、σ_2^2 已知时，两个总体均值之差 $(\mu_1-\mu_2)$ 的置信区间为：

$$(\overline{x_1}-\overline{x_2})\pm z_{\alpha/2}\sqrt{\frac{\sigma_1^2}{n_1}+\frac{\sigma_2^2}{n_2}} \tag{6-14}$$

当两个总体方差未知，可用样本方差 s^2 来代替，$(\mu_1-\mu_2)$ 的置信区间为：

$$(\overline{x_1}-\overline{x_2})\pm z_{\alpha/2}\sqrt{\frac{s_1^2}{n_1}+\frac{s_2^2}{n_2}} \tag{6-15}$$

【例 6.5】某部门想要估计不同地区抢夺罪被告人被判处刑期的平均值之差，为此在两个地区独立抽取两个随机样本，有关数据如表 6.4 所示。

表 6.4　两个样本的有关数据

西部地区	东部地区
$n_1=40$	$n_2=55$
$\overline{x_1}=13.28$	$\overline{x_2}=11.44$
$s_1=9.61$	$s_2=6.68$

试建立两个地区抢夺罪被告人被判处刑期的平均值之差的 95%的置信区间。

解：根据式(6-15)得

$$(\overline{x_1}-\overline{x_2})\pm z_{\alpha/2}\sqrt{\frac{s_1^2}{n_1}+\frac{s_2^2}{n_2}}=(13.28-11.44)\pm 1.96\sqrt{\frac{9.61^2}{40}+\frac{6.68^2}{55}}$$

即 1.84±3.46=(-1.62，5.3)，两个地区抢夺罪被告人被判处刑期的平均值之差的 95% 的置信区间为-1.62~5.3 个月。

(三) 小样本的估计($n<30$)

小样本的估计，须在总体服从正态分布的条件下进行。两个样本是独立抽取的。

假定：两个总体都服从正态分布；两个总体方差未知但相等：$\sigma_1{}^2=\sigma_2{}^2$；两个样本都是独立的小样本($n_1<30$ 和 $n_2<30$)。这时，总体方差的合并估计量 s_p^2 的计算公式为：

$$s_p^2=\frac{(n_1-1)s_1^2+(n_2-1)s_2^2}{n_1+n_2-2} \tag{6-16}$$

两个样本均值之差经过标准化后服从自由度为(n_1+n_2-2)的 t 分布，即

$$t=\frac{(\overline{x_1}-\overline{x_2})-(\mu_1-\mu_2)}{s_p\sqrt{\frac{1}{n_1}+\frac{1}{n_2}}}\sim t(n_1+n_2-2) \tag{6-17}$$

两个总体均值之差 $\mu_1-\mu_2$ 在 $1-\alpha$ 置信水平下的置信区间为：

$$(\overline{x_1}-\overline{x_2})\pm t_{\alpha/2}(n_1+n_2-2)\sqrt{s_p^2\left(\frac{1}{n_1}+\frac{1}{n_2}\right)} \tag{6-18}$$

假定：两个总体都服从正态分布；两个总体方差未知且不相等：$\sigma_1{}^2\neq\sigma_2{}^2$；两个独立的小样本($n_1<30$ 和 $n_2<30$)。此时，两个样本均值之差经过标准化后服从自由度为 v 的 t 分布，自由度 v 的计算公式为：

$$v=\frac{\left(\frac{s_1^2}{n_1}+\frac{s_2^2}{n_2}\right)^2}{\frac{(s_1^2/n_1)^2}{n_1-1}+\frac{(s_2^2/n_2)^2}{n_2-1}} \tag{6-19}$$

两个总体均值之差 $\mu_1-\mu_2$ 在 $1-\alpha$ 置信水平下的置信区间为：

$$(\overline{x_1}-\overline{x_2})\pm t_{\alpha/2}(v)\sqrt{\frac{s_1^2}{n_1}+\frac{s_2^2}{n_2}} \tag{6-20}$$

二、两个总体比例之差的区间估计

这里只讨论大样本情况下总体比例之差 $\pi_1-\pi_2$ 的区间估计问题。

假定：总体服从二项分布；可以用正态分布来近似；两个样本是独立的；n_1p_1 和 $n_1(1-p_1)\geqslant 10$，且 n_2p_2 和 $n_2(1-p_2)\geqslant 10$，此时，两个样本比例之差(p_1-p_2)服从正态分布 $N\left(\pi_1-\pi_2,\ \frac{\pi_1(1-\pi_1)}{n_1}+\frac{\pi_2(1-\pi_2)}{n_2}\right)$。

将两个样本比例之差进行标准化，构建 z 统计量：

$$z=\frac{(p_1-p_2)-(\pi_1-\pi_2)}{\sqrt{\frac{\pi_1(1-\pi_1)}{n_1}+\frac{\pi_2(1-\pi_2)}{n_2}}}\sim N(0,\ 1) \tag{6-21}$$

当总体比例 π_1、π_2 未知，可用样本比例 p_1、p_2 代替，两个总体比例之差的置信区间为：

$$(p_1-p_2)\pm z_{\alpha/2}\sqrt{\frac{p_1(1-p_1)}{n_1}+\frac{p_2(1-p_2)}{n_2}} \tag{6-22}$$

【例 6.6】在一项财物丢失的调查中，从 A 地区随机调查了 400 人，有 32%的人有财物丢失的经历；从 B 地区随机调查了 500 人，有 45%的人有财物丢失的经历。试以 95%的置信水平估计 A 地区与 B 地区丢失财物比率之差的置信区间。

解：设 B 地区丢失财物比率 $p_1=45\%$，A 地区丢失财物比率 $p_2=32\%$。当 $\alpha=0.05$ 时，$z_{\alpha/2}=1.96$。因此，置信区间为：

$$(p_1-p_2)\pm z_{\alpha/2}\sqrt{\frac{p_1(1-p_1)}{n_1}+\frac{p_2(1-p_2)}{n_1}}=(45\%\sim32\%)$$

$$\pm1.96\sqrt{\frac{45\%\times(1-45\%)}{500}\times\frac{32\%\times(1-32\%)}{400}}=13\%\pm6.32\%$$

即(6.68%，19.32%)，A 地区与 B 地区丢失财物比率之差的置信区间为 6.68%~19.32%。

三、两个总体方差之比的区间估计

在社会科学研究中，一些涉及差异性、稳定性、精确性的问题，经常需要对两个总体方差的比值进行分析。利用两个样本方差 $s_1{}^2$ 和 $s_2{}^2$ 来估计两个总体方差 $\sigma_1{}^2$ 和 $\sigma_2{}^2$，并通过两个样本方差的比值来判断两个总体方差之间存在差异。如果 $s_1{}^2/s_2{}^2$ 接近于 1，说明两个总体方差很接近；如果 $s_1{}^2/s_2{}^2$ 远离 1，说明两个总体方差之间存在较大差异。

当两个均服从正态分布的总体参数都未知时，样本容量为 n_1 和 n_2 的两个独立样本的样本方差 $s_1{}^2$ 和 $s_2{}^2$，有 F 值，使其满足

$$F_{1-\alpha/2}\leqslant F\leqslant F_{\alpha/2} \tag{6-23}$$

由于 $\frac{s_1^2}{s_2^2}\cdot\frac{\sigma_2^2}{\sigma_1^2}\sim F(n_1-1,\ n_2-1)$，因此可用其代替 F，有

$$F_{1-\alpha/2}\leqslant\frac{s_1^2}{s_2^2}\cdot\frac{\sigma_2^2}{\sigma_1^2}\leqslant F_{\alpha/2} \tag{6-24}$$

可推导出两个总体方差比 $\frac{\sigma_1^2}{\sigma_2^2}$ 在 $1-\alpha$ 置信水平下的置信区间为：

$$\frac{s_1^2/s_2^2}{F_{\alpha/2}(n_1-1,\ n_2-1)}\leqslant\frac{\sigma_1^2}{\sigma_2^2}\leqslant\frac{s_1^2/s_2^2}{F_{1-\alpha/2}(n_1-1,\ n_2-1)} \tag{6-25}$$

$F_{\alpha/2}(n_1-1,\ n_2-1)$ 和 $F_{1-\alpha/2}(n_1-1,\ n_2-1)$ 可通过查阅 F 分布表得出。

由于 F 分布表中仅给出部分分位数数值，可通过如下公式求得 $F_{1-\alpha/2}$ 的分位数数值：

$$F_{1-\alpha/2}(n_1, n_2)=\frac{1}{F_{\alpha/2}(n_2, n_1)} \tag{6-26}$$

式中，n_1 表示分子自由度，n_2 表示分母自由度。

【例 6.7】为研究东部地区和西部地区抢夺罪的被告人被判处刑期的差异，在西部地区随机抽取 40 名被告人，在东部地区随机抽取 55 名被告人，得到相关数据如表 6.5 所示。

表 6.5　两个样本的有关数据

西部地区	东部地区
$n_1=40$ $s_1{}^2=92.35$	$n_2=55$ $s_2{}^2=44.62$

试以 90%的置信水平估计两个地区抢夺罪的被告人被判处刑期的方差比的置信区间。

解：根据自由度 $n_1=40-1=39$ 和 $n_2=55-1=54$ 查 F 分布表得

$$F_{0.05}(39, 54)=1.62$$

$$F_{0.95}(39, 54)=0.60$$

根据式(6-25)得

$$\frac{92.35/44.62}{1.62}\leqslant\frac{\sigma_1{}^2}{\sigma_2{}^2}\leqslant\frac{92.35/44.62}{0.60}$$

即 $1.28\leqslant\frac{\sigma_1{}^2}{\sigma_2{}^2}\leqslant 3.49$，两个地区抢夺罪的被告人被判处刑期的方差比的置信区间为 1.28~3.49。

第七章

假设检验

开篇案例

正如一个法庭宣告某一判决为“无罪(not guilty)”而不为“清白(innocent)”，统计检验的结论也应为“不拒绝”而不为“接受”。

——简·克曼塔(Jan Kmenta)

假设检验的实质是一个证伪的过程，“假设”实际包含的含义是对总体参数的数值所做的陈述。例如，某一时期美国刑事案例错罪率为0.5%，某学者团队对这一时期死刑案件进行分析，所抽得样本(样本数量为4 578个)中错罪率超过7%，远远高于这一数值。我们可以怀疑错罪率为0.5%这一假设的真实性。因为在0.5%的错罪率下，抽取的案例恰好是错案的概率非常低，一旦小概率事件发生了，我们就有理由怀疑错罪率为0.5%是否正确。在一次试验中小概率事件一旦发生，我们就有理由拒绝原假设(null hypothesis)。

参数估计和假设检验是推断统计中两个相互联系的组成部分。在第六章中，我们介绍了如何利用样本统计量来推断未知的总体参数。本章中，我们将讨论如何利用样本信息来推断总体是否具有指定特征。比如，已知样本来自正态总体，是否有理由认为样本来自总体均值为μ_0的正态总体？再比如，已知相互独立的两个样本分别来自两个正态总体，是否有理由认为这两个总体的均值一致或方差相等？

第一节 假设检验的基本问题

假设检验(hypothesis test)是指先对总体参数(或分布形式)提出某种假设，然后利用样本信息判断假设是否成立的统计方法。逻辑上运用反证法，统计上依据小概率原理。

一、小概率原理

小概率是在一次试验中，一个几乎不可能发生的事件发生的概率。小概率原理(small probability theory)是指发生概率很小的随机事件在一次试验中几乎是不可能发生的。

在一次试验中小概率事件一旦发生，我们就有理由拒绝原假设。例如，某一时期美国刑事案例错罪率为0.5%，某学者团队对这一时期死刑案件进行分析，所抽得样本(样本数量为4 578个)中错罪率超过7%，远远高于这一数值。我们可以怀疑错罪率为0.5%这一假设的真实性。因为在0.5%的错罪率下，抽取的案例恰好是错案的概率非常低，一旦小概率事件发生了，我们就有理由怀疑错罪率为0.5%是否正确。

样本统计量与原假设值往往存在差异。问题的关键是，这种差异是否可以仅凭偶然性来解释。如果这种差异是由于随机抽样的偶然性引起的，那么这种差异在检验过程中就不显著，因而不能否定原假设；如果这种差异是由于系统性因素引起的，那么这种差异在检验中就是显著的(significant)，因而就可以否定原假设。因此，假设检验的实质就是利用样本信息是否有充足的理由来否定原假设。

二、假设检验的一般步骤

假设检验的基本步骤可以归纳为以下五个方面：第一，提出原假设 H_0 和备择假设(alternative hypothesis) H_1；第二，选定合适的检验统计量(test statistic)；第三，确定检验的显著性水平 α；第四，计算检验统计量的数值；第五，比较检验统计值与临界值(critical value)大小，做出接受或拒绝原假设的判断。

(一)提出原假设和备择假设

1. 原假设

原假设又称“0假设”，研究者想收集证据予以反对的假设，用 H_0 表示。其所表达的含义总是指总体参数没有变化或变量之间没有关系。最初原假设是成立的，之后根据样本数据确定是否有足够的证据拒绝它。

在原假设中，总是有符号“=”“≥”或“≤”。例如，

H_0：μ=某一数值；

H_0：$\mu \geq$某一数值；

H_0：$\mu \leq$某一数值。

2. 备择假设

备择假设也称“研究假设”，研究者想收集证据予以支持的假设，用 H_1 或 H_a 表示。其所表达的含义是总体参数发生了变化或变量之间有某种关系。备择假设通常用于表达研究者自己倾向于支持的看法，然后就是想办法收集证据拒绝原假设，以支持备择假设。

在备择假设中，总是有符号“≠”“<”或“>”。例如，

H_1：$\mu \neq$某一数值；

H_1：$\mu >$某一数值；

H_1：$\mu <$某一数值。

3. 原假设与备择假设的关系

假设检验的过程就是根据样本数据对这两个互相对立的假设 H_0 和 H_1 进行检验。

原假设和备择假设是一个完备事件组，而且相互对立。在一项假设检验中，原假设和备择假设必有一个成立，而且只有一个成立。

在提出假设时，一般先确定备择假设，然后再确定原假设。此外，备择假设的表达式中

是不含有等号的，即等号一定存在于原假设中。因研究目的不同，对同一问题可能提出不同的假设(也可能得出不同的结论)。

一般情况下，我们希望原假设 H_0 能被推翻而备择假设 H_1 能被接受。若没有足够充分的依据证明原假设是错误的，就不能轻易推翻原假设。

【例 7.1】某饮料制造商，在其一款饮料瓶的标签上注明净含量为 450 mL。从消费者的利益出发，有关质检机构要通过抽检其中的一批产品来验证该饮料制造商的标签是否属实。试陈述用于检验的原假设与备择假设。

解：质检机构抽样检查该制造商的一批产品，以确认标签是否真实有效。建立的原假设和备择假设为

原假设 H_0：$\mu \geq 450$ mL；

备择假设 H_1：$\mu < 450$ mL。

若样本结果表明应该拒绝 H_0，则我们认为原假设错误，备择假设正确，结论为产品质量不达标、缺斤少两；若样本结果不能拒绝 H_0，则原假设不能被拒绝。

(二) 选定合适的检验统计量

和参数估计一样，假设检验同样是从抽样分布出发，借助样本统计量进行统计推断。假设检验中的样本统计量称为检验统计量。

检验统计量是指根据样本数据计算得到的，对原假设进行判断的样本统计量。在假设检验中，需要根据所检验的问题、样本容量、总体分布、总体方差是否已知等信息，科学地选定检验统计量。

(三) 确定检验的显著性水平 α

显著性水平是指正确的原假设遭到拒绝的错误发生的概率，用 α 表示。显著性水平是能够容忍的犯第 Ⅰ 类错误的最大概率(即上限值)，它落在抽样分布的拒绝域(rejection region)中。

显著性水平 α 是由研究者事先确定好的值，一般取 0.01，0.05，0.10 等数值。

各类统计软件在给出检验统计量的数值时，一般都会给出该检验统计量数值的相伴概率，即 P 值(P-value)。通常，我们会将 P 值与给定的显著性水平 α 相比较来决策，无论哪种类型的检验，若 P 值 $\leq \alpha$，则拒绝原假设；若 P 值 $> \alpha$，则不能拒绝原假设。就此而言，事先确定检验的显著性水平 α 的步骤已经失去了原先的意义。不过，对于显著性水平 α 概念的准确把握仍然是假设检验的重要内容。

(四) 计算检验统计量的数值

检验统计量的数值一般也称作检验统计值。在根据假设检验的要求和具体情况提出原假设和备择假设，确定了合适的检验统计量和显著性水平 α 之后，接着就是计算检验统计量的具体数值，为统计假设检验的判断提供依据。

(五) 比较检验统计值与临界值大小，做出接受或拒绝原假设的判断

假设检验的判断是根据确定的显著性水平 α 和检验统计量的分布，确定拒绝域的临界值，将检验统计量的数值和临界值相比较，进而做出拒绝或不能拒绝原假设的判断方法和过程。

拒绝域是指检验统计量拒绝原假设的所有取值的集合。

临界值是指根据确定的显著性水平 α 所确定的拒绝域的边界数值。

统计量的决策规则是，先给定显著性水平 α，查表得出相应的临界值 z_{α} 或 $z_{\alpha/2}$，t_{α} 或 $t_{\alpha/2}$；然后，将检验统计量的值与显著性水平 α 的临界值进行比较，做出决策。若为双侧检验，统计量>临界值，拒绝 H_0，反之，则不能拒绝 H_0；若为左侧检验时，统计量<-临界值，拒绝 H_0，反之，则不能拒绝 H_0；若为右侧检验时，统计量>临界值，拒绝 H_0，反之，则不能拒绝 H_0。

显然，拒绝域是由显著性水平 α 确定的一个数值区间，若由样本数据计算的检验统计量的数值落在这个区间内，我们就可以得出拒绝原假设的结论。反之，则不能拒绝原假设。

三、假设检验的两类错误

研究者总是希望能做出正确的决策，但由于决策是建立在样本信息的基础之上，而样本又是随机的，因而就有可能犯错误。此外，原假设和备择假设不能同时成立，决策的结果要么拒绝 H_0，要么不拒绝 H_0。决策时总是希望当原假设正确时没有拒绝它，而当原假设不正确时拒绝它，但实际上很难保证不犯错误。

（一）假设检验的错误类型

假设检验中的错误有两种类型，即 α 错误和 β 错误（见表 7.1）。

第Ⅰ类错误（type Ⅰ error）是指当原假设 H_0 为真时拒绝原假设的错误。犯这种错误的概率用 α 表示，也称 α 错误，或弃真错误，被称为显著性水平。

第Ⅱ类错误（type Ⅱ error）是指当原假设 H_0 为假时却没有将其拒绝的错误。犯这种错误的概率用 β 表示，也称 β 错误，或取伪错误。

表 7.1　假设检验中的决策与两类错误

决策	实际情况	
	H_0 为真	H_0 为伪
拒绝 H_0	第Ⅰ类错误（α 错误）	正确决策
不拒绝 H_0	正确决策	第Ⅱ类错误（β 错误）

（二）α 错误和 β 错误的关系

见图 7.1，如果原假设为真，样本的观察值应该在 μ_0 附近，落入阴影中的概率为 α。我们根据样本的观察结果做出判断决策，如果观察结果落入阴影部分，我们就要拒绝原假设，这时就犯了 α 错误，尽管犯这个错误的概率是比较小的，但是这种错误是不可避免的。如果原假设为伪，被检验的参数 $\mu>\mu_0$，那么当样本观察结果落入阴影 β 中时，我们还是把 μ 看成 μ_0 而没有拒绝，这时就犯了取伪错误，其概率为 β。在假设检验中，人们总是希望能够进行正确的判断，犯这两类错误的概率越小越好，然而，在样本量一定的前提下，犯这两类错误的概率是互为消长的，若减少犯第Ⅰ类错误的概率 α，就会增大犯第Ⅱ类错误的概率 β；同样，若减少犯第Ⅱ类错误的概率 β，就会增大犯第Ⅰ类错误的概率 α。

【例 7.2】某互联网企业进行新员工面试，最后的招聘结果有四种情况：一是招到了有能力的人；二是招到了没能力的人；三是拒绝了有能力的人；四是拒绝了没能力的人。结果

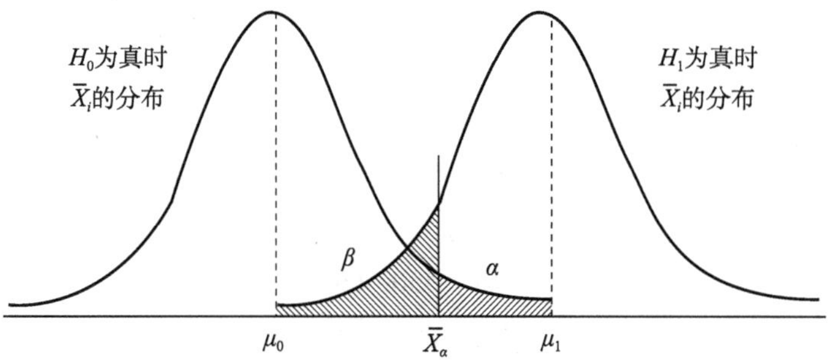

图 7.1 假设检验中出现两类错误的示意图

“1”和“4”是好结果，没有犯错误。但是结果“2”和“3”是犯了错误的。

解：在本例中，拒绝了有能力的人，就是“弃真错误”；而招到了没能力的人，则是“取伪错误”。在其他条件不变的情况下，降低了“弃真错误”，必定会提升“取伪错误”。比如，当人力资源部门想降低“弃真错误”，即尽量不要拒绝有能力的人，那么他们就要降低企业录用员工标准；而一旦降低了企业录用员工标准，则更加有可能会招到没有能力的人。

再比如，“宁可错杀三千，不可放过一人”，就是极端地试图把“弃真错误”降为 0，这样会使得“取伪错误”很高，因为很多人会被无辜杀死。

（三）两类错误的控制

想要同时降低 α 错误、β 错误的概率，需要增大样本量。但样本量不可能没有限制，否则就会使抽样调查失去意义。一般来说，哪一类错误所带来的后果更严重，假设检验中就应当把哪一类错误作为首要的控制目标。一般情况下，假设检验中首先控制犯 α 错误的概率。

根据样本信息，我们可以给出“拒绝 H_0”“不拒绝 H_0”的判断。在叙述中，采用“不拒绝 H_0”，而不采用“接受 H_0”。不直接接受 H_0，避免发生第Ⅱ类错误的风险。不论何时，只要未对发生第Ⅱ类错误的概率加以确定或控制，我们就不会做出接受 H_0 的结论。这种情形下，只能得出两种可能的结论：不拒绝 H_0 或拒绝 H_0。

四、单侧检验和双侧检验

根据假设检验的要求和形式，可以分为单侧检验和双侧检验。

（一）单侧检验

备择假设具有特定的方向性，并含有符号“>”或“<”的假设检验，称为单侧检验或单尾检验(one-tailed test)。当备择假设的方向为“<”，称为左侧检验；当备择假设的方向为“>”，称为右侧检验。

总体参数的单侧检验采用如下两种形式：

左侧检验	右侧检验
H_0：$\mu \geqslant \mu_0$	H_0：$\mu \leqslant \mu_0$
H_1：$\mu < \mu_0$	H_1：$\mu > \mu_0$

1. 左侧检验

左侧检验关注下限，又称为下限检验，常用于检测产品质量。

【例 7.3】某饮料制造商，饮料瓶的标签为含量 450 mL。质检机构抽样检查该制造商的一批产品 36 个，均值为 430 mL，标准差为 60 mL。

解：

$$H_0: \mu \geqslant 450\ \text{mL}$$
$$H_1: \mu < 450\ \text{mL}$$
$$z=\frac{\bar{x}-\mu_0}{s/\sqrt{n}}=\frac{430-450}{60/\sqrt{36}}=-2$$

拒绝域在左侧，由于 $|z|>|z_{0.05}|$，落在拒绝域中，因此拒绝原假设 H_0，认为该批产品质量未达标。

除了用临界值检验法判定是否拒绝原假设 H_0，还可以用 P 值检验法来实现。

P 值检验法：P 值检验法是根据检验统计量 z 的值，计算出相应的 P 值，P 值越小，越应该拒绝原假设 H_0。

左侧检验中，P 值是标准正态曲线下方在检验统计量左边部分面积，计算得出 $z=-2$。利用标准正态概率分布表，查得 $z=-2$ 左侧的面积为 0.022 75，相应的 $P=0.022\ 75$。

P 值检验法的决策规则：若 P 值 $\leqslant \alpha$，则拒绝 H_0。

在例 7.3 的检验中，$P=0.022\ 75<0.05$，拒绝原假设 H_0。

2. 右侧检验

右侧检验须确定拒绝的上限临界点，又称上限检验。

接下来，我们举一个右侧检验的例子。

【例 7.4】假定某一时期美国刑事案件错罪率为 0.5%，样本容量为 4 900，样本错罪率为 7%，总体标准差为 140。

解：

$$H_0: \mu \leqslant 0.5\%$$
$$H_1: \mu > 0.5\%$$

样本容量为 4 900（大样本），总体标准差 σ 已知，构建 z 统计量。

$$z=\frac{P-\pi_0}{\sqrt{\frac{\pi_0(1-\pi_0)}{n}}}=\frac{7\%-0.5\%}{\sqrt{\frac{0.5\%(1-0.5\%)}{4\ 900}}}\approx 660.38>z_{0.05}=1.645$$

拒绝域在右侧，由于 $z=660.38$，落在拒绝域中，因此拒绝原假设 H_0，刑事案件错罪率远远高于 0.5%。

（二）双侧检验

备择假设没有特定的方向性，并含有符号"≠"的假设检验，称为双侧检验或双尾检验（two-tailed test）。

在假设检验中，关于总体均值的双侧检验的一般形式如下：

$$H_0: \mu=\mu_0$$
$$H_1: \mu \neq \mu_0$$

【例 7.5】继续沿用美国刑事案件错罪率的例子，检验调查结果是否支持美国刑事案件错罪率为 0.5%。

解：

$$H_0: \mu=0.5\%$$
$$H_1: \mu\neq 0.5\%$$
$$z=\frac{P-\pi_0}{\sqrt{\frac{\pi_0(1-\pi_0)}{n}}}=\frac{7\%-0.5\%}{\sqrt{\frac{0.5\%(1-0.5\%)}{4\,900}}}\approx 660.38$$

作为双侧检验，当 $\alpha=0.05$ 时，$z_{0.05/2}=\pm 1.96$。

由于 $|z|>|z_{0.05/2}|$，拒绝原假设 H_0，可以认为调查结果不支持。

五、利用 P 值进行决策

(一) P 值

假设检验的 P 值又称为观测的显著性水平，是指在原假设成立的假定前提下，出现与原假设相背离的样本以及更加背离原假设的样本的概率。

P 值告诉我们，如果原假设是正确，我们得到目前这个样本数据的可能性有多大，如果这个可能性很小，就应该拒绝原假设。

P 值反映的是在某个总体的许多样本中某一类数据出现的经常程度，它是当原假设正确时，得到目前这个样本数据的概率。比如，要检验全校学生的平均生活费支出是否等于 500 元，检验的假设为 H_0：$\mu=500$；H_1：$\mu\neq 500$。假定抽出一个样本算出的样本均值为 600 元，得到的值为 $P=0.02$，这个 0.02 是指如果平均生活费支出真的是 500 元，那么，从该总体中抽出一个均值为 600 的样本的概率仅为 0.02。如果你认为这个概率太小了，就可以拒绝原假设，因为如果原假设正确，几乎不可能抓到这样的一个样本，既然抓到了，就表明这样的样本不在少数，所以原假设是不对的。

(二) 利用 P 值进行决策

显著性水平 α 是研究者自己实现给定的“小概率”标准，而 P 值是根据样本数据计算的概率值。将 P 值与给定的显著性水平 α 相比较来决策，无论哪种类型的检验，若 P 值 $\leqslant\alpha$，则拒绝原假设；若 P 值 $>\alpha$，则不能拒绝原假设。

P 值越小，表示样本数据与原假设相背离的程度就越严重，拒绝原假设的理由就越充分。那么，要证明原假设不正确，P 值要多小，才能令人信服呢？

原假设的可信度又有多高？如果 H_0 所代表的假设是人们多年来一直相信的，就需要很强的证据（小的 P 值）才能说服他们。

拒绝的结论是什么？如果拒绝 H_0 而肯定 H_1，你就需要有很强的证据显示要支持 H_1。比如，H_1 代表要花很多钱把产品包装改换成另一种包装，你就要有很强的证据显示新包装一定会增加销售量（因为拒绝 H_0 要花很高的成本）。

有了 P 值，我们并不需要用 5%或 1%这类传统的显著性水平。P 值提供了更多的信息，它让我们可以选择任意水平来评估结果是否具有统计上的显著性，从而可根据我们的需要来决定是否要拒绝原假设。

只要你认为这么大的 P 值就算是显著了，你就可以在这样的 P 值水平上拒绝原假设。

传统的显著性水平，如 1%，5%，10%等，已经被人们普遍接受为“拒绝原假设足够证据”的标准，我们大概可以认为，10%代表有“一些证据”不利于原假设；5%代表有“适度证据”不利于原假设；1%代表有“很强证据”不利于原假设。

（三）P值决策与统计量的比较

一般而言，用P值进行检验，要比根据统计量检验能够提供更多的信息。

统计量检验是我们事先给出的一个显著性水平，以此为标准进行决策，无法知道实际的显著性水平究竟是多少。比如，根据统计量进行检验时，只要统计量的值落在拒绝域，我们拒绝原假设得出的结论都是一样的，即结果显著。但实际上，统计量的值落在拒绝域不同的地方，实际的显著性是不同的。比如，统计量的值落在临界值附近与落在远离临界值的地方，实际的显著性就有较大差异。而P值给出的是实际算出的显著性水平，它告诉我们实际的显著性水平是多少。

（四）假设检验不能证明原假设正确

假设检验得出的结论都是根据原假设进行阐述的。我们要么拒绝原假设，要么不拒绝原假设。当不能拒绝原假设时，我们也从来不说“接受原假设”，因为没有证明原假设是真的。而如果采用“接受”原假设的说法，则意味着你证明了原假设是正确的。

假设检验的目的主要是收集证据拒绝原假设，而支持你所倾向的备择假设。假设检验只提供不利于原假设的证据。因此，当拒绝原假设时，表明样本提供的证据证明它是错误的，当没有拒绝原假设时，我们也没法证明它是正确的，因为假设检验的程序没有提供它正确的证据。

没有足够的证据拒绝原假设并不等于你已经“证明”了原假设是真的，它仅仅意味着目前还没有足够的证据拒绝原假设，只表示手头上这个样本提供的证据还不足以拒绝原假设。

“不拒绝原假设”的表述方式实际上意味着没有得出明确的结论。“接受原假设”的说法有时会产生误导。这种说法似乎暗示着原假设已经被证明是正确的了，事实上，H_0的真实值我们永远也无法知道，不知道真实值是什么，又怎么能证明它是什么？H_0只是对总体真实值的一个假定值，由样本提供的信息也就自然无法证明它是否正确了。

因此，采用“不拒绝”的表述方法更合理一些，因为这种表述意味着样本提供的证据不够强大，因而没有足够的理由拒绝，这不等于已经证明原假设正确。

假设检验中通常是先确定显著性水平，这就等于控制了第Ⅰ类错误的概率，但犯第Ⅱ类错误的概率是不确定的。在拒绝H_0时，犯第Ⅰ类错误的概率不超过给定的显著性水平α，当样本结果显示没有充分理由拒绝原假设时，也难以确切知道第Ⅱ类错误发生的概率β。

采用“不拒绝”而不采用“接受”的表述方式，在多数场合下便避免了β错误发生的风险。因为“接受”所得结论可靠性将由第Ⅱ类错误的概率β来测量，而β的控制又相对复杂，有时甚至根本无法知道，除非你能确切给出β值，否则就不宜表述成“接受”原假设。

但是，在实际检验中，针对一个具体的问题，将检验结果表述为“不拒绝”原假设，这似乎让人感到无所适从。比如，你想购买一批产品，检验的结果没有拒绝原假设，即达到合同规定的标准要求，你是否购买这批产品呢？这时，你可以对检验的结果采取某种默认态度，退一步说，你可以将检验结果表述为“可以接受”原假设，但这并不等于说你“确实接受”它。

（五）统计上显著并不一定有实际意义

当拒绝原假设时，我们称样本结果是统计上显著的（statistically significant）；但是，当不拒绝原假设时，我们称样本结果是统计上不显著的。

在“显著”和“不显著”之间没有清楚的界限，只是在 P 值越来越小时，我们就有越来越强的证据，检验的结果也就越来越显著。

“显著的”一词的意义在这里并不是“重要的”，而是指“非偶然的”。一项检验在统计上是“显著的”，意思是指这样的(样本)结果不是偶然得到的，或者说，不是靠机遇能够得到的。如果得到这样的样本概率 P 很小，则拒绝原假设。在这么小的概率下竟然得到了这样的一个样本，表明这样的样本经常出现，所以，样本结果是显著的。

但因 P 值很小而拒绝原假设时，并不一定意味着检验的结果就有实际意义。因为假设检验中所说的“显著”仅仅是“统计意义上的显著”。

一个在统计意义上显著的结论在实际中却不见得就很重要，也不意味着就有实际意义。因为 P 值与样本量的大小密切相关，样本量越大，P 值就越小，就越有可能拒绝原假设。如果你主观上要想拒绝原假设那就一定能拒绝它。只要你无限制扩大样本量，几乎总能拒绝原假设。当样本量很大时，解释假设检验的结果需要小心。在大样本情况下，总能把与假设值的任何细微差别都能查出来，即使这种差别几乎没有任何实际意义。

在实际检验中，不要刻意追求“统计意义上的”显著性，也不要把统计意义上的显著性与实际意义上的显著性混同起来。一个在统计上显著的结论在实际中却不见得很重要，也不意味着就有实际意义。

第二节　一个总体参数的假设检验

单一总体参数的假设检验主要是对总体均值、总体比例和总体方差的假设检验，根据样本容量大小、检验的参数不同，分为以下几种情况。

一、总体均值的假设检验

(一)大样本($n \geqslant 30$)总体均值的假设检验

由抽样分布可知，在大样本场合下，样本均值趋于正态分布。

(1)在总体方差已知的情况下，z 检验统计量为：

$$z=\frac{\bar{x}-\mu_0}{\sigma/\sqrt{n}} \tag{7-1}$$

(2)在总体方差未知的情况下，采用样本方差来代替总体方差，这时 z 检验统计量为：

$$z=\frac{\bar{x}-\mu_0}{s/\sqrt{n}} \tag{7-2}$$

【例 7.6】某饮料制造商采用自动生产线生产，饮料瓶的标签上注明容量为 450 mL，标准差为 5 mL。为检验瓶容量是否符合要求，质检人员在某天生产的饮料中随机抽取了 40 瓶进行检验，测得每瓶的平均容量为 450.8 mL。取显著性水平为 $\alpha=0.05$，检验该天生产的饮料容量是否符合标准要求。

解：

$$H_0: \mu=450 \text{ mL}$$

$$H_1:\ \mu \neq 450\ \text{mL}$$

这是一个双侧检验问题，所以只要$\mu>\mu_0$或$\mu<\mu_0$两者之中有一个成立，就可以拒绝原假设。$\sigma=5$，$\alpha=0.05$，$n=40$。

检验统计量：

$$z=\frac{\bar{x}-\mu_0}{\sigma/\sqrt{n}}=\frac{450.8-450}{5/\sqrt{40}}=1.0$$

因为

$$z_{\alpha/2}=\pm 1.96$$

所以可以做出决策不拒绝H_0。样本提供的证据还不足以推翻“该天生产的饮料符合标准要求”的看法。

(二)小样本($n<30$)总体均值的假设检验

在正态总体的小样本场合下，总体均值的假设检验分为总体方差已知和总体方差未知两种类型。

(1)在总体方差已知的情况下，与大样本情况一样，仍然使用z检验统计量：

$$z=\frac{\bar{x}-\mu_0}{\sigma/\sqrt{n}} \tag{7-3}$$

(2)在总体方差未知的情况下，使用t检验统计量：

$$t=\frac{\bar{x}-\mu_0}{s/\sqrt{n}} \tag{7-4}$$

【例7.7】某饮料制造商采用自动生产线生产，饮料瓶的标签上注明容量为450 mL。为检验瓶容量是否符合要求，质检人员在某天生产的饮料中随机抽取了16瓶进行检验，测得每瓶的平均容量为451.5 mL，标准差为3 mL。取显著性水平为$\alpha=0.05$，检验该天生产的饮料容量是否符合标准要求。

解：这是一个双侧检验问题，所以只要$\mu>\mu_0$或$\mu<\mu_0$两者之中有一个成立，就可以拒绝原假设。$s=3$，$\alpha=0.05$，$n=16$，$\mu_0=450$，$\bar{x}=451.5$。由于总体σ未知，且样本量较小，所以采用t统计量。

$$H_0:\ \mu=450\ \text{mL}$$
$$H_1:\ \mu\neq 450\ \text{mL}$$

检验统计量：

$$t=\frac{\bar{x}-\mu_0}{s/\sqrt{n}}=\frac{451.5-450}{3/\sqrt{16}}=2$$

$$t_{\alpha/2}(15)=2.1314$$

因为$t<t_{\alpha/2}$，样本统计量在拒绝域之外，故接受H_0，说明该天生产的饮料容量符合标准要求。

二、总体比例的假设检验

总体比例是指总体中具有某一特征的单位数占总体单位数的比重。这一特征可以是数值型的，也可以是非数值型的。

假定总体服从二项分布，在大样本情况下，可用正态分布来近似。通常使用z统计量进行检验，其计算公式为：

$$z=\frac{P-\pi_0}{\sqrt{\frac{\pi_0(1-\pi_0)}{n}}} \tag{7-5}$$

【例 7.8】某饮料公司对产品受众进行调研发现，消费者 80%都为女性，为验证该说法是否属实，某研究部门抽取了 200 人组成一个随机样本，发现有 146 个女性经常购买该种饮料。取显著性水平 $\alpha=0.05$，检验该饮料受众为女性的比例是否为 80%。

解：这是一个双侧检验问题，所以只要 $\pi>\pi_0$ 或 $\pi<\pi_0$ 两者之中有一个成立，就可以拒绝原假设。$\alpha=0.05$，$n=200$。

$$H_0:\ \pi=80\%$$
$$H_1:\ \pi\neq 80\%$$

检验统计量：

$$z=\frac{P-\pi_0}{\sqrt{\frac{\pi_0(1-\pi_0)}{n}}}=\frac{0.73-0.80}{\sqrt{\frac{0.80\times(1-0.80)}{200}}}=-2.475$$

决策：拒绝 π_0，即该饮料公司调研结果并不属实。

三、总体方差的假设检验

对方差进行检验的程序，与均值检验、比例检验是相同的，其主要区别在于所使用的检验统计量不同。对总体方差的假设检验使用的是χ^2 统计量。

假定总体近似服从正态分布，χ^2 统计量的计算公式为

$$\chi^2=\frac{(n-1)s^2}{\sigma^2} \tag{7-6}$$

【例 7.9】某厂生产的灯泡，质量一直是比较稳定的，质监部门从中随机抽取 10 个灯泡检查其使用寿命，测得数据(单位：小时)如下：

575　576　570　569　572　582　577　580　572　585

设灯泡的使用寿命服从正态分布，试问在显著性水平 0.05 下是否可以相信该厂生产的灯泡使用寿命的方差为 64。

解：

$$H_0:\ \sigma^2=64$$
$$H_1:\ \sigma^2\neq 64$$

检验统计量：

$$\chi^2=\frac{(n-1)s^2}{\sigma^2}=\frac{251.6}{64}=3.93$$

拒绝域为：

$$W=\{\chi^2<\chi^2_{1-\alpha/2}(9)\}\cup\{\chi^2>\chi^2_{1-\alpha/2}(9)\}=\{\chi^2<2.7\}\cup\{\chi^2>19.02\}$$

判断：因为 $2.7<3.93<19.02$，所以不能拒绝原假设，认为该厂生产的灯泡使用寿命的方差为 64。

小结：一个总体参数的检验中，常用的检验统计量为 z 统计量、t 统计量和χ^2 统计量。

如表 7.2 所示。

表 7.2 一个总体参数的假设检验公式汇总表

分类	名称	公式
一个总体参数	总体均值检验（正态总体，σ 已知）	$z=\frac{\bar{x}-\mu_0}{\sigma/\sqrt{n}}$
	总体均值检验（σ 未知，大样本）	$z=\frac{\bar{x}-\mu_0}{s/\sqrt{n}}$
	总体均值检验（正态总体，σ 未知，小样本）	$t=\frac{\bar{x}-\mu_0}{s/\sqrt{n}}$
	总体比例检验	$z=\frac{P-\pi_0}{\sqrt{\frac{\pi_0(1-\pi_0)}{n}}}$
	总体方差检验	$\chi^2=\frac{(n-1)s^2}{\sigma^2}$

第三节 两个总体参数的假设检验

在很多情况下，我们需要对两个总体参数进行比较。例如，同一种审判模式在不同年龄组当事人中是否会产生不同效果，在相同年龄组中，高学历和低学历的法律知识认知是否有明显差异等。对此，可以用两个总体参数的检验来进行分析。

一、两个总体均值之差的假设检验

一般而言，可以将这类问题归结为通过假设检验来判断两个独立抽取的样本是否来自具有相同的总体均值的总体。

（一）两个总体方差已知情况下的假设检验

在两个正态总体方差 ${\sigma_1}^2$ 和 ${\sigma_2}^2$ 已知的情况下，无论样本容量大小，两个样本均值之差 $\overline{x_1}-\overline{x_2}$ 的分布均服从正态分布，使用 z 统计量，其公式为：

$$z=\frac{(\overline{x_1}-\overline{x_2})-(\mu_1-\mu_2)}{\sqrt{\frac{\sigma_1^2}{n_1}+\frac{\sigma_2^2}{n_2}}} \tag{7-7}$$

【例 7.10】某饮料公司测定了 31 瓶 A 饮料和 48 瓶 B 饮料每 100 mL 饮料中的含糖量，每 100 mL A 饮料含糖量为 81.23 mg，每 100 mL B 饮料含糖量为 70.23 mg。设已知每 100 mL A 饮料含糖量的总体方差为 15.64^2，每 100 mL B 饮料含糖量的总体方差为 12.07^2，问 A 饮料和 B 饮料含糖量有无差异。

解：

$$H_0:\ \mu_1=\mu_2$$
$$H_1:\ \mu_1\neq\mu_2$$

计算统计量：

$$z=\frac{(\overline{x_1}-\overline{x_2})-(\mu_1-\mu_2)}{\sqrt{\frac{\sigma_1^2}{n_1}+\frac{\sigma_2^2}{n_2}}}=\frac{(81.23-70.23)}{\sqrt{\frac{15.64^2}{31}+\frac{12.07^2}{48}}}=3.22$$

确定显著性水平：

$$u_{0.05}=1.96u_{0.01}=2.58$$
$$|z|=3.22>u_{0.01}=2.58P<0.01$$

所以，拒绝 H_0，即 A 饮料和 B 饮料含糖量存在显著的差异。

(二)两个相等总体方差未知情况下的假设检验

在两个正态总体方差 $\sigma_1{}^2$ 和 $\sigma_2{}^2$ 未知，且 $\sigma_1{}^2=\sigma_2{}^2$ 时，从这两个总体中独立地抽取两个随机样本来进行假设检验。此时，这个未知的总体联合方差的估计量为：

$$s_p^2=\frac{(n_1-1)s_1^2+(n_2-1)s_2^2}{n_1+n_2-2} \tag{7-8}$$

两个样本均值之差$\overline{x_1}-\overline{x_2}$标准化后服从自由度为$(n_1+n_2-2)$的 t 分布，使用 t 检验统计量，其公式为：

$$t=\frac{(\overline{x_1}-\overline{x_2})-(\mu_1-\mu_2)}{s_p\sqrt{\frac{1}{n_1}+\frac{1}{n_2}}}\sim t(n_1+n_2-2) \tag{7-9}$$

【例 7.11】某车间研究用两种不同的方式组装产品所用的时间是否相同。让一个组的 10 名工人用第一种方式组装该产品，平均所需时间为 26.1 分钟，样本标准差为 12 分钟；另一组 8 名工人用第二种方式组装，平均所需时间为 17.6 分钟，样本标准差为 10.5 分钟。已知用两种方式组装产品所用时间是服从正态分布的，且 $\sigma_1{}^2=\sigma_2{}^2$，试问能否认为用第二种方式组装比用第一种方式组装更好($\alpha=0.05$)。

解：

$$H_0:\ \mu_1-\mu_2\leqslant 0$$
$$H_1:\ \mu_1-\mu_2>0$$

已知 $\alpha=0.05$，$n_1=10$，$n_2=8$。

检验统计量：

$$t=\frac{(\overline{x_1}-\overline{x_2})-(\mu_1-\mu_2)}{s_p\sqrt{\frac{1}{n_1}+\frac{1}{n_2}}}=\frac{26.1-17.6-0}{11.37\times\sqrt{\frac{1}{10}+\frac{1}{8}}}=1.5$$

结论：接受 H_0，即没有证据表明用第二种方式组装更好。

(三)两个不相等总体方差未知情况下的假设检验

在两个正态总体方差 $\sigma_1{}^2$ 和 $\sigma_2{}^2$ 未知，且 $\sigma_1{}^2\neq\sigma_2{}^2$ 时，从这两个总体中独立地抽取两

个随机样本来进行假设检验。采用两个样本方差 s_1^2 和 s_2^2 来估计两个总体方差 σ_1^2 和 σ_2^2，此时，抽样分布近似服从自由度为 f 的 t 分布，f 的计算公式为：

$$f=\frac{\left(\frac{s_1^2}{n_1}+\frac{s_2^2}{n_2}\right)^2}{\frac{\left(\frac{s_1^2}{n_1}\right)^2}{n_1-1}+\frac{\left(\frac{s_2^2}{n_2}\right)^2}{n_2-1}} \tag{7-10}$$

这时，检验统计量 t 的计算公式为：

$$t=\frac{(\overline{x_1}-\overline{x_2})-(\mu_1-\mu_2)}{\sqrt{\frac{s_1^2}{n_1}+\frac{s_2^2}{n_2}}}\sim t(f) \tag{7-11}$$

【例 7. 12】某饮料公司管理层认为进行产品折扣可以提高产品的销量，为了验证这个假设，随机抽取了 35 个商店，根据是否进行产品折扣将商店分为两类，然后测定每个商店该产品的销量，经过一段时间的试验，得到的结果如表 7. 3 所示。

表 7. 3　35 家商店产品销量

无产品折扣	568	681	636	607	555
	496	540	539	529	562
	589	646	596	617	584
有产品折扣	650	569	622	630	596
	637	628	706	617	624
	563	580	711	480	688
	723	651	569	709	632

试以 $\alpha=0.05$ 的显著性水平进行检验。

解：

$$H_0: \mu_1-\mu_2\geqslant 0$$
$$H_1: \mu_1-\mu_2<0$$

由于 n_1，n_2 均较小，且 σ_1^2 和 σ_2^2 未知，无法判断 $\sigma_1^2=\sigma_2^2$ 是否成立，故属于 n 较小，σ_1^2 和 σ_2^2 未知且 $\sigma_1^2\neq\sigma_2^2$ 的情况。据此，采用 t 分布，其自由度为 f。

经过计算，得到 $\overline{x_1}=589.67$，$\overline{x_2}=629.25$，$s_1^2=2\ 431.429$，$s_2^2=3\ 675.461$，$f=32.34$，若取 $f=32$，由 t 分布表可知 $t_{0.05}(32)=1.694$。

检验统计量：

$$t=\frac{(\overline{x_1}-\overline{x_2})-(\mu_1-\mu_2)}{\sqrt{\frac{s_1^2}{n_1}+\frac{s_2^2}{n_2}}}=-2.128$$

由于 $|t|>|t_\alpha|$，拒绝 H_0，即进行产品折扣不可以提高产品的销量。

（四）在大样本情况下的假设检验

只要是独立抽取的随机样本，在大样本情况下，都可以依据中心极限定理，将两个样本

方差 $s_1{}^2$ 和 $s_2{}^2$ 作为总体方差 $\sigma_1{}^2$ 和 $\sigma_2{}^2$ 的估计值，这时，z 检验统计量为：

$$z=\frac{(\overline{x_1}-\overline{x_2})}{\sqrt{\frac{s_1^2}{n_1}+\frac{s_2^2}{n_2}}} \tag{7-12}$$

$$z=\frac{(\overline{x_1}-\overline{x_2})-(\mu_1-\mu_2)}{\sqrt{\frac{s_1^2}{n_1}+\frac{s_2^2}{n_2}}} \tag{7-13}$$

【例 7.13】某饮料公司管理层认为进行产品折扣可以提高产品的销量，为了验证这个假设，随机抽取了 100 个商店，根据是否进行产品折扣将商店分为两类，然后测定每个商店该产品的销量。相关部门计算得到 50 家没有产品折扣的商店和 50 家有产品折扣的商店的平均产品销量分别为$\overline{x_1}=580$，$\overline{x_2}=620$，没有产品折扣和有产品折扣的商店的方差分别为$s_1{}^2=1\ 680$，$s_2{}^2=3\ 120$，试以 $\alpha=0.05$ 的显著性水平检验产品折扣是否会影响产品销量。

解：

$$H_0: \mu_1-\mu_2\geqslant 0$$
$$H_1: \mu_1-\mu_2<0$$

检验统计量：

$$z=\frac{(\overline{x_1}-\overline{x_2})}{\sqrt{\frac{s_1^2}{n_1}+\frac{s_2^2}{n_2}}}=\frac{580-620}{\sqrt{\frac{1\ 680}{50}+\frac{3\ 120}{50}}}=-4.08$$

由 t 分布表可知 $t_{0.05}(99)=1.660$，

由于 $|t|>|t_\alpha|$，拒绝 H_0，即产品折扣不会显著影响产品销量。

二、两个总体比例之差的假设检验

在大样本场合下，从两个都服从二项分布的总体中得到的两个样本比例 p_1 和 p_2 之差的抽样分布渐进地趋于正态分布，其标准化后的随机变量 z 渐进地服从标准正态分布，因此可以用 z 统计量进行检验。

(一)检验两个总体比例相等的假设

检验两个总体比例相等的假设，也就是要检验 $\pi_1-\pi_2=0$。

在大样本条件下，统计量 z 的计算公式为：

$$z=\frac{p_1-p_2}{\sqrt{p(1-p)\left(\frac{1}{n_1}+\frac{1}{n_2}\right)}} \tag{7-14}$$

(二)检验两个总体比例之差不为零的假设

检验两个总体比例之差不为零的假设，也就是要检验 $\pi_1-\pi_2=d_0(d_0\neq 0)$，在这种情况下，两个样本比例之差 p_1-p_2 近似服从以 $\pi_1-\pi_2$ 为数学期望，$\frac{p_1(1-p_1)}{n_1}+\frac{p_2(1-p_2)}{n_2}$为方差的

正态分布。此时，统计量 z 的计算公式为：

$$z=\frac{(p_1-p_2)-(\pi_1-\pi_2)}{\sqrt{\frac{p_1(1-p_1)}{n_1}+\frac{p_2(1-p_2)}{n_2}}} \tag{7-15}$$

【例 7.14】某饮料公司对产品受众情况进行调研，该公司在某地区随机抽取了 100 名女性和 100 名男性进行调查，调查的问题是如果有 A 产品和 B 产品，你会首选哪种消费？调查结果如下：女性中有 76 人选择 A 产品，男性中有 69 人选择 A 产品。试问性别对于饮料销量是否有影响。

解：

$$H_0:\ \pi_1-\pi_2=0$$
$$H_1:\ \pi_1-\pi_2\neq 0$$
$$p=\frac{76+69}{100+100}=0.725$$
$$p_1=0.76 \qquad p_2=0.69$$

检验统计量：

$$z=\frac{p_1-p_2}{\sqrt{p(1-p)\left(\frac{1}{n_1}+\frac{1}{n_2}\right)}}=\frac{0.76-0.69}{\sqrt{0.725\times(1-0.725)\times\left(\frac{1}{100}+\frac{1}{100}\right)}}=1.11$$

$z=1.11$ 落入接受域，故调查结果支持原假设，即该地区性别对于饮料销量无显著影响。

三、两个总体方差比的假设检验

总体方差之间是否相等的假设检验一般也称为方差齐性检验，可以通过两个总体方差之比是否等于 1 来进行。

在两个均服从正态分布的总体参数都未知情况下，其对应的样本容量为 n_1 和 n_2 的两个独立样本的样本方差之比为 s_1^2/s_2^2，是两个总体方差之比 ${\sigma_1}^2/{\sigma_2}^2$ 的估计量，并且由两个方差之比的比值构成 F 统计量，有：

$$F=\frac{s_1^2/\sigma_1^2}{s_2^2/\sigma_2^2} \tag{7-16}$$

【例 7.15】某饮料公司调研发现折扣这种营销方式对于 A 和 B 两种饮料的销量产生的影响不同，在一项旨在比较折扣这种营销方式对这两种饮料销量的影响的研究中，该饮料公司让甲、乙两个地区的商店分别销售 A 和 B 两种饮料，两个月后收集了关于这两家商店 A 和 B 两种饮料销量的数据，由样本数据得出方差 $s_1^2=4\ 624$，$s_2^2=2\ 916$，每个地区均有 8 家商店。试问：在 0.05 的显著性水平下，这些数据是否提供了充分的证据支持关于这些样本代表的两个地区的总体饮料销售量水平的方差有差别的看法。

解：

$$H_0:\ {\sigma_1}^2={\sigma_2}^2$$
$$H_1:\ {\sigma_1}^2\neq{\sigma_2}^2$$

检验统计量：

$$F=\frac{s_1^2/\sigma_1^2}{s_2^2/\sigma_2^2}=1.586$$

当 $\propto=0.005$ 时，$F_{\propto/2}(7,\ 7)=4.99$，$F_{1-\propto/2}(7,\ 7)=1/4.99=0.20$。由于 $0.20<1.586<4.99$，落入接受域，所以接受原假设 H_0，说明总体方差无显著差别。

小结：两个总体参数的假设检验中，常用的检验统计量为 z 统计量、t 统计量和 F 统计量。如表 7.4 所示。

表 7.4　两个总体参数的假设检验公式汇总表

分类	名称	公式
两个总体参数	两个总体均值之差检验 （σ_1^2，σ_2^2 已知）	$z=\frac{(\overline{x_1}-\overline{x_2})-(\mu_1-\mu_2)}{\sqrt{\frac{\sigma_1^2}{n_1}+\frac{\sigma_2^2}{n_2}}}$
	两个总体均值之差检验 （σ_1^2，σ_2^2 未知但相等，小样本）	$t=\frac{(\overline{x_1}-\overline{x_2})-(\mu_1-\mu_2)}{s_p\sqrt{\frac{1}{n_1}+\frac{1}{n_2}}}\sim t(n_1+n_2-2)$， $s_p^2=\frac{(n_1-1)s_1^2+(n_2-1)s_2^2}{n_1+n_2-2}$
	两个总体均值之差检验 （σ_1^2，σ_2^2 未知且不相等，小样本）	$z=\frac{(\overline{x_1}-\overline{x_2})-(\mu_1-\mu_2)}{\sqrt{\frac{s_1^2}{n_1}+\frac{s_2^2}{n_2}}}\sim t(f)$ $f=\frac{\left(\frac{s_1^2}{n_1}+\frac{s_2^2}{n_2}\right)^2}{\frac{\left(\frac{s_1^2}{n_1}\right)^2}{n_1-1}+\frac{\left(\frac{s_2^2}{n_2}\right)^2}{n_2-1}}$
	两个总体均值之差检验 （大样本）	$z=\frac{(\overline{x_1}-\overline{x_2})}{\sqrt{\frac{s_1^2}{n_1}+\frac{s_2^2}{n_2}}}$ $z=\frac{(\overline{x_1}-\overline{x_2})-(\mu_1-\mu_2)}{\sqrt{\frac{s_1^2}{n_1}+\frac{s_2^2}{n_2}}}$
	两个总体比例之差检验 （检验两个总体比例相等的假设）	$z=\frac{p_1-p_2}{\sqrt{p(1-p)\left(\frac{1}{n_1}+\frac{1}{n_2}\right)}}$
	两个总体比例之差检验 （检验两个总体比例之差不为零的假设）	$z=\frac{(p_1-p_2)-(\pi_1-\pi_2)}{\sqrt{\frac{p_1(1-p_1)}{n_1}+\frac{p_2(1-p_2)}{n_2}}}$
	两个总体方差比检验	$F=\frac{s_1^2/\sigma_1^2}{s_2^2/\sigma_2^2}$

第八章

列联分析

开篇案例

2014 年 1 月 1 日，《最高人民法院关于人民法院在互联网公布裁判文书的规定》正式实施。该司法解释明确，最高法院在互联网设立中国裁判文书网，统一公布各级人民法院的生效裁判文书；中西部地区基层人民法院在互联网公布裁判文书的时间进度由高级人民法院决定，并报最高人民法院备案。审判文书公开是法院系统积极回应社会关切，主动接受社会监督的重要举措，标志着人民法院司法公开迈出了关键一步。裁判文书公开是司法公开的重要一环，有利于增强司法透明度，强化监督，防止司法权滥用。通过互联网及时、全面公布法院尤其是最高法院的生效裁判文书，在国际司法领域已是大势所趋，其优势在于发布速度快，覆盖面广，便于查阅，既高效回应社会关切，也有利于充分发挥司法裁判的法律效果和社会效果。

本章案例引用中国裁判文书网数据库中判决日期为“2020-04-01 至 2020-04-30”，关键词与“抢夺罪”“刑事一审”“判决书”有关的裁判文书，总计获得 123 个研究样本。研究变量包括犯案地区、被告人被判处罚金数额(千元)、刑事拘留到逮捕的间隔天数(日)、性别、逮捕到一审判决的间隔天数(日)、被告人犯罪时年龄(周岁)、刑期(月)、被告人受教育水平、抢夺财物价值(元)等因素。

首先，本章研究了 123 份裁判文书中抢夺罪刑事一审案件“审理法院所属地区”与被告人“抢夺财物价值”的相关性，首先对“抢夺财物价值”这一变量进行重新编码，与抢夺罪“审理法院所属地区”进行列联分析，运用 SPSS 软件进行 χ^2 检验，输出结果，皮尔逊卡方的渐进显著性指标为 0.028，似然比为 0.014，两个值均小于 0.05，所以可以在 95%的概率上拒绝原假设，即“审理法院所属地区”与“抢夺财物价值”之间相关。接着，运用 SPSS 软件进行相关性检验，输出结果得到 V 系数的值为 0.580，说明“审理法院所属地区”与“抢夺财物价值”之间存在中等程度相关关系。

下面将分节展开详细描述。

第一节　基本内容概述

列联分析是分析两个分类变量之间或者一个分类变量与顺序变量之间是否存在关联以及关联紧密程度的一种方法。对这类问题的处理称为独立性检验(Test of Independence)，我们通常通过交叉列联表和χ^2 检验进行列联分析。

一、列联表

列联表是将两个以上的变量进行交叉分类的频数分布表。表 8.1 称为列联表。

表 8.1　$r\times c$ 列联表

	B_1	B_2	…	B_c	合计
A_1	n_{11}	n_{12}	…	n_{1c}	$n_{1\cdot}$
A_2	n_{21}	n_{22}	…	n_{2c}	$n_{2\cdot}$
…	…	…	…	…	…
A_r	n_{r1}	n_{r2}	…	n_{rc}	$n_{r\cdot}$
合计	$n_{\cdot 1}$	$n_{\cdot 2}$	…	$n_{\cdot c}$	n

二、列联表分析

列联表分析可用以检验两个变量间的独立性。χ^2 分布是列联表分析的重要工具。表 8.1 中的 n_{ij}是 A_i 与 B_j 组合下实际出现的频数分布。

有待检验 A、B 两个变量间的关系是：

$$H_0\text{：}A\text{ 与 }B\text{ 不相关}$$

$$H_1\text{：}A\text{ 与 }B\text{ 相关}$$

如果 H_0 为真，可以对 A_i 与 B_j 组合下出现的次数 e_{ij}作出如下预期：

$$\frac{e_{i1}}{n_{.1}}=\frac{e_{i2}}{n_{.2}}=\cdots=\frac{e_{ic}}{n_{.c}}=\frac{n_{i.}}{n}(i=1,\ 2,\ \cdots,\ r) \tag{8-1}$$

由公式(8-1)，说明当 A 与 B 独立时，各行占比不随 B 的变化而变化。各列亦然。

由此可推算：

$$e_{ij}=\frac{n_{i.}\cdot n_{.j}}{n}(i=1,\ 2,\ \cdots,\ rj=1,\ 2,\ \cdots,\ c) \tag{8-2}$$

当 H_0 为真，实际次数分布与预期次数分布应充分靠近。

三、适用场景

(一)两个分类变量之间是否存在关联以及关联紧密程度分析

分类变量是说明事物类别的一个名称，其取值是分类数据。例如，“性别”就是一个分类变量，其变量值为“男”或“女”；“行业”也是一个分类变量，其变量值可以为“零售业”“旅游业”“汽车制造业”等。

在表8.2中，“审理法院所属地区”是分类变量，其变量值为“东部地区”“西部地区”和“中部地区”；“辩护类型”也是分类变量，其变量值为“法律援助辩护”“委托辩护”和“自行辩护”。对“案件所属地区”和“辩护类型”这两个分类变量之间进行列联分析，可以检验不同地区的抢夺罪被告人对不同辩护类型的选择是否存在差异。

表8.2 审理法院所属地区与辩护类型列联表

		辩护类型			
		法律援助辩护	委托辩护	自行辩护	合计
审理法院所属地区	东部地区	9	5	41	55
	西部地区	3	4	33	40
	中部地区	5	7	16	28
	合计	17	16	90	123

(二)一个分类变量和一个顺序变量之间是否存在关联以及关联紧密程度分析

顺序变量亦称“等级变量”，是指其值仅表明事物属性在数量大小、多少上的次序的变量，可通过顺序量表进行观测，其各个数值之间的距离不一定相等，也没有一定的比例关系。例如，学生百米赛跑排名次，速度最快的定为第1名，次快的定为第2名，以此类推，所得1，2，3…就是顺序变量。又比如学历的高低，从小到大依次为文盲、小学、初中、中专、高中、大专、本科、硕士、博士等。对这类数据不能用简单的四则运算进行统计处理。

如表8.3所示，“审理法院所属地区”是分类变量，其变量值为“东部地区”“西部地区”和“中部地区”；“被告人受教育水平”为顺序变量，其变量值为“文盲”“小学”“初中”“中专”“高中”“专科”“本科”以及“未载明”八个。对“审理法院所属地区”和“被告人受教育水平”之间进行列联分析，可以检验不同地区的抢夺罪与被告人自身是否相关。

表8.3 审理法院所属地区与被告人受教育水平列联表

		被告人受教育水平								
		文盲	小学	初中	中专	高中	专科	本科	未载明	合计
审理法院所属地区	东部地区	5	12	32	1	3	0	0	0	53
	西部地区	3	10	21	1	2	1	1	2	41
	中部地区	1	10	14	1	1	1	0	0	28
	合计	9	32	67	3	6	2	1	2	122

第二节 列联分析思路：独立性检验

我们从列联表中可以粗略地估计出样本中两个变量之间是否相关，但不能只凭列联表中的数据和图形下结论，因为列联表中的数据是样本数据，具有随机性，故需要用独立性检验的方法确认所得结论在多大程度上适用于总体。

表 8.4 为中国裁判文书网数据库判决日期为“2020-04-01 至 2020-04-30”与“抢夺罪”有关的 123 份裁判文书中，将“审理法院所属地区”与被告人“抢夺财物价值”之间构造的一个列联表，目的在于分析“抢夺财物价值”是否与“审理法院所属地区”相关。

表 8.4 2020-04-01 至 2020-04-30 审理法院所属地区与抢夺财物价值列联表

	<2 000 元	2 000 元至 1 万元	≥1 万元	未判决	合计
东部地区	17	27	11	0	55
中部地区	2	17	9	0	28
西部地区	18	14	7	1	40
合计(例)	37	58	27	1	123

表 8.4 是一个 3×4 列联表，其中“行”表示的是“法院所属地区”变量，这里划分为三类：东部地区、中部地区和西部地区。表中的“列”为“抢夺财物价值”，这里用 SPSS 软件将变量重新编码为不同变量，同样划分为四类：“<2 000 元”“2 000 元至 1 万元”“≥1 万元”和“未判决”，试根据该数据分析不同地区抢夺的财物价值是否存在差异。

一、提出假设

原假设 H_0：审理法院所属地区与抢夺财物价值不相关(不存在依赖关系)

备择假设 H_1：审理法院所属地区与抢夺财物价值相关(存在依赖关系)

二、计算检验统计量

在第一行，“东部地区”的抢夺罪合计为 55 例，用 55/123 作为“东部地区抢夺罪发生比例”的估计值。在第一列，“抢夺财物价值<2 000 元”有 37 例，用 37/123 作为“抢夺财物价值<2 000 元比例”的估计值。如果“审理法院所属地区”与“抢夺财物价值”是独立的，则可以用下面的公式估计第一个单元(东部地区，抢夺财物价值<2 000 元)中的期望比例。

令：A=样本单位来自东部地区的事件

B=样本单位来自抢夺财物价值<2 000 元的事件

根据独立性的概率乘法公式，有：

$$P(\text{第一个单元格})=P(AB)=P(A)P(B)=\frac{55}{123}\times\frac{37}{123}=0.134\,5$$

0.134 5 是第一个单元中的期望比例，相应的频数期望值为：

$$0.1345 \times 123 = 16.5435$$

一般地，可以采用下列公式计算任何一个单元中频数的期望值：

$$f_e = \frac{RT}{n} \cdot \frac{CT}{n} \cdot n = \frac{RT \cdot CT}{n} \tag{8-3}$$

在式(8-3)中，f_e 为给定单元中的频数期望值；RT 为给定单元所在行的合计；CT 为给定单元所在列的合计；n 为观察值的个数，即样本量。

三、计算 χ² 统计量

$$\chi^2 = \sum (f_0 - f_e)^2 / f_e \tag{8-4}$$

在式(8-4)中，χ^2 用于测定两个变量之间的相关程度，f_0 为观察值频数，f_e 为期望值频数。

χ^2 是平方结果的汇总，所以，χ^2 值总是大于等于 0 的；χ^2 统计量的分布与自由度相关；χ^2 统计量描述了观察值与期望值的接近程度。观察值与期望值越接近，即 f_0-f_e 的绝对值越小，χ^2 值就越小；f_0-f_e 的绝对值越大，χ^2 值就越大。

χ^2 检验通过对 χ^2 的计算结果与 χ^2 分布中的临界值进行比较，做出是否拒绝原假设的判断(如表 8.5 所示)。

表 8.5　3×4 列联表的期望值及 χ² 计算结果

行	列	f_0	f_e	f_0-f_e	$(f_0-f_e)^2$	$(f_0-f_e)^2/f_e$
1	1	17	16.54	0.46	0.21	0.01
1	2	27	25.93	1.07	1.14	0.04
1	3	11	12.07	-1.07	1.14	0.09
1	4	0	0.45	-0.45	0.20	0.45
2	1	2	8.42	-6.42	41.22	4.90
2	2	17	13.20	3.8	14.44	1.09
2	3	9	6.15	2.85	8.12	1.32
2	4	0	0.23	-0.23	0.05	0.23
3	1	18	12.03	5.97	35.64	2.96
3	2	14	18.86	-4.86	23.62	1.25
3	3	7	8.78	-1.78	3.17	0.36
3	4	1	0.33	0.67	0.45	1.36
$\chi^2 = \sum (f_0 - f_e)^2/f_e = 14.08$						

四、假设检验

χ^2 的自由度 $=(R-1)(C-1)=6$。

令 $\alpha=0.05$，查表值：$\chi^2_{0.05}(6)=12.59$。

由于 $\chi^2>\chi^2_{0.05}(6)$，故拒绝 H_0，接受 H_1，即抢夺罪“审理法院所属地区”与被告人“抢夺财物价值”之间存在依赖关系，抢夺财物价值受到地区的影响。

第三节 列联分析的相关程度测量

在第二节中，我们判定两个分类变量之间的关系，利用χ^2分布对其相关性进行统计检验。若两个变量存在联系，那么，该如何衡量两者的相关程度呢？对两个变量之间相关程度的测定，主要用相关系数表示。本节主要介绍几种常用的相关系数。

一、φ系数

φ系数（φ correlation coefficient）常用于描述2×2列联表数据的相关程度。它的计算公式为：

$$\varphi=\sqrt{\chi^2/n} \tag{8-5}$$

χ^2为计算出的χ^2值；n为样本量。

φ系数更加适用于2×2列联表（见表8.6），因为计算出的φ系数可以控制在[0，1]。

表8.6　2×2列联表

因素Y	因素X		合计
	X_1	X_2	
Y_1	a	b	$a+b$
Y_2	c	d	$c+d$
合计	$a+c$	$b+d$	

在表8.6中，a，b，c，d均为条件频数，当变量X，Y相互独立，不存在相关关系时，有：

$$\frac{a}{a+c}=\frac{b}{b+d}$$

化简后有：

$$ad=bc$$

因此，$ad-bc$的差值可以反映变量之间相关程度的大小。差值越大，两个变量的相关程度越高，φ系数就是以$ad-bc$的差值为基础，对两个变量的相关程度进行测定。

每个单元中频数的期望值为：

$$e_{11}=\frac{(a+b)(a+c)}{n}$$

$$e_{21}=\frac{(a+c)(c+d)}{n}$$

$$e_{12}=\frac{(a+b)(b+d)}{n}$$

$$e_{22}=\frac{(b+d)(c+d)}{n}$$

$$\chi^2=\frac{(a-e_{11})^2}{e_{11}}+\frac{(b-e_{12})^2}{e_{12}}+\frac{(c-e_{21})^2}{e_{21}}+\frac{(d-e_{22})^2}{e_{22}}=\frac{n(ad-bc)^2}{(a+b)(c+d)(a+c)(b+d)}$$

$$\varphi=\sqrt{\chi^2/n}=\frac{ad-bc}{\sqrt{(a+b)(c+d)(a+c)(b+d)}}$$

当 $ad=bc$ 时，$\varphi=0$，两变量 X，Y 相互独立。$\varphi=0$ 表明变量 X 与 Y 之间相互独立；φ 在 0 和 0.3 之间，可认为这个关系是比较弱的；如果在 0.3 和 0.7 之间，表明这个关系是适中的；如果在 0.7 和 1 之间，表明这个关系很强，$\varphi=1$ 表明变量 X 与 Y 完全相关。

二、列联系数

当列联表 $R\times C$ 中的行数 R 或列数 C 大于 2 时，φ 系数会随着 R 或 C 的增大而增大，且没有上限，所以，用 φ 系数测定两个变量的相关程度就不够清晰，这时可以采用列联相关系数。

列联相关系数又称列联系数(coefficient of contingency)，简称 c 系数，主要用于描述列联表大于 2×2 的情况。

$$c=\sqrt{\frac{\chi^2}{\chi^2+n}} \tag{8-6}$$

列联系数具备如下主要特点：第一，当 $c=0$ 时，表示两个变量互相独立；第二，c 系数的值随着 R 和 C 的增大而增大。列联系数只适合行数和列数相同的列联表，这是其局限性。

三、V系数

V 系数(V correlation coefficient)，由克莱姆(Gramer)提出，取值范围为[0，1]。当列联表中有一维为 2 时，$\min[(R-1),(C-1)]=1$，V 值与 φ 值相等。

$$V=\sqrt{\frac{\chi^2}{n\cdot\min[(R-1),(C-1)]}} \tag{8-7}$$

它的计算也是以 χ^2 为基础的。$\min[(R-1),(C-1)]$ 表示取 $(R-1)$，$(C-1)$ 中较小的一个。

当两个变量相互独立时，$V=0$；当两个变量完全相关时，$V=1$。所以 V 系数的取值为 0~1。如果 $\min[(R-1),(C-1)]=1$，则 V 值等于 φ 值。

第四节 χ^2 分布的期望值准则

用 χ^2 统计量进行分析时，要求样本量足够大，每个单元中的期望频数不能过小，否则会得出错误的结论。当进行 χ^2 检验时，在只有两个单元的情况下，每个单元的期望频数必须≥5。但是，当有两个以上单元时，在 20%的单元的期望频数 f_e 小于 5 的情形下，则不能使用 χ^2 检验。

因为如果期望频数 f_e 过小，$(f_0-f_e)^2/f_e$ 就会增大，造成对 χ^2 的高估，从而得出拒绝原假设 H_0 的结论。其正确的处理方法是将较小的 f_e 合并，从而得到合理的结论。

对于只有两个变量的观测数据，不能简单地判定两变量间的关系是否存在因果关系(将在回归分析相关章节中进行详细介绍)，本章只是发现了两变量之间存在一个统计意义上的关系。

第五节　用 SPSS 软件进行列联分析

本节中，我们将使用 SPSS 软件进行列联分析，以下是操作步骤演示。

第一步：将抢夺财物价值重新编码为不同变量，见图 8.1。

单击“转换”—“重新编码为不同变量”，弹出“重新编码为不同变量”对话框。将“抢夺财物价值(元)”变量移入“输入变量->输出变量”框中，在右边的“输出变量”的“名称”栏中输入“抢夺财物价值分类”。

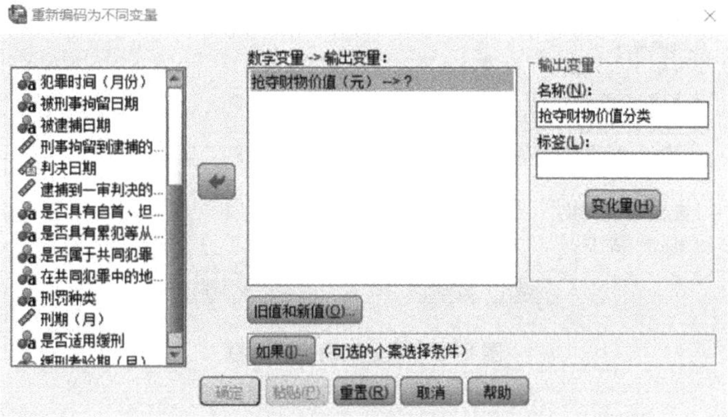

图 8.1　“重新编码为不同变量”对话框

点击“旧值和新值”，弹出“重新编码为不同变量：旧值和新值”对话框，见图 8.2。在左边选择“范围”项，分别依次输入抢夺财物价值的分类，选择下方“输出变量是字符串”选项，调节宽度，同时需要在右边“新值”框的“值”栏中输入对应的新值，并且单击“添加”按钮，将旧值与新值的对应关系加入“旧->新”框中，对应关系输入完毕后，单击“继续”按钮，返回“重新编码为不同变量”对话框。

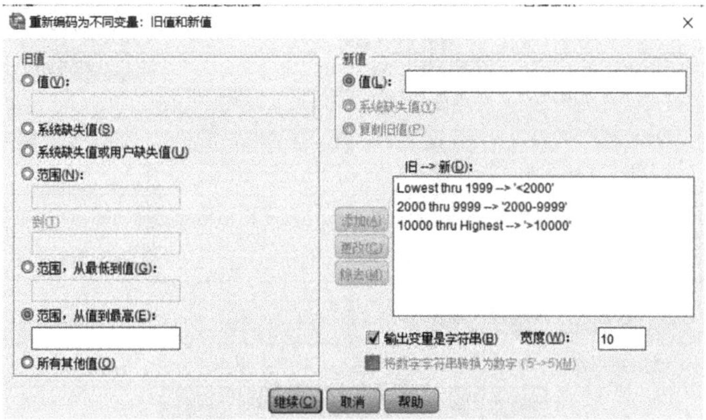

图 8.2　“重新编码为不同变量：旧值和新值”对话框

第二步：插入交叉表，见图 8.3。

单击“分析”—“描述统计”—“交叉表”弹出对话框。单击“所属地区”添加到“行”中，单击“抢夺财物价值分类”添加到“列”中，点击“确定”，得到交叉表。

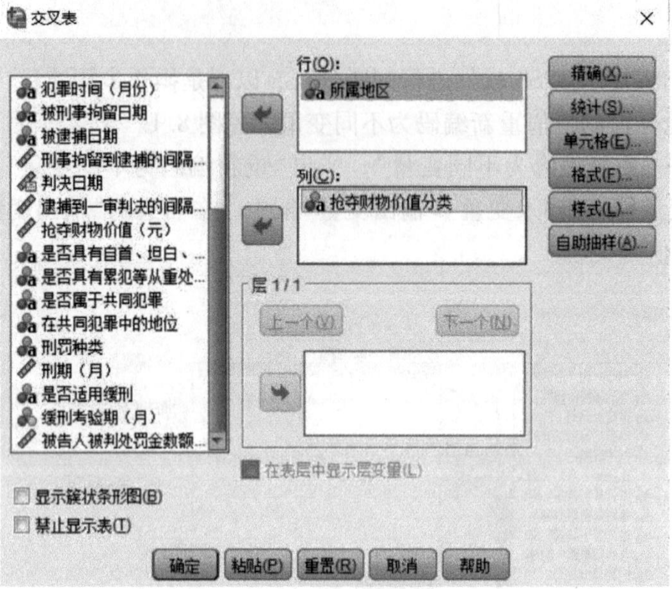

图 8.3 “交叉表”对话框

第三步：χ^2 检验，见图 8.4。

单击“分析”—“描述统计”—“交叉表”弹出对话框，单击“所属地区”添加到“行”中，单击“抢夺财物价值分类”添加到“列”中，点击右侧“统计”，勾选“卡方”。

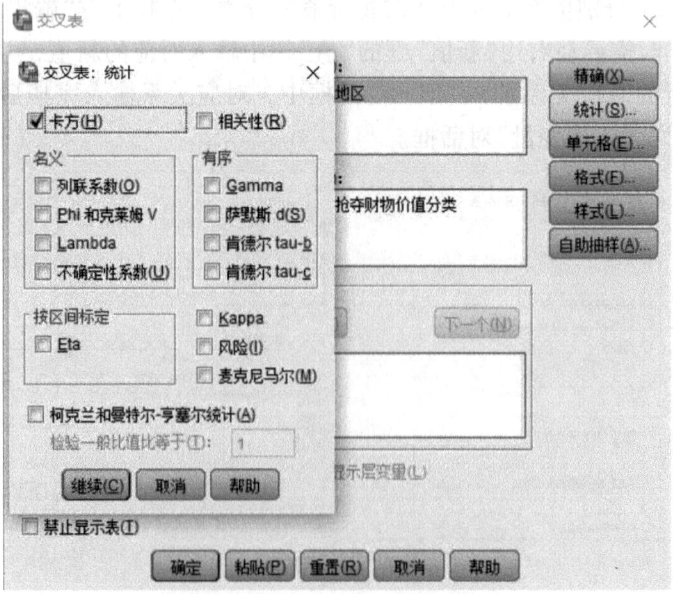

图 8.4 “交叉表：统计”对话框(1)

最后，得到输出结果，见表 8.7。

表 8.7 χ^2 检验结果

	值	自由度	渐进显著性(双侧)
皮尔逊卡方	14.078[a]	6	0.028
似然比	15.982	6	0.014
有效个案数	123		

注：a 为 7 个单元格(43.8%)的期望计数小于 5.

从表 8.7 中可以看出，χ^2 值为 14.078，相伴概率为 0.028，故应拒绝原假设，认为抢夺财物价值受地区的影响。

第四步：相关程度测量。

单击“分析”—“描述统计”—“交叉表”弹出对话框，单击“所属地区”添加到“行”中，单击“抢夺财物价值分类”添加到“列”中，点击右侧“统计”，勾选“Phi 和克莱姆 V”。见图 8.5。

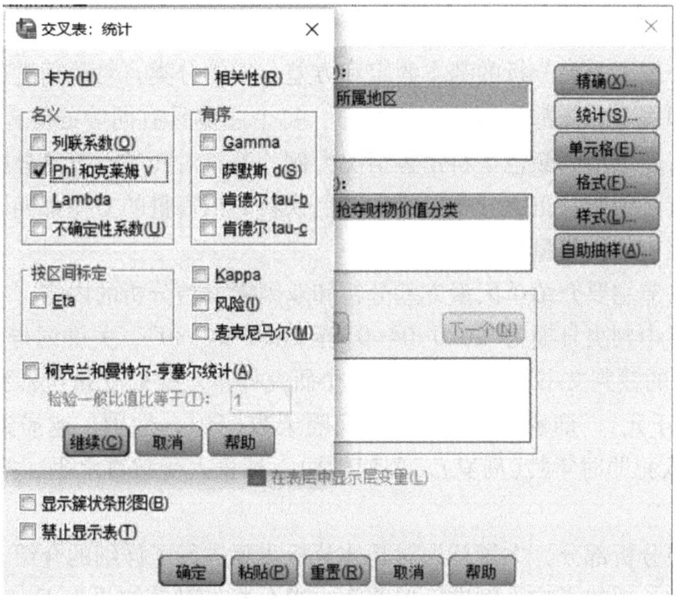

图 8.5 “交叉表：统计”对话框(2)

由于本案例构造的是一个 3×4 列联表，而 Φ 系数更加适用于 2×2 列联表，列联系数只适合行数和列数相同的列联表，本案例采用的相关系数是 V 系数，其具体取值为 0.580(见表 8.8)，说明“审理法院所属地区”与“抢夺财物价值”之间存在中等程度相关关系。

表 8.8 相关性检验

	值	渐进显著性
Phi	1.004	0.000
克莱姆 V	0.580	0.000
有效个案数	123	

第九章

方差分析

开篇案例

方差分析是20世纪20年代发展起来的一种统计方法，由英国统计学家费希尔在进行实验设计时为了解释实验数据首先引入的。本章主要介绍方差分析的基本原理、单因素方差分析和双因素方差分析等内容。

本章第一节介绍了方差分析的基本假定和方差分析的分类。对数据进行方差分析必须要满足三个条件，即每个总体都应服从正态分布，每个总体具有同等的方差 σ^2，观测值是相互独立的。以分析超市不同颜色饮料销售情况为例，若要对其进行方差分析必须要满足每种颜色饮料的销售量必须服从正态分布，每种颜色饮料的销售量的方差都相同并且每个超市的销售量都与其他超市的销售量相互独立。

本章第二、三节主要介绍单因素方差分析和双因素方差分析的内容。本章案例引用中国裁判文书网数据库中判决日期为“2020-04-01至2020-04-30”，关键词与“抢夺罪”“刑事一审”“判决书”有关的裁判文书，总计获得123个研究样本。研究变量包括犯案地区、被告人被判处罚金数额(千元)、刑事拘留到逮捕的间隔天数(日)、性别、逮捕到一审判决的间隔天数(日)、被告人犯罪时年龄(周岁)、刑期(月)、被告人受教育水平、抢夺财物价值(元)等因素。

在单因素方差分析部分，本章首先对具体分析步骤进行了详细的介绍，然后以抢夺财物价值对被判处刑期长短的影响为例进行单因素方差分析，计算结果为 $F=28.817$，$P=0.000<\alpha=0.05$，得到结论认为被告人抢夺财物价值对其刑期的影响是显著的。

在双因素方差分析部分，本章对无交互项双因素方差分析和有交互项双因素方差分析分别进行相关内容介绍。在无交互项双因素方差分析中，以抢夺财物价值和被告人受教育水平对被判处刑期长短的影响为例，得到结论认为在显著性水平取5%时，抢夺财物价值对刑期的影响是显著的，而受教育水平这一因素对刑期的影响并不显著。在显著性水平取10%时，抢夺财物价值和受教育水平这两个自变量(independent variable)对刑期的影响都是显著的。在有交互项双因素方差分析中，以抢夺财物价值和被告人犯罪时年龄对被判处刑期长短的影响为例，虽然在显著性水平取5%时，抢夺财物价值、被告人犯罪时年龄，以及两者的交互项对被告人被判处刑期长短的影响都是显著的，但是方差齐性检验结果显示，$P=0.000<0.05$，不满足方差齐性的假设条件，所以不能进行方差分析。

第一节 基本内容概述

方差分析是20世纪20年代发展起来的一种统计方法，由英国统计学家费希尔在进行实验设计时为了解释实验数据首先引入的。从形式上看，方差分析是为了比较多个总体的均值是否相等，但本质上是研究变量之间的关系，其研究对象为一个或多个分类型自变量与一个数值型因变量之间的关系。本章主要介绍方差分析的基本原理、单因素方差分析和双因素方差分析等内容。

一、方差分析引论

我们在研究两个变量时，往往会研究一个变量的某些值是否对应另一个变量的某些值，从而在数据中寻找某些规律。通常，我们把先发生的变量叫作自变量或解释变量(explanatory variable)，受其影响的那个变量称为因变量或被解释变量(outcome variable)。

$$\text{自变量} \rightarrow \text{因变量}$$

$$X \rightarrow Y$$

我们选用哪种数据分析方法是由所分析的变量属性决定的，对于不同的变量组合对应有不同的统计分析方法。

研究分类型自变量对数值型因变量的影响时，我们用到的统计方法称为方差分析。方差分析是通过检验各总体的均值是否相等来判断分类型自变量对数值型因变量是否有显著影响。

在方差分析中，所要检验的对象称为因素或因子，因素的不同表现称为水平或处理，在每个因子水平下得到的样本数据称为观测值。对于一个复杂的事物，其中往往有许多因素互相制约又互相依存。方差分析的目的是通过数据分析找出对该事物有显著影响的因素、各因素之间的交互作用，以及显著影响因素的最佳水平等。

二、方差分析的基本假定

方差分析中有三个基本假定：

(1)每个总体都应服从正态分布。也就是说，对于因素的每一个水平，其观测值来自服从正态分布总体的简单随机样本。比如，每种颜色饮料的销售量必须服从正态分布。

(2)每个总体具有同等的方差 σ^2。对于各组观测值而言，都是从具有相同方差的正态总体中抽取的。比如，四种颜色饮料的销售量的方差都相同。

(3)观测值是相互独立的。比如，每个超市的销售量都与其他超市的销售量相互独立。

在上述假定成立的前提下，分析自变量对因变量是否有影响，在形式上转化为检验自变量的各个水平的均值是否相等。若该多个样本的各自均值之间不存在显著差异，则表明这一受控因素的不同水平对变动的影响是不显著的；反之，若该多个样本的各自均值之间存在显著差异，即表明这一受控因素的不同水平对变动的影响是显著的。

三、方差分析的分类

根据所分析的分类型自变量的多少，方差分析可分为单因素方差分析和多因素方差分析两种。

单因素方差分析用来研究一个分类型自变量对一个数值型因变量的影响。由于仅研究单个因素对观测变量的影响，称为单因素方差分析。例如，分析不同施肥量是否给农作物产量带来显著影响，考察地区差异是否影响妇女的生育率，研究学历对工资收入的影响等。这些问题都可以通过单因素方差分析得到答案。

多因素方差分析用来研究两个及两个以上分类型自变量对一个数值型因变量的影响。由于研究多个因素对观测变量的影响，称为多因素方差分析。多因素方差分析不仅能够分析多个因素对观测变量的独立影响，更能够分析多个控制因素的交互作用能否对观测变量的分布产生显著影响，进而最终找到利于观测变量的最优组合。例如，分析农作物不同品种和不同施肥量对农作物产量的影响时，可将农作物产量作为观测变量，品种和施肥量作为控制变量。利用多因素方差分析法进行分析时，可以研究不同品种和不同施肥量是如何影响农作物产量的，并进一步分析哪种品种与哪种水平的施肥量是提高农作物产量的最优组合。

第二节 单因素方差分析

单因素方差分析(one-way analysis of variance)研究一个分类型自变量对一个数值型因变量的影响。其具体分析步骤主要包括提出假设、构造检验统计量、方差分析表(analysis of variance table)与统计决策、关系强度的检测与多重比较等。

一、提出假设

在方差分析中，原假设所描述的是在按照自变量的取值分类中，因变量的均值相等。

设因素有 k 个水平，每个水平的均值分别用 μ_1，μ_2，…，μ_k 表示(μ_i 为第 i 个总体的均值)，要检验总体(k 个水平)的均值是否相等，要做出假设：

H_0：$\mu_1=\mu_2=\cdots=\mu_k$　自变量对因变量没有显著影响

H_1：μ_1，μ_2，…，μ_k 不全相等　自变量对因变量有显著影响

如果拒绝原假设 H_0，则意味着自变量对因变量有显著影响，也就是说，自变量与因变量之间存在显著关系；如果不拒绝原假设 H_0，则意味着没有证据表明自变量对因变量有显著影响，也就是说，不能认为自变量与因变量之间存在显著关系。

二、构造检验统计量

(一)计算各样本均值和全部观测值的总均值

各样本均值称为水平均值(level mean)，是指通过具体水平下的观测值得到的均值。一

般将第 j 个水平的水平均值记为$\overline{x_j}$，计算公式为：

$$\overline{x_j} = \frac{1}{n_j}\sum_{i=1}^{n_j} x_{ij} \tag{9-1}$$

其中，n_j 表示第 j 个水平的观测值个数；x_{ij}表示第 j 个水平的第 i 个观测值。

全部观测值的总均值(total mean)是全部观测值的总和除以观测值的总个数的结果，一般记为$\overline{\overline{x}}$。

$$\overline{\overline{x}} = \frac{\sum_{i=1}^{k}\sum_{j=1}^{n_i} x_{ij}}{n} \tag{9-2}$$

其中，$n=n_1+n_2+\cdots+n_k$。

(二)计算总平方和、组间平方和、组内平方和

总平方和(Sum of Squares for Total)，缩写为 SST，是指全部观测值 x_{ij}与总均值$\overline{\overline{x}}$的离差的平方和，反映了全部观察值的离散程度。

$$SST = \sum_{j=1}^{k}\sum_{i=1}^{n_j}(x_{ij} - \overline{\overline{x}})^2 \tag{9-3}$$

组间平方和(Sum of Squares for Factor)，缩写为 SSA，是指各个水平的水平均值$\overline{x_j}$与总均值$\overline{\overline{x}}$的离差的平方和，反映了各水平均值之间的离差程度。

$$SSA = \sum_{j=1}^{k}\sum_{i=1}^{n_j}(\overline{x_j} - \overline{\overline{x}})^2 \tag{9-4}$$

组内平方和(Sum of Squares for Error)，缩写为 SSE，是指各个水平的观测值 x_{ij}与其水平均值$\overline{x_j}$的离差的平方和之和，反映了各个水平内部观测值的离散程度。

$$SSE = \sum_{j=1}^{k}\sum_{i=1}^{n_j}(x_{ij} - \overline{x_j})^2 \tag{9-5}$$

三个平方和之间的关系为：总平方和=组间平方和+组内平方和。

从上述三个误差平方和可以看出，SSA 是对随机误差和系统误差大小的度量，它反映了自变量对因变量的影响，也称为自变量效应或因子效应；SSE 是对随机误差大小的度量，它反映了除自变量对因变量的影响之外，其他因素对因变量的总影响，因此，SSE 也称为残差变量，它所引起的误差称为残差效应；SST 是对全部数据总误差程度的度量，它反映了自变量和残差变量的共同影响，因此等于自变量效应加残差效应。

(三)计算均方

均方(mean square)是指离差平方除以其自由度的商。均方剔除了观测值项数的不同对误差平方和大小产生的差异，为 SSE 和 SSA 的比较提供了必要前提。均方是构造 F 检验统计量的基础。

1. 总均方 MST

总平方和 SST 的自由度为 $n-1$，其中 n 为全部观测值的个数。

$$MST=\frac{SST}{n-1}$$

2. 组间均方 MSA

组间平方和 SSA 的自由度为 $k-1$，其中 k 为因素水平的个数。

$$MSA=\frac{\text{组间平方和}}{\text{自由度}}=\frac{SSA}{k-1} \tag{9-6}$$

3. 组内均方 MSE

组内平方和 SSE 的自由度为 $n-k$，其中 n 为全部观测值的个数，k 为因素水平的个数。

$$MSE=\frac{\text{组内平方和}}{\text{自由度}}=\frac{SSE}{n-k} \tag{9-7}$$

(四)构建 F 检验统计量

SSA 与总体方差之比服从自由度为 $k-1$ 的χ^2 分布，即$\frac{SSA}{\sigma^2}\sim\chi^2(k-1)$。

SSE 与总体方差之比服从自由度为 $n-k$ 的χ^2 分布，即$\frac{SSE}{\sigma^2}\sim\chi^2(n-k)$。

构造 F 检验统计量，得

$$F=\frac{\dfrac{SSA}{\sigma^2(k-1)}}{\dfrac{SSE}{\sigma^2(n-k)}}=\frac{MSA}{MSE}\sim F(k-1,\ n-k) \tag{9-8}$$

所构造的 F 检验统计量是用来检验两个总体方差之间是否存在显著差异，进而对不同水平下各样本均值相等的原假设进行检验。将 F 检验统计值与给定的显著性水平 α 的 F 分布临界数值相比较，若 F 检验统计值落在由 F 分布临界数值界定的接受域内，则接受原假设 H_0；反之，则拒绝原假设 H_0。

三、方差分析表与统计决策

方差分析表是指为了便于进行数据分析和统计判断，按照方差分析的过程，将有关步骤的计算数据逐一列出的统计分析表，如表 9.1 所示。

表 9.1　单因素方差分析表

差异来源	离差平方和	自由度	均方	F 值
组间	SSA	$k-1$	MSA	MSA/MSE
组内	SSE	$n-k$	MSE	
全部	SST	$n-1$		

构造检验统计量 F，根据给定显著性水平 α，在 F 分布表中查找与分子自由度 $k-1$、分母自由度 $n-k$ 相应的临界值 $F_\alpha(k-1,\ n-k)$。

若 $F>F_\alpha$，则拒绝原假设 H_0：$\mu_1=\mu_2=\cdots=\mu_k$，表明因素 A 不同水平下样本均值间差异显著。

若 $F<F_\alpha$，则不拒绝原假设 H_0，没有证据表明因素 A 不同水平下样本均值有显著差异，即不能认为因素 A 对观测值有显著影响。

四、关系强度的检测与多重比较

用组间平方和占总平方和的比例大小，来衡量自变量与因变量间的关系强度，称为判定系数，记为 R^2。R^2 的取值范围为[0，1]，R^2 越接近 1，表明自变量对因变量变化的解释比例越高。反之，R^2 越接近 0，说明解释比例越低。

$$R^2=\frac{SSA}{SST} \tag{9-9}$$

除了分析两个变量间的关系强度以外，我们还可以通过多重比较法(multiple comparison procedures)来分析不同水平下样本均值间有哪些关系，如 μ_1 与 μ_3，μ_3 与 μ_4，…，通过不同水平均值之间的两两配对比较，检验各个样本均值是否存在显著差异。最小显著性差异(Least Significant Difference)法，缩写为 *LSD* 法，是一种使用比较普遍的多重比较方法。

LSD 是指在方差分析中，采用 t 统计量对各水平是否存在显著差异进行逐一两两配对比较的假设检验方法。这里需要回顾第六章内容，在第六章中我们讨论两个总体均值之差的区间估计，其中一种情况为，当两个总体服从正态分布，总体方差 σ_1^2、σ_2^2 未知且 $\sigma_1^2=\sigma_2^2$，对两个总体的均值差 $\mu_1-\mu_2$ 进行假设检验，由此构造 *LSD*，检验的具体步骤为：

第一步，提出假设：H_0：$\mu_i=\mu_j$；H_1：$\mu_i\neq\mu_j$。

第二步，计算检验统计量：$\overline{x_i}-\overline{x_j}$。

第三步，计算 *LSD*，其公式为：

$$LSD=t_{\alpha/2}(n_i+n_j-2)\sqrt{s_p^2\left(\frac{1}{n_i}+\frac{1}{n_j}\right)},\quad s_p^2=\frac{(n_i-1)s_i^2+(n_j-1)s_j^2}{n_i+n_j-2}。$$

$$s_p^2=MSE$$

$$LSD=t_{\alpha/2}(n_i+n_j-2)\sqrt{MSE\left(\frac{1}{n_i}+\frac{1}{n_j}\right)} \tag{9-10}$$

第四步，根据显著性水平 α 做出决策。若 $|\overline{x_i}-\overline{x_j}|>$LSD，则拒绝 H_0；若 $|\overline{x_i}-\overline{x_j}|<$ *LSD*，则不拒绝 H_0。

【例 9.1】以中国裁判文书网数据库中判决日期为“2020-04-01 至 2020-04-30”，关键词与“抢夺罪”“刑事一审”“判决书”有关的裁判文书中总计获得的 123 个研究样本为例，分析被告人抢夺财物价值对被判处刑期的影响，“抢夺财物价值”为分类型自变量，“刑期”为数值型因变量，探究分类型自变量对数值型因变量的影响，可以运用单因素方差分析的方法。

分析抢夺财物价值对于被判处刑期的时间长短是否有显著差异，想要做出这种判断可以把这一问题归结为检验抢夺财物价值不同的被告人被判处的刑期是否相等，如果它们的均值相等，就意味着抢夺财物价值对刑期是没有影响的，也就是被告人抢夺财物价值的不同不会对判处的刑期产生显著差异；如果均值不全相等，则意味着抢夺财物价值的不同对于判处的刑期是有影响的，即有显著差异。

1. 提出假设

H_0：$\mu_1=\mu_2=\mu_3$　抢夺财物价值对刑期没有显著影响

H_1：μ_1，μ_2，μ_3 不全相等　抢夺财物价值对刑期有显著影响

2. 构造检验统计量

(1)计算各样本均值。

$$\overline{x}_j = \frac{1}{n_j}\sum_{i=1}^{n_j} x_{ij} = 13.26$$

刑期的均值为 13.26 个月。

(2)计算总平方和、组内平方和、组间平方和。

$$SST = \sum_{j=1}^{k}\sum_{i=1}^{n_j}(x_{ij} - \overline{\overline{x}})^2 = 14\ 316.074$$

$$SSA = \sum_{j=1}^{k}\sum_{i=1}^{n_j}(\overline{x}_j - \overline{\overline{x}})^2 = 4\ 671.249$$

$$SSE = \sum_{j=1}^{k}\sum_{i=1}^{n_j}(x_{ij} - \overline{x}_j)^2 = 9\ 644.824$$

(3)计算均方。

$$MSA = \frac{\text{组间平方和}}{\text{自由度}} = \frac{SSA}{k-1} = 2\ 335.625$$

$$MSE = \frac{\text{组内平方和}}{\text{自由度}} = \frac{SSE}{n-k} = 81.049$$

(4)构建 F 检验统计量。

$$F = \frac{\dfrac{SSA}{\sigma^2(k-1)}}{\dfrac{SSE}{\sigma^2(n-k)}} = \frac{MSA}{MSE} \sim F(2,\ 119)$$

3. 方差分析表与统计决策(见表 9.2)

表 9.2 单因素方差分析表

	平方和	自由度	均方	F	显著性水平
组间	4 671.249	2	2 335.625	28.817	0.000
组内	9 644.824	119	81.049		
总计	14 316.074	121			

$F=28.817$,取显著性水平 $\alpha=0.05$,查 F 分布表得 $F_{0.05}(2,\ 119)=3.07$,由于 $F=28.817>F_{0.05}(2,\ 119)=3.07$,拒绝原假设 H_0,表明 μ_1,μ_2,…,μ_k 之间的差异是显著的,即抢夺财物价值对刑期的影响是显著的。

在进行决策时,可以将方差分析结果表中的 P 值与显著性水平进行比较,若 $P<\alpha$,则拒绝 H_0;若 $P>\alpha$,则不拒绝 H_0。在本例中,$P=0.000<\alpha=0.05$,所以拒绝 H_0。

4. 关系强度的检测

$$R^2 = \frac{SSA}{SST} = 0.326\ 3 = 32.63\%$$

这表明，抢夺财物价值对被判处刑期的影响效应占总效应的32.63%，而残差效应则占67.37%。也就是说，抢夺财物价值对被判处刑期差异解释的比例达到32.63%，而其他因素所解释的比例为67.37%。尽管 R^2 并不高，但抢夺财物价值对刑期的影响已经达到了统计意义上显著的程度。

5. 多重比较 *LSD* 检验

(1)提出假设。

检验1：H_0：$\mu_1=\mu_2$；H_1：$\mu_1\neq\mu_2$

检验2：H_0：$\mu_1=\mu_3$；H_1：$\mu_1\neq\mu_3$

检验3：H_0：$\mu_2=\mu_3$；H_1：$\mu_2\neq\mu_3$

(2)计算检验统计量。

$$|\overline{x_1}-\overline{x_2}|=3.151$$

$$|\overline{x_1}-\overline{x_3}|=15.365$$

$$|\overline{x_2}-\overline{x_3}|=12.212$$

(3)计算 *LSD*。

$MSE=81.049$，根据自由度 $n-k=119$，查 t 分布表得 $t_{0.025}=1.98$。

$$\text{检验1：} LSD_1=2.093\times\sqrt{81.094\times\left(\frac{1}{73}+\frac{1}{22}\right)}=4.584$$

$$\text{检验2：} LSD_2=2.093\times\sqrt{81.094\times\left(\frac{1}{73}+\frac{1}{27}\right)}=4.245$$

$$\text{检验3：} LSD_3=2.093\times\sqrt{81.094\times\left(\frac{1}{22}+\frac{1}{27}\right)}=5.413$$

(4)做出决策。

$|\overline{x_1}-\overline{x_2}|=3.151<4.584$，不能拒绝 H_0，不能认为抢夺财物价值1(抢夺财物价值为0~5 000元)和抢夺财物价值2(抢夺财物价值为5 001~10 000元)之间有显著差异；

$|\overline{x_1}-\overline{x_3}|=15.365>4.245$，拒绝 H_0，认为抢夺财物价值1(抢夺财物价值为0~5 000元)和抢夺财物价值3(抢夺财物价值为10 001元以上)之间有显著差异；

$|\overline{x_2}-\overline{x_3}|=12.212>5.413$，拒绝 H_0，认为抢夺财物价值2(抢夺财物价值为5 001~10 000元)和抢夺财物价值3(抢夺财物价值为10 001元以上)之间有显著差异。

详见本章第四节“用 SPSS 软件进行方差分析中的单因素分析”部分。

第三节 双因素方差分析

双因素方差分析(two-way analysis of variance)是研究两个分类型自变量对一个数值型因变量的影响。在双因素方差分析中，若两个因素对因变量影响是相互独立的，则称为无交互作用(interaction)的双因素方差分析，又称无重复双因素分析(two-factor without replication)；

若两个因素结合后会产生新的影响，则称有交互作用的双因素方差分析，又称可重复双因素分析(two-factor with replication)。

一、剖析观测值的方差

在双因素方差分析中，观测值的方差变动可能要受到三方面影响：

第一，因变量独立作用的影响。单个因素独立作用对观测值的影响，例如，学历对收入的影响、性别对收入的影响。

第二，因变量交互作用的影响。两个因素结合后对观测值的影响，例如，性别为“男”、学历为“本科”条件下对收入情况的分析。

第三，随机因素的影响。随机因素的影响主要指抽样误差带来的影响。

基于上述原则，双因素方差分析将观测值的总平方和分解为：

$$SST=SSA+SSB+SSAB+SSE \tag{9-11}$$

其中，*SST* 为观测值的总平方和；*SSA*、*SSB* 分别为因素 *A*、因素 *B* 独立作用下的产生的误差平方和；*SSAB* 为因素 *A*、*B* 交互作用引起的误差平方和；*SSE* 为随机因素引起的误差平方和。

当假定两个因素对因变量的影响是独立的时，我们称之为无交互作用的双因素方差分析；但如果两个因素搭配在一起会对因变量产生一种新的效应时，就是有交互作用的双因素方差分析。

下面，我们用表 9.3 和表 9.4 来分别对交互作用 *SSAB* 项进行简单说明。

表 9.3　因素 *A* 和因素 *B* 无交互作用

	A_1	A_2
B_1	3	4
B_2	7	8

在表 9.3 中，当因素 *A* 从 A_1 变化到 A_2 时，观测值在因素 *B* 的两个水平上都增加了，与因素 *B* 取值无关。同理，当因素 *B* 从 B_1 变化到 B_2 时，观测值在因素 *A* 两个水平上都增加，与因素 *A* 取值无关。这时，可认为两因素无交互作用。

表 9.4　因素 *A* 和因素 *B* 有交互作用

	A_1	A_2
B_1	3	4
B_2	7	2

在表 9.4 中，当因素 *A* 从 A_1 变化到 A_2 时，观测值在 B_1 水平上增加了，在 B_2 水平上减少了。同理，当因素 *B* 从 B_1 变化到 B_2 时，观测值在 A_1 水平上增加了，在 A_2 水平上减少了。这时，可认为两因变量有交互作用。

二、无交互作用的双因素方差分析

(一)数据结构(见表9.5)

表9.5 双因素方差分析的数据结构

因素		列因素 $A_{(j)}$				均值
		A_1	A_2	…	A_r	
行因素 $B_{(i)}$	B_1	x_{11}	x_{12}	…	x_{1r}	$\overline{x_{1\cdot}}$
	B_2	x_{21}	x_{22}	…	x_{2r}	$\overline{x_{2\cdot}}$
	…	…	…	…	…	…
	B_k	x_{k1}	x_{k2}	…	x_{kr}	$\overline{x_{k\cdot}}$
均值		$\overline{x_{\cdot 1}}$	$\overline{x_{\cdot 2}}$	…	$\overline{x_{\cdot r}}$	$\overline{\overline{x}}$

表9.5中，列因素 A 共有 r 个水平，行因素 B 共有 k 个水平，构成 $r\times k$ 项观测值 $x_{ij}(i=1, 2, \cdots, k; j=1, 2, \cdots, r)$。

(二)分析步骤

1. 提出假设

因素 A 对因变量的影响 H_0：$\mu_1=\mu_2=\cdots=\mu_r$

H_1：$\mu_i(i=1, 2, \cdots, r)$不全相等

因素 B 对因变量的影响 H_0：$\mu_1=\mu_2=\cdots=\mu_k$

H_1：$\mu_j(j=1, 2, \cdots, k)$不全相等

2. 构造检验统计量

SST 是全部观测值 x_{ij} 与总平均值 $\overline{\overline{x}}$ 的误差平方和，

$$SST=\sum_{i=1}^{k}\sum_{j=1}^{r}(x_{ij}-\overline{\overline{x}})^2 \tag{9-12}$$

SSA 是列因素所产生的误差平方和，

$$SSA=\sum_{i=1}^{k}\sum_{j=1}^{r}(\overline{x_{\cdot j}}-\overline{\overline{x}})^2 \tag{9-13}$$

SSB 是行因素所产生的误差平方和，

$$SSB=\sum_{i=1}^{k}\sum_{j=1}^{r}(\overline{x_{i\cdot}}-\overline{\overline{x}})^2 \tag{9-14}$$

SSE 是除了因素 A、因素 B 外的剩余因素产生的误差平方和，

$$SSE=\sum_{i=1}^{k}\sum_{j=1}^{r}(x_{ij}-\overline{x_{i\cdot}}-\overline{x_{\cdot j}}+\overline{\overline{x}})^2 \tag{9-15}$$

$$SST=SSA+SSB+SSE \tag{9-16}$$

在上述误差平方和的基础上计算均方，即将平方和除以相应的自由度。

总平方和 SST 的自由度为 $kr-1$；

列因素的误差平方和 SSA 的自由度为 $r-1$，

$$MSA=\frac{SSA}{r-1} \tag{9-17}$$

行因素的误差平方和 SSB 的自由度为 $k-1$，

$$MSB=\frac{SSB}{k-1} \tag{9-18}$$

随机误差平方和 SSE 的自由度为 $(k-1)(r-1)$，

$$MSE=\frac{SSE}{(r-1)(k-1)} \tag{9-19}$$

检验列因素 A 对因变量的影响是否显著，

$$F_A=\frac{MSA}{MSE}\sim F(r-1,\ (k-1)(r-1)) \tag{9-20}$$

检验行因素 B 对因变量的影响是否显著，

$$F_B=\frac{MSB}{MSE}\sim F(k-1,\ (k-1)(r-1)) \tag{9-21}$$

3. 做出统计决策

计算出 F_A、F_B 后，根据给定的显著性水平 α 和两个自由度，可查 F 分布表得到相应的临界值 F_α，然后进行比较。

若 $F_A>F_\alpha$，则拒绝原假设 H_0：$\mu_1=\mu_2=\cdots=\mu_r$，表明列因素 A 对观测值有显著影响。

若 $F_B>F_\alpha$，则拒绝原假设 H_0：$\mu_1=\mu_2=\cdots=\mu_k$，表明行因素 B 对观测值有显著影响。

4. 关系强度的检测

对数据进行分析，SSA 为因素 A 对观测值的影响效应，SSB 为因素 B 对观测值的影响效应，SSA 与 SSB 的和为两个自变量对因变量的联合效应，将联合效应与总平方和的比值定义为 R^2，反映两个自变量联合与因变量之间的关系强度。

$$R^2=\frac{\text{联合效应}}{\text{总效应}}=\frac{SSR+SSC}{SST} \tag{9-22}$$

三、有交互作用的双因素方差分析

在上面的分析中，假定两个因素对因变量的影响是独立的，但如果两个因素搭配在一起会对因变量产生一种新的效应，而这种两个因素对因变量观测值的效应并不是简单的叠加，而是存在相互作用。此类现象就是有交互作用的双因素方差分析。

分析步骤：

1. 提出假设

因素 A 对因变量的影响　H_0：$\mu_1=\mu_2=\cdots=\mu_r$

H_1：$\mu_j(j=1,\ 2,\ \cdots,\ k)$不全相等

因素 B 对因变量的影响　H_0：$\mu_1=\mu_2=\cdots=\mu_k$

H_1：$\mu_i(i=1,\ 2,\ \cdots,\ r)$不全相等

因素 $A\times$因素 B 对因变量的影响 H_0：$\mu_1=\mu_2=\cdots=\mu_{rk}$

H_1：$\mu_{ij}(i=1, 2, \cdots, k; j=1, 2, \cdots, r)$不全相等

2. 构造检验统计量(见表 9.6)

表 9.6 有交互作用的双因素方差分析表的一般形式

差异来源	离差平方和	自由度	均方	F 值	P 值	P 临界值
列因素	SSA	$r-1$	MSA	F_A		
行因素	SSB	$k-1$	MSB	F_B		
交互作用	$SSAB$	$(r-1)(k-1)$	$MSAB$	F_{AB}		
误差	SSE	$kr(m-1)$	MSE			
全部	SST	$n-1$				

设：x_{ijl}为对应于行因素的第 i 个水平和列因素的第 j 个水平的第 l 行的观测值：

$\overline{x_{i.}}$ 为行因素的第 i 个水平的样本均值；

$\overline{x_{.j}}$为列因素的第 j 个水平的样本均值；

$\overline{x_{ij}}$为对应于行因素的第 i 个水平和列因素的第 j 个水平组合的样本均值；

$\bar{\bar{x}}$为全部 n 个观测值的总均值。

各平方和的计算公式如下：

总平方和 SST：

$$SST=\sum_{i=1}^{k}\sum_{j=1}^{r}\sum_{l=1}^{m}(x_{ijl}-\bar{\bar{x}})^2 \tag{9-23}$$

行变量平方和 SSR：

$$SSR=rm\sum_{i=1}^{k}(\bar{x}_{i.}-\bar{\bar{x}})^2 \tag{9-24}$$

列变量平方和 SSC：

$$SSC=km\sum_{j=1}^{r}(\bar{x}_{.j}-\bar{\bar{x}})^2 \tag{9-25}$$

交互作用平方和 $SSRC$：

$$SSRC=m\sum_{i=1}^{k}\sum_{j=1}^{r}(\bar{x}_{ij}-\bar{x}_{i.}-\bar{x}_{.j}+\bar{\bar{x}})^2 \tag{9-26}$$

误差平方和 SSE

$$SSE=SST-SSR-SSC-SSRC \tag{9-27}$$

3. 做出统计决策

计算出 F_A，F_B，F_{AB}后，根据给定的显著性水平 α 和两个自由度，可查 F 分布表得到相应的临界值 F_α，然后进行比较，若 F_A 或 F_B 大于临界值 F_α，则说明应拒绝原假设，因素 A 或 B 对观测值存在显著影响；反之，则无法拒绝原假设。若交互作用 F_{AB}大于临界值 F_α，则说明应拒绝原假设，因素 A 和 B 的交互作用对观测值存在显著影响；反之，无法拒绝原假设，不能认定交互作用对观测值存在显著影响。

第四节 用 SPSS 软件进行方差分析

一、用 SPSS 软件进行单因素分析的操作步骤

运用 SPSS 软件分析抢夺财物价值对被判处刑期长短的影响。

第一步：计算被判处刑期的样本均值。

点击“分析”—“描述统计”—“描述”，出现对话框，将变量刑期(月)导入到“变量”框。见图 9.1。

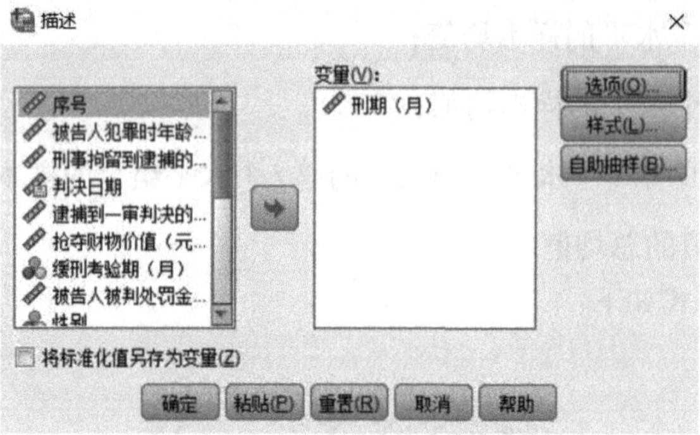

图 9.1 “描述”对话框

点击“选项”，出现窗口(见图 9.2)，勾选“平均值”后，点击“确定”，输出结果(见表 9.7)。

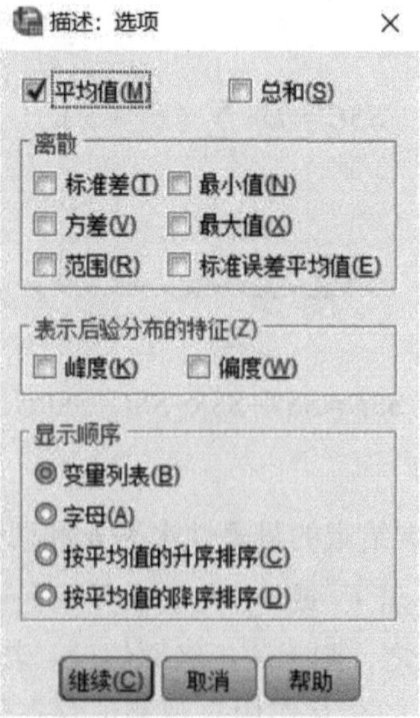

图 9.2 “描述：选项”对话框

表 9.7　样本均值结果

	N	均值
刑期(月)	123	13.26
有效个案数	123	

第二步：单因素方差分析。

将抢夺财物价值重新编码为不同变量。点击“转换”—“重新编码为不同变量”，选择变量“抢夺财物价值(元)”，输出变量名称为“抢夺财物价值 1”(见图 9.3)。点击“旧值和新值”，将 0~5 000 定义为 1, 5 001~10 000 定义为 2, 10 001 以上定义为 3(见图 9.4)。

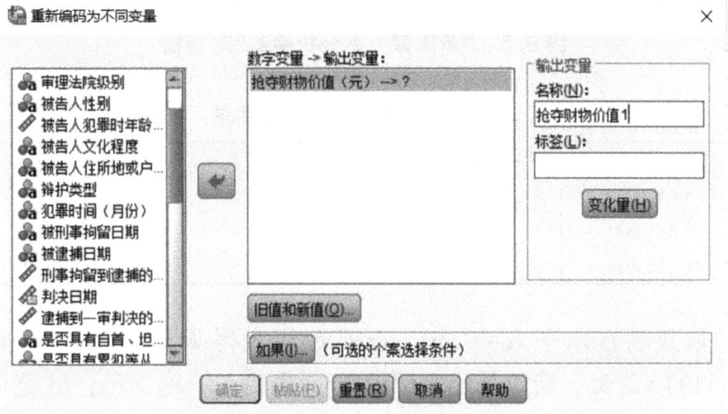

图 9.3　“重新编码为不同变量”对话框(1)

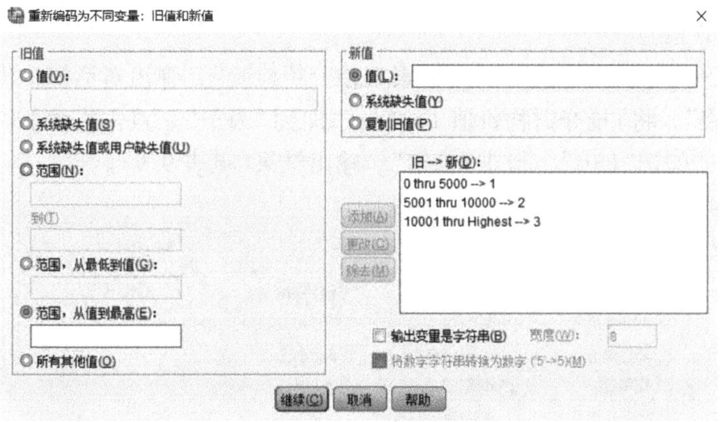

图 9.4　“旧值和新值”对话框

点击“分析”—“比较平均值”—“单因素方差分析检验”，弹出对话框(见图 9.5)。将“刑期(月)”添加到“因变量列表”，将“抢夺财物价值 1”变量添加到“因子”，点击“确认”，输出结果，见表 9.8。

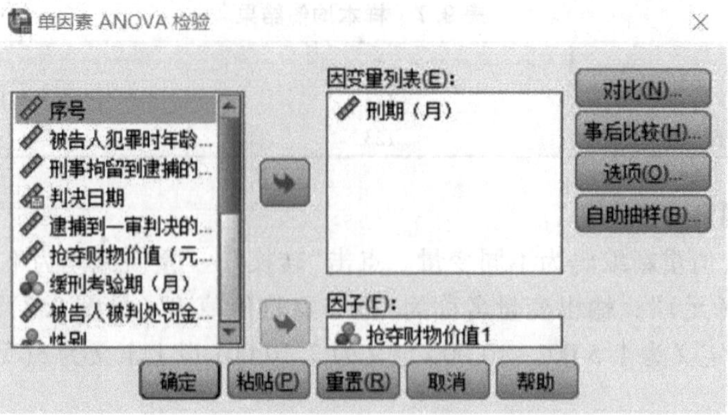

图 9.5 “单因素方差分析检验”对话框

表 9.8 单因素方差分析结果

	平方和	自由度	均方	F	显著性水平
组间	4 671.249	2	2 335.625	28.817	0.000
组内	9 644.824	119	81.049		
总计	14 316.074	121			

$F=28.817$，取显著性水平 $\alpha=0.10$，查 F 分布表得 $F_{0.1}(2, 119)=2.35$，由于 $F=28.817>F_{0.1}(2, 119)=2.35$，所以拒绝原假设 H_0，表明 μ_1，μ_2，…，μ_k 之间的差异是显著的，即抢夺财物价值对刑期的影响是显著的。

在进行决策时，可以将方差分析结果表中的 P 值与显著性水平进行比较，若 $P<\alpha$，则拒绝 H_0；若 $P>\alpha$，则不拒绝 H_0。在本例中，$P=0.000<\alpha=0.05$，所以拒绝 H_0。

第三步：LSD 检验。

点击“分析”—“比较平均值”—“单因素方差分析检验”，弹出对话框，将“刑期(月)”添加到“因变量列表”，将“抢夺财物价值 1”变量添加到“因子”。点击右侧“事后比较”，出现弹窗(见图 9.6)，勾选“LSD”，点击“确定”，输出结果(见表 9.9)。

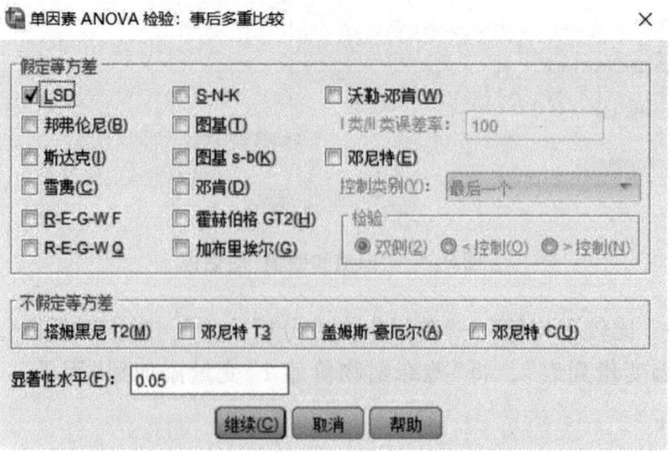

图 9.6 “单因素方差分析检验：事后多重比较”对话框

表 9.9　LSD 检验结果输出表

抢夺财物价值	抢夺财物价值	平均值差值	标准错误	显著性水平	95%置信区间	
					下限	上限
1	2	-3.153	2.190	0.152	-7.49	1.18
	3	-15.365	2.028	0.000	-19.38	-11.35
2	1	3.153	2.190	0.152	-1.18	7.49
	3	-12.212	2.586	0.000	-17.33	-7.09
3	1	15.365	2.028	0.000	11.35	19.38
	2	12.212	2.586	0.000	7.09	17.33

结果表明，抢夺财物价值 1（抢夺财物价值为 0～5 000 元）和抢夺财物价值 2（抢夺财物价值为 5 001～10 000 元）均值之差的置信区间为-7.49～1.18，显著性水平为 0.152，因此两者的差异不显著。抢夺财物价值 1（抢夺财物价值为 0～5 000 元）和抢夺财物价值 3（抢夺财物价值为 10001 元以上）均值之差的置信区间为-19.38～-11.35，显著性水平为 0.000，因此两者的差异显著。抢夺财物价值 2（抢夺财物价值为 5 001～10 000 元）和抢夺财物价值 3（抢夺财物价值为 10 001 元以上）均值之差的置信区间为-17.33～-7.09，显著性水平为 0.000，因此两者的差异显著。

二、用 SPSS 软件进行无交互项的双因素方差分析的操作步骤

运用 SPSS 软件分析抢夺财物价值和被告人受教育水平对被判处刑期长短的无交互作用的双因素方差分析。

第一步：将刑期转化为对数形式。

点击“转化”—“计算变量”，弹出对话框，在“目标变量”框中输入“lg 刑期”，在“函数组”选择“算术”，在“函数和特殊变量”选择“Lg10”，在“数字表达式”框中输入“LG（刑期（月））”，见图 9.7。

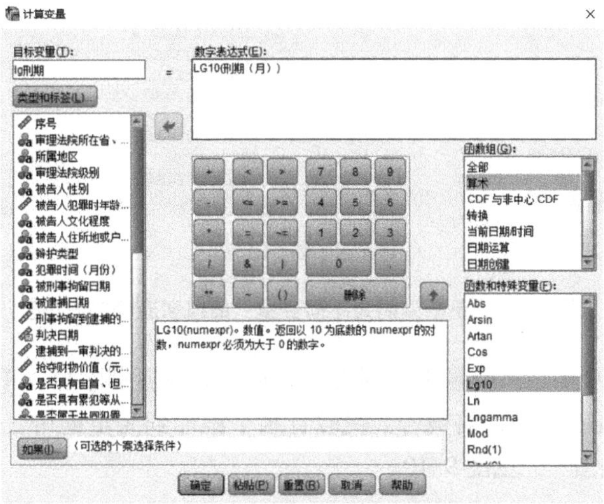

图 9.7　“计算变量”对话框

第二步：将抢夺财物价值和被告人受教育水平重新编码。

单击“转换”—“重新编码为不同变量”，出现对话框，将抢夺财物价值(元)添加到“数字变量→输出变量”框中，输出变量名称定义为抢夺财物价值分类，点击“变化量”，见图 9. 8。

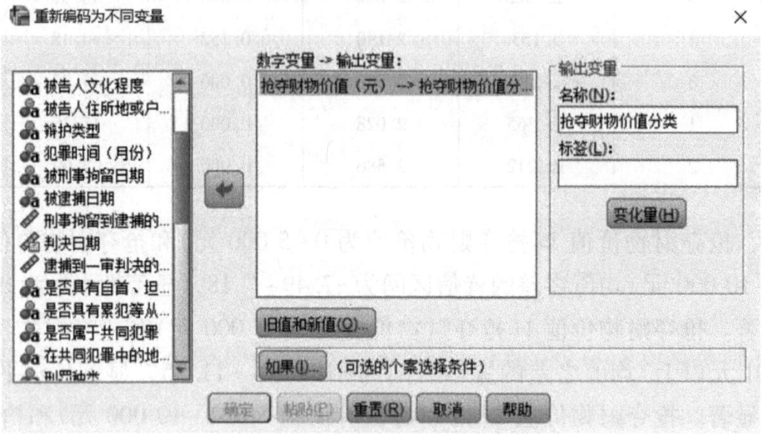

图 9. 8 “重新编码为不同变量”对话框(2)

单击“旧值和新值”，弹出对话框，见图 9. 9。勾选输出变量为字符串，将旧值 0~5 000 转换为新值 1，将旧值 5 001~10 000 转换为新值 2，将旧值 10 001~15 000 转换为新值 3，将旧值 15 001~20 000 转换为新值 4，将旧值 20 001~25 000 转换为新值 5，将旧值 25 001~30 000转换为新值 6，将旧值 30 001 以上转换为新值 7，点击“继续”，后确认输出结果。

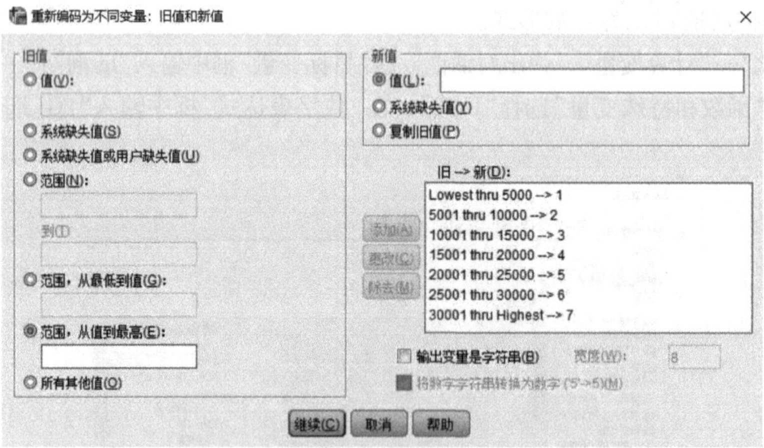

图 9. 9 “重新编码为不同变量：旧值和新值”对话框

将被告人受教育水平这一变量中为判决中未载明的数据剔除掉，单击“转换”—“重新编码为不同变量”，出现对话框，将被告人受教育水平添加到变量框中，输出变量名称定义为文化程度，点击“变化量”，见图 9. 10。

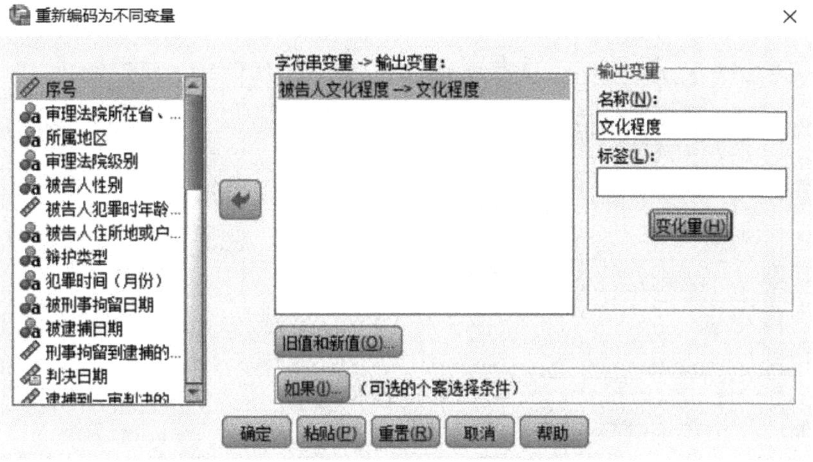

图 9.10　“重新编码为不同变量”对话框(3)

单击“旧值和新值”，将初中及初中以下学历转换为新值 0，将初中以上学历(不含初中)转换为新值 1，见图 9.11。

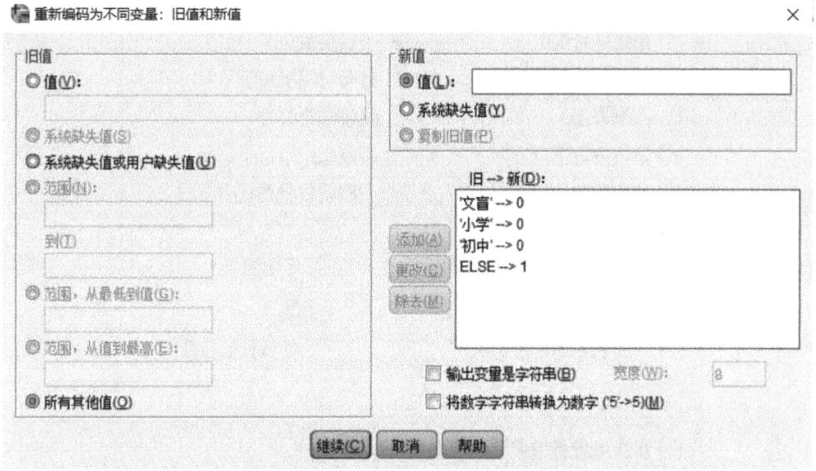

图 9.11　“重新编码为不同变量：旧值和新值”对话框

第三步：无交互作用的双因素分析。

单击“分析”—“一般线性模型”—“单变量”，将“lg 刑期”添加到“因变量”框中，将“抢夺财物价值分类”和“文化程度”添加到“固定因子”的框中，见图 9.12。

在主对话框中点击“模型”—“构建项”，在“构建项-类型”中选择“主效应”，然后“将抢夺财物价值”和“文化程度”两个变量选入“模型”框中(见图 9.13)，打开“选项”对话框，勾选“齐性检验”(见图 9.14)，用于检视数据是否满足方差齐性的要求(见表 9.10)，单击“继续”返回到主对话框，点击确认，可以得到无交互作用的双因素方差分析结果，见表 9.11。

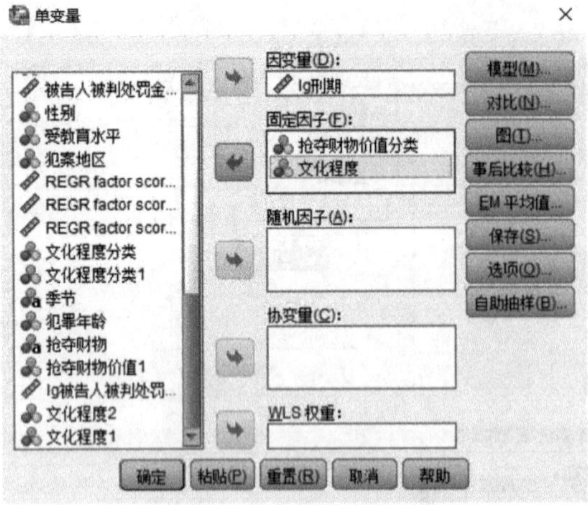

图 9.12 “单变量”对话框

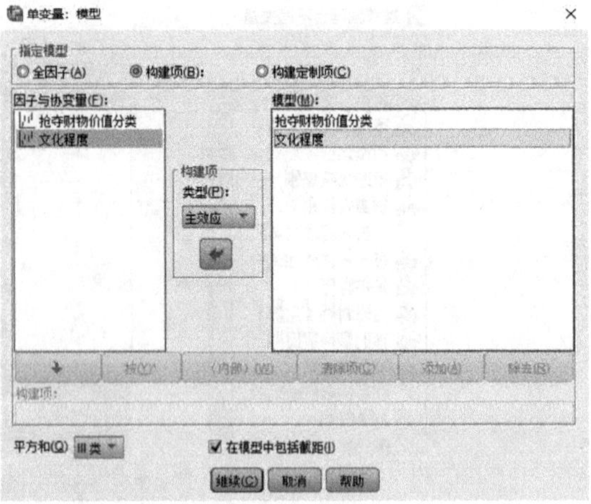

图 9.13 单变量方差分析“模型”对话框

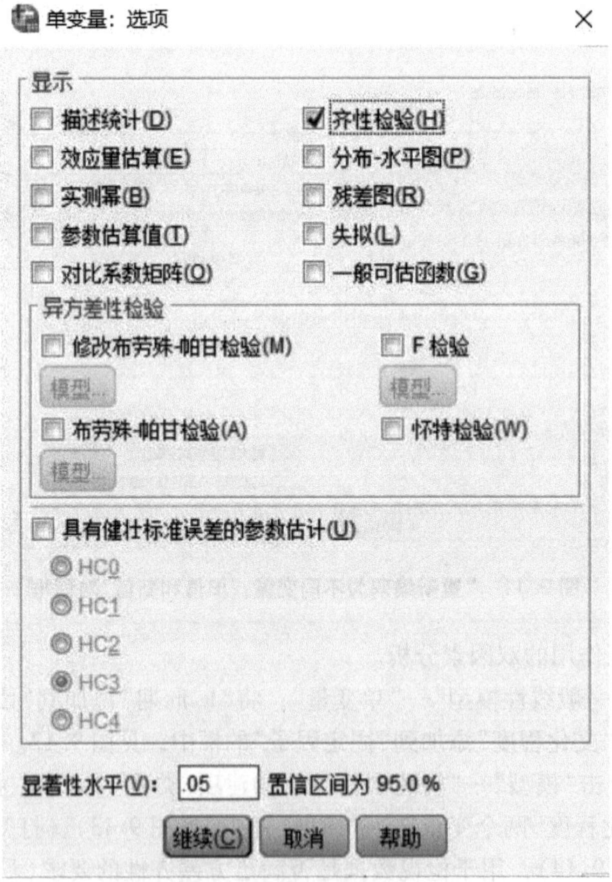

图 9.14 “单变量：选项”对话框

表 9.10　误差方差的莱文等同性检验

因变量：lg 刑期

F	自由度 1	自由度 2	显著性水平
1.834	12	106	0.052

齐性检验结果显示，$P=0.052>0.05$，说明各组数据方差齐次，通过检验。

表 9.11　无交互作用的双因素方差分析表

因变量：lg 刑期

源	Ⅲ类平方和	自由度	均方	F	P
修正模型	2.803[a]	7	0.400	11.792	0.000
截距	43.748	1	43.748	1 288.357	0.000
抢夺财物价值分类	2.707	6	0.451	13.288	0.000
文化程度	0.123	1	0.123	3.619	0.060
误差	3.769	111	0.034		
总计	138.031	119			
修正后总计	6.572 6	118			

a. $R^2=0.426$(调整后的 $R^2=0.390$)。

在显著性水平取 5%时，抢夺财物价值分类这一自变量对 lg 刑期的影响是显著的，而文化程度这一因素对 lg 刑期的影响并不显著。在显著性水平取 10%时，抢夺财物价值分类和文化程度两个自变量对 lg 刑期的影响都是显著的。$R^2=0.426$，调整后的 $R^2=0.390$，即抢夺财物价值分类和文化程度 1 这两个因素对 lg 刑期的影响效应占总效应的 39%。

三、用 SPSS 软件进行有交互项的双因素方差分析的操作步骤

运用 SPSS 软件分析抢夺财物价值和被告人犯罪时年龄对被判处刑期长短的有交互作用的双因素方差分析步骤如下：

单击“分析”—“一般线性模型”—“单变量”，将被告人被判处罚金数额(千元)添加到“因变量”框中，将“抢夺财物”和“犯罪年龄”两个变量添加到固定因子的框中(见图 9.15)。

在主对话框中点击“模型”—“构建项”，在“构建项-类型”中选择“主效应”，然后将“犯罪年龄”和“抢夺财物”两个因素移入“模型”框内，然后在“构建项-类型”中选择“交互”，同时选中“犯罪年龄”和“抢夺财物”并移入“模型”框内，单击“继续”返回到主对话框，点击“确认”，可以得到有交互作用的双因素方差分析结果(见图 9.16)。

打开“选项”对话框，勾选“齐性检验”，用于检视数据是否满足方差齐性的要求(见图 9.17和表 9.12)。

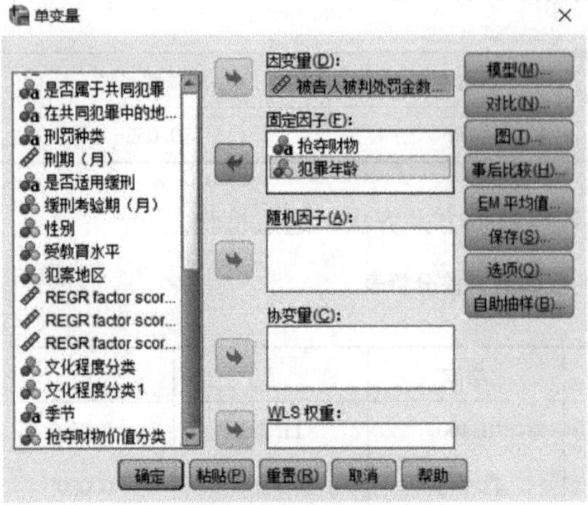

图 9.15 “单变量”对话框

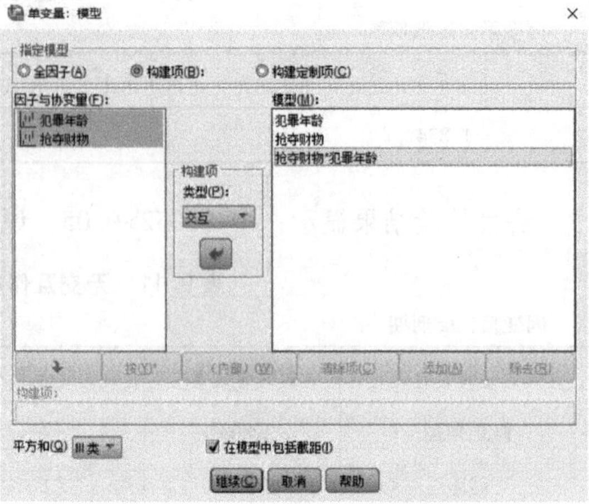

图 9.16 “单变量：模型”对话框

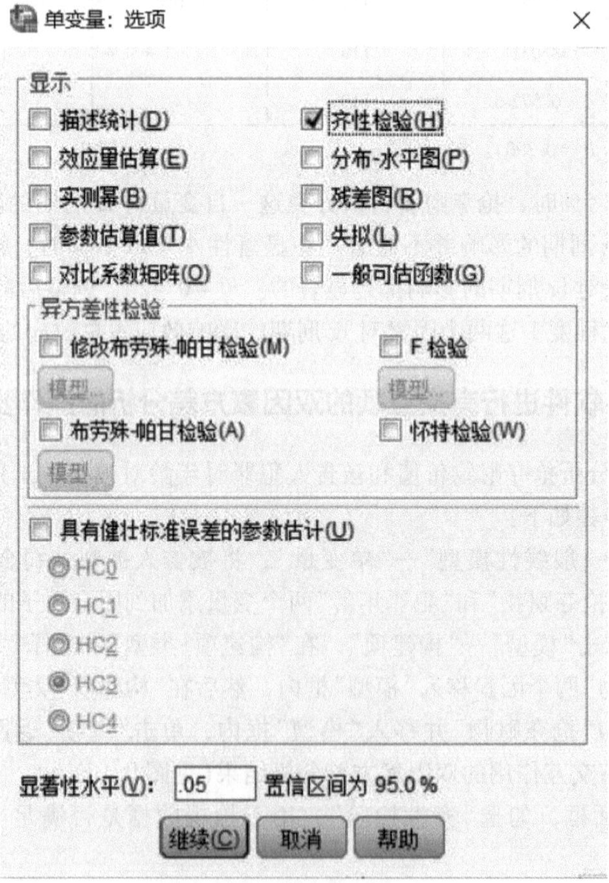

图 9.17 “单变量：选项”对话框

表 9.12 有交互作用的双因素方差分析表

因变量：被告人被判处罚金数额(千元)

源	Ⅲ类平方和	自由度	均方	F	P
修正模型	3 591.512[a]	11	326.501	5.257	0.000
截距	3 506.740	1	3 506.740	56.459	0.000
犯罪年龄	901.986	3	300.662	4.841	0.003
抢夺财物	2 137.387	2	1 068.694	17.206	0.000
犯罪年龄×抢夺财物	6 645.854	6	340.187	5.477	0.000
误差	6 645.854	107	62.111		
总计	12 611.250	119			
修正后总计	10 237.366	118			

a. $R^2=0.351$(调整后的 $R^2=0.284$)。

在显著性水平取5%时，抢夺财物价值、犯罪年龄因素，以及两者的交互项对被告人被判处罚金数额的影响都是显著的。抢夺财物价值的不同会使得被告人被判处罚金数额存在显著差异，被告人犯罪时年龄的不同也会使得被告人被判处罚金数额存在显著差异，且不同年龄抢夺不同的财物价值对于被告人被判处罚金数额差异规律也不完全相同。$R^2=0.351$，调整后的 $R^2=0.284$，在引入了交互项后，模型的拟合程度更好了，即抢夺财物价值、犯罪年龄和这两个因素的交互项对抢夺财物价值的影响效应占总效应的28.4%。

考察方差齐性的假设条件见表9.13。

表 9.13 误差方差的莱文等同性检验

		莱文统计	自由度 1	自由度 2	显著性水平
被告人被判处罚金数额	基于平均值	50.481	11	107	0.000
	基于中位数	5.634	11	107	0.000
	基于中位数并具有调整后的自由度	5.634	11	2.329	0.132
	基于剪除后平均值	42.289	11	107	0.000

齐性检验结果显示，$P=0.000<0.05$，说明各组数据方差齐性不能通过检验。因此，本例中，不能进行有交互作用的双因素方差分析。

第十章

一元线性回归分析

开篇案例

相关分析和回归分析是统计分析方法中最重要内容之一，是多元统计分析方法的基础。相关分析与回归分析都是研究变量相互关系的分析方法，相关分析是回归分析的基础，而回归分析则是认识变量之间相关程度的具体形式。

本章案例引用中国裁判文书网数据库中判决日期为“2020-04-01 至 2020-04-30”，关键词与“抢夺罪”“刑事一审”“判决书”有关的裁判文书，总计获得 123 个研究样本。研究变量包括犯案地区、被告人被判处罚金数额(千元)、刑事拘留到逮捕的间隔天数(日)、性别、逮捕到一审判决的间隔天数(日)、被告人犯罪时年龄(周岁)、被告人受教育水平、抢夺财物价值(元)等因素。

在本章中，通过具体介绍“相关分析”与“线性回归分析”，并利用 SPSS 软件对中国裁判文书网数据库中相关变量进行散点图、简单相关分析、一元线性回归分析、多元线性回归分析等具体的案例分析与操作，可以得到“被告人抢夺财物价值(元)”与“刑期(月)”“被告人被判处罚金数额(千元)”与“刑期(月)”等具有较为显著的正相关关系，可以更清晰地把握本章案例数据库中各关键变量之间的关系。通过本章学习，我们可以对本章所讲的相关分析与回归分析有更全面的了解。

第一节 | 相关分析

相关分析和回归分析是统计分析方法中最重要内容之一，是多元统计分析方法的基础。相关分析与回归分析都是研究变量相互关系的分析方法，相关分析是回归分析的基础，而回归分析则是认识变量之间相关程度的具体形式。

一、简单相关关系

相关分析是在分析两个变量之间关系的密切程度时常用的统计分析方法，指两个变量或者若干变量之间存在着一种不完全确定的关系，它是一种非严格的确定性的关系，现象之间确实存在的一定的联系，但数量关系表现为不严格相互依存关系，两个变量或者若干变量在一定范围内随机波动，具有非确定性，均为随机变量。

在大量变量关系中，存在着两种不同的类型：函数关系和相关关系。函数关系是指变量之间存在的一种完全确定的一一对应的关系，它是一种严格的确定性的关系。相关关系是指两个变量或者若干变量之间存在着一种不完全确定的关系，它是一种非严格的确定性的关系。由于人类的认知水平的限制，有些函数关系可能目前表现为相关关系；对具有相关关系的变量进行量上的测定需要借助于函数关系。

最简单的相关分析是线性相关分析，即两个变量之间是一种直线相关的关系。相关分析的方法有很多，根据变量的测量层次不同，可以选择不同的相关分析方法。总的来说，变量之间的线性相关关系分为三种。一是正相关，即两个变量的变化方向一致。二是负相关，即两个变量的变化方向相反。三是无相关，即两个变量的变化趋势没有明显的依存关系。相关关系的种类：

(1)按相关程度划分可分为完全相关、不完全相关和不相关；

(2)按相关方向划分可分为正相关和负相关；

(3)按相关的形态划分可分为线性相关和非线性相关；

(4)按变量多少划分可分为单相关、复相关和偏相关。

两个变量之间的相关关系称简单相关关系。有两种方法可以反映简单相关关系。一是通过散点图直观地显示变量之间关系，二是通过相关系数准确地反映两变量的关系程度。

二、散点图

散点图研究的是两个数值型变量之间的关系，凡是想展示分布状态的都可以使用散点图。散点图用于展示数据的相关性和分布关系，由 X 轴和 Y 轴两个变量组成。用两组数据构成多个坐标点，通过坐标点的分布，判断两变量之间是否存在某种关联或总结坐标点的分布情况。散点图的作用在于发现变量之间的关系，这个关系不限于线性回归关系。变量间的关系有很多，如线性关系、指数关系、对数关系等，如果存在关联趋势，有线性还有曲线的；没有关系也是一种重要的关系。散点图为我们处理数据，寻找变量关系提供了重要的方法支撑，也为我们做决策提供了方向性的指导。对于变量之间是否存在数量关联趋势，如果有某一个点或者某几个点偏离大多数点，也就是离群值，通过散点图可以一目了然(见图 10.1)。从而可以进一步分析这些离群值是否可能在建模分析中对总体产生很大影响。

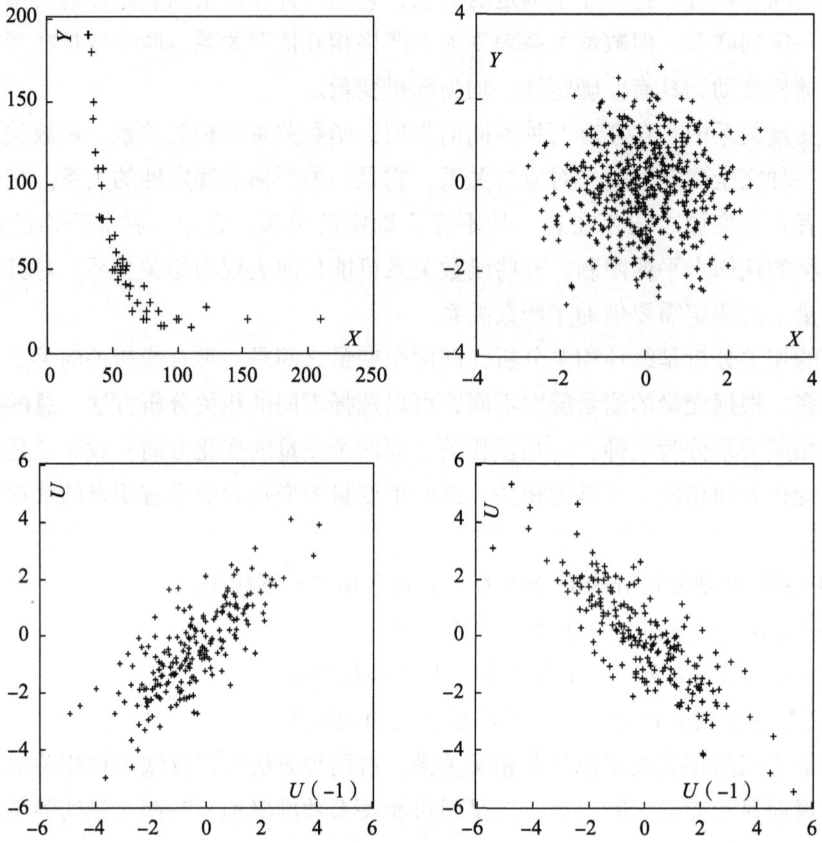

图 10.1　相关关系方向与形态图

三、相关系数的计算

(一)相关系数的计算

皮尔逊相关系数是指两个变量(协方差、方差)如何通过各自的变化而发生共同的变化。皮尔逊相关系数假定两个变量之间是线性关系。相关系数是线性相关条件下，说明两个变量之间相关关系密切程度的统计分析指标。相关系数的理论公式为：

$$r=\frac{\delta_{xy}^2}{\delta_x\delta_y}$$

(1)δ_{xy}^2，协方差；

δ_x，x 的标准差；

δ_y，y 的标准差。

(2)δ_{xy}^2 协方差对相关系数 r 的影响，决定：$\begin{cases}r>0\text{ 或 }r<0\text{(正、负)}\\ r\text{ 数值的大小}\end{cases}$

简化式

$$r=\frac{n\sum xy-\sum x\sum y}{\sqrt{n\sum x^2-\left(\sum x\right)^2}\cdot\sqrt{n\sum y^2-\left(\sum y\right)^2}} \tag{10-1}$$

变形：分子分母同时除以 n^2 得

$$r=\frac{\frac{\sum xy}{n}-\frac{\sum x}{n}\cdot\frac{\sum y}{n}}{\sqrt{\left[\frac{\sum x^2}{n}-\left(\frac{\sum x}{n}\right)^2\right]\left[\frac{\sum y^2}{n}-\left(\frac{\sum y}{n}\right)^2\right]}} \tag{10-2}$$

$$=\frac{\overline{xy}-\bar{x}\cdot\bar{y}}{\sqrt{\left[\overline{x^2}-(\bar{x})^2\right]\cdot\left[\overline{y^2}-(\bar{y})^2\right]}}=\frac{\overline{xy}-\bar{x}\cdot\bar{y}}{\delta_x-\delta_y}$$

相关系数是两个变量的协方差与两个变量的标准差之积的比值。式中，

$$\delta_x=\sqrt{\frac{\sum(x-\bar{x})^2}{n}}=\sqrt{\frac{\sum\left[x^2-2x\cdot\bar{x}+(\bar{x})^2\right]}{n}}=\sqrt{\frac{\sum x^2}{n}-2\cdot\bar{x}\cdot\frac{\sum x}{n}+(\bar{x})^2}$$

$$=\sqrt{\overline{x^2}-(\bar{x})^2} \tag{10-3}$$

利用相关系数判断相关关系的密切程度，通常认为：

$|r|=1$　完全相关；

$0.8\leqslant|r|<1$　高度相关；

$0.5\leqslant|r|<0.8$　中度相关；

$0.3\leqslant|r|<0.5$　低度相关；

$0\leqslant|r|<0.3$　微弱相关。

相关系数适用于考察变量间的线性相关关系。也就是说当 $r=0$ 时，只说明二变量间不存在线性相关关系，但不能保证不存在其他非线性相关关系。所以变量不相关与变量相互独立在概念上是不同的。

（二）相关系数的假设检验

考察样本相关系数的可靠性，也就是进行显著性检验。r 的显著性检验如下：

1. 提出假设

$$H_0: \rho=0;\ H_1: \rho\neq0$$

2. 计算检验统计量

$$t=r\sqrt{\frac{n-2}{1-r^2}}\sim t(n-2)$$

3. 进行决策

根据给定的显著性水平 α 和自由度 $df=n-2$ 查 t 分布表，得出 $t_{\alpha/2}(n-2)$ 的临界值。若 $|t|>t_{\alpha/2}$，则拒绝原假设 H_0，表明总体的两个变量之间存在显著的线性关系。

(三)相关系数运用的几点说明

(1)计算相关系数时，两个变量哪个作为自变量，哪个作为因变量，对于相关系数的值的大小没有影响。

(2)相关系数指标只能用于直线相关程度的判断，当其数值很小甚至为0时只能说明变量之间直线相关程度很弱或者不存在直线相关关系，但不能就此判断变量之间不存在相关关系。

(3)对于相关系数的绝对值大于0.8时，变量之间存在高度线性相关关系，通常还需要进行相关系数的显著检验。

相关系数的计算是一个数学过程。它只说明二变量间的相关强度，但不能揭示这种相关性的原因，不能揭示变量间关系的实质，即变量间是否真正存在内在联系即因果关系，在计算 r 的同时，还要强调对实际问题的分析与理解。因果关系并不是相关性的唯一解释。尽管因果关系能够解释一些相关性问题，但是因果关系并不是相关性的唯一解释。相关变量之间不存在直接因果关系的原因是中间变量。

统计学要预防虚假相关，如年国民生产总值与刑事案件数呈正相关，显然两变量间不存在因果关系，应属虚假相关。同时，也要注意生态相关，即用总体的数据得到的相关结果说明个体状况。

第二节 一元线性回归分析

线性回归是统计分析方法中最常用的方法之一。如果所研究的现象有若干个影响因素，且这些因素对现象的综合影响是线性的，则可以使用线性回归的方法建立现象(因变量)与影响因素(自变量)之间的线性函数关系式。由于多元线性回归的计算量比较大，有必要应用统计分析软件实现。这一节将专门介绍线性回归分析方法，包括求回归系数，给出回归模型的各项检验统计量值及相应的概率等相关内容。

一元线性回归分析是对具有相关关系的两个变量之间的数量变化的一般关系确定一个合适的数学表达式，以便进行估计和预测的统计方法。用一条回归直线来表明两个相关变量之间一般数学关系的方程式，称为简单线性回归分析。这种分析方法称为一元线性回归分析。

一元线性回归分析的特点包括，在两个变量之间，必须根据研究目的具体确定哪个是自变量(x)，哪个是因变量(y)。没有明显因果关系的两个变量 x 与 y 可以求得两个方程——y 依 x 的回归方程和 x 依 y 的回归方程。两个方程是相互独立的，不能相互替换。回归方程的主要作用在于给出自变量的数值来估计因变量的数值。一个回归方程只能做一种推算。计算相关系数时，要求相关的两个变量都是随机变量；但是进行回归分析时，尽管两个变量也都是随机变量，但要求自变量是给定的，因变量是随机的。

一、线性回归模型假设条件

(1)正态性假设，即所研究的变量均服从正态分布；

(2)等方差假设，即各变量总体的方差是相等的；

(3)独立性假设，即各变量之间是相互独立的；

(4)残差项无自相关性，即误差项之间互不相关，$cov(\varepsilon_i, \varepsilon_j)=0$。

二、一元线性回归模型

如果只有一个自变量 X，而且因变量 Y 和自变量 X 之间的数量变化关系呈近似线性关系，就可以建立一元线性回归方程。一元线性回归分析利用最小二乘法“残差平方和最小”的原理确定回归直线方程，从而推算出 a(截距)和 b(斜率)。由自变量 X 的值来预测因变量 Y 的值，这就是一元线性回归预测。

设随机变量 y 与变量 x 之间存在着直线相关关系，(x_i, y_i)可用模型表示为：

$$y_i=\beta_0+\beta_1 x_i+\varepsilon_i(i=1,\ 2,\ \cdots,\ n) \tag{10-4}$$

式中，x 为自变量的实际值；β_0 与 β_1 为未知参数，$\varepsilon_i(i=1, 2, \cdots, n)$相互独立且服从 $N(0, \sigma^2)$的正态分布，求得 β_0 与 β_1 的估计值 b_0 和 b_1，对于 x，$E(y)$的估计值 b_0+b_1x，记为 $\hat{y}$，则方程 $\hat{y}=b_0+b_1x$ 称为 y 对 x 的一元线性回归方程。其几何意义是：b_0 是直线方程的截距，b_1 是斜率。其经济意义是：b_0 是当 x 等于 0 时，y 的估计值；b_1 称为回归系数，是当 x 每增加一个单位时，y 平均增加或减少的量。

利用最小二乘法估计参数，若能使回归直线方程 $\hat{y}=b_0+b_1x$ 尽可能地靠近散点(x_i, y_i)，即应使总的离回归平方和

$$Q(b_0,\ b_1)=\sum_{i=1}^{n}(y_i-\hat{y}_i)^2=\sum_{i=1}^{n}(y_i-b_0-b_1x_i)^2$$

达到最小，欲使二元函数 $Q(b_0, b_1)$最小，即

$$\begin{cases}\dfrac{\partial Q}{\partial b_0}=-2\sum\limits_{i=1}^{n}(y_i-b_0-b_1x_i)^2=0\\[2ex]\dfrac{\partial Q}{\partial b_1}=-2\sum\limits_{i=1}^{n}(y_i-b_0-b_1x_i)x_i=0\end{cases} \tag{10-5}$$

整理得：

$$\begin{cases}nb_0+b_1\sum\limits_{i=1}^{n}x_i=\sum\limits_{i=1}^{n}y_i\\[2ex]b_0\sum\limits_{i=1}^{n}x_i+b_1\sum\limits_{i=1}^{n}x_i^2=\sum\limits_{i=1}^{n}x_iy_i\end{cases} \tag{10-6}$$

其解 b_0，b_1 称为 β_0 与 β_1 的最小二乘估计。令$\bar{x}=\frac{1}{n}\sum\limits_{i=1}^{n}x_i$，$\bar{y}=\frac{1}{n}\sum\limits_{i=1}^{n}y_i$ 进一步表示为：

$$\begin{cases}b_0=\bar{y}-b_1\bar{x}\\[2ex]b_1=\dfrac{\sum\limits_{i=1}^{n}(x_i-\bar{x})(y_i-\bar{y})}{\sum\limits_{i=1}^{n}(x_i-\bar{x})^2}\end{cases} \tag{10-7}$$

化简得：

$$\begin{cases} b_1 = \dfrac{n\sum xy - \sum x \sum y}{n\sum x^2 - (\sum x)^2} \\ b_0 = \bar{y} - b_1\bar{x} \end{cases} \tag{10-8}$$

即求出 y 对 x 的一元线性回归模型 $\hat{y}=b_0+b_1x$。

三、一元线性回归方程的拟合优度检验

拟合优度是指回归直线对观测值的拟合程度。显然若观测值离回归直线近，则拟合程度好；反之则拟合程度差。

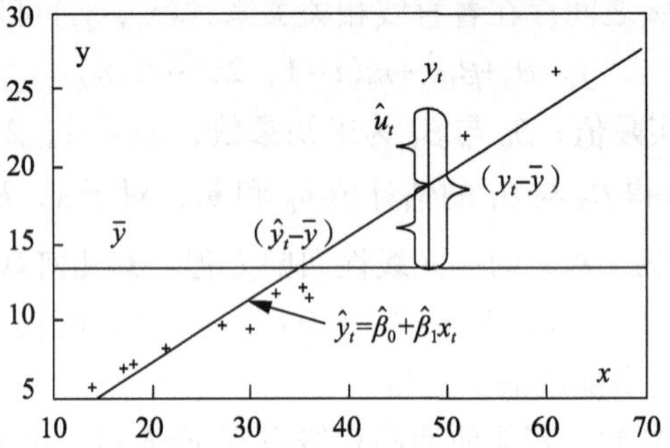

图 10.2　三种离差示意图

可以证明：$(y_t-\bar{y})^2=(\hat{y}_t-\bar{y})^2+(y_t-\hat{y}_t)^2$

SST(总平方和)$=SSR$(回归平方和)$+SSE$(残差平方和)

证明：$(y_t-\bar{y})^2=[(y_t-\hat{y}_t)+(\hat{y}_t-\bar{y})]^2$

$$=(y_t-\hat{y}_t)^2+(\hat{y}_t-\bar{y})^2+2(y_t-\hat{y}_t)(\hat{y}_t-\bar{y})$$

其中：

$$(y_t-\hat{y}_t)(\hat{y}_t-\bar{y})=(y_t-\hat{y}_t)\hat{\beta}_1(x_t-\bar{x})$$

$$=\hat{\beta}_1(y_t-\hat{y}_t)x_t-\bar{x}\hat{\beta}_1$$

$$(y_t-\hat{y}_t)=\hat{\beta}_1,\ \hat{u}_tx_t=0$$

度量拟合优度的统计量是可决系数(确定系数)。

$$R^2=\frac{\sum(\hat{y}_t-\bar{y})^2}{\sum(y_t-\bar{y})^2} \tag{10-9}$$

$$=(\text{回归平方和})/(\text{总平方和})=SSR/SST$$

所以 R^2 的取值范围是[0, 1]。对于一组数据，SST 是不变的，所以随着 SSR 增加或减小，SSE 减小或增加。SSR 旧指回归平方和(regression sum of squares)，现指残差平方和(sum of squared residuals)；SSE 旧指残差平方和(error sum of squares/sum of squared errors)，现指回归平方和(explained sum of squares)。

估计标准误差是用来说明回归方程代表性大小的统计分析指标，是指实际观察值和理论值的平均误差。其计算公式为：

$$S_y = \sqrt{\frac{\sum (y - \hat{y})^2}{n - 2}} = \sqrt{\frac{\sum y^2 - a\sum y - b\sum xy}{n - 2}} \quad (10-10)$$

然而，估计标准误差根号内的分母部分不是 n，而是 $n-2$，其表示估计回归线失去两个自由度，即样本数据的个数减去自变量的个数（$m=1$），再减 1。在实际应用中，当 n 很大时，一般是当 $n \geqslant 30$ 时，计算估计标准误差时就用 n 来代替 $n-2$，则计算公式就成为：

$$S_y = \sqrt{\frac{\sum y^2 - a\sum y - b\sum xy}{n}} \quad (10-11)$$

S_y 是估计标准误差，计算结果 S_y 值越小，说明各个散点离回归直线越近，表示根据所建立的回归方程，用自变量来预测因变量时，平均预测误差的大小；故 S_y 越小越好，S_y 越小说明波动性越小。实际值与估计值的偏差越小，回归直线的代表性越高，估计越准确可靠；计算结果 S_y 值越大，说明各个散点离回归直线越远，实际值与估计值的偏差越大，回归直线的代表性越低，估计准确性越差。

四、回归参数的显著性检验及其置信区间

一元线性回归模型的使用条件是两个变量之间存在线性关系，因变量与自变量都必须具有高度相关性；一元线性回归模型的建立需要数据结构相对比较简单，自变量的预测值比较容易得到。为了保证预测模型的可靠性，必须对所建立的模型进行统计检验，以检查自变量与因变量之间线性关系的强弱程度。

（一）回归系数的检验

利用相关的经济学原理及我们所积累的丰富的经验，对所估计的回归方程的回归系数进行分析与判断，看其能否得到合理的解释。主要是检验 β_1 是否为零。通常用样本计算的 $\hat{\beta}_1$ 不等于零，但应检验这是否有统计显著性（见图 10.3）。检验步骤：

$$H_0: \beta_1 = 0$$

$$H_1: \beta_1 \neq 0$$

在 H_0 成立条件下，

$$t = \frac{\hat{\beta}_1 - \beta}{s_{(\hat{\beta}_1)}} = \frac{\hat{\beta}_1}{s_{(\hat{\beta}_1)}} = \frac{\hat{\beta}_1}{\hat{\sigma} / \sqrt{\sum (x_t - \bar{x})^2}}$$

若 $|t| > t_{\alpha/2}$，则 $\hat{\beta}_1 \neq 0$；

若 $|t| < t_{\alpha/2}$，则 $\hat{\beta}_1 = 0$。

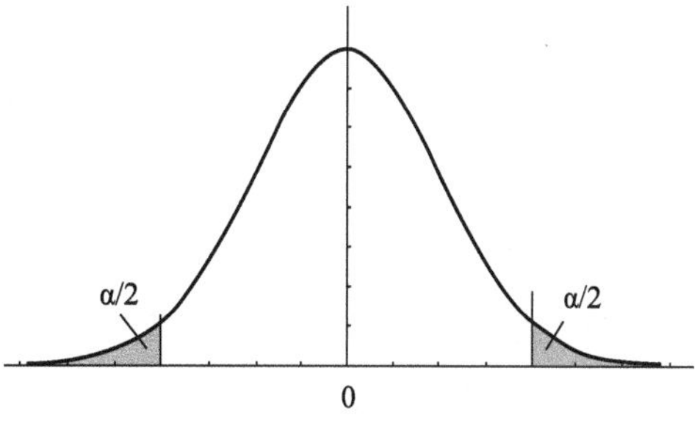

图 10.3　回归系数 t 检验

（二）F 检验

经济意义上的检验：线性回归方程的显著性检验——F 检验，线性回归方程的显著性检验即方差分析检验法，它是对所有参数感兴趣的一种显著性检验。

1. F 检验

F 检验是根据平方和分解式，直接从回归效果检验回归方程的检验性。平方和分解式为：

$$\sum_{i=1}^{n}(y_i-\bar{y})^2=\sum_{i=1}^{n}(\hat{y}_i-\bar{y})^2+\sum_{i=1}^{n}(y_i-\hat{y}_i)^2 \tag{10-12}$$

其中：

$\sum_{i=1}^{n}(y_i-\bar{y})^2$ 称为总平方和，简记为 SST 或者 $S_{总}$ 或 L_{yy}。

$\sum_{i=1}^{n}(\hat{y}_i-\bar{y})^2$ 称为回归平方和，简记为 SSR 或者 $S_{回}$。

$\sum_{i=1}^{n}(y_i-\hat{y}_i)^2$ 称为残差平方和，简记为 SSE 或者 $S_{残}$。

因而平方和分解式可以简写为：$SST=SSR+SSE$。

对总平方和(SST)的这两个分量进行研究，就称为从回归角度进行的方差分析。每个平方和都具有相应的自由度，假定给 n 个变量赋予数值，在计算平方和时，总有 k 个变量可以自由取值，即这 k 个变量线性独立，我们说这个平方和的自由度为 k。与每一个平方和相联系的是它们的自由度。对于一元线性回归模型，SST 有 $n-1$ 个自由度；SSE 有 1 个自由度；SSR 有 $n-2$ 个自由度。平方和与自由度之比即为平均平方和。将平方和、自由度及平均平方和列成一个表，该表称为方差分析表(见表 10.1)。

表 10.1 一元线性回归方差分析表

方差来源	自由度	平方和	均方	F 值	p 值
回归残差总和	1 $n-2$ $n-1$		SSR SSE SST	$\dfrac{\frac{SSR}{1}}{\frac{SSE}{n-2}}$	$P(F>F_{值})=p$ 值

2. *F* 检验统计量定义

从方差分析的角度进行的回归模型整体性检验所采用的检验统计量是 F 统计量。检验统计量 F 反映平均回归平方和与平均剩余平方和的比较。

$$F=\frac{\dfrac{SSR}{1}}{\dfrac{SSE}{n-2}}=\frac{\dfrac{\sum_{i=1}^{n}(\hat{y}_i-\bar{y})^2}{1}}{\dfrac{\sum_{i=1}^{n}(y_i-\hat{y}_i)^2}{n-2}}$$

且 F 服从自由度为 1 和 $n-2$ 的 F 分布。即：$F\sim F(1, n-2)$。

可以推导，F 与可决系数 R^2 有以下关系

$$F=\frac{R^2}{1-R^2}(n-2)$$

利用检验统计量是 F 可以对回归方程进行显著性检验，即 F 检验。

3. *F* 检验的步骤

(1)提出假设：

原假设 H_0：$\beta_1=0$

备择假设 H_1：$\beta_1 \neq 0$

(2)给定显著性水平 α，查 F 分布表获得临界值 $F_\alpha(1, n-2)$，例如：在显著性水平 $\alpha=0.05$，$n-2=8$ 时，查 F 分布表，可以得到：$F_{0.05}(1, 8)=5.32$。

(3)据下式可以利用样本数据计算检验统计量 F 的值：

$$F=\frac{\frac{SSR}{1}}{\frac{SSE}{n-2}}=\frac{\frac{\sum_{i=1}^{n}(\hat{y}_i-\bar{y})^2}{1}}{\frac{\sum_{i=1}^{n}(y_i-\hat{y}_i)^2}{n-2}}$$

(4)进行比较，做出判断。

若 $F>F_\alpha(1, n-2)$，差异显著，拒绝原假设 H_0，接受备择假设 H_1；

若 $F<F_\alpha(1, n-2)$，差异不显著，接受原假设 H_0。

五、y 的点预测及其区间预测

下面以时间序列数据为例介绍预测问题。预测可分为事前预测和事后预测。两种预测都是在样本区间之外进行的，如图 10.4 所示。

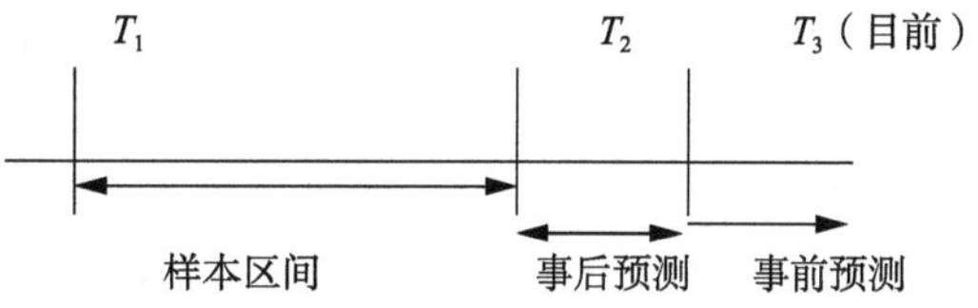

图 10.4　y 的点预测

对于事后预测，被解释变量和解释变量的值在预测区间都是已知的。可以直接用实际发生值评价模型的预测能力。对于事前预测，解释变量是未发生的(当模型中含有滞后变量时，解释变量则有可能是已知的)。当预测被解释变量时，首先应该预测解释变量的值。对于解释变量的预测，通常采用时间序列模型。

预测还分为有条件预测和无条件预测。对于无条件预测，预测式中所有解释变量的值都是已知的。所以事后预测应该属于无条件预测。当一个模型的解释变量完全由滞后变量组成时，事前预测也有可能是无条件预测。例如：

$$\hat{y}_t=\hat{\beta}_0+\hat{\beta}_1 x_{t-1}$$

当预测 $T+1$ 期的 y_t 值时，x_t 用的是 T 期值，是已知值。

预测还分为静态预测和动态预测。

(1) y_F 的点预测。

根据估计的回归函数，得

$$\hat{y}_F=\hat{\beta}_0+\hat{\beta}_1 x_F$$

(2)单个 y_F 的区间预测。

y_F 的区间预测是

$$\hat{y}_F \sim \left(t_{\alpha/2}\hat{\sigma}\sqrt{1+\frac{1}{n}+\frac{(x_0-\bar{x})^2}{\sum(x-\bar{x})^2}}\right) \tag{10-13}$$

(3) $E(y_F)$的区间预测。

$E(y_F)$的区间预测是 $$\hat{y}_F \sim \left[y_0 \pm \left(t_{\alpha/2}\hat{\sigma}\sqrt{1+\frac{1}{n}+\frac{(x_0-\bar{x})^2}{\sum(x-\bar{x})^2}}\right)\right] \quad (10\text{-}14)$$

相关分析是回归分析的基础和前提，回归分析则是相关分析的深入和继续。相关分析需要依靠回归分析来表现变量之间数量相关的具体形式，而回归分析则需要依靠相关分析来表现变量之间数量变化的相关程度。只有当变量之间存在高度相关时，进行回归分析寻求其相关的具体形式才有意义。如果在没有对变量之间是否相关以及相关方向和程度做出正确判断之前，就进行回归分析，很容易造成“虚假回归”。与此同时，相关分析只研究变量之间相关的方向和程度，不能推断变量之间相互关系的具体形式，也无法从一个变量的变化来推测另一个变量的变化情况，因此，在具体应用过程中，只有把相关分析和回归分析结合起来，才能达到研究和分析的目的。

二者的区别主要体现在以下三个方面：

(1)相关分析主要通过相关系数来判断两个变量之间是否存在着相互关系及其关系的密切程度，其前提条件是两个变量都是随机变量，且变量之间不必区别自变量和因变量。而回归分析研究一个随机变量(Y)与另一个非随机变量(X)之间的相互关系，且变量之间必须区别自变量和因变量。

(2)相关系数只能观察变量间相关关系的密切程度和方向，不能估计推算具体数值。而回归分析可以根据回归方程，用自变量数值推算因变量的估计值。

(3)互为因果关系的两个变量，可以拟合两个回归方程，且互相独立，不能互相替换。而相关系数却只有一个，即自变量与因变量互换相关系数不变。

很重要的一点，变量之间是否存在“真实相关”，是由变量之间的内在联系所决定的。相关分析和回归分析只是定量分析的手段，通过相关分析和回归分析，虽然可以从数量上反映变量之间的联系形式及其密切程度，但是无法准确判断变量之间内在联系的存在与否，也无法判断变量之间的因果关系。因此，在具体应用过程中，一定要始终注意把定性分析和定量分析结合起来，在准确的定性分析的基础上展开定量分析。

第三节 用 SPSS 软件进行线性相关回归分析

一、相关分析

(一)相关系数

在中国裁判文书网数据库中以判决日期为“2020-04-01 至 2020-04-30”，以“抢夺罪”“刑事一审”“判决书”为关键词检索到的 123 篇裁判文书为案例，利用 SPSS 软件对“被告人被判处罚金数额(千元)”与“刑期(月)”进行相关分析。

第一步，打开数据文件，单击“分析”—“相关”—“双变量”，弹出“双变量相关性”对话框。

第二步，将“被告人被判处罚金数额(千元)”与“刑期(月)”右移至“变量”框中，默认选择“皮尔逊相关系数”“双尾显著性检验”。

第三步，点击“确定”，即输出相关结果。见表 10.2。

表 10.2　双变量相关性结果

		刑期(月)	被告人被判处罚金数额(千元)
刑期(月)	皮尔逊相关性	1	0.724**
	显著性(双尾)		0.000
	个案数	123	121
被告人被判处罚金数额(千元)	皮尔逊相关性	0.724**	1
	显著性(双尾)	0.000	
	个案数	121	121

** 表示在 0.01 级别(双尾)，相关性显著。

由双变量相关性结果可知，“被告人被判处罚金数额(千元)”与“刑期(月)”在 1%的显著性水平上具有较为显著的正相关关系，这也与我们的理论预期及经济现实相符。

(二)散点图

SPSS 软件的绘图命令集中在 Graphs 菜单。下面通过例题来介绍具体操作方法。

【例 10.1】引用中国裁判文书网数据库中判决日期为“2020-04-01 至 2020-04-30”，关键词与“抢夺罪”“刑事一审”“判决书”有关的裁判文书，总计获得 123 个研究样本。现画出散点图来观察“被告人抢夺财物价值(元)”与“刑期(月)”两个变量的关联程度。具体操作步骤如下：

第一步，首先打开案例数据库，然后单击“图形”—“旧对话框”—“散点图”，打开“散点图”对话框，如图 10.5 所示。然后选择需要的散点图，图中的五个选项依次是：

简单散点图、矩阵散点图、简单点图、重叠散点图、三维散点图。

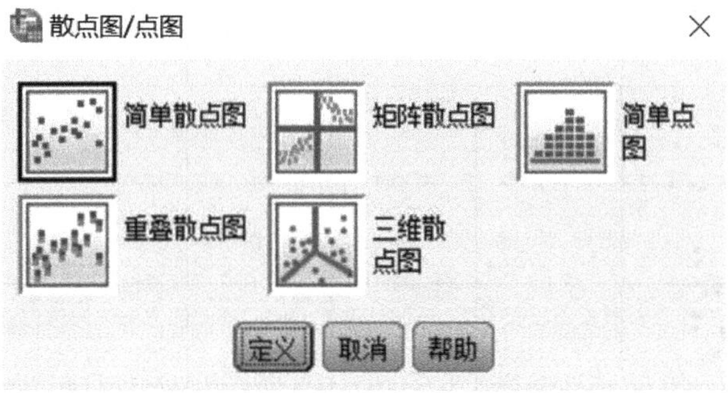

图 10.5　“散点图/点图”对话框

第二步，如果只考虑两个变量，可选择简单的散点图，然后点击“定义”，打开“简单散点图”对话框，如图 10.6 所示。将“抢夺财物价值(元)”与“刑期(月)”分别选进 X 轴与 Y 轴。

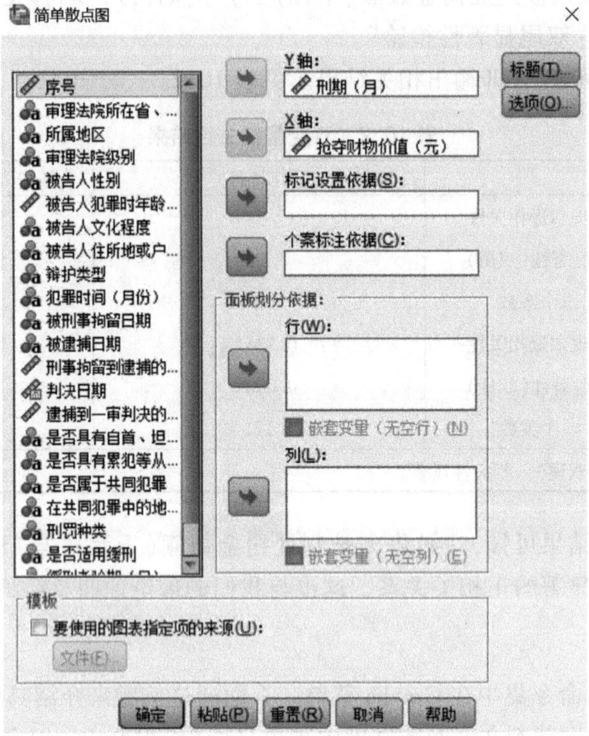

图 10.6 “简单散点图”对话框

第三步，点击“确定”，就可以得到散点图，见图 10.7。

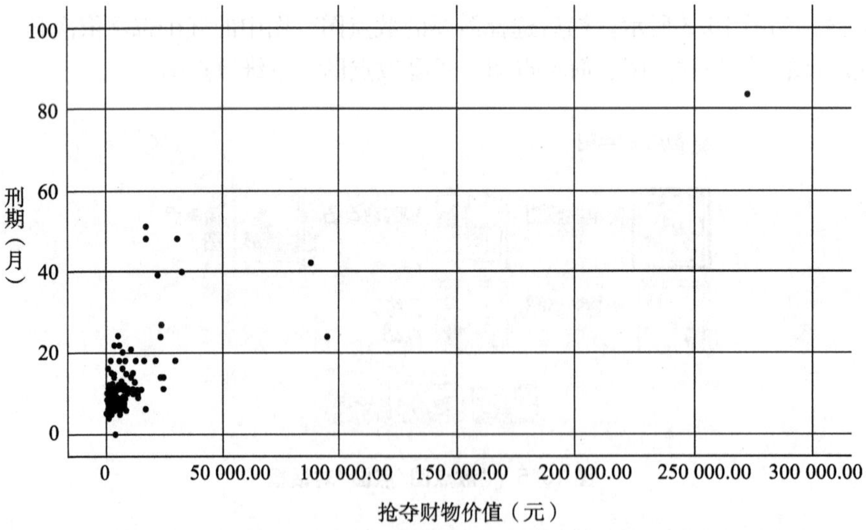

图 10.7 散点图

从上面输出的“抢夺财物价值(元)”与“刑期(月)”的散点图可以粗略地看出，两个变量之间有强正相关的线性关系。

二、简单一元线性回归

线性回归是利用数理统计中的回归分析，来确定两种或两种以上变量间相互依赖的定量关系的一种统计分析方法，运用十分广泛。接下来，我们从最简单的只含有一个自变量线性回归问题入手，进行一元回归分析，探讨犯案地区是否会影响抢夺罪的刑期长短。我们设刑期为因变量，记为 Y，犯案地区为自变量，设为 X。假设在总体中它们满足下面的关系式：

$$Y=A+BX+\varepsilon$$

其中 A、B 为待估模型参数，A 是直线在 y 轴上的截距，代表 Y 的基础水平；B 是回归直线的斜率，它表示 X 变化一个单位时，Y 的平均变化。ε 是随机误差项，表示未观测到的其他的随机因素。鉴于社会科学研究通常根据随机抽样样本的观测数据来推断总体回归函数的参数，为了使本案例中的回归分析更具有普遍性的法学定量分析示范意义，我们假定所用数据是从总体中通过随机抽样取得的观测数据。接下来，用 SPSS 软件进行回归分析。

第一步，打开“newcos. sav”数据文件，单击“分析”—“回归”—“线性”，弹出“线性回归”对话框。将“刑期(月)”放入“因变量”框，将“犯案地区”放进“自变量”框，见图 10.8。

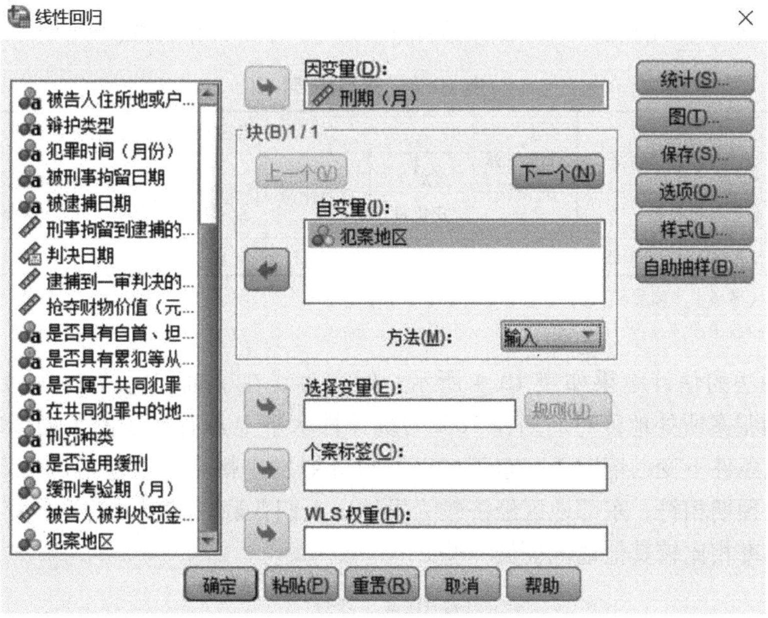

图 10.8　“线性回归”对话框

第二步，若想获得一元回归的拟合优度值、共线性诊断、D-W 检验值等，只需点击“统计”，然后勾选“R 方变化量”“共线性诊断”“德宾-沃森”，SPSS 软件默认只勾选回归系数中的估算值和模型拟合，最后点击“继续”即可。见图 10.9。

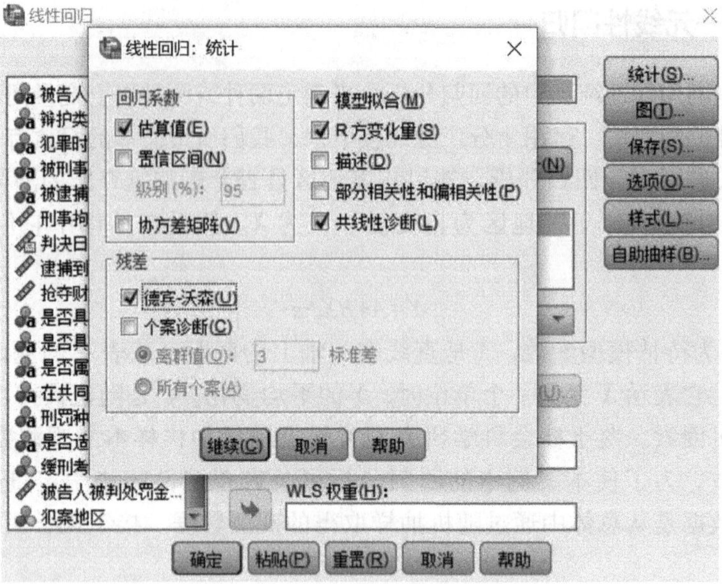

图 10.9 “线性回归：统计”对话框

第三步，分析一元线性回归的结果，回归结果如表 10.3 所示。由结果知，*D-W* 检验值为 1.880，接近 2，因此我们可以大致认为误差序列不存在自相关性。

表 10.3 模型摘要[b]

模型	R	R^2	调整后 R^2	标准估算的错误	更改统计					*D-W* 检验值
					R^2 变化量	*F* 变化量	自由度 1	自由度 2	显著性水平 *F* 变化量	
1	0.152[a]	0.023	0.015	10.751	0.023	2.863	1	121	0.093	1.880

a. 预测变量：（常量），犯案地区。

b. 因变量：刑期（月）。

最小二乘法的估计结果如表 10.4 所示，回归直线在 y 轴上的截距为 14.735；斜率为 −3.299，说明犯案所处地区对刑期在 10%的统计性水平上具有显著的负向影响。其现实意义为：在其他条件不变的情况下，东部地区的抢夺罪发生概率比其他地区低 3.299 个单位。这也与我们的预期相符，东部地区经济较为发达，人们普遍具有较高的受教育水平和法律意识，因此犯案率相比较其他地区更低一些。

表 10.4 系数[a]

模型		未标准化系数		标准化系数	t	显著性水平	共线性统计	
		B	标准错误	Beta			容差	*VIF*
1	（常量）	14.735	1.304		11.302	0.000		
	犯案地区	−3.299	1.950	−0.152	−1.692	0.093	1.000	1.000

a. 因变量：刑期（月）。

第十一章 多元线性回归分析

开篇案例

2014 年 1 月 1 日，《最高人民法院关于人民法院在互联网公布裁判文书的规定》正式实施。该司法解释明确，最高法院在互联网设立中国裁判文书网，统一公布各级人民法院的生效裁判文书；中西部地区基层人民法院在互联网公布裁判文书的时间进度由高级人民法院决定，并报最高人民法院备案。审判文书公开是法院系统积极回应社会关切，主动接受社会监督的重要举措，标志着人民法院司法公开迈出了关键一步。裁判文书公开是司法公开的重要一环，有利于增强司法透明度，强化监督，防止司法权滥用。通过互联网及时、全面公布法院尤其是最高法院的生效裁判文书，在国际司法领域已是大势所趋，其优势在于发布速度快，覆盖面广，便于查阅，既高效回应社会关切，也有利于充分发挥司法裁判的法律效果和社会效果。

本章案例引用中国裁判文书网数据库中判决日期为“2020-04-01 至 2020-04-30”，关键词与“抢夺罪”“刑事一审”“判决书”有关的裁判文书，总计获得 123 个研究样本。研究变量包括犯案地区、被告人被判处罚金数额(千元)、刑事拘留到逮捕的间隔天数(日)、性别、逮捕到一审判决的间隔天数(日)、被告人犯罪时年龄(周岁)、被告人受教育水平、抢夺财物价值(元)等因素。为研究影响抢夺罪判决刑期时间长短的因素有哪些，本书首先以刑期为因变量，犯案地区为自变量进行了一元线性回归，探讨犯案地区是否会影响抢夺罪的刑期长短，结果表明犯案地区对抢夺罪刑期在 10%的统计性水平上具有显著的负向影响，因此我们说在其他条件不变的情况下，东部地区的抢夺罪发生概率比其他地区低 3. 299 个单位。这也与我们的预期相符，东部地区经济较为发达，人们普遍具有较高的受教育水平和法律意识，因此犯案率相比其他地区更低一些。

本章假设刑期与犯案地区、被告人被判处罚金数额、刑事拘留到逮捕的间隔天数、性别、逮捕到一审判决的间隔天数、被告人犯罪时年龄、被告人受教育水平、抢夺财物价值等因素具有一定的关系，并对其进行多元线性回归，多元线性回归结果显示：犯案地区的回归系数为-3. 098，t 值为-2. 068，说明犯案地区对抢夺罪的刑期长短在 5%的统计性水平上具有显著的负面影响，再次说明了在其他条件不变的情况下，东部地区的抢夺罪发生概率比其他地区低 3. 098 个单位，这也与我们的经济预期相符。抢夺财物价值的回归系数为 0，并且在 1%的统计性水平上通过了显著性检验，说明抢夺财物价值对刑期判定长短没有影响。除此之外，其他变量在 1%、5%、10%的统计性水平均未通过显著性检验。这似乎与我们的理论预期出现了较大的出入，因此我们进一步探讨模型各变量间是否存多重共线性问题，以至于导致不显著的结果。多重共线性检验的结果表明被告人被判处罚金数额(千元)和抢夺财物价值(元)的方差膨胀因子(Variance Inflation Factor，VIF)值分别为 9.593、10.055，并且条件指标值最大的变量高达 41.325，说明所建立的模型存在较为明显的多重共线性问题。下面将分节展开详细的描述。

第一节　多元线性回归的计算模型

一元线性回归是一个主要影响因素作为自变量来解释因变量的变化，在现实问题研究中，因变量的变化往往受几个重要因素的影响，此时就需要用两个或两个以上的影响因素作为自变量来解释因变量的变化，这就是多元回归，亦称多重回归。当多个自变量与因变量之间是线性关系时，所进行的就是多元线性回归。多元回归分析方法，研究在线性关系相关性条件下，两个或者两个以上自变量对一个因变量，为多元线性回归分析，表现这一数量关系的数学公式，称为多元线性回归模型。多元线性回归模型是一元线性回归模型的扩展，其基本原理与一元线性回归模型类似，只是在计算上更复杂需借助计算机来完成。

一、多元回归分析的假设条件

(1)服从正态分布，即指随机误差 ε 必须是服从正态分布的随机变量。

(2)无偏性假设，即指期望值为 0。

(3)同方差性假设，即指所有的随机误差变量方差都相等。

(4)独立性假设，即指所有的随机误差变量都相互独立，可以用协方差解释。

二、多元回归方程的建立

设 y 为因变量，x_1，x_2，…，x_k 为自变量，并且自变量与因变量之间为线性关系，则多元线性回归模型为：

$$y=b_0+b_1x_1+b_2x_2+\cdots+b_kx_k+\varepsilon \tag{11-1}$$

其中 b_0，b_1，…，b_k 是 $k+1$ 个未知参数，b_0 称为回归常数，b_1，…，b_k 称为回归系数；y 称为被解释变量；x_1，x_2，…，x_k 是 k 个可以精确控制的一般变量，称为解释变量。其中，b_0 为常数项，b_1，…，b_k 为回归系数，b_1 为 x_2，x_3…，x_k 固定时，x_1 每增加一个单位对 y 的效应，即 x_1 对 y 的偏回归系数；同理 b_2 为 x_2，…，x_k 固定时，x_2 每增加一个单位对 y 的效应，即，x_2 对 y 的偏回归系数。

当 $k=1$ 时，上式即为一元线性回归模型，当 $k\geqslant 2$ 时，上式就叫作多元线性回归模型。ε 是随机误差，与一元线性回归一样，通常假设

$$\begin{cases}E(\varepsilon)=0\\ Var(\varepsilon)=\sigma^2\end{cases}$$

同样，多元线性总体回归方程为 $y=b_0+b_1x_1+b_2x_2+\cdots+b_kx_k$。

从集合意义上来说，多元回归是多维空间上的一个平面。

多元线性样本回归方程为：$\hat{y}=\hat{b}_0+\hat{b}_1x_1+\hat{b}_2x_2+\cdots+\hat{b}_kx_k$。多元线性回归方程中回归系数的估计同样可以采用最小二乘法。

残差平方和：$SSE = \sum(y-\hat{y}) = 0$。

根据微积分中求极小值的原理，可知残差平方和 SSE 存在极小值。欲使 SSE 达到最小，SSE 对 b_0，b_1，…，b_k 的偏导数必须为零。将 SSE 对 b_0，b_1，…，b_k 求偏导数，并令其等于零，加以整理后可得到 $k+1$，各方程式为：

$$\frac{\partial SSE}{\partial b_i}=-2\sum(y-\hat{y})=0$$

$$\frac{\partial SSE}{\partial b_0}=-2\sum(y-\hat{y})x_i=0 \tag{11-2}$$

通过求解这一方程组便可分别得到 b_0，b_1，…，b_k 的估计值 $\hat{b}_0$，$\hat{b}_1$，…，$\hat{b}_k$ 回归系数的估计值，当自变量个数较多时，计算十分复杂，必须依靠计算机独立完成。现在，利用 SPSS 软件，只要将数据输入，并指定因变量和相应的自变量，立刻就能得到结果。

三、多元回归方程的选择

最优回归方程的选择，一是回归方程中包含尽量多的信息；二是回归方程中包含尽量少的变量。建模方法：

(1)强迫进入法(enter)。在多元线性回归中，最难的是如何选择自变量的问题，如果自变量选得太少，则自变量对 Y 的决定系数太小，导致过大的偏差，而要把与 Y 有关的自变量都选入是不可能的，一般来讲，选的自变量愈多，SSR 愈大，然而多个自变量中有相当一部分对 Y 影响不显著，反而会因自由度的减少而增大误差。另外，多个自变量间的相关性会给回归方程的实际解释造成麻烦，即多重共线性的影响。因此我们提出最优方程的概念，要求进入回归方程的自变量都是显著的，未进入回归方程的自变量都是不显著的。

(2)强迫消除法(remove)。

(3)向后剔除法(backward)。用全部变量建立一个回归方程，对每个变量进行检验，剔除偏回归平方和(sum of squares of partial regression)最小的变量。对剩余变量再做回归，再检验……直至方程中没有可剔除的变量为止。

(4)向前引入法(forward)。将所有自变量分别与因变量建立一元线性回归方程，比较各自的回归平方和，将回归平方和最大的变量引入回归方程。再分别将剩余变量与因变量 y 及已引入的变量建立二元线性回归方程，再比较回归平方和，选择回归平方和最大的变量引入方程。直至方程检验不显著为止。

向后剔除法与向前引入法都有明显的不足之处。向后剔除法计算量大，且一旦某个自变量被剔除，就没有机会重新进入方程。向前引入法一旦引入某个变量，就不再改变。

(5)逐步选择法(stepwise)。将所有自变量分别与 y 建立一元线性回归方程，将偏回归平方和最大及通过显著性检验的变量引入方程。将剩余变量再分别与 y 及已引入方程的变量建立二元回归方程，并检验方程，剔除不显著变量。

第二节 多元线性回归模型的检验

多元线性回归模型与一元线性回归模型一样，在得到参数的最小二乘法的估计值之后，也需要进行必要的检验与评价，测定方程的拟合程度、检验回归方程和回归系数的显著性，以决定模型是否可以应用。

一、拟合优度的测定

(一)多重可决系数

与一元线性回归中可决系数 R^2 相对应，多元线性回归中也有多重可决系数 R^2，它是在因变量的总变化中，由回归方程解释的变动(回归平方和)所占的比重，R^2 越大，回归方程样本数据点拟合的程度越强，所有自变量与因变量的关系越密切。测定多元线性回归的拟合度，与一元线性回归中的判定系数类似，使用多重判定系数，其中定义为：

$$R^2=\frac{SSR}{SST}=1-\frac{SSE}{SST}=1-\frac{\sum(y-\hat{y})^2}{\sum(y-\bar{y})^2} \tag{11-3}$$

式中，SSR 为回归平方和，SSE 为残差平方和，SST 为总离差平方和。

计算公式可以转化为：

$$\begin{aligned}R^2&=\frac{\sum(\hat{y}-\bar{y})^2}{\sum(y-\bar{y})^2}\\&=1-\frac{\sum(y-\hat{y})^2}{\sum(y-\bar{y})^2}\end{aligned} \tag{11-4}$$

其中，

$$\begin{aligned}\sum(y-\hat{y})^2&=\sum\hat{y}^2-\left(b_0\sum y+b_1\sum x_1y+b_2\sum x_2y+\cdots+b_k\sum x_ky\right)\\\sum(y-\bar{y})^2&=\sum y^2-\frac{1}{n}\left(\sum y\right)^2\end{aligned} \tag{11-5}$$

同一元线性回归相类似，$0\leqslant R^2\leqslant 1$，$R^2$ 越接近 1，回归平面拟合程度越高，反之，R^2 越接近 0，拟合程度越低。R^2 的平方根称为负相关系数(R)，也称多重相关系数。它表示因变量 y 与所有自变量全体之间线性相关程度，实际反映的是样本数据与预测数据间的相关程度。可决系数 R^2 的大小受到自变量 x 的个数 k 的影响。在实际回归分析中可以看到，随着自变量 x 个数的增加，回归平方和(SSR)增大，使 R^2 增大。由于增加自变量个数引起的 R^2 增大与拟合程度无关，在自变量个数 k 不同的回归方程之间比较拟合程度时，R^2 不是一个合适的指标，必须加以修正或调整。

调整方法为：把残差平方和与总离差平方和之比的分子分母分别除以各自的自由度，变成均方差之比，以剔除自变量个数对拟合优度的影响。调整的 R^2 为：

$$\overline{R}^2 = 1 - \frac{SSE/(n-k-1)}{SST/(n-1)} = 1 - \frac{SSE}{SST} \cdot \frac{n-1}{n-k-1} = 1-(1-R^2) \cdot \frac{n-1}{n-k-1} \tag{11-6}$$

由上式可以看出，$\overline{R}^2$ 考虑的是平均的残差平方和，而不是残差平方和，因此，一般在线性回归分析中，$\overline{R}^2$ 越大越好。

(二)估计标准误差

估计标准误差，即因变量 y 的实际值与回归方程求出的估计值 $\hat{y}$ 之间的标准误差，估计标准误差越小，回归方程拟合程度越好。

$$S_y = \sqrt{\frac{\sum (y - \hat{y})^2}{n - k - 1}} \tag{11-7}$$

$$v_k = \frac{S_y}{y}$$

其中，k 为多元线性回归方程中自变量的个数。

二、回归方程的显著性检验

(一)方程整体性检验

回归方程的显著性检验，即检验整个回归方程的显著性，或者说评价所有自变量与因变量的线性关系是否密切。能常采用 F 检验，F 统计量的计算公式为：

$$F = \frac{\sum (\hat{y} - \overline{y})^2/k}{\sum (y - \hat{y})^2/n - k - 1} = \frac{R^2/k}{(1 - R^2)/n - k - 1} \tag{11-8}$$

F 统计量也可以反映出回归方程的拟合程度。根据给定的显著性水平 α、自由度(k，$n-k-1$)查 F 分布表，得到相应的临界值 F_α，若 $F>F_\alpha$，则回归方程具有显著意义，回归效果显著；若 $F<F_\alpha$，则回归方程无显著意义，回归效果不显著。回归方程的拟合优度越高，F 统计量就越显著；F 统计量越显著，回归方程的拟合优度也就越高。

(二)回归系数的显著性检验

在一元线性回归中，回归系数显著性检验(t 检验)与回归方程的显著性检验(F 检验)是等价的，但在多元线性回归中，这个等价不成立。t 检验是分别检验回归模型中各个回归系数是否具有显著性，以便使模型中只保留那些对因变量有显著影响的因素。检验时先计算统计量 t_i；然后根据给定的显著性水平 α、自由度 $n-k-1$ 查 t 分布表，得临界值 t_α 或 $t_{\alpha/2}$，$t>t_\alpha$ 或 $t_{\alpha/2}$，则回归系数 b_i 与 0 有显著差异，反之，则与 0 无显著差异。统计量 t 的计算公式为：

$$t_i = \frac{b_i}{S_y\sqrt{C_{ij}}} = \frac{b_i}{S_{bi}} \tag{11-9}$$

其中，C_{ij}是多元线性回归方程中求解回归系数矩阵的逆矩阵$(x'x)^{-1}$的主对角线上的第j个元素。对二元线性回归而言，可用下列公式计算：

$$C_{11}=\frac{S_{22}}{S_{11}S_{22}-S_{12}^2}$$

$$C_{22}=\frac{S_{11}}{S_{11}S_{22}-S_{12}^2}$$

其中，

$$S_{11}=\sum(x_1-\bar{x}_1)^2=\sum x_1^2-\frac{1}{n}\left(\sum x_1\right)^2$$

$$S_{22}=\sum(x_2-\bar{x}_2)^2=\sum x_2^2-\frac{1}{n}\left(\sum x_2\right)^2$$

$$S_{12}=S_{21}=\sum(x_1-\bar{x}_1)(x_2-\bar{x}_2)=\sum x_1x_2-\frac{1}{n}\left(\sum x_1\right)\left(\sum x_2\right)$$

第三节 多重共线性判别

一、多重共线性

多重共线性是指在多元线性回归方程中，自变量之间有较强的线性关系，这种关系若超过了因变量与自变量的线性关系，则回归模型的稳定性受到破坏，回归系数估计不准确。需要指出的是，在多元回归模型中，多重共线性是难以避免的，只要多重共线性不太严重就行了。多重共线性不仅包括自变量之间完全(精确)的线性关系，还包括自变量之间近似的线性关系。若某个回归系数的t检验通不过，可能是这个系数相对应的自变量对因变量的影响不显著所致，此时，应从回归模型中剔除这个自变量，重新建立更为简单的回归模型或更换自变量。也可能是自变量之间有共线性所致，此时应设法降低共线性的影响。回归中的多重共线性是一个当模型中一些预测变量与其他预测变量相关时发生的条件。严重的多重共线性可能会产生问题，因为它可以增大回归系数的方差，使它们变得不稳定。以下是不稳定系数导致的一些后果：

即使预测变量和响应之间存在显著关系，系数也可能看起来并不显著。高度相关的预测变量的系数在样本之间差异很大。从模型中剔除任何高度相关的项都将大幅影响其他高度相关项的估计系数。高度相关项的系数甚至会包含错误的符号。要度量多重共线性，可以检查预测变量的相关性结构。也可以查看 *VIF*。*VIF* 用于在预测变量相关时，度量估计回归系数的方差增加的幅度。如果所有 *VIF* 都为 1，则不存在多重共线性，但如果有些 *VIF* 大于 1，则预测变量为相关。当 *VIF* 大于 5 时，该项的回归系数的估计结果不理想。如果某个预测变量与其他预测变量的关联接近完美，则 Minitab 将显示一条消息，指出无法估计该项。无法估计的项的 *VIF* 值数通常超过十亿。多重共线性不会影响拟合优度和预测优度。系数(线性判别函数)无法可靠地进行解释，但拟合(分类)值不会受到影响。

判别多元线性回归方程是否存在严重的多重共线性，可分别计算每两个自变量之间的可决系数 r^2，若 $r^2>R^2$ 或接近于 R^2，则应设法降低多重共线性的影响。亦可计算自变量间的相关系数矩阵的特征值的条件数 $k=\lambda_1/\lambda_p$(λ_1 为最大特征值，λ_p 为最小特征值)，若 $k<100$，则不存在多重共线性；若 $100\leqslant k\leqslant 1\,000$，则自变量间存在较强的多重共线性，若 $k>1\,000$，则自变量间存在严重的多重共线性。降低多重共线性的办法主要是转换自变量的取值，如变绝对数为相对数或平均数，或者更换其他的自变量。

二、多重共线性产生的后果

完全共线性时，矩阵 $X'X$ 不可逆，参数估计式 $\hat{\beta}=(X'X)^{-1}X'Y$ 不存在，普通最小二乘法(OLS)无法应用。不完全共线性时，$(X'X)^{-1}$也存在，可以得到参数的估计值，但是对计量经济分析可能会产生一系列影响。

(一)参数估计量的无偏性依然成立

不完全共线性时：

$$\begin{aligned}E(\hat{\beta})&=E[(X'X)^{-1}X'Y]=E[(X'X)^{-1}X'(X\beta+U)]\\&=\beta+(X'X)^{-1}X'E(U)\\&=\beta\end{aligned}$$

(二)参数 OLS 估计值方差扩大

如二元回归模型

$$Y_i=b_1+b_2X_{2i}+b_3X_{3i}+u_i$$

中的 X_2 与 X_3 为不完全共线性时，X_2 与 X_3 之间的相关系数 r_{23}可由下式给出

$$r_{23}^2=\frac{\left(\sum x_2x_3\right)^2}{\sum x_2^2\sum x_3^2}$$

容易证明

$$var(\hat{b}_2)=\frac{\sigma^2}{\sum x_{2i}^2(1-r_{23}^2)}$$

$$var(\hat{b}_3)=\frac{\sigma^2}{\sum x_{3i}^2(1-r_{23}^2)}$$

随着共线性的程度增加，r_{23}的绝对值趋于 1，两个参数估计量的方差也增大。方差扩大的速度决定于方差膨胀因子 VIF。

$$VIF=\frac{1}{1-r_{23}^2} \tag{11-10}$$

当 r_{23}^2趋于 1 时，VIF 趋于无穷大；当 r_{23}^2等于 0 时，VIF 将是 1。

三、多重共线性的检验

(一)根据回归结果判别

判别是否存在多重共线性的最简单(方便)方法是分析回归结果：如果发现参数估计值的符号不对，某些重要的解释变量 t 值低，而 R^2 不低；当一个不太重要的解释变量被删除后，回归结果显著变化，则可能存在多重共线性。其中上述第二种现象是多重共线性存在的典型迹象。

(二)简单相关系数检验法

如果解释变量间的相关矩阵中，自变量之间的相关系数(简单相关系数)较大，则可以认为可能存在着较严重的多重共线性。但是要注意，简单相关系数较高只是多重共线性存在的充分条件，而不是必要条件。

(三)方差膨胀因子法

VIF 是方差膨胀因子的缩写，这是一种比较正规的检验方法。该方法通过检验指定的解释变量被回归方程中其他全部解释变量所解释的程度来检测多重共线性。方程中每个解释变量对应一个 *VIF*，该 *VIF* 是该解释变量相应的系数估计值的方差扩大了多少倍的一个估计值。高 *VIF* 表明多重共线性扩大了参数估计值的方差，从而产生了一个缩小了的 t 值。检验步骤如下：

设原方程为：

$$Y_i = b_1 + b_2X_{2i} + b_3X_{3i} + \cdots + b_kX_{ki} + u_i$$

我们可以计算 k 个 *VIF*，每个 X_j 对应一个。为指定的 X_j 计算 *VIF* 涉及以下三步：

(1) X_j 对原方程中其他全部解释变量进行 OLS 回归，即

$$X_j = a_1 + a_2X_2 + \cdots + a_{j-1}X_{j-1} + a_{j+1}X_{j+1} + \cdots + a_kX_k (j = 2, \cdots, k)$$

拟合优度为 R_j^2。

(2)计算 $\hat{b}_i$ 的 *VIF*。

可以证明，解释变量 X_j 参数估计量 $\hat{b}_i$ 的方差可表示为

$$var(\hat{b}_i) = \frac{\sigma^2}{\sum x_i^2} \cdot \frac{1}{1 - R_i^2} = \frac{\sigma^2}{\sum x_i^2} VIF_i$$

即

$$VIF_i = \frac{1}{1 - R_i^2}$$

(3)分析多重共线性的程度

VIF 越高，多重共线性越严重。没有 *VIF* 临界值表，一般认为 $VIF > 10$ 作为存在严重多重共线性的标准。

需要指出的是，所有 *VIF* 都低，并不能排除严重多重共线性的存在，这与使用相关系数的情况相似。

四、通过条件指数检验（△）

条件指数（Condition Index）是 $X'X$ 矩阵的最大和最小特征根之比的平方根，条件指数高，表明存在多重共线性。因没有条件指数的临界值表，通常认为，条件指数大于 10 即判断存在多重共线性，大于 30 表明存在严重多重共线性。

严重多重共线性的可能解决办法：如果要对多项式进行拟合，请将预测变量值减去预测变量的均值。删除一个或几个共线性变量，利用给定数据估计较少的参数，从而降低对观测信息的需求，以解决多重共线性问题。从模型中删除那些高度相关的预测变量。由于它们提供了冗余信息，因此删除它们通常不会显著减少 R^2。考虑使用逐步回归、最佳子集回归或数据集的专门知识来删除这些变量。删除哪些变量，可根据假设检验的结果确定。应当注意，这样做的结果可能使先前设定的理论模型面目全非，并使得到的参数估计量产生偏倚，因此需要权衡利弊。使用偏最小二乘或主成分分析。这些方法可以将预测变量的数量减少为更小的不相关分量集。

第四节　D-W 检验

杜宾-沃森检验，简称 D-W 检验，是目前检验自相关性最常用的方法，但它只使用于检验一阶自相关性。当回归模型是根据动态数据建立的时，误差项 e 也是一个时间序列，若误差序列诸项之间相互独立，则误差序列各项之间没有相关关系，若误差序列之间存在密切的相关关系，则建立的回归模型就不能表述自变量与因变量之间的真实变动关系。D-W 检验就是误差序列的自相关检验，一般来说越接近 2 越好，说明自变量的自相关性越不明显，模型设计得越好。具体检验值应该查表再比较。检验的方法与一元线性回归相同。

一、D-W 检验假设条件

D-W 检验是杜宾（J. Durbin）和沃森（G. S. Watson）于 1951 年提出，该方法的主要假定条件是：

（1）解释变量 X 是非随机变量；

（2）随机误差项 μ_t 为一阶自回归形式：$\mu_t=\rho\mu_t-1+\varepsilon_t$；

（3）回归模型中不含有滞后因变量作为解释变量：$Y=\beta_0+\beta_1X_1+\cdots\beta_kX_k+\gamma Y-1+\mu_t$；

（4）回归模型含有截距项。

二、D-W 检验统计量

杜宾和沃森针对原假设：H_0：$\rho=0$，即不存在一阶序列相关，构造如下 DW 统计量：

$$DW = \frac{\sum_{t=2}^{n}(e_t - e_{t-1})^2}{\sum_{t=1}^{n} e_t^2} \tag{11-11}$$

导出临界值的下限 d_l 和上限 d_u，上下限只与样本的容量 T 和解释变量的个数 k 有关，与解释变量 X 的取值无关。

计算该统计量的值，根据样本容量 n 和解释变量数目 k 查 D-W 分布表，得到临界值 d_l 和 d_u，然后按照下列准则考察计算得到的 DW 值，以判断模型的自相关状态。

三、*D-W* 检验判断准则

为什么可以通过 DW 值检验自相关的存在呢？从直观上看，如果模型存在正自相关，即对于相邻的样本点，e_i 都较大或较小，此时，$|e_i-e_{i-1}|$ 较小，DW 统计量的分子较小，DW 值较小；如果模型存在负自相关，即对于相邻的样本点，若 e_i 较大则 e_{i-1} 较小，若 e_i 较小则 e_{i-1} 较大，此时，$|e_i-e_{i-1}|$ 较大，DW 统计量的分子较大，DW 值也较大；如果模型不存在自相关，则 e_i 与 e_{i-1} 呈随机关系，此时，$|e_i-e_{i-1}|$ 较为适中，则 DW 统计量取一个适中值。从数学上也容易证明，展开 DW 统计量：

$$DW = \frac{\sum_{i=2}^{n} e_i^2 + \sum_{i=2}^{n} e_{i-1}^2 - 2\sum_{i=2}^{n} e_i e_{i-1}}{\sum_{i=1}^{n} e_i^2}$$

当 n 较大时，$\sum_{i=2}^{n} e_i^2$，$\sum_{i=2}^{n} e_{i-1}^2$，$\sum_{i=1}^{n} e_i^2$ 大致相等，则上式可以化简为：

$$DW \approx 2\left(1 - \frac{\sum_{i=2}^{n} e_i e_{i-1}}{\sum_{i=1}^{n} e_i^2}\right) = 2(1 - \hat{\rho})$$

如果存在完全一阶正相关，即

$$\hat{\rho} = \frac{\sum_{i=2}^{n} e_i e_{i-1}}{\sum_{i=1}^{n} e_i^2} \approx 1, \ DW \approx 0$$

如果存在完全一阶负相关，即

$$\hat{\rho} = \frac{\sum_{i=2}^{n} e_i e_{i-1}}{\sum_{i=1}^{n} e_i^2} \approx -1, \ DW \approx 4$$

如果完全不相关，即

$$\hat{\rho}=\frac{\sum_{i=2}^{n}e_ie_{i-1}}{\sum_{i=1}^{n}e_i^2}=0，DW=2$$

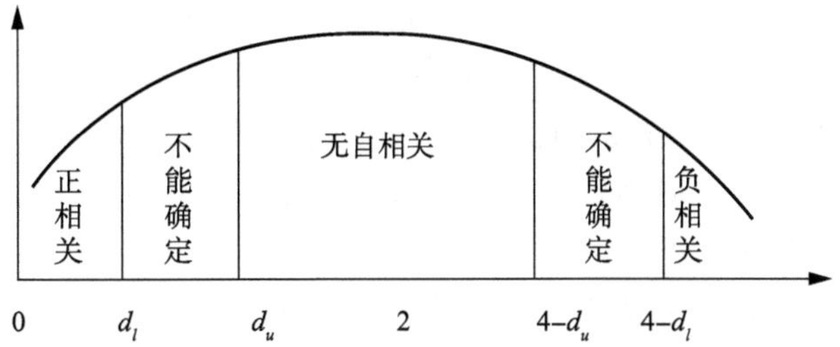

图 11.1 *D-W* 检验判断准则图示

因此，当 DW 值显著的接近于 0 或 4 时，则存在自相关性，而接近于 2 时，则不存在(一阶)自相关性。这样只要知道 DW 统计量的概率分布，在给定的显著性水平下，根据临界值的位置就可以对原假设 H_0 进行检验。

若 $0<DW<d_l$ 则存在正自相关

$d_l<DW<d_u$ 则不能确定

$d_u<DW<4-d_u$ 则无自相关

$4-d_u<DW<4-d_l$ 则不能确定

$4-d_l<DW<4$ 则存在负自相关

也就是说，当 DW 值为 2 左右时，模型不存在一阶自相关。

从判断准则中看到，存在一个不能确定的 DW 值区域，这是这种检验方法的一大缺陷。*D-W* 检验虽然只能检验一阶自相关，但在实际计量经济学问题中，一阶自相关是出现最多的一类序列相关，而且经验表明，如果不存在一阶自相关，一般也不存在高阶序列相关。所以在实际应用中，对于序列相关问题一般只进行 *D-W* 检验。

第五节 虚拟变量

一、什么是虚拟变量

前面几节介绍的解释变量都是可以直接度量的，称为定量变量。如收入、支出、价格、资金等。但在现实经济生活中，影响因变量变动的因素，除了这些可以直接获得实际观测数据的定量变量外，还包括一些无法定量的解释变量，如性别、民族、国籍、职业、文化程度、法律法规变动等因素，它们只表示某种特征的存在与不存在，所以称为属性变量或定性变量。

属性变量是指不能精确计量的说明某种属性或状态的定性变量。在计量经济模型中，应当包含属性变量对因变量的影响作用。那怎么才能把定性变量包括在模型中呢？属性变量通常是非数值型变量，直接纳入回归方程中进行回归，显然是很困难的。为此，人们采取了一种构造人工变量的方法，将这些定性变量进行量化，使其能与定量变量一样在回归模型中得以应用。

由于定性变量通常是表明某种特征或属性是否存在，如性别变量中以男性为分析基础的话，那就只有男性、非男性；政策变动变量中以政策不变为基准，则有政策不变和政策变动；至于有两种以上的状态的情况，比如学历分高中、本科、本科以上等，我们又怎么办呢？把疑问留到后面去解决。既然定性变量只有存在或不存在两种状态，所以量化的一般方法是取值为 0 或 1，称为虚拟变量。

虚拟变量是指人工构造的取值为 0 或 1 的作为属性变量代表的变量。一般常用 D 表示。$D=0$，表示某种属性或状态不存在；$D=1$，表示某种属性或状态存在。

比如前面说的性别变量，以男性为基准，当样本为男性时，虚拟变量取 0，当样本为女性时，虚拟变量取 1。当虚拟变量作为解释变量引入计量经济模型时，对其回归系数的估计和统计检验方法都与定量解释变量相同。

二、虚拟变量的作用

(1)作为属性因素的代表，如性别、种族等；

(2)作为某些非精确计量的数量因素的代表，如受教育水平、年龄段等；

(3)作为某些偶然因素或政策因素的代表，如战争、“9・11”事件等；

(4)时间序列分析中作为季节(月份)的代表(比如对某些明显有淡季、旺季之分的产品)；

(5)比较两个回归模型；

(6)虚拟因变量概率模型，因变量本身是定性变量(比如研究某产品的购买率，因变量本身就是买或不买)。

三、虚拟变量的设置规则

虚拟变量 D 取值为 0，还是取值为 1，要根据研究的目的决定。D 取值为 0 的类型，是基础类型，是比较的基准。比如前面说的性别变量，如果研究是以男性为研究基准，则样本为男性，D 取值为 0，

避免落入“虚拟变量陷阱”。当一个定性变量含有 m 个相互排斥的类型时，应向模型引入 $m-1$ 个虚拟变量。比如“性别”含男性和女性两个类别，所以当性别作为解释变量时，应向模型引入一个虚拟变量。取值方式是：$D=1$(男性)、$D=0$(女性)或 $D=0$(男性)、$D=1$(女性)。而当“学历”含有四个类别时，即大学、中学、小学、无学历。当“学历”作为解释变量时，应向模型引入三个虚拟变量。一种取值方式是：

$D_1=1$(大学)　　$D_2=1$(中学)　　$D_3=1$(小学)

$D_1=0$(非大学)　　$D_2=0$(非中学)　　$D_3=0$(非小学)

所谓的“虚拟变量陷阱”就是当一个定性变量含有 m 个类别时，模型引入 m 个虚拟变量，造成了虚拟变量之间产生完全多重共线性，无法估计回归参数。在 $m-1$ 个虚拟变量中，虚拟变量可以同时取值为 0，但不能全部取值为 1。当定性变量含有 m 个类别时，不能把虚拟变量的值设为 $D=0$（第一类）、$D=1$（第二类）、$D=2$（第三类）等。

回归模型中可以只有虚拟变量做解释变量，也可以用定量变量和虚拟变量一起做解释变量。另外，虚拟变量还可以做被解释变量。虚拟变量的引入，可以影响模型的截距，也可以影响斜率，还可以同时影响截距和斜率。因此，加入虚拟解释变量的途径有两种基本类型：一是加法类型，二是乘法类型。不同的引入途径对计量经济模型有不同的影响。

四、虚拟变量回归模型中系数的解释

乘法类型引入虚拟解释变量，是在所设定的计量经济模型中，将虚拟变量与其他解释变量相乘作为新的解释变量出现在模型中，以达到其调整设定模型斜率系数的目的。例如：

$$Y=\beta_0+\beta_1X_1+\beta_2X_2+u$$

乘法类型引入虚拟解释变量的主要作用在于：

（1）关于两个回归模型的比较；

（2）因素间的交互影响分析；

（3）提高模型对现实经济现象的描述精度。

回归模型的解释。比如我们比较我国改革开放前后的储蓄-收入关系的变化时，就存在着经济结构变化而导致设定模型斜率发生变化的问题。这类问题可归结为两个回归模型的比较。

例如：$Y=\beta_0+\beta_1D+\beta_1X+\beta_2(DX)+u$

其中 $D=1$（改革开放前），$D=0$（改革开放后），Y 为储蓄总额，X 为收入总额。

基础类型：改革开放后 $E(Y|D=0)=\beta_0+\beta_1X$

比较类型：改革开放前 $E(Y|D=0)=(\beta_0+\beta_1)+(\beta_1+\beta_2)X$

对上式的估计等同于对两个储蓄函数进行估计。

在式中，β_1 被称为截距差异系数，β_2 为斜率差异系数，分别代表改革开放前后储蓄函数截距与斜率所存在的差异。因此，当以乘法类型引入虚拟解释变量时，其作用在于区别改革开放前后储蓄关于收入的相对变化情况，即区别两个时期模型斜率系数的变化情况。显著性检验的意义，也在于说明引入的虚拟变量对斜率影响的显著性，也就是检验这两个回归的结构是否有差异。

如果是单一虚拟变量，如性别（1=男，0=女），以此对 y 回归，这一虚拟变量的系数含义为“在其他条件不变的情况下，男性相对于女性的 y 平均值高出/低出多少”，高出或低出取决于系数正负号。如果是多类别变量生成的虚拟变量，比如行业（教师=1，公务员=2，公司职员=3，其他=4），以教师为参照生成 3 个虚拟变量，职业 2 变量的系数表示，在其他条件不变的情况下，公务员相对于教师的 y 平均值高出/低出多少。其他两个系数也是相对于教师做参照而言的。

第六节 用 SPSS 软件进行多元线性回归分析

本章所使用的案例数据文件名为 cos. sav。使用刑期(月)作为因变量，研究导致抢夺罪刑期长短的影响因素，自变量包括犯案地区(东部地区及我国其他地区)、性别(男、女)、受教育水平(文盲、小学、初中、高中、中专、大学专科、大学)、刑事拘留到逮捕的间隔天数(日)、抢夺财物价值(元)、被告人犯罪时年龄、逮捕到一审判决的间隔天数(日)、被告人被判处罚金数额(千元)。其中地区、性别、受教育水平三者为定性变量，不能直接对原始数据进行回归分析，因此需要事先对这三个变量的原始数据进行预处理。为方便我们的后续分析，均利用 SPSS 软件将三个变量重新编码为 0、1 变量的 SPSS 软件数据版本。其中地区分为东部地区和其他地区，性别分为男和女，受教育水平分为高中学历以下和以上。

一、将定性变量重新编码为不同变量

首先将定性变量重新编码为不同变量。第一步，打开“用户明细”数据文件，单击“转换”—“重新编码为不同变量”，弹出“重新编码为不同变量”对话框。见图 11.2。

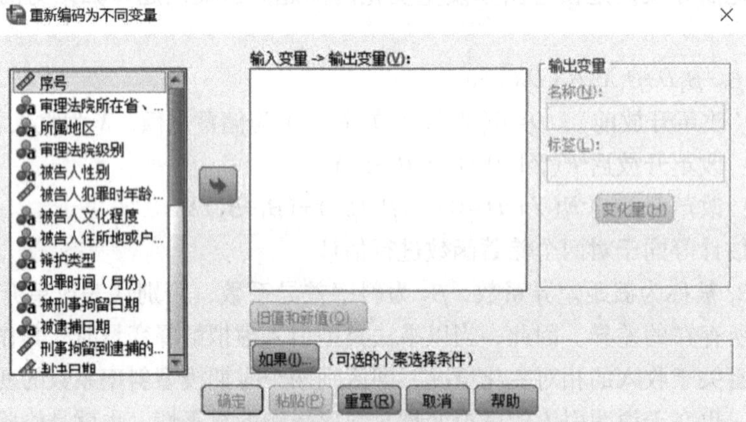

图 11.2 “重新编码为不同变量”对话框

第二步，将“所属地区”变量移入“输入变量->输出变量”框中，在右边的“输出变量”的“名称”栏中输入“犯案地区”。见图 11.3。

第三步，点击“旧值和新值”，弹出“重新编码为不同变量：旧值和新值”对话框，见图 11.4。在左边选择“值”项，分别依次输入四个地区的名称，同时需要在右边“新值”框的“值”栏中输入对应的新值，并且单击“添加”按钮，将旧值和新值的对应关系加入“旧->新”框中，对应关系输入完毕后，单击“继续”按钮，返回“重新编码为不同变量”对话框。

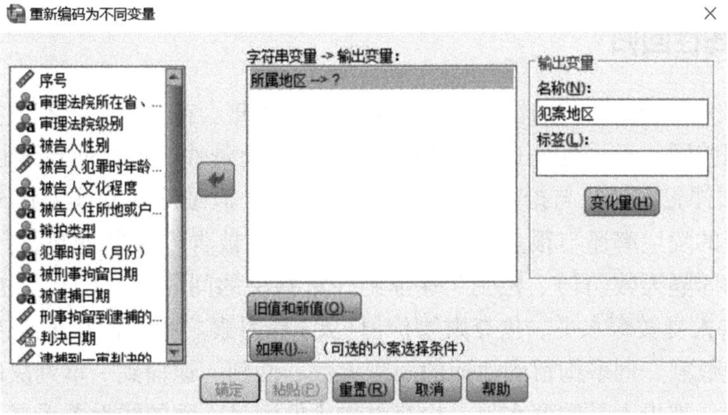

图 11.3　在“重新编码为不同变量”对话框输入变量

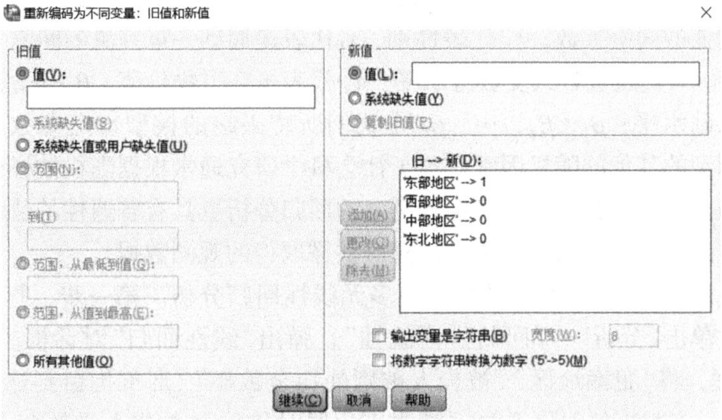

图 11.4　“旧值和新值”对话框

第四步，点击“变化量”—“确定”新变量生成，见图 11.5。重新编码后的新变量在数据视图中的最后一列显示。同理，性别与受教育水平重新编码为 0，1 变量的方法相同，在此不展开赘述。将新的数据版本保存为“newcos. sav”。

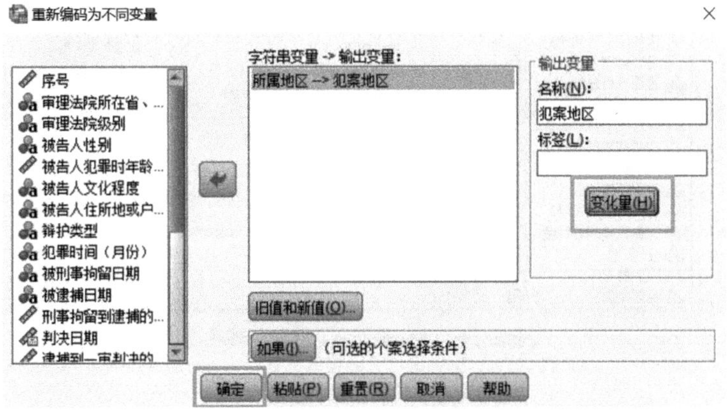

图 11.5　“重新编码为不同变量”最终对话框

二、多元线性回归

下面将简单一元线性回归的情形推广到多元线性回归。在具体介绍有关操作之前需要说明，多元线性回归同一元线性回归同样适应于所有假设条件。前面简单线性回归中讨论了“cos. sav”数据文件犯案地区与抢夺罪刑期长短的关系，但是除了犯案地区外，现实生活中我们假设抢夺罪的发生率还与很多其他因素相关，例如被告人被判处罚金数额(千元)、刑事拘留到逮捕的间隔天数(日)、性别、逮捕到一审判决的间隔天数(日)、被告人犯罪时年龄(周岁)、被告人受教育水平、抢夺财物价值(元)等因素。我们假设刑期与犯案地区、被告人被判处罚金数额、刑事拘留到逮捕的间隔天数、性别、逮捕到一审判决的间隔天数、被告人犯罪时年龄、被告人受教育水平、抢夺财物价值满足下面的线性关系式。

$$y=\beta_0+\beta_1x_1+\beta_2x_2+\beta_3x_3+\beta_4x_4+\beta_5x_5+\beta_6x_6+\beta_7x_7+\beta_8x_8+\varepsilon \quad (11-12)$$

其中 y 代表因变量刑期(月)，x_1 代表犯案地区、x_2 代表被告人被判处罚金数额，x_3 代表刑事拘留到逮捕的间隔天数，x_4 代表性别，x_5代表逮捕到一审判决的间隔天数，x_6 代表被告人犯罪时年龄，x_7代表被告人受教育水平，x_8 代表抢夺财物价值。β_0 是直线在 y 轴上的截距，代表 y 的基础水平；β_1，β_2，…，β_8 是我们所感兴趣的模型待定参数。ε 是随机误差项，表示未观测到的其他的随机因素。鉴于社会科学研究通常根据随机抽样样本的观测数据来推断总体回归函数的参数，为了使本案例中的回归分析更具有普遍性的法学定量分析示范意义，我们假定所用数据是从总体中通过随机抽样取得的观测数据。

下面来示范应用 SPSS 软件来进行上述多元线性回归分析。第一步，打开“newcos. sav”数据文件，依次单击“分析”—“回归”—“线性”，弹出“线性回归”对话框。将“刑期(月)”放入“因变量”框，将“犯案地区”“被告人被判处罚金数额”“刑事拘留到逮捕的间隔天数”“性别”“逮捕到一审判决的间隔天数”“被告人犯罪时年龄”“被告人受教育水平”“抢夺财物价值”依次放进自变量框。见图 11. 6。

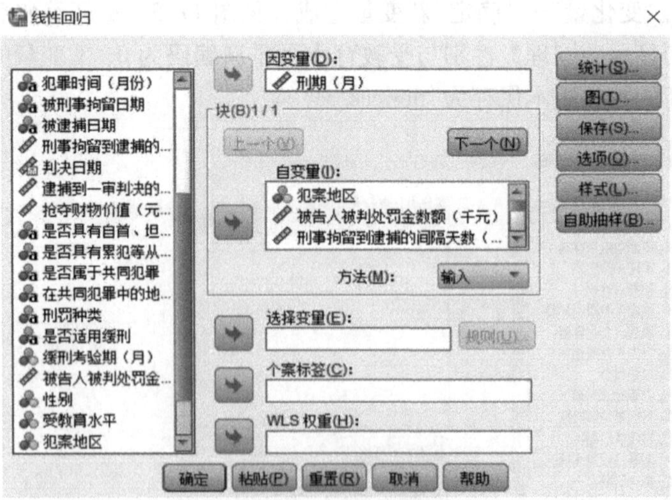

图 11. 6 “线性回归”对话框

第二步，和一元线性回归一样，若想获得多元线性回归的拟合优度值、共线性诊断、*DW* 检验值等，只需点击“统计”，然后勾选“*R* 方变化量”“共线性诊断”“德宾-沃森”，SPSS 软件默认只勾选回归系数中的“估算值”和“模型拟合”，最后点击“继续”即可。见图 11.7。

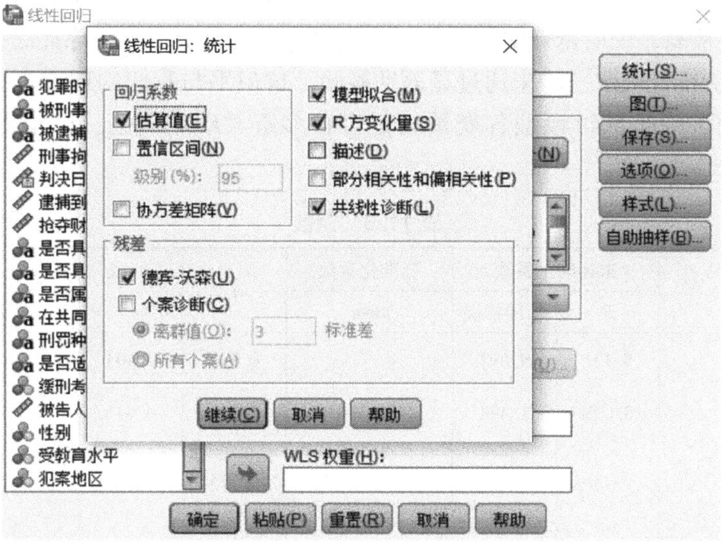

图 11.7 “线性回归：统计”对话框

第三步，分析多元线性回归的结果，回归结果如表 11.1 所示。由结果知，首先，模型拟合优度 R^2 为 0.591，表示 x 值可以解释 y 值 59.1%的变化。

表 11.1 模型摘要[b]

模型	R	R^2	调整后 R^2	标准估算的错误	更改统计					*DW* 值
					R^2 变化量	F 变化量	自由度 1	自由度 2	显著性水平 F 变化量	
1	0.768[a]	0.591	0.557	7.564	0.591	17.669	8	98	0.000	1.504

a. 预测变量：(常量)、抢夺财物价值(元)、刑事拘留到逮捕的间隔天数(日)、性别、犯案地区、被告人犯罪时年龄(周岁)、受教育水平、逮捕到一审判决的间隔天数(日)、被告人被判处罚金数额(千元)。

b. 因变量：刑期(月)。

其次，回归方程的 F 检验值为 17.669，显著性为 0.000，在 1%的统计性水平上通过了显著性检验，说明方程整体的显著性较高。另外，回归方程的回归平方和、残差平方和及总离差平方和如表 11.2 所示。

表 11.2 方差分析[a]

模型		平方和	自由度	均方	F	显著性水平
1	回归	8 086.961	8	1 010.870	17.669	0.000[b]
	残差	5 606.646	98	57.211		
	总计	13 693.607	106			

a. 因变量：刑期(月)。

b. 预测变量：(常量)、抢夺财物价值(元)、刑事拘留到逮捕的间隔天数(日)、性别、犯案地区、被告人犯罪时年龄(周岁)、受教育水平、逮捕到一审判决的间隔天数(日)、被告人被判处罚金数额(千元)。

最后，回归系数表的估计结果见表 11.3，犯案地区的回归系数为-3.098，t 值为-2.068，说明犯案地区对抢夺罪的刑期长短在5%的统计性水平上具有显著的负面影响，再次说明了在其他条件不变的情况下，东部地区的抢夺罪发生概率比其他地区低 3.098 个单位，这也与我们的经济预期相符。抢夺财物价值的回归系数为 0，并且在 1%的统计性水平上通过了显著性检验，说明抢夺财物价值对刑期判定长短没有影响。除此之外，其他变量在1%，5%，10%的统计性水平均未通过显著性检验。这似乎与我们的理论预期出现了较大的出入，因此我们进一步探讨模型各变量间是否存多重共线性问题，以至于导致不显著的结果。

表 11.3 系数[a]

模型		未标准化系数		标准化系数	t	显著性水平	共线性统计	
		B	标准错误	Beta			容差	VIF
1	（常量）	8.131	9.692		0.839	0.404		
	犯案地区	-3.098	1.498	-0.136	-2.068	0.041	0.960	1.042
	被告人被判处罚金数额（千元）	0.180	0.232	0.155	0.774	0.441	0.104	9.593
	刑事拘留到逮捕的间隔天数（日）	0.002	0.024	0.006	0.087	0.931	0.779	1.283
	性别	-0.340	7.906	-0.003	-0.043	0.966	0.924	1.082
	逮捕到一审判决的间隔天数（日）	0.009	0.015	0.044	0.574	0.567	0.706	1.416
	被告人犯罪时年龄（周岁）	0.012	0.100	0.009	0.124	0.902	0.839	1.192
	受教育水平	2.731	2.938	0.067	0.930	0.355	0.804	1.244
	抢夺财物价值（元）	0.000	0.000	0.590	2.876	0.005	0.099	10.055

a. 因变量：刑期（月）。

多重共线性的典型表现是线性回归模型中的解释变量之间由于存在精确相关关系或高度相关关系而使模型估计失真或难以准确估计。最常用的多重相关性的正规诊断方法是使用 VIF。多重共线性的诊断结果如下表 11.4 所示，结合上下表可知，被告人被判处罚金数额（千元）和抢夺财物价值（元）的 VIF 值分别为 9.593、10.055，并且条件指标值最大的变量高达 41.325，说明所建立的模型存在较为明显的多重共线性问题。

表 11.4 共线性诊断[a]

模型	维	特征值	条件指标	方差比例								
				（常量）	犯案地区	被告人被判处罚金数额（千元）	刑事拘留到逮捕的间隔天数（日）	性别	逮捕到一审判决的间隔天数（日）	被告人犯罪时年龄（周岁）	受教育水平	抢夺财物价值（元）
1	1	6. 123	1. 000	0. 00	0. 01	0. 00	0. 01	0. 0	0. 00	0. 00	0. 00	0. 00
	2	1. 523	2. 005	0. 00	0. 01	0. 02	0. 00	0. 0	0. 00	0. 00	0. 00	0. 03
	3	613	3. 161	0. 00	0. 08	0. 00	0. 60	0. 0	0. 01	0. 00	0. 00	0. 00
	4	0. 464	3. 632	0. 00	0. 87	0. 00	0. 04	0. 0	0. 01	0. 00	0. 01	0. 00
	5	0. 139	6. 643	0. 00	0. 00	0. 05	0. 05	0. 0	0. 51	0. 07	0. 02	0. 03
	6	0. 060	10. 136	0. 00	0. 01	0. 09	0. 04	0. 0	0. 00	0. 36	0. 56	0. 06
	7	0. 040	12. 377	0. 01	0. 01	0. 56	0. 05	0. 02	0. 06	0. 09	0. 39	0. 55
	8	0. 036	13. 094	0. 02	0. 00	0. 28	0. 18	0. 07	0. 38	0. 28	0. 01	0. 33
	9	0. 004	41. 325	0. 97	0. 01	0. 00	0. 03	0. 90	0. 02	0. 20	0. 01	0. 00

a. 因变量：刑期（月）。

第十二章 Logistic 回归模型

第一节 Logistic 回归分析概述

开篇案例

2014 年 1 月 1 日，《最高人民法院关于人民法院在互联网公布裁判文书的规定》正式实施。裁判文书公开是司法公开的重要一环，有利于增强司法透明度，强化监督，防止司法权滥用。通过互联网及时、全面公布法院尤其是最高法院的生效裁判文书，在国际司法领域已是大势所趋，其优势在于发布速度快，覆盖面广，便于查阅，既高效回应社会关切，也有利于充分发挥司法裁判的法律效果和社会效果。

为研究影响被告人是否有累犯等从重处罚情节的影响因素有哪些，本章案例引用中国裁判文书网数据库中判决日期为“2020-04-01 至 2020-04-30”，关键词与“抢夺罪”“刑事一审”“判决书”有关的裁判文书，总计获得 123 个研究样本。研究变量包括是否有累犯等从重处罚情节、犯案地区、被告人受教育水平、刑期(月)、抢夺财物价值(元)等因素。其中是否有累犯等从重处罚情节为二分因变量，犯案地区、受教育水平为定性变量，不能直接对原始数据进行回归分析，因此需要事先对这三个变量的原始数据进行预处理。为方便我们的后续分析，均利用 SPSS 软件将三个变量重新编码为 0，1 变量的 SPSS 软件数据版本。其中是否有累犯等从重处罚情节分为具有和不具有，地区分为东部地区和其他地区，受教育水平分为高中学历以下和以上。

因为本章所选取的因变量为二分变量，因此采用 Logistic 回归模型进行分析，利用 SPSS 软件进行 Logistic 回归的输出结果显示：从显著性水平一栏来看，抢夺财物价值与刑期的显著性水平低于 0.05，因此肯定了抢夺财物价值与刑期这两个自变量的影响作用可以推断到总体。从回归系数(B)一栏来看，抢夺财物价值与刑期的系数为正值，说明抢夺财物价值越大，刑期越长，被告人具有累犯等从重处罚情节的概率越大。受教育水平与犯案地区的系数均为负值，说明受教育水平越高，地处经济水平较为发达的东部地区，被告人具有累犯等从重处罚情节的可能性越小。

在具体解释自变量作用时，使用优势比来解释被告人具有累犯等从重处罚情节发生的可能性要更为方便，其代表了测量一个自变量单位的增加给原来的发生可能性所带来的变化。SPSS 软件报告在 $Exp(B)$ 一栏中提供了优势比。例如，在控制其他变量不变的情况下，抢夺财物价值每增加 1 元，其被告人具有累犯等从重处罚情节发生的可能性将是原来的 1 倍。刑期每延长 1 个月，其被告人具有累犯等从重处罚情节发生的可能性将是原来的 1.183 倍。这也与我们现实的实际经济生活相符。下面将分节展开详细的描述。

一、模型简介

在很多场合下都能碰到因变量为二分类的资料，如考察公司中总裁级的领导层中是否有女性职员、某一天是否下雨、调查对象是否有犯罪嫌疑等。对于分类资料的分析，相信大家并不陌生，当要考察的影响因素较少，且也为分类变量时，分析者常用列联表的形式对这种资料进行整理，并使用χ^2 检验来进行分析；存在分类的混杂因素时，还可应用 Mantel-Haenszelχ^2 检验进行统计学检验，这种方法可以很好地控制混杂因素的影响。但是这种经典分析方法也存在局限性，首先，它虽然可以控制若干个因素的作用，但无法描述其作用大小及方向，更不能考察各因素间是否存在交互作用；其次，该方法对样本含量的要求较大，当控制的分层因素较多时，单元格被划分的越来越细，列联表的格子中频数可能很小甚至为 0，将导致检验结果不可靠。最后，χ^2 检验无法对连续性自变量的影响进行分析，而这将大大限制其应用范围，无疑是其致命的缺陷。

那么，能否建立类似于线性回归的模型，对这种数据加以分析？以最简单的二分类因变量为例来加以探讨，为了讨论方便，常定义出现阳性结果时因变量取值为 1，反之则取值为 0。例如当领导层有女性职员、下雨、痊愈时因变量 $y=1$，而没有女性职员、未下雨、未痊愈时因变量 $y=0$。记出现阳性结果的频率为因变量 $P(y=1)$。

首先，回顾一下标准的线性回归模型：

$$\hat{Y}=\alpha+\beta_1x_1+\cdots+\beta_mx_m$$

如果对分类变量直接拟合，则实质上拟合的是发生概率，参照前面线性回归方程，很自然地会想到是否可以建立下面形式的回归模型：

$$\hat{P}=\alpha+\beta_1x_1+\cdots+\beta_mx_m$$

显然，该模型可以描述当各自变量变化时，因变量的发生概率会怎样变化，可以满足分析的基本要求。实际上，统计学家们最早也在朝这一方向努力，并考虑到最小二乘法拟合时遇到的各种问题，对计算方法进行了改进，最终提出了加权最小二乘法来对该模型进行拟合，至今这种分析思路还偶有应用。

二、多元线性回归不能应用于定性因变量的原因

既然可以使用加权最小二乘法对模型加以估计，为什么现在又放弃了这种做法呢？原因在于有以下问题是这种分析思路所无法解决的：

(1)取值区间：上述模型右侧的取值范围，或者说应用上述模型进行预报的范围为整个实数集$(-\infty,+\infty)$，而模型的左边的取值范围为 $0\leqslant P\leqslant1$，二者并不相符。模型本身不能保证在自变量的各种组合下，因变量的估计值仍限制在 0~1，因此可能分析者会得到这种荒唐的结论：男性、30 岁、病情较轻的患者被治愈的概率是 300%。研究者当然可以将此结果等价于 100%可以治愈，但是从数理统计的角度讲，这种模型显然是极不严谨的。

(2)曲线关联：根据大量的观察，因变量 P 与自变量的关系通常不是直线关系，而是 S 形曲线关系。这里以收入水平和购车概率的关系来加以说明，当收入非常低时，收入的增加对购车概率影响很小；但是在收入达到某一阈值时，购车概率会随着收入的增加而迅速增加；在购车概率达到一定水平，绝大部分在该收入水平的人都会购车时，收入增加的影响又会逐渐减弱。如果用图形来表示，则如图 12.1 所示。显然，线性关联是线性回归中至关重要的一个前提假设，而在上述模型中这一假设是明显无法满足的。

(3)多元线性回归中使用定性因变量严重违反本身假设条件，即因变量只能取两个值时，对于任何给定的自变量值，误差项 e 本身也只能取两个值。这必然会违背线性回归中关于误差项 e 的假设条件。

(4)线性概率概型及其问题：由于因变量只有两个值，可以把它看作成功概率 P，取值范围必然限制在 0~1，然而线性回归方程不能做到。另外概率发生的情况也不是线性的。

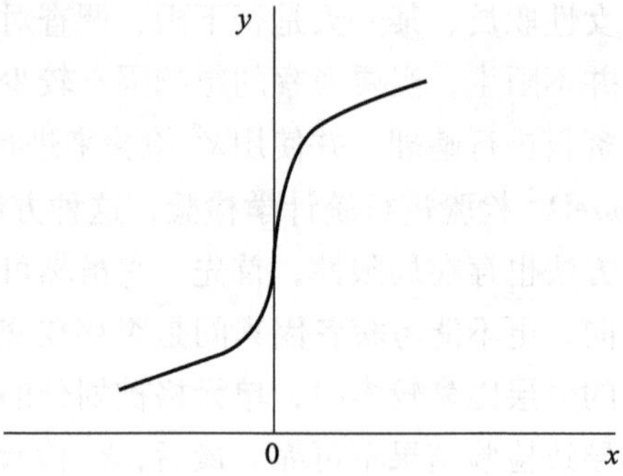

图 12.1　S 形曲线图

以上问题促使统计学家们不得不寻求新的解决思路，如同在曲线回归中，往往采用变量变换，使得曲线直线化，然后再进行直线回归方程的拟合。那么，能否考虑对所预测的因变量加以变换，以使得以上矛盾得以解决？基于这一思想，又有一大批统计学家在寻找合适的变换函数。终于，在 1970 年，Cox 引入了以前用于人口学领域的 Logit 变换(Logit Transformation)，成功地解决了上述问题。

三、一些基本概念

(一)Logit 变换

由于使用了 Logit 变换，Logistic 模型中的参数含义略显复杂，但有很好的实用价值，为此，现对一些基本概念加以解释。

那么，什么是 Logit 变换呢？通常把出现某种结果的概率与不出现的概率之比称为比值(*odds*，国内也译为优势、比数)，即 $odds=\frac{P}{1-P}$，取其对数 $\log(odds)=\ln\left[\frac{p}{(1-p)}\right]=\text{logit}(p)$。这就是 logit 变换。

(二)优势比

如前所述，人们常把出现某种结果的概率与不出现的概率之比称为比值，即 $odds=\frac{P}{1-P}$。两个比值之比称为优势比(Odds Ratio，*OR*)。首先考察 *OR* 的特性：

若 $P_1>P_2$，则 $odds_1=\frac{P_1}{1-P_1}>\frac{P_2}{1-P_2}=odds_2$

若 $P_1<P_2$，则 $odds_1=\frac{P_1}{1-P_1}<\frac{P_2}{1-P_2}=odds_2$

若 $P_1=P_2$，则 $odds_1=\frac{P_1}{1-P_1}=\frac{P_2}{1-P_2}=odds_2$

显然，OR 是否大于 1 可以用作两种情形下发生概率大小的比较。

第二节　Logistic 回归模型

一、Logistic 回归方程

Logistic 的概率函数定义为：

$$P=\frac{1}{1+\exp[-(a+bx)]} \tag{12-1}$$

我们将多元线性组合表示为：

$$b_0 + b_1x_1 + \cdots + b_kx_k = \sum b_ix_i = Z \tag{12-2}$$

于是，Logistic 概率函数表示为：

$$P = \frac{1}{1 + \exp\left[-\sum b_ix_i\right]} = \frac{1}{1 + \exp(-Z)} \tag{12-3}$$

其函数曲线见图 12.2：

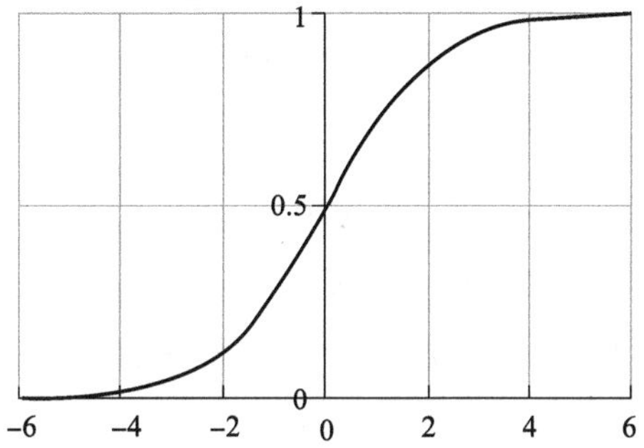

图 12.2　Logistic 曲线图

经过变形，可得到线性函数：

$$\ln\left[\frac{P}{(1-P)}\right] = Z = \sum b_ix_i \tag{12-4}$$

这里，事件发生概率$=P$　$(y=1)$

事件不发生概率$=1-P$　$(y=0)$

发生比：
$$(odds)=\frac{P}{1-P}=\Omega \tag{12-5}$$

对数发生比：
$$\log(odds)=\ln\left[\frac{P}{(1-P)}\right]=\text{logit}(P) \tag{12-6}$$

这样，就可将 Logistic 曲线线性化为：

$$\mathrm{logit}(P) = \sum b_i x_i \tag{12-7}$$

从 P 到 logit（P）经历了两个步骤变换过程：

第一步，将 P 转换成发生比，其值域为 0 到无穷；

首先是因变量取值区间的变化，概率是以 0.5 为对称点，分布在 0~1 的范围内，而相应的 logit(P)的大小为：

$$P=0 \qquad \mathrm{logit}(P)=\ln(0/1)=-\infty$$
$$P=0.5 \qquad \mathrm{logit}(P)=\ln(0.5/0.5)=0$$
$$P=1 \qquad \mathrm{logit}(P)=\ln(1/0)=+\infty$$

第二步，将发生比换成对数发生比，其值域为($-\infty$，$+\infty$)。

经过转换，将 $P\rightarrow$logit（P），在将其作为回归因变量来解释就不再有任何值域方面的限制了，即可线性化。

显然，通过变换，Logit(P)的取值范围就被扩展为以 0 为对称点的整个实数域，这使得在任何自变量取值下，对 P 值的预测均有实际意义。其次，大量实践证明，logit(P)往往和自变量呈线性关系，换言之，概率和自变量间关系的 S 形曲线往往就符合 logit 函数关系，从而可以通过该变换将曲线直线化。因此，只需要以 logit(P)为因变量，建立包含 P 个自变量的 Logistic 回归模型如下：

$$\mathrm{logit}(P)=\beta_0+\beta_1 x_1+\cdots+\beta_p x_p \tag{12-8}$$

以上即为 Logistic 回归模型。由上式可推得：

$$P=\frac{\exp(\beta_0+\beta_1 x_1+\cdots+\beta_p x_p)}{1+\exp(\beta_0+\beta_1 x_1+\cdots+\beta_p x_p)} \tag{12-9}$$

$$1-P=\frac{1}{1+\exp(\beta_0+\beta_1 x_1+\cdots+\beta_p x_p)} \tag{12-10}$$

上面三个方程式相互等价。通过大量的分析实践，发现 Logistic 回归模型可以很好地满足对分类数据的建模需求，因此目前它已经成为分类因变量的标准建模方法。

通过上面的讨论，可以很容易地理解二分类 Logistic 回归模型对资料的要求是：

(1)因变量为二分类的分类变量或某事件的发生率。

(2)自变量与 logit(π)之间为线性关系。

(3)残差合计为 0，且服从二项分布。

(4)各观测值间相互独立。

由于因变量为二分类，所以 Logistic 回归模型的误差应当服从二项分布，而不是正态分布。因此，该模型实际上不应当使用以前的最小二乘法进行参数估计，均应使用最大似然法来解决方程的估计和检验问题。

二、Logistic 回归系数的意义

Logistic 回归模型重要参数有：优势比(Odds Ratio，OR)、自变量回归系数 β_i，也是很多研究者关注的。

(1)回归系数 β_i，表示在控制其他自变量不变的情况下，自变量 x_i 每增加一个单位引起的 ln(*odds*)改变量。

(2)*OR*，某事件出现与不出现概率的比值，与分子相比，分母是分子的倍数。

(一)Logistic 回归系数的意义

从数学上讲，β 和多元回归中系数的解释并无不同，代表 x 改变一个单位时 logit(P)的平均改变量，但由于 *odds* 的自然对数即为 logit 变换，因此 Logistic 回归模型中的系数和 *OR* 有着直接的变换关系，使得 Logistic 回归系数有更加贴近实际的解释，从而也使得该模型得到了广泛的应用。下面用一个实例加以说明。见表 12.1。

表 12.1　资料

治疗方法(*treat*)	治疗结果(*outcome*)		合计	治愈率
	治愈(1)	未治愈(0)		
新疗法(1)	60(*a*)	21(*c*)	81	74.07%
传统疗法(0)	42(*b*)	27(*d*)	69	60.87%
合计	102	48	130	68.00%

该资料如果拟合 Logistic 回归模型，则结果如下(操作步骤详见后述)：

$$\text{Logit}(P \mid outcome=1)=\beta_0+\beta_1 \cdot treat=-0.442+0.608 \cdot treat$$

常数项表示自变量取全为 0(称基线状态)时，比数(Y=1 与 Y=0 的概率之比)的自然对数值，本例中为：$\beta_0=-0.442=\ln[(42/69)/(27/69)]=\ln(42/27)=\ln(b/d)$，即传统疗法组的治愈率与未治愈率之比的自然对数值。在不同的研究设计中，常数项的具体含义可能不同，如基线状态下个体患病率、基线个体发病率、基线状态中病例所占比例等，但这些数值的大小研究者一般并不关心。

(二)各自变量的回归系数

$\beta_i(i=1,\ \cdots,\ p)$表示自变量 x_i 每改变一个单位，*OR* 的自然对数值改变量，而 $\exp(\beta_i)$ 即 *OR* 值，表示自变量 x_i 每变化一个单位，阳性结果出现概率与不出现概率的比值是变化前的相应比值的倍数，即 *OR*(注意：不是出现阳性结果的概率为变化前的倍数，即 *OR* 并不等同于相对危险度)。

本例中自变量治疗方法的回归系数 $\beta_1=0.608$，为两组病人的治愈率与未治愈率之比的对数值之差，即 $\ln[(60/81)/(21/81)]=\ln[(42/69)/(27/69)]=\ln(ad/bc)$。

因此，对于四格表资料而言，所建立的 Logistic 回归模型也可以写成：

$$\text{logit}(P \mid outcome=1)=\ln(b/d)+\ln(ad/bc) \cdot treat=\ln(b/d)+\ln(OR) \cdot treat$$

(三)以发生比 Ω 的指数表达式来解释回归系数

以 logit(P)方程的线性表达式来解释回归系数，即：

$$\text{logit}(P)=a+b_1x_1+b_2x_2+\cdots+b_kx_k \tag{12-11}$$

在 Logistic 回归的实际研究中，通常不是报告自变量对 P 的作用，而是报告自变量对 logit(P)的作用。以发生比 Ω 的指数表达式来解释回归系数。与 logit(P)不同，发生比 Ω 具有一定的实际意义，代表一种相对风险。因此对 Logistic 回归系数的解释通常是从发生比的指数表达式出发的。

例如：在取得了 Logistic 回归系数的各 b_i 的解以后，将其带入 Ω 函数，

$$\Omega=\exp(b_0+b_1x_1+b_2x_2+b_3x_3)$$

如果分析 x 变化一个单位对于 Ω 的影响幅度，可以用$(x+1)$表示，并将其代入上式，得到新的发生比。

$$\Omega^*=\Omega\exp(b_2) \tag{12-12}$$

将两个发生比集中在一起有：

$$\Omega^*/\Omega=\Omega\exp(b_2)/\Omega=\exp(b_2) \tag{12-13}$$

将此称为发生比率，它可测量自变量一个单位的增加给原来的发生比所带来的变化，一般表达式为：$\Omega^*/\Omega=\exp(b_i)$。说明在其他情况不变的情况下，$x$ 一个单位的变化使原来的发生比扩大 $\exp(b_i)$倍。比如，原来的 Ω 为 6∶4(比值为 1.5)，如果一个自变量变化一个单位导致的发生比率为 $\exp(0.693)=2$，即表示这一变化将会导致新发生比值 Ω^* 为原来的 2 倍，即新发生比将是 12∶4(比值为 3)。我们也可用发生比率减 1 的差来表示发生比的增长率，如发生比率为 2.3，就可以说自变量一个单位的变化会使原发生比增加 1.3 倍(2.3-1=1.3)。当 Logistic 回归系数为负数时，发生比率小于 1。这时的表达要特别小心。比如发生比率为 0.8 时，表示新发生比只有原来的 80%，那么下降的倍数则是(1-0.8)=0.2。

由以上关系可知，$\exp(\beta_0)$表示传统疗法组的治愈率与未治愈之比值。$\exp(\beta_1)$则表示治疗方法增加一个单位，即将疗法从传统疗法改为新疗法时，新疗法组病人治愈率与未治愈率之比值相对于传统疗法组病人的治愈率与未治愈率比值的倍数。而两组病人的治愈率之比=(60/81)/(42/69)=1.217，并不完全相同。但是，当研究结果出现阳性的概率较小时(一般认为小于 0.1，反之当概率大于 0.9 时亦可)，*OR* 值大小和发生概率之比非常接近，此时可以近似地说一组研究对象的阳性结果发生率是另一组研究对象发生率的 *OR* 倍，即用 *OR* 值的大小来表示相对危险度的大小。

(四)Logistic 回归模型参数的选择

关于 Logistic 回归自变量形式，logistic 回归分析的自变量既可以是连续变量，也可以是分类变量。总体原则是尽量从实际或专业角度考虑采取何种形式更好。比如年龄，可以取为连续变量，也可以 5 岁、10 岁作为一组，甚至分为老年人和年轻人两组。不同的划分方式决定了结果解读时的差异，比如，在做出胃癌与年龄的关系分析，如果把年龄作为连续变量分析，得到危险度为 1.02，其解释为年龄每增加 1 岁，患胃癌的风险就会多出 1.02 倍，这个数据会显得没有太大的临床意义。但如果以 10 岁一组，可能得到的危险度就是 1.60，即年龄每增 10 岁、患胃癌的风险就增加 60%，这样幅度的相对风险更具有临床实际意义。

如何将连续变量进行划分并没有固定的标准，按照统计学的分位数或具有临床意义的界值划分都是常用的方法。建议在分析时先进行趋势的描述，观察特定的自变量和因变量是何种关系，再结合临床专业角度与统计学考虑，以获得最合理的划分方式。

在进行 Logistic 多因素回归分析之前，是否必须先进行单因素分析，然后再进行多因素分析？由于样本量多少对 *P* 值影响较大，理论上讲，如果样本足够大，且所有的因素之间

没有关联，最好把所有的因素都纳入进方程中，通过全模型法对所有可能的混杂因素同时进行分析，在此基础上进一步通过逐步回归的方法对有显著意义的变量进行筛选，此种情况下可以不做单因素分析。

如果样本例数有限，比如，仅有 100 例患者，但是有 20 个因素，这种情况下，以 0.05 作为检验水准，先进行单因素分析，剔除无统计学意义的变量，只分析有意义的变量，很容易将对结局指标有影响的变量排除。因此，单因素分析时最好将 P 值放宽，比如 0.10 或 0.15（甚至 0.25）等，避免漏掉一些重要因素（变量间的相互作用可能导致多因素分析的结果不同于单因素分析）。

当然，也要注意仔细检查各因素间的关联程度，对于高度相关的自变量，一般不同时带入模型，例如收缩压和舒张压。一旦发现各因素之间有较强的相关性，建议首先进行筛选，选择最具代表性的变量带入模型。

三、Logistic 回归的标准化回归系数

SPSS 软件进行 Logistic 回归分析时不提供标准化回归系数，但是其手工计算公式很简单：

$$\beta_i=\frac{b_i \times s_i}{\pi/\sqrt{3}}=\frac{b_i \times s_i}{1.8138}$$

年龄和性别的标准化回归系数分别约为：

$$\beta_1=\frac{-0.072\times 15.29154}{1.8138}=-0.607$$

$$\beta_2=\frac{-1.778\times 0.48264}{1.8138}=-0.473$$

Logistic 回归的偏回归系数解释。通过比较两个自变量的标准化回归系数，我们发现对于是否同意该观点来说，年龄的副作用要比性别的副作用大一些。关于 Logistic 回归自变量筛选，在进行多因素 Logistic 回归分析时，目前国内常用方法是先进行单因素分析，将有统计学意义的自变量纳入多因素分析，有经验的研究者会将 P 值放大到 0.2 或者 0.25；或者将单因素分析无统计学意义，但根据临床专业判断有意义的自变量纳入。

在 Logistic 回归分析中，SPSS 软件提供了 7 种方法用于筛选自变量，都是基于某种算法，按照事先设定的检验水准将有统计学意义的自变量纳入模型，而将无统计学意义的自变量剔除模型之外，具体方法本书不做赘述。

四、Logistic 回归拟合优度检验

Logistic 回归模型诊断包括两部分：残差分析和多重共线性分析，残差分析有助于发现异常点，特别注意多重共线性问题。对参数估计的影响，可能会把对模型有显著影响的自变量排除在外；回归系数不稳定，解释问题时往往会得出荒谬的结论，不能给予合理的解释。同时，多重共线性常常会增大 Logistic 回归模型估计参数的均方误差和标准误差。变大的方差容易使区间预测值变宽，使预测失去意义。比如，多因素分析与单因素分析结果相互矛

盾，在单因素分析中某因素为危险因素，而在多因素分析中则变为保护因素等。

(一)模型拟合信息

模型建立后，考虑和比较模型的拟合程度。有三个度量值可作为拟合的判断根据。

(1)-2Log Likelihood(-2*LogL*)

$$-2LogL=-2\sum_{i=1}^{n}\left[y_i\ln\left(\frac{\hat{\pi}_i}{y_i}\right)+(1-y_i)\ln\left(\frac{1-\hat{\pi}_i}{1-y_i}\right)\right] \quad (12\text{-}14)$$

(2)Akaike 信息准则(Akaike Information Criterion，*AIC*)

$$AIC=-2LogL+2(K+S) \quad (12\text{-}15)$$

其中 K 为模型中自变量的数目，S 为因变量类别总数减 1，对于逻辑回归有 $S=2-1=1$。$-2LogL$ 的值域为 0 至∞，其值越小说明拟合越好。模型中的参数数量越大，似然值也就越大，$-2LogL$ 就越小。因此，将 $2(K+S)$ 加到 *AIC* 公式中以抵销参数数量产生的影响。在其他条件不变的情况下，较小的 *AIC* 值表示拟合模型较好。

(3)Schwarz 准则

这一指标根据自变量数目和观测数量对 $-2LogL$ 值进行另外一种调整。*SC* 指标的定义为

$$SC=-2LogL+2(K+S)*\ln(n) \quad (12\text{-}16)$$

其中 $\ln(n)$ 是观测数量的自然对数。这一指标只能用于比较对同一数据所设的不同模型。在其他条件相同时，一个模型的 *AIC* 或 *SC* 值越小说明模型拟合越好。

(二)Hosmer-Lemeshow(*HL*)拟合优度检验

HL 拟合优度检验是基于预测的概率或风险将样本分开。具体而言，基于估计的参数值，对于样本中的每个观察，基于每个观察的协变量值计算概率。

然后根据样本的预测概率将样本中的观察分成 g 组(我们回过头来选择 g)。假设(通常如此) $g=10$。然后第一组由具有最低 10%预测概率的观察组成。第二组由预测概率次之小的样本的 10%等组成。

在实践中，只要我们的一些模型协变量是连续的，每个观测将具有不同的预测概率，因此预测的概率将在我们形成的每个组中变化。为了计算我们预期的观察数量，*HL* 测试取组中预测概率的平均值，并将其乘组中的观察数。测试也执行相同的计算，然后计算皮尔森拟合优度统计量。*HL* 统计量的原假设 H_0 是预测值和观测值之间无显著差异，因此 *HL* 指标的 P 的值越大，越不能拒绝原假设，即说明模型很好地拟合了数据。

(三)Cox & Snell R^2 和 Nagelkerke R^2

类似于线性模型中的拟合优度检验。其中：

$$\text{Cox \& Snell } R^2=\left(1-\frac{L_0}{L}\right)^{\frac{2}{n}} \quad (12\text{-}17)$$

$$\text{Nagelkerke } R^2=\frac{\text{Cox \& Snell } R^2}{1-(L_0)^{\frac{2}{n}}} \quad (12\text{-}18)$$

Cox & Snell R^2 和 Nagelkerke R^2 值为[0，1]，越趋近 1，拟合优度越好。决定系数(R^2)和校正决定系数，可以用来评价回归方程的优劣。R^2 随着自变量个数的增加而增加，所以

需要校正；校正决定系数越大，方程越优。但亦有研究指出 R^2 是多元线性回归中经常用到的一个指标，表示的是因变量的变动中由模型中自变量所解释的百分比，并不涉及预测值与观测值之间差别的问题，因此在 Logistic 回归中不适合。Cox & Snell R^2 和 Nagelkerke R^2 值是模仿多元回归分析中的决定系数(R^2)，也被称为伪决定系数。

在 Logistic 回归中，评价模型拟合优度的指标主要有皮尔森 χ^2、偏差、*HL* 指标、*AIC*、*SC* 指标等。皮尔森 χ^2、偏差主要用于自变量不多且为分类变量的情况，当自变量增多且含有连续变量时，用 *HL* 指标更为恰当。皮尔森 χ^2、偏差、*HL* 指标值均服从 χ^2 分布，χ^2 检验无统计学意义($P>0.05$)表示模型拟合得较好，χ^2 检验有统计学意义($P\leqslant 0.05$)则表示模型拟合得较差。*AIC* 和 *SC* 指标还可用于比较模型的优劣，当拟合多个模型时，可以将不同模型按其 *AIC* 和 *SC* 指标值排序，*AIC* 和 *SC* 值较小者一般认为拟合得更好。

对筛选变量的影响。Logistic 回归的建模一般采用逐个筛选自变量的方法。这种方法得出的纳入回归子集内的解释变量在存在多重共线性即解释变量非正交的条件下可以看成是影响因素，但未包含在回归子集内的解释变量不能说不具有统计意义。所以，存在多重共线性时，普通的 Logistic 回归变量筛选中，就有可能将 2 个具有相关关系(或广义上具有相关关系)的致病因素其中之一排除在外，导致错误的判断。

五、Logistic 回归模型假设检验

(一)对于整体模型的检验

Logistic 回归方程求解参数是采用最大似然估计方法，因此其回归方程的整体检验通过似然函数值，表示为 $-2LogL$。

该值越大，意味着回归方程的似然值越小，模型的拟合程度越差。反之，拟合程度越好。

在评价或检验一个含有自变量的 Logistic 回归模型时，通常是将其含有自变量的 Logistic 的 $-2LogL$ 与截距模型的相比较。两者之差服从 χ^2 分布，进行 χ^2 检验。

所谓截距模型，就是将所有自变量删除后只剩一个截距系数的模型。

表 12.2　模型总结

步骤	$-2\ LogL$	Cox & Snell R^2	Nagelkerke R^2
1	192.750	0.286	0.393

表 12.3　对模型系数进行的综合检查

		χ^2	*df*	显著性水平
步骤	步骤	67.445	2	0.000
	块	67.445	2	0.000
	模型	67.445	2	0.000

(二)对于回归系数的检验

Logistic 回归系数检验假设，与多重线性回归一样，logistic 回归分析有关假设检验也包

括两部分：(1)模型检验，即检验因变量与自变量之间的关系能否用所建立的回归方程来表示；(2)单个回归系数检验，即检验单个自变量对因变量的影响是否存在。与多重线性回归不同的是，多重线性回归模型检验用的 F 检验，偏回归系数则用的 t 检验。在 Logistic 回归分析中，常见的三种检验方法有 *Wald* 检验、似然比检验、比分检验，*Wald* 检验用于单个回归系数 β 的检验，似然比检验对整个模型进行检验，比分检验通常用于筛选变量。在大样本情况下，三者结果一致，小样本时，似然比结果更可靠，*Wald* 检验结果最差。

1. *Wald* 检验

Logistic 回归系数的检验是用 *Wald* 统计量进行的(见表 12.4)。

表 12.4 方程中的变量

		B	标准误差	*Wald*	*df*	显著性水平	Exp(B)
第一步	年龄	-0.072	0.013	29.484	1	0.000	0.931
	性别	-1.778	0.366	23.644	1	0.000	0.169
	Constant	3.500	0.639	30.024	1	0.000	33.108

a. Varoable(s) entered on step 1：年龄，性别。

对回归系数进行显著性检验时，通常使用 *Wald* 检验，其公式为：

$$W=[\hat{\beta}_j/\hat{SE}(\hat{\beta}_j)]^2 \tag{12-19}$$

其中，$\hat{SE}(\hat{\beta}_j)$为$\hat{\beta}_j$的标准误差。这个单变量 *Wald* 统计量服从自由度等于 1 的 λ^2 分布。

如果需要检验假设 H_0：$\beta_1=\beta_2=\cdots=\beta_y=0$，计算统计量

$$W=[\hat{\beta}^t/\hat{SE}(\hat{\beta})]^2 \tag{12-20}$$

其中，$\hat{\beta}^t$ 为去掉 $\hat{\beta}_0$ 所在的行和列的估计值，相应地，$\hat{SE}(\hat{\beta}^t)$为去掉 $\hat{\beta}_0$ 所在的行和列的标准误差。这里，*Wald* 统计量服从自由度等于 p 的 λ^2 分布。如果将上式写成矩阵形式，有

$$W=(Q\hat{\beta})^t[Qvar(\hat{\beta})Q^t]^{-1}(Q\hat{\beta}) \tag{12-21}$$

矩阵 Q 是第一列为零的一常数矩阵。例如，如果检验 $\beta_1=\beta_2=0$，则 $Q=\begin{bmatrix}0 & 1 & 0\\ 0 & 0 & 1\end{bmatrix}$。

然而当回归系数的绝对值很大时，这一系数的估计标准误差就会膨胀，于是会导致 *Wald* 统计值变得很小，以致第二类错误的概率增加。也就是说，在实际上会导致应该拒绝零假设时却未能拒绝。所以当发现回归系数的绝对值很大时，就不再用 *Wald* 统计值来检验零假设，而应该使用似然比检验来代替。

2. 似然比检验

在一个模型里面，含有变量 x_i 与不含变量 x_i 的对数似然值乘-2 的结果之差，服从χ^2 分布。这一检验统计量称为似然比，用式子表示为：

$$G=-2\ln\left(\frac{\text{不含 } x_i \text{ 似然}}{\text{含有 } x_i \text{ 似然}}\right) \tag{12-22}$$

计算似然值采用公式(12-8)。

倘若需要检验假设 H_0：$\beta_1=\beta_2=\cdots=\beta_y=0$，计算统计量：

$$G = 2\left[\sum_{i=1}^{n} y_i \ln(\hat{\pi}_i) + (1 - y_i)\ln(1 - \hat{\pi}_i)\right] - [n_1 \ln(n_1) + n_0 \ln(n_0) - n\ln(n)] \tag{12-23}$$

式中，n_0 表示 $y_i=0$ 的观测值的个数，而 n_1 表示 $y_i=1$ 的观测值的个数，那么 n 就表示所有观测值的个数。实际上，上式的右端的右半部分$[n_1\ln(n_1)+n_0\ln(n_0)-n\ln(n)]$表示只含有 β_0 的似然值。统计量 G 服从自由度为 p 的χ^2 分布。

3. 比分检验

在零假设 H_0：$\beta_k=0$ 时，设参数的估计值为$\beta_{(0)}$，即对应的$\beta_k=0$。计算比分检验统计量的公式为：

$$U(\beta_{(0)})^T I^{-1}(\beta_{(0)})U(\beta_{(0)}) \tag{12.24}$$

上式中，$U(\beta_{(0)})$表示在$\beta_k=0$ 下的对数似然函数(12.9)的一阶偏导数值，而 $I(\beta_{(0)})$表示在$\beta_k=0$ 下的对数似然函数(12.9)的二阶偏导数值。比分检验统计量服从自由度等于 1 的λ^2 分布。

上述三种方法中，似然比检验最可靠，比分检验一般与它相一致，但两者均要求较大的计算量；而 *Wald* 检验未考虑各因素间的综合作用，在因素间有共线性时结果不如其他两者可靠。

六、Logistic 回归方法的选择

Logistic 回归方法的选择，打开下拉菜单后，从"Enter"到"向后：瓦尔德"我们会看到 7 种方法。

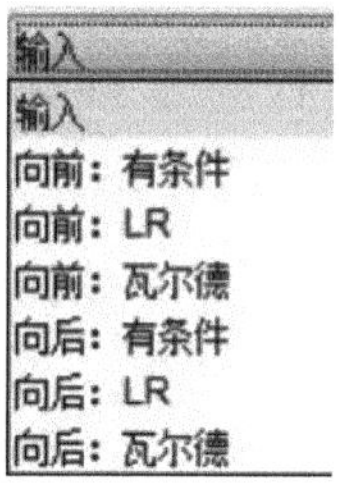

图 12.3　SPSS 软件中 Logistic 回归方法

仔细观察这 7 种方法，实际上分为两大板块，输入法、向前法、向后法规定了如何选择自变量进入模型，而条件法、偏似然估计法(*LR*)、瓦尔德法规定了自变量如何退出模型。

表 12.5　Logistic 回归方法的选择依据表

强迫进入(Enter)	强迫所有自变量进入并保留参与拟合回归模型		
	条件法	偏似然比	*Wald* 检验
向前回归	自变量按比分检验概率大小依次进入方程，再按条件参数检验移出	自变量按比分检验概率大小依次进入方程，再按 *LR* 检验移出	自变量按比分检验概率大小依次进入方程，再按 *Wald* 检验移出
向后回归	自变量全部进入方程，再按条件参数检验移出	自变量全部进入方程，再按 *LR* 检验移出	自变量全部进入方程，再按 *Wald* 检验移出

向前、向后与条件、*LR*、*Wald* 交叉组合后形成 6 种回归方式。而强迫进入法单独作为一个方式，是 SPSS 软件默认选择的方法。对于自变量进入模型的方式，向前法既含有变量的进入，也含有变量的剔除过程，一般认为即大家常说的逐步回归法，因此大多数使用者喜欢选择向前法。

条件法和 *LR* 在变量剔除检验时都采用的是似然比检验统计量，但是在构造似然比中的似然函数最大值时，所采取的参数估计方法不同，条件法采取的是条件参数估计，而 *LR* 采

取的则是最大偏似然估计。有许多教材指出，对于如何将自变量剔除的方法，条件法、*LR* 两种结果差别不大，选择其中哪一个都是相对可靠的。而一般建议不选择 *Wald* 法。

具体选择回归方法，当自变量较少，且研究者希望考察所有自变量与因变量间关系时，可考虑使用强迫进入法，强迫所有自变量参与建模，而不考虑是否有显著影响。当自变量较多，研究者希望软件帮助筛选对因变量有显著影响的自变量参与建模，此时，新手用户可选择“向前：*LR*”或“向前：有条件”方式进行 Logistic 逐步回归建模。

第三节 用 SPSS 软件进行 Logistic 回归分析

一、Logistic 在 SPSS 软件中的具体操作步骤

为考察抢夺财物价值、刑期、犯案地区、被告人受教育水平等是否是被告人具有累犯等从重处罚情节的独立影响因素，下面来示范应用 SPSS 软件来进行上述二元 Logistic 回归分析的具体操作步骤。

第一步，打开本章开篇案例中的数据文件，依次单击“分析”—“回归”—“二元 Logistic”，弹出“Logistic 回归”对话框。见图 12.4。

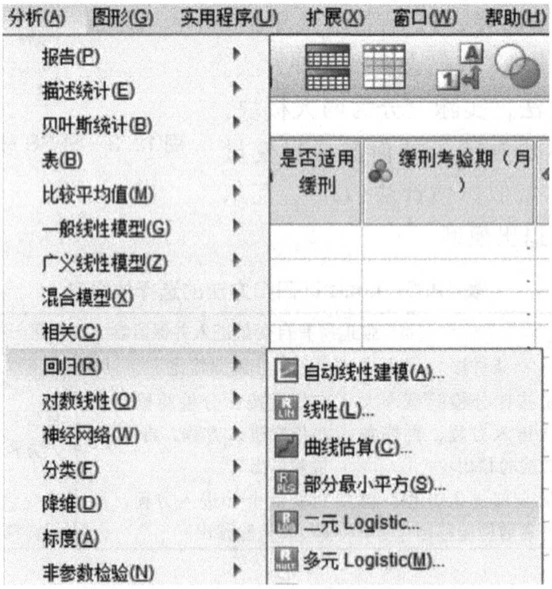

图 12.4 “Logistic 回归”对话框

第二步，将“是否有累犯等从重处罚情节”放入“因变量”框，将“抢夺财物价值(元)”“刑期(月)”“犯案地区(Cat)”“被告人受教育水平(Cat)”依次放进“协变量”(即自变量)框。方法默认选择“输入”。如图 12.5 所示。

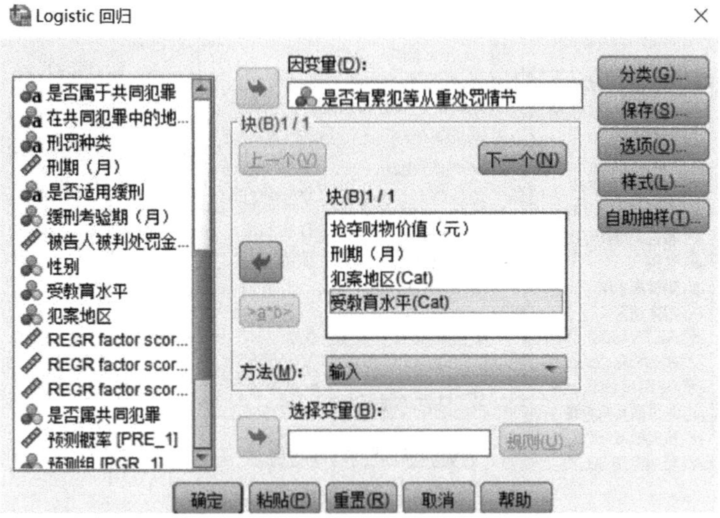

图 12.5 “Logistic 回归”对话框

第三步，在协变量中，受教育水平与犯案地区属于分类变量，需要进行亚变量设置。点击“分类”，将分类自变量选进“分类协变量”框中。参考类别选择“第一个”(以分类中的无-“0”为参考类别)，在更改对比项下，点击“变化量”，然后点击“继续”。见图 12.6。

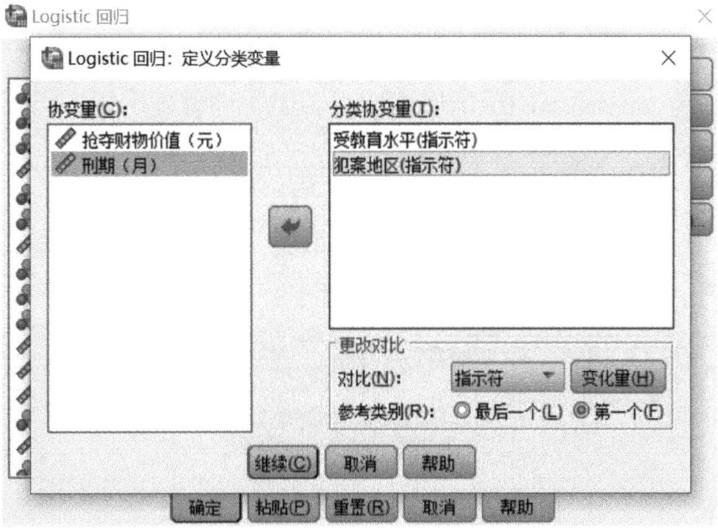

图 12.6 “Logistic 回归：定义分类变量”对话框

第四步，在“保存”按钮中，选择预测值中的“概率”“组成员”，勾选“包括协方差矩阵”，然后点击“继续”，见图 12.7。在“选项”按钮中默认选择 Exp(B)的置信区间：95%，见图 12.8。点击“继续”。

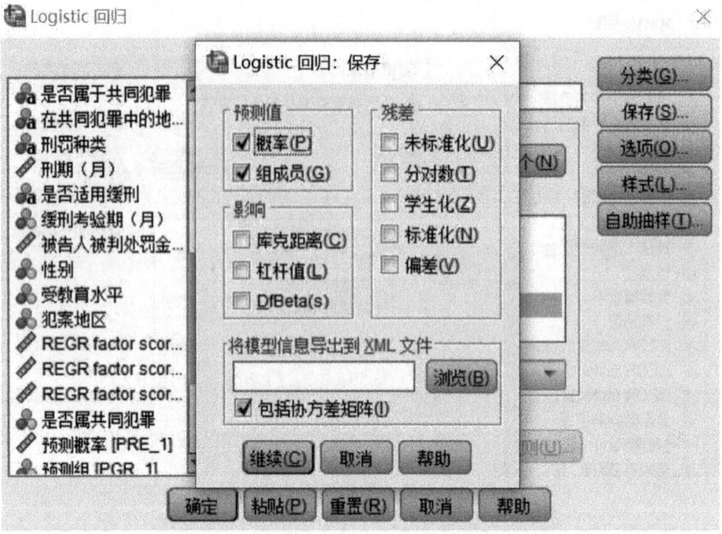

图 12.7 “Logistic 回归：保存”对话框

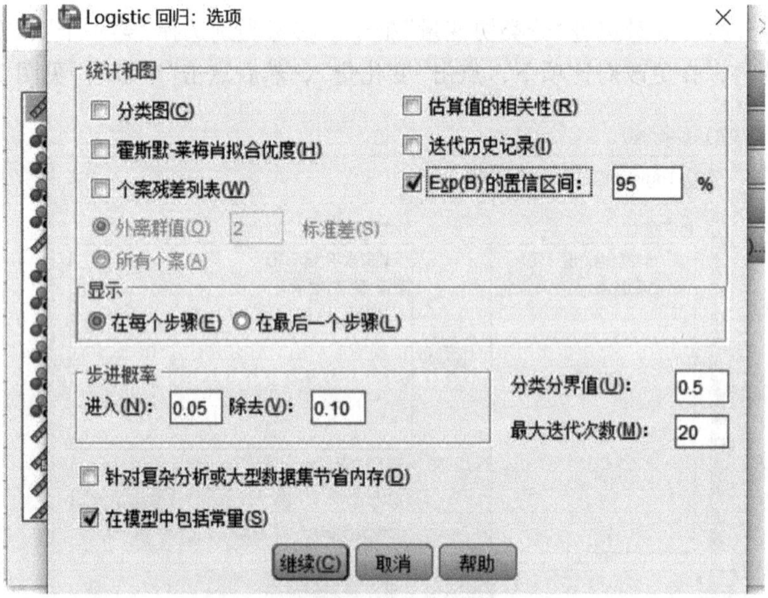

图 12.8 “Logistic 回归：选项”对话框

第五步，点击“确定”，输出回归结果。

二、Logistic 回归输出结果与分析（见表 12.6）

表 12.6 个案处理摘要

未加权个案数[a]		个案数	百分比(%)
选定的个案	包括在分析中的个案数	120	89.6
	缺失个案数	14	10.4
	总计	134	100.0
未选定的个案		0	0
总计		134	100.0

a. 如果权重为生效状态，请参阅分类表以了解个案总数。

上述输出结果的表 12.6 个案处理摘要描述了数据中被选入模型的案例数量，是否存在缺失案例或者未被选用案例等，查看后续输出结果前，应该先检查这一部分以确保案例选择、加权、缺失值等方面的处理是否适当。

表 12.7 因变量编码

原值	内部值
0.00	0
1.00	1

表 12.7 显示，在因变量里，具有累犯等从重处罚情节的用“1”编码，不具有累犯等从重处罚情节的用“0”编码。

表 12.8 分类变量编码

		频率	参数编码 (1)
犯案地区	0.00	67	0.000
	1.00	53	1.000
受教育水平	0.00	13	0.000
	1.00	107	1.000

在分类变量编码表 12.8 中，“0”均代表参考变量，在犯案地区分类变量中，以非东部地区(包括中部、西部地区)为参考变量；在受教育水平分类变量中，以高中学历水平以下(包括文盲、小学、初中)为参考变量。

下面一行输出的“Block 0：Beginning Block”是随后三个输出表的标题。表示分析处理起始状态，其实就是对截距模型的分析，以便为后面正式研究提供一个评价基准。

表 12.9 块 0：起始块

分类表[a,b]

	实测		预测		
			是否有累犯等从重处罚情节		正确百分比(%)
			0.00	1.00	
步骤 0	是否有累犯等从重处罚情节	0.00	66	0	100.0
		1.00	54	0	0
	总体百分比				55.0

a. 常量包括在模型中。
b. 分界值为 0.500。

分类表是 SPSS 软件根据截距模型所获预测值与实际观测结果制作的交互表。从交互表 12.9 中可以看到，观察结果为“具有从重处罚情节”的案例全部估计错误，估计正确率为 0，而观察结果为“不具有从重处罚情节”的全部估计正确，整体的正确率为 100.0%。这一比例实际就是因变量中取值为 0 的比例。

表 12.10 方程中的变量

		B	标准误差	瓦尔德	自由度	显著性水平	Exp(*B*)
步骤 0	常量	-0.201	0.183	1.196	1	0.274	0.818

表 12.10 方程中的变量提供了截距模型中的常数项(即截距系数)及其统计检验情况。实际上，截距的系数 *B* 等于因变量的对数发生比，即 ln(具有从重处罚情节案例数/不具有从重处罚情节案例数)。这里，常数项的统计检验显著表示两类的发生频率显著不同。

表 12.11 未包括在方程中的变量[a]

			得分	自由度	显著性水平
步骤 0	变量	抢夺财物价值(元)	1.618	1	0.203
		刑期(月)	2.351	1	0.125
		受教育水平(1)	5.167	1	0.023
		犯案地区(1)	0.181	1	0.671

a. 由于冗余，未计算残差 χ^2。

表 12.11 未包括在方程中的变量给出的是对尚未纳入但即将纳入模型的几个变量的影响力分数及其统计检验结果。SPSS 软件对各个变量纳入回归模型后的回归系数是否等于 0 进行了单独的和整体的统计评价与检验。自变量的评价分值越大表明影响越大，其 χ^2 检验如果显著则表明该变量纳入模型后的回归系数显著区别于 0。在本例中，除受教育水平外，其他变量都很不显著，但这并不意味着不该将此类变量纳入模型。

再下面一行输出的“Block 1：Method = Enter”是后面所有输出的标题，实际上是对本例研究模型的正式分析结果。由于本例研究模型设置非常简单，将四个自变量一步直接纳入，所以该部分成为最后一部分结果。如果模型设置很复杂，那么还会形成更多的部分的输出，“Block”的编号为顺序变化。

表 12.12 块 1：方法=输入

模型系数的 *Omnibus* 检验

		χ^2	自由度	显著性水平
步骤 1	步骤	26.056	4	0.000
	块	26.056	4	0.000
	模型	26.056	4	0.000

接下来，分析报告提供了模型系数综合检验(Omnibus Tests of Model Coefficients)。因为研究模型设置既未分步也未分组，所以分步检验(*Step*)、分组检验(*Block*)都与研究模型的整体检验(*Model*)结果相同。输出表中，χ^2 值表示纳入自变量后的研究模型相对于截距模型在-2LL 值上的减少量，也可以理解为这两个模型的负 2 倍对数似然比。本例的这一 χ^2 值为 26.056，自由度为 4，显著性水平为 0.000，说明研究模型整体检验非常显著，自变量中至少有一个回归系数显著区别于 0。这一结果还说明，这一包含四个自变量的研究模型比截距模型的解释能力有非常显著的改进。

表 12.13 模型摘要

步骤	-2 对数似然	考克斯-斯奈尔 R^2	内戈尔科 R^2
1	139.097[a]	0.195	0.261

a. 由于参数估算值的变化不足 0.001，估算在第 6 次迭代时终止。

表 12.3 模型摘要提供的是关于模型拟合水平(解释力)的概要指标。其中包括这一研究模型的-2LL 值和伪确定系数。前者表示纳入自变量后模型的拟合“劣度”，该值越大，模型拟合越差。这一值加上表 12.12 中的模型 χ^2 值即等于截距模型的-2LL 值。从研究模型本身的-2LL 值来看，模型还有很大改进空间。从 SPSS 软件提供了两个伪确定系数也可以看出模型解释能力一般，远不能用于实际预测。

表 12.14 分类表[a]

实测			预测		
			是否有累犯等从重处罚情节		正确百分比
			0.00	1.00	
步骤 1	是否有累犯等从重处罚情节	0.00	54	12	81.8
		1.00	19	35	64.8
	总体百分比				74.2

a. 分界值为 0.500。

分类表 12.14 是用 SPSS 软件根据模型所获预测结果与案例观测值所做的交叉分类表。交叉分类结果表明，模型对于不具有累犯等从重处罚情节的被告人预测正确率为 81.8%，而对具有累犯等从重处罚情节的被告人预测正确率为 64.8%。从总体情况来看，预测正确率为 74.2%，相对于截距模型的 55%，预测正确率提高了 19.2 个百分点。

表 12.15 方程中的变量

		B	标准误差	Wald	自由度	显著性水平	Exp(B)	EXP(B)的95%置信区间	
								下限	上限
步骤 1[a]	抢夺财物价值(元)	0.000	0.000	6.754	1	0.009	1.000	1.000	1.000
	刑期(月)	0.168	0.050	11.174	1	0.001	1.183	1.072	1.306
	受教育水平(1)	-1.132	0.835	1.835	1	0.176	0.323	0.063	1.658
	犯案地区(1)	-0.492	0.420	1.368	1	0.242	0.612	0.268	1.394
	常量	-1.149	0.517	4.948	1	0.026	0.317		

a. 在步骤 1 输入的变量：抢夺财物价值(元)，刑期(月)，受教育水平，犯案地区。

输出结果的最后一个表 12.15 为方程中的变量表，提供了研究模型中各自变量的回归系数及检验情况。从显著性水平一栏来看，抢夺财物价值与刑期的显著性水平低于 0.05，因此肯定了抢夺财物价值与刑期这两个自变量的影响作用可以推断到总体。回归系数(B)一栏中，抢夺财物价值与刑期的系数为正值，说明抢夺财物价值越大，刑期越长，被告人具有累犯等从重处罚情节的概率越大。受教育水平与犯案地区的系数均为负值，说明受教育水平越高，地处经济水平较为发达的东部地区，被告人具有累犯等从重处罚情节的可能性越小。

在具体解释自变量作用时，使用优势比来解释被告人具有累犯等从重处罚情节发生的可能性要更为方便，其代表了测量一个自变量单位的增加给原来的发生可能性所带来的变化。SPSS 软件报告在 Exp(B)一栏中提供了优势比。例如，在控制其他变量不变的情况下，抢夺财物价值每增加 1 元，其被告人具有累犯等从重处罚情节发生的可能性将是原来的 1 倍。刑期每延长 1 个月，其被告人具有累犯等从重处罚情节发生的可能性将是原来的 1.183 倍。这也与我们现实的实际经济生活相符。

第十三章

主成分与因子分析

开篇案例

本章所采用的案例将继续引用中国裁判文书网数据库中判决日期为“2020-04-01 至 2020-04-30”，关键词与“抢夺罪”“刑事一审”“判决书”有关的裁判文书数据研究样本。研究变量包括：被告人被判处罚金数额(千元)、刑事拘留到逮捕的间隔天数(日)、逮捕到一审判决的间隔天数(日)、被告人犯罪时年龄(周岁)、抢夺财物价值(元)。

在前面章节对刑期与犯案地区、被告人被判处罚金数额、刑事拘留到逮捕的间隔天数、性别、逮捕到一审判决的间隔天数、被告人犯罪时年龄、被告人受教育水平、抢夺财物价值等因素进行多元线性回归时，发现多元线性回归的结果似乎与我们的理论预期出现了较大的出入，因此我们进一步探讨了模型各变量间是否存多重共线性问题，以至于导致不显著的结果。多重共线性检验的结果进一步表明被告人被判处罚金数额(千元)和抢夺财物价值(元)的 *VIF* 值分别为 9.593、10.055，并且条件指标值最大的变量高达 41.325，说明所建立的模型存在较为明显的多重共线性问题。

为解决自变量间存在的高度相关的关系，以至于回归结果不理想，需要进行进一步的主成分分析。这是考察多个变量间相关性的一种多元统计方法，研究如何通过少数几个主成分来揭示多个变量间的内部结构，即从原始变量中导出少数几个主成分，使它们尽可能多地保留原始变量的信息，且彼此间互不相关。通常数学上的处理就是将原来 P 个指标做线性组合，作为新的综合指标。简而言之，就是对原始变量里的数据进行信息降维，利用所提取出的新的主成分变量来重新进行分析，帮助我们得到更为科学和准确的结果。本章通过在 SPSS 软件里对被告人被判处罚金数额、刑事拘留到逮捕的间隔天数、逮捕到一审判决的间隔天数、被告人犯罪时年龄、抢夺财物价值等原始变量数据进行标准化处理，并采用主成分分析方法进行信息降维，从降维后的碎石图和总方差解释图的结果可以看出，模型主要提取出三个主成分。

按照旋转的方差百分比和载荷平方和累积来说，其中成分 1、成分 2 与成分 3 分别解释了数据总方差的 40.627%，25.479%，21.445%，提取出的三个公共因子对原始变量总方差的解释贡献率累积达到 87.550%，超过 85%，说明方差贡献率较大，所提取的三个公共因子可以比较好地解释总方差。其中，成分 1 分别提取并解释了 Zscore[抢夺财物价值(元)]、Zscore[被告人被判处罚金数额(千元)]最多的信息，均达到 95%的信息以上，其他三个变量的信息提取相对较少。因此，提取的第一个主成分可以代表与资金有关的相关变量。成分 2

主要解释了 Zscore[刑事拘留到逮捕的间隔天数(日)]、Zscore[逮捕到一审判决的间隔天数(日)]的信息，分别达到 84%，71%。因此，提取的第二个主成分可以代表与判决间隔天数相关的信息。成分 3 主要解释了 Zscore[被告人犯罪时年龄(周岁)]89.9%的信息。下面将分节展开详细的描述。

第一节 模型简介

在实际工作中，为了全面分析问题，往往会收集很多变量，这些变量之间通常都会存在大量重复信息，如果直接用来分析，不但计算烦琐，模型复杂，而且还有一个更严重的问题就是共线性问题，前面提到过共线性问题会导致模型误差增大，失去意义。

当面对变量过多时，通常的处理方法是降维，即设法将原来众多具有一定相关性的变量，重新组合成一组新的互相无关的综合变量，这些综合变量要尽可能多的反映原有变量的信息。

降维的方法有很多，其中最常用的就是主成分分析和因子分析。

一、模型概念

因子分析(Factor Analysis，*FA*)：用少数几个因子来描述许多指标或因素之间的联系，以较少几个因子来反映原资料的大部分信息的统计学分析方法。从数学角度来看，因子分析是一种化繁为简的降维处理技术。

主成分分析(Principal Component Analysis，*PCA*)：是因子分析的一个特例，是使用最多的因子提取方法。它通过坐标变换手段，将原有的多个相关变量，做线性变化，转换为另外一组不相关的变量。选取前面几个方差最大的主成分，这样达到了因子分析较少变量个数的目的，同时又能用较少的变量反映原有变量的绝大部分的信息。

两者关系：主成分分析和因子分析是两种把变量维数降低以便于描述、理解和分析的方法。

特点：

(1)因子变量的数量远少于原有的指标变量的数量，因而对因子变量的分析能够减少分析中的工作量。

(2)因子变量不是对原始变量的取舍，而是根据原始变量的信息进行重新组构，它能够反映原有变量大部分的信息。

(3)因子变量之间不存在显著的线性相关关系，对变量的分析比较方便，但原始部分变量之间多存在较显著的相关关系。

(4)因子变量具有命名解释性，即该变量是对某些原始变量信息的综合和反映。

在保证数据信息丢失最少的原则下，对高维变量空间进行降维处理(即通过因子分析或主成分分析)。显然，在一个低维空间解释系统要比在高维系统容易得多。

二、主成分分析

（一）基本思路

设有 n 个原始变量，如果将它们都用散点图表示，会发现一些变量是存在某种线性关系的，这就是共线性，我们可以利用这个特点，创建一个变量 Y_i，使它成为某些原始变量的线性组合结果 $Y_i=\beta_0+\beta_1x_1+\cdots+\beta_nx_n$，这样处理之后，$n$ 个原始变量就转化为 i 个新变量，这 i 个新变量不同程度地反映了原始变量的信息，并且互不相关，这就解决了共线性问题。那么接下来的问题是，n 个变量的线性组合有很多种，我们取哪种结果作为新变量呢？经典的方法就是根据方差来判断，方差越大，变异越大，而我们的目的并不是消除变异，而是用尽可能少的新变量表示大部分原始变量，因此变异信息也必须尽量完整反映。我们将新变量按照方差大小排序，最大者也就是包含变异最多的为第一主成分，以此类推，通常只取前面几个最大的主成分，这样虽然损失部分信息，但是抓住了主要变异，如果全都取的话是没有意义的，因为原则上有多少个原始变量，就可以提取多少个主成分，但是这样做违背了降维的目的，多数情况下，取前 2～3 个主成分就可以代表 90%以上的变异信息，其余的可以忽略不计。

（二）基本原理

主成分分析是设法将原来众多具有一定相关性（比如 P 个指标），重新组合成一组新的互相无关的综合指标来代替原来的指标。通常数学上的处理就是将原来 P 个指标做线性组合，作为新的综合指标。最经典的做法就是用 F_1（选取的第一个线性组合，即第一个综合指标）的方差来表达，即 $var(F_1)$ 越大，表示 F_1 包含的信息越多。因此在所有的线性组合中选取的 F_1 应该是方差最大的，故称 F_1 为第一主成分。如果第一主成分不足以代表原来 P 个指标的信息，再考虑选取 F_2 即选第二个线性组合，为了有效地反映原来信息，F_1 已有的信息就不需要再出现在 F_2 中，用数学语言表达就是要求 $cov(F_1, F_2)=0$，则称 F_2 为第二主成分，依此类推可以构造出第三、第四、……、第 P 个主成分。这些主成分不仅不相关，而且它们的方差依次递减。

三、因子分析

因子分析是通过研究众多变量间相关系数矩阵或协方差矩阵之间的内部依赖关系，找出能综合所有变量主要信息的少数几个随机变量（因子）的方法，这些因子无法直接观察到，但是影响和支配观测值，和主成分分析一样，因子分析也是降维的常用方法，可分为探索性因子分析和验证性因子分析。探索性因子分析，被广泛应用于数据分析的初期阶段，目的是探索待测变量的特征、性质和内部关系，并分析出有多少潜在因子可能影响待测变量。要求潜在因子相互独立，有实际意义，尽可能概括原始变量信息。验证性因子分析，根据专业或以往经验，对待测变量的内部结构已经有所了解，只是需要进一步分析潜在因子对原始变量的影响程度以及各潜在因子之间的相关程度。目的是研究潜在因子对原始变量的影响程度以及各潜在因子之间的相关程度。

(一)基本思路

因子分析把每个原始变量分解为两部分：一部分是由所有变量共同具有的少数几个因子所组成的线性函数，称为公共因子，它代表变量共同的变异，另一部分是每个变量独自具有的变异，这些变异不能被公共因子所解释，称为特殊因子。用数学模型表示如下：

$$X_i = a_{i1}F_1 + a_{i2}F_2 + \cdots + a_{im}F_m + \varepsilon_i,\ (i=1,\ 2,\ \cdots,\ p) \tag{13-1}$$

其中 F_1，F_2，…，F_m 为公共因子。ε_i 为 X_i 的特殊因子，相当于回归分析中的残差。

a_{ij}为因子载荷，表示第 i 个变量在第 j 个主因子上的负荷，或者叫第 i 个变量在第 j 个主因子上的权数。它反映了第 i 个变量在第 j 个主因子上的相对重要性或相关程度。几何意义为：如果把变量 X_i 看作 m 维空间上中的一个点，则 a_{ij}表示它在坐标轴 F_j 上的投影。

因子分析的目的就是求出公共因子并赋予专业上的解释意义，由上可见，因子分析和主成分分析非常类似，关于它们之间的区别与联系，在最后会再阐述。

因子分析的基本思想是通过变量（或样品）的相关系数矩阵（对样品是相似系数矩阵）内部结构的研究，找出能控制所有变量（或样品）的少数几个随机变量去描述多个变量（或样品）之间的相关（相似）关系，但在这里，这少数几个随机变量是不可观测的，通常称为因子。然后根据相关性（或相似性）的大小把变量（或样品）分组，使得同组内的变量（或样品）之间相关性（或相似性）较高，但不同组的变量相关性（或相似性）较低。

四、分析原理

假定：有 n 个地理样本，每个样本共有 p 个变量，构成一个 $n \times p$ 阶的地理数据矩阵：

$$X = \begin{bmatrix} x_{11} & x_{12} & \cdots & x_{1p} \\ x_{21} & x_{22} & \cdots & x_{2p} \\ \vdots & \vdots & \vdots & \vdots \\ x_{n1} & x_{n2} & \cdots & x_{np} \end{bmatrix}$$

当 p 较大时，在 p 维空间中考察问题比较麻烦。这就需要进行降维处理，即用较少几个综合指标代替原来指标，而且使这些综合指标既能尽量多地反映原来指标所反映的信息，同时它们之间又是彼此独立的。

线性组合：记 x_1，x_2，…，x_P 为原变量指标，z_1，z_2，…，z_m（$m \leqslant p$）为新变量指标（主成分），则其线性组合为：

$$\begin{cases} z_1 = a_{11}x_1 + a_{12}x_2 + \cdots + a_{1p}x_p \\ z_2 = a_{21}x_1 + a_{22}x_2 + \cdots + a_{2p}x_p \\ \vdots \\ z_m = a_{m1}x_1 + a_{m2}x_2 + \cdots + a_{mp}x_p \end{cases} \tag{13-2}$$

a_{ij}是原变量在各主成分上的载荷：

$$\begin{cases} z_1 = a_{11}x_1 + a_{12}x_2 + \cdots + a_{1p}x_p \\ z_2 = a_{21}x_1 + a_{22}x_2 + \cdots + a_{2p}x_p \\ \vdots \\ z_m = a_{m1}x_1 + a_{m2}x_2 + \cdots + a_{mp}x_p \end{cases} \tag{13-3}$$

无论是哪一种因子分析方法，其相应的因子解都不是唯一的，主因子解仅仅是无数因子解中之一。

Z_i 与 Z_j 相互无关；

Z_1 是 X_1，X_2，…，X_p 的一切线性组合中方差最大者，Z_2 是与 Z_1 不相关的 X_1，X_2，…的所有线性组合中方差最大者。则新变量指标 Z_1，Z_2，…，分别称为原变量指标的第一、第二、……、主成分。

Z 为因子变量或公共因子，可以理解为在高维空间中互相垂直的 m 个坐标轴。

主成分分析实质就是确定原来变量 $X_j(j=1,\ 2,\ \cdots,\ p)$ 在各主成分 $Z_i(i=1,\ 2,\ \cdots,\ m)$ 上的荷载 a_{ij}。

从数学上容易知道，从数学上也可以证明，它们分别是相关矩阵的 m 个较大的特征值所对应的特征向量。

第二节　模型步骤

一、主成分分析

（一）计算过程

前面讲了主成分分析的基本思路，现在用具体数学算法来加以实现。

1. 数据标准化

由于每个变量都有自己的数量级和量纲，首先要对变量进行标准化处理以消除这方面的差异：

$$x_i=\frac{x_i-\overline{X}_i}{S_i} \tag{13-4}$$

2. 计算协方差矩阵或相关系数矩阵

对于一维数据，也就是一个变量的数据，我们可以用均值、方差、标准差来描述，而协方差用于衡量两个变量的总体误差，如果多于两个变量，那就要用协方差矩阵来表示。

协方差：

$$cov(X,\ Y)=\frac{\sum_{i=1}^{n}(X_i-\overline{X})(Y_i-\overline{Y})}{n-1} \tag{13-5}$$

协方差矩阵：

$$C_n\cdot n=(c_{i,j},\ c_{i,j}=cov(Dim_i,\ Dim_j))$$

以三维协方差矩阵为例：

$$C=\begin{pmatrix} cov(x,\ x) & cov(x,\ y) & cov(x,\ z) \\ cov(y,\ x) & cov(y,\ y) & cov(y,\ z) \\ cov(z,\ x) & cov(z,\ y) & cov(z,\ z) \end{pmatrix}$$

协方差矩阵为一个对称矩阵，对角线是单一维度的方差，协方差矩阵计算的是不同维度之间的协方差，而不是不同样本之间的，这点在计算时要注意到底一行为一个维度还是一列为一个维度，以免产生错误。

从协方差的公式可以看出，它是变量偏差的乘积，由于偏差可正可负也可为0，协方差也可以描述变量间的相关关系，以两个变量 X，Y 为例，

当 $cov(x,\ y)>0$ 时，X，Y 同时增加或减少，为正相关；

当 $cov(x,\ y)<0$ 时，X 增加，Y 减少，或 X 减少，Y 增加，为负相关；

当 $cov(x,\ y)=0$ 时，X，Y 不相关。

由于协方差是有量纲的量，会把变量的单位也带进来，这使得相关程度无法比较，因此我们要对协方差除以方差乘积，以消除量纲，由此得到相关系数：

$$corr(X,\ Y)=\frac{cov(X,\ Y)}{\sqrt{var(X)}\sqrt{var(Y)}}=\frac{cov(X,\ Y)}{\sigma_x\sigma_y} \tag{13-6}$$

相关系数介于-1 和 1 之间，相比协方差更能代表变量之间的相关性，到底使用协方差矩阵还是相关系数矩阵，主要看变量是否进行了标准化处理，标准化后的变量协方差矩阵=原变量的相关系数矩阵，换句话说，标准化前后，相关系数矩阵不变。

3. 计算特征值与特征向量

计算协方差矩阵或相关系数矩阵的特征值 λ，并按从大到小排序，这个特征值就是主成分的方差，作为选取主成分的标准，一般以大于 1 为选入标准。

根据特征值求对应的特征向量，这个特征向量就是该主成分对原变量的线性表达式的系数，也就是主成分系数，主成分中的所有特征向量平方相加等于 1。

4. 计算方差贡献率和主成分载荷

$$\frac{\lambda_i\lambda}{\sum_{k=1}^{p}\lambda_k} \quad (i=1,\ 2,\ \cdots,\ p) \tag{13-7}$$

方差贡献率表示主成分包含原始变量信息的大小，作用和特征值类似，也是选取主成分的参考指标。

主成分载荷反映的是主成分与原变量之间的相关程度和方向。

$$a_{ij}=p(z_i,\ x_j)=\sqrt{\lambda_i}\,e_{ij}(i,\ j=1,\ 2,\ \cdots,\ p) \tag{13-8}$$

e_{ij} 为特征向量分量，也就是主成分表达式的系数。

5. 写出主成分表达式

根据主成分系数写出主成分表达式。

主成分性质主要包括以下几点：

(1) 设 p 个 n 维随机向量 X_1，X_2，$\cdots$，X_p，协方差矩阵为 $\sum$，$\sum$ 的特征值为 $\lambda_1\geqslant\lambda_2\geqslant$

$\cdots \geqslant \lambda_p > 0$，相应的单位特征向量为$\mu_1$，$\mu_2$，$\cdots$，$\mu_p$，则$x$的主成分可表示为$F_i = \mu'_i X = \mu_{i1} X_1 + \mu_{i2} X_2 + \cdots + \mu_{ip} X_p$，$i = 1$，2，$\cdots$，$p$。

记$\mu_i = (\mu_{i1}, \mu_{i2}, \cdots \mu_{ip})^T$

(2)p个主成分均值为0，且p个主成分不相关。

(3)主成分的方差之和与原始变量的方差之和相等，也就是说，经过变化后，变量间的变异性没有改变，信息没有损失。

(4)称$\alpha_k = \dfrac{\lambda_k}{\sum_{i=1}^{p} \lambda_i}$为第$k$个主成分的方差贡献率，称$\sum_{i=1}^{m} \alpha_i = \dfrac{\sum_{i=1}^{k} \lambda_i}{\sum_{i=1}^{p} \lambda_i}$为前$k$个主成分的累计方差贡献率。

在解决实际问题时，一般不是取p个主成分，而是根据累计方差贡献率的大小取前k个主成分。如果前k个主成分的累计方差贡献率达到85%，则取前k个主成分基本包含了全部测量指标所具有的信息，这样即减少了变量的个数，有利于对实际问题的分析和研究。

(5)若$F_i = \mu'_i X$是数据矩阵x的主成分，则$\rho_{Y_1, X_k} = \dfrac{\mu_{ik} \sqrt{\lambda_i}}{\sqrt{\sigma_{kk}}}$($i = 1$，2，$\cdots$，$p$)是$Y_i$与$X_k$的相关系数。

二、因子分析

(一)计算过程

(1)数据标准化；

(2)确定原始变量是否适合做因子分析。

因子分析要求原有变量之间应存在较强的相关关系。否则，如果原有变量相互独立，相关程度很低，不存在信息重叠，则不可能有公共因子，也就无须进行因子分析。检验方法有：

1. 计算相关系数矩阵

计算原始变量的简单相关系数矩阵，如果矩阵中大部分数值过小(小于0.3)，则认为大部分变量呈弱相关，则不适合做因子分析，如果某个变量和其他变量相关性较弱，则在接下来的分析中可以考虑剔除该变量。

此方法有个缺点，即当变量很多的时候，矩阵很大，观测起来不方便。

2. 计算反映像相关系数矩阵

反映像矩阵主要包括负的协方差和负的偏相关系数。偏相关系数是在控制了其他变量对两变量影响的条件下计算出来的净相关系数。如果原有变量之间确实存在较强的相互重叠以及传递影响，也就是说，如果原有变量中确实能够提取出公共因子，那么在控制了这些影响后的偏相关系数必然很小。统计量为：

$$MSA_i = \frac{\sum_{j \neq i} r_{ij}^{\ 2}}{\sum_{j \neq i} r_{ij}^{\ 2} + \sum_{j \neq i} p_{ij}^{\ 2}} \tag{13-9}$$

r_{ij}为两变量间的简单相关系数，p_{ij}为控制了剩余变量的偏相关系数。

MSA 越接近 1，意味着变量 x_i 与其他变量间的相关性越强，反之越弱。

3. 球形检验

球形检验(Bartlett)的目的是检验相关矩阵是否是单位矩阵。单位矩阵(identity matrix)是指主对角线为 1，其余元素都是 0 的 n 阶方阵，显然单位矩阵变量间不相关。如果是单位矩阵，则认为因子模型不合适。检验的虚无假设为相关矩阵是单位矩阵，如果不能拒绝该假设的话，就表明数据不适合用于因子分析。一般说来，显著性水平值越小(<0.05)表明原始变量之间越可能存在有意义的关系，如果显著性水平很大(如 0.10 以上)可能表明数据不适宜于因子分析。该统计量服从 χ^2 分布。

4. *KMO* 度量

KMO(Kaiser-Meyer-Olkin)是指取样适当性量数，用来判断变量间的偏相关是否较大。

$$KMO = \frac{\sum \sum_{i \neq i} r_{ij}^{\ 2}}{\sum \sum_{i \neq i} r_{ij}^{\ 2} + \sum \sum_{i \neq i} a_{ij}^{\ 2}} \tag{13-10}$$

r_{ij}为两变量间的简单相关系数，a_{ij}为两变量间的偏相关系数。

KMO 度量的值越高(接近 1.0 时)，表明变量间的公共因子越多，研究数据适合用因子分析。通常按以下标准解释该指标值的大小：*KMO* 值达到 0.9 以上为非常好，0.8~0.9 为好，0.7~0.8 为一般，0.6~0.7 为差，0.5~0.6 为很差。如果 *KMO* 度量的值低于 0.5，则表明样本偏小，需要扩大样本。

(二)确定因子个数并抽取因子

和确定主成分个数一样，确定因子个数通常也是看方差贡献率、碎石图，以及各抽取方法特定的判断依据，如主成分法根据特征值大小，还有就是人为的指定因子个数。

抽取因子也就是计算因子载荷矩阵，最为常用的是主成分法，具体计算过程在主成分分析中已经介绍，除此之外，还有很多方法适用于不同的情况：

(1)主成分法：假设变量是各因子的线性组合，通过计算矩阵特征根和特征向量求得，最为常用。

(2)主轴因子法：既可以求相关矩阵，也可以求协方差矩阵。

(3)极大似然法：假设原变量服从正态分布，公共因子和特殊因子也服从正态分布，构造因子载荷和特殊方差的似然函数，求其极大值，得到唯一解，在样本较大时效果较好。

(4)广义最小二乘法。

(5)不加权最小平方法。

(6)α 因子提取法。

(7)映像因子法：既可以求相关矩阵，也可以求协方差矩阵。

(三)因子旋转

因子分析的目的不仅是找出公共因子，更重要的是给每个公共因子赋予专业意义，有时直接根据求得的因子载荷矩阵难以看出公共因子的含义。例如，可能同一个变量在多个公共因子上都有较大的载荷，也可能多个变量在同一个公共因子上都有较大载荷，说明该因子对多个变量都有较明显的影响作用。这种因子模型反而很难对因子的实际背景进行合理的解释。这时需要根据因子载荷的不唯一性，通过因子旋转的方法，使每个变量仅在一个公共因子上有较大的载荷，而对于公共因子而言，它在部分变量上的载荷较大，在其他变量上的载荷较小，表现在载荷矩阵中就是同一列(单个公共因子)数值两极分化，要么接近0，要么接近1。这时就突出了每个公共因子和其载荷较大的那些变量的联系，该公共因子的含义也就能通过这些载荷较大的变量做出合理的说明。

因子旋转方法有正交旋转和斜交旋转两类，正交旋转坐标轴在旋转过程中始终保持垂直，新生成的因子保持不相关性，斜交旋转坐标轴的夹角可以是任意度数，新生成的因子不能保持不相关性，但是速度更快，适用于大数据集。究竟选择何种方式进行因子旋转取决于研究问题的需要。如果因子分析的目的只是进行数据简化，而因子的确切含义是什么并不重要，就应该选择正交旋转。如果因子分析的目的是要得到理论上有意义的因子，就应该选择斜交旋转。事实上，研究中很少有完全不相关的变量，所以，从理论上看斜交旋转优于正交旋转。但是斜交旋转中因子之间的斜交程度受研究者定义的参数的影响，而且斜交旋转中所允许的因子之间的相关程度是很小的，因为没有人会接受两个高度相关的公共因子。如果两个因子确实高度相关，大多数研究者会选取更少的因子重新进行分析。因此，斜交旋转的优越性大打折扣。在实际研究中，正交旋转(尤其是 Varimax 旋转法)得到更广泛的运用。

正交旋转实际上就是对因子载荷矩阵做正交变换——右侧乘一个正交矩阵，根据这个正交矩阵的不同选取方式，构造出不同的旋转方法。

正交旋转方法通常有：

(1)方差最大正交旋转：使公共因子的相对载荷平方和达到最大。

(2)四次方最大正交旋转：可以尽量弄清楚每个变量在各个因子上的负荷情况，即让每个变量在某个因子上的负荷尽可能等于1，而在其他因子上的负荷则尽可能等于0。该方法可以增强第一因子的解释力，而使其他因子的效力减弱。可见四次方最大正交旋转法适合于找出一个最强效力的因子。

(3)最大平衡值法：是一种折中的做法，即尽可能简化因子，也可弄清楚负荷情况。其缺点是可能两方面都未照顾好。

斜交旋转法通常有：

(1)直接斜交转轴法：必须指定 Delta 值。该值的取值范围为0~-1，0值产生最高相关因子，大的负数产生旋转的结果与正交旋转接近。

(2)Promax 转轴法：比直接斜交旋转更快，因此更加适用于大数据集的因子分析。

旋转后的载荷矩阵各因子的方差贡献率发生了变化，但是总的贡献率不会改变，另外，旋转后的因子载荷发生了变化，也改变了因子得分。

(四)因子命名与计算因子得分

提取出因子之后，接下来就要对提取出的因子进行命名，然后结合因子得分进行专业解释，因子命名要根据最终确定的因子变量能同时解释多少原始变量，并结合专业来进行。

当因子载荷确定之后，可以根据因子分析模型计算各因子在每个样本上的具体数值，称为因子得分。每个样本的因子得分可以作为新变量进一步分析。由于因子个数要小于变量个数，无法精确计算出因子得分，只能对其进行估计，常用的估计方法有回归法，Bartlett 估计法，Anderson-Rubin 估计法。

(五)主要性质

因子分析是主成分分析的推广，也是一种把多个变量化为少数几个综合变量的多变量分析方法，其目的是用有限个不可观测的隐变量解释原始变量之间的相关关系。

因子性质主要表现在变量之间的关联度上，根据关联度可以划分为特殊因子和公共因子，利用因子分析，减少分析变量个数，通过对变量的相关关系探测，将原始变量进行分类。其中共同度 h_{i2} 表明 x 的第 i 个分量 x_i 对于 F 的每一分量 F_1，F_2，…，F_m 的共同依赖程度。它的值越大，依赖程度就越大，方差贡献 g_{j2} 是衡量公共因子相对重要性的指标。g_{j2} 越大，表明公共因子 F_j 对 x 的贡献越大，或者说对 x 的影响和作用就越大。

三、两者的联系与区别

(一)主要联系

两种方法的出发点都是变量的相关系数矩阵(或相似系数矩阵)，在损失较少信息的前提下，把多个变量(这些变量之间要求存在较强的相关性，以保证能从原始变量中提取主成分)综合成少数几个综合变量来研究总体各方面信息的多元统计方法，且这少数几个综合变量所代表的信息不能重叠，即变量间不相关。它们都属于多元分析中处理降维的统计方法。

(二)主要区别

1. 从概念上看

主成分分析是将多个指标化为少数互相无关的综合指标的统计方法。

因子分析是主成分分析的推广和发展，它也是将具有错综复杂关系的变量(或样品)综合为数量较少的几个因子，再现原始变量与因子之间的相互关系，同时根据不同因子还可以对变量进行分类。

2. 从基本思想上看

主成分分析是设法将原来众多具有一定相关性的指标重新组合成一组新的相互无关的综合指标来代替原来指标。

因子分析通过变量(或样品)的相关系数矩阵(对样品是相似系数矩阵)内部结构的研究，找出能控制所有变量(或样品)的少数几个随机变量去描述多个变量(或样品)之间的相关(相似)关系，这少数几个随机变量是不可观测的，通常称为因子。然后根据相关性(或相似性)大小将变量分组，使得同组内的变量(或样品)之间相关性(或相似性)较高但不同组内相关性(或相似性)较低。

3. 从数学模型上看

(1)主成分分析的数学模型实质上是一种变换，通过变量变换把注意力集中在具有较大变差的那些主成分上，而舍弃那些变差小的主成分；因子分析是把注意力集中在少数不可观测的潜在变量(即公共因子)上，而舍弃特殊因子。

(2)主成分分析是将主成分表示为原观测变量的线性组合。

$$F_i=a_{1i}X_1+a_{2i}X_2+\cdots+a_{pi}X_p(i=1,\ \cdots,\ p) \tag{13-11}$$

其实质是 p 维空间的坐标变换，不改变原始数据的结构。

因子分析则是描述原指标 X 协方差阵结构的一种模型。对原观测变量分解成公共因子和特殊因子两部分。

$$X_j=b_{j1}Z_1+b_{j2}Z_2+\cdots+b_{jm}Z_m+\varepsilon_j(j=1,\ \cdots,\ p) \tag{13-12}$$

当公共因子的个数 m = 原变量的个数 p 时就不能考虑 ε，此时因子分析也对应于一种变量变换。但在实际应用中 m 都小于 p，且为经济起见总是越小越好。

(3)主成分的各系数 a_{ij} 是唯一确定的、正交的。不可以对系数矩阵进行任何的旋转，且系数大小并不代表原变量与主成分的相关程度；而因子模型的系数矩阵是不唯一的，且该矩阵表明了原变量和公共因子的相关程度。

4. 从计算过程看

(1)主成分分析中可以通过可观测的原变量 X 直接求得主成分 F，并具有可逆性；其中 a_{ij} 是 X 的协差阵的特征值所对应的特征向量。因子分析中的载荷矩阵是不可逆的，只能通过可观测的原变量去估计不可观测的公共因子。b_{ij} 是因子载荷矩阵中的元素，是第 i 变量 X_i 与第 j 个公共因子 Z_j 的相关系数，即表示 X_i 依赖 Z_j 的分量，是第 i 变量在第 j 个公共因子上的负荷，它反映了第 i 变量在第 j 个公共因子上的相对重要性。ε_j 是第 j 个原观测变量的特殊因子，且此处的 X_i 与 Z_j 的均值都为 0，方差都为 1。

(2)公共因子得分的估计值等于因子得分系数矩阵与原观测变量标准化后的矩阵相乘的结果。

(3)主成分分析一般依据第一主成分的得分排名，若第一主成分不能完全代替原始变量，则需要继续选择第二个主成分、第三个主成分等。此时综合得分 = ∑(各主成分得分×各主成分所对应的方差贡献率)，主成分得分是将原始变量的标准化值，代入主成分表达式中计算得到。而因子分析的综合得分 = ∑(各因子得分×各因子所对应的方差贡献率)，因子得分是将原始变量的标准化值，代入因子得分函数中计算得到。

第三节　用 SPSS 软件进行主成分与因子分析

为解决自变量间存在的高度相关的关系，以至于回归结果不理想，需要进行进一步的主成分分析，这是考察多个变量间相关性的一种多元统计方法，研究如何通过少数几个主成分来揭示多个变量间的内部结构，即从原始变量中导出少数几个主成分，使它们尽可能多地保留原始变量的信息，且彼此间互不相关。通常数学上的处理就是将原来 P 个指标做线性组合，作为新的综合指标。简而言之，就是对原始变量里的数据进行信息降维，利用所提取出的新的主成分变量来重新进行分析，帮助我们得到更为科学和准确的结果。下面将详细解释在SPSS软件里对被告人被判处罚金数额、刑事拘留到逮捕的间隔天数、逮捕到一审判决的间隔天数、被告人犯罪时年龄、抢夺财物价值进行主成分分析的具体步骤。

一、进行主成分分析前的准备工作：原始数据的标准化处理

在进行主成分分析之前，各评价指标由于性质不同在量纲和数量级方面往往差异较大，为了保证统计结果的可靠性，本书对被告人被判处罚金数额(千元)、刑事拘留到逮捕的间隔天数(日)、逮捕到一审判决的间隔天数(日)、被告人犯罪时年龄(周岁)、抢夺财物价值(元)的原始指标数据进行了标准化处理。标准化处理的步骤为：

首先，在SPSS软件里打开"newcos. sav"数据文件。

然后，依次单击"分析"—"描述统计"—"描述"，弹出"描述"对话框。将"被告人被判处罚金数额(千元)""刑事拘留到逮捕的间隔天数(日)""逮捕到一审判决的间隔天数(日)""被告人犯罪时年龄(周岁)""抢夺财物价值(元)"依次放进"变量"框。见图13.1。

最后，勾选下方的"将标准化值另存为变量"，经过标准化处理的数据在数据视图中以"Z"开头出现(如图13.2所示)。

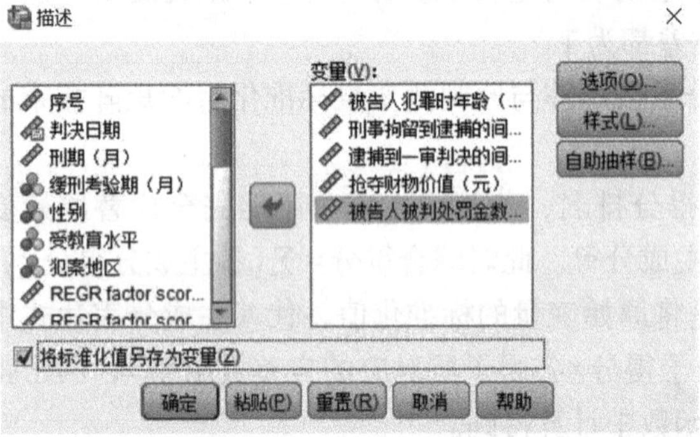

图13.1 "描述"对话框

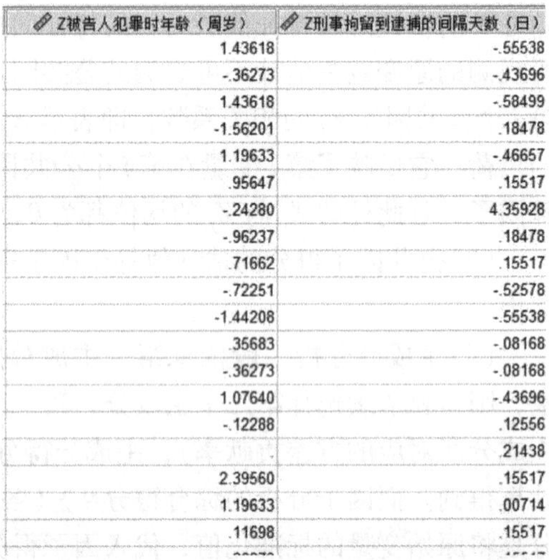

Z被告人犯罪时年龄（周岁）	Z刑事拘留到逮捕的间隔天数（日）
1.43618	-.55538
-.36273	-.43696
1.43618	-.58499
-1.56201	.18478
1.19633	-.46657
.95647	.15517
-.24280	4.35928
-.96237	.18478
.71662	.15517
-.72251	-.52578
-1.44208	-.55538
.35683	-.08168
-.36273	-.08168
1.07640	-.43696
-.12288	.12556
	.21438
2.39560	.15517
1.19633	.00714
.11698	.15517

图13.2 输出的标准化处理后的数据图

二、因子分析与主成分分析

因子分析通常包括以下四个主要步骤：

第一步，计算所有变量的相关矩阵，并进行*KMO*和巴特利特球形度检验。相关矩阵是因子分析直接要用的数据，根据计算出的相关矩阵还应该进一步判断应用因子分析方法是否合适，这一点我们下面再讨论。

第二步，提取因子。在这一步要确定因子的个数和求因子解的方法。

第三步，进行因子旋转。这一步的目的是通过坐标变换使因子解实际意义更容易解释。

第四步，计算因子值。因子值是各个因子在每个案例上的得分值，有了因子值可以在其

他的分析中使用这些因子。

三、在 SPSS 软件里的具体操作步骤

第一步，在 SPSS 软件里打开“newcos. sav”数据文件，然后依次单击“分析”—“降维”—“因子”，弹出“因子分析”对话框。将经过标准化处理后的“Zscore[(被告人犯罪时年龄(周岁)]”“Zscore[刑事拘留到逮捕的间隔天数(日)]”“Zscore[逮捕到一审判决的间隔天数(日)]”“Zscore[抢夺财物价值(元)]”“Zscore[被告人被判处罚金数额(千元)]”依次放进“变量”框。如图 13.3 所示。

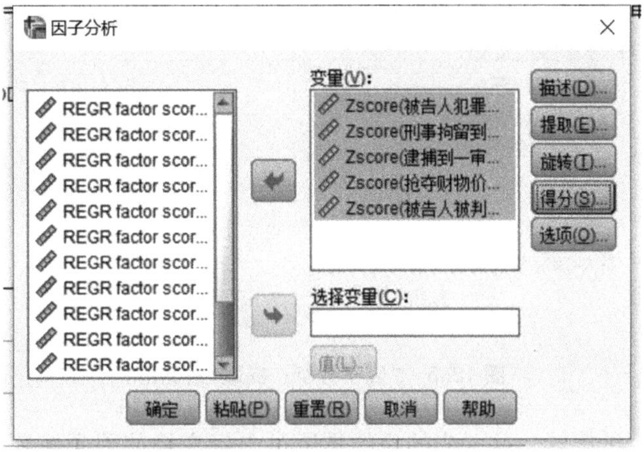

图 13.3　“因子分析”对话框

第二步，计算所有变量的相关矩阵，并进行 *KMO* 和巴特利特球形度检验，以进一步判断应用因子分析方法是否合适。点击“描述”，勾选我们想要进行的“相关性矩阵操作”，在本例中勾选“系数”和“*KMO* 和巴特利特球形度检验”，其中 SPSS 软件默认勾选选项为“初始解”。见图 13.4。

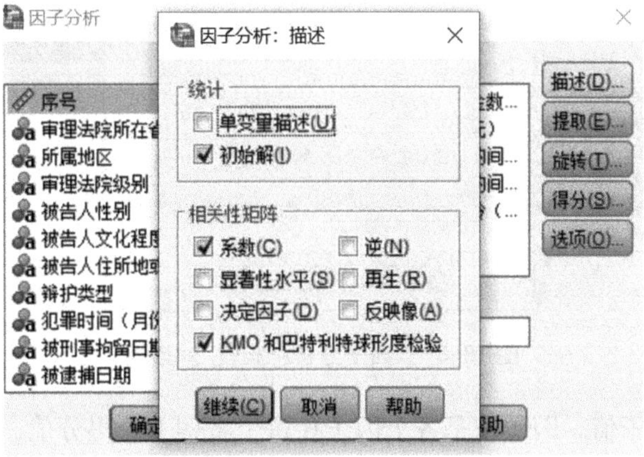

图 13.4　“因子分析：描述”对话框

第三步，提取因子，在这一步要确定因子的个数和求因子解的方法。在 SPSS 软件里点击“提取”选项，在方法中选择“主成分”，输出中可以勾选“未旋转因子解”和“碎石图”，基于特征值大于 1 来确定提取公共因子。见图 13.5。

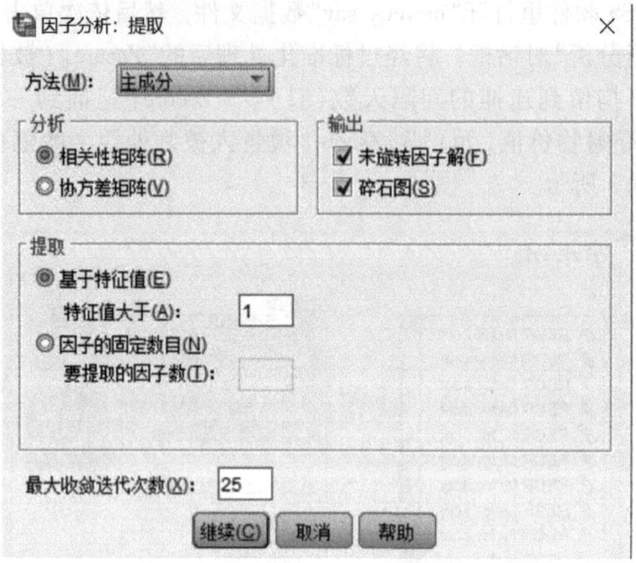

图 13.5 “因子分析：提取”对话框

第四步，进行因子旋转。这一步的目的是通过坐标变换使因子解实际意义更容易解释。点击“旋转”选项，在方法中可以根据研究需求来勾选相应的方法，在本案例中默认使用“无”。见图 13.6。

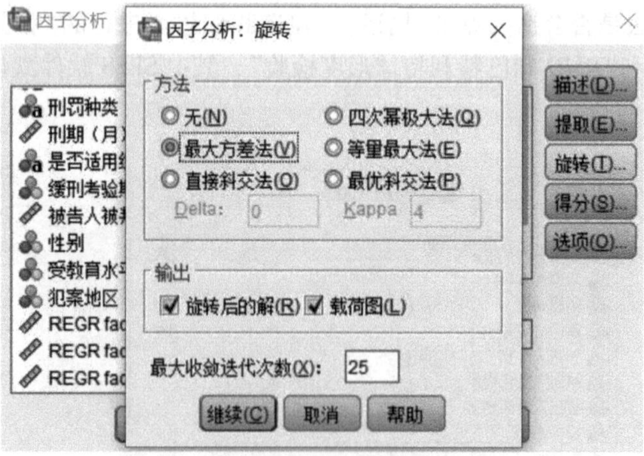

图 13.6 “因子分析：旋转”对话框

第五步，计算因子值。因子值是各个因子在每个案例上的得分值，有了因子值可以在其他的分析中使用这些因子。点击“得分”选项，在方法中选择“回归”，勾选“保存为变量”和“显示因子得分系数矩阵”，点击“继续”按钮。最后，再点击“确定”按钮。见图 13.7。

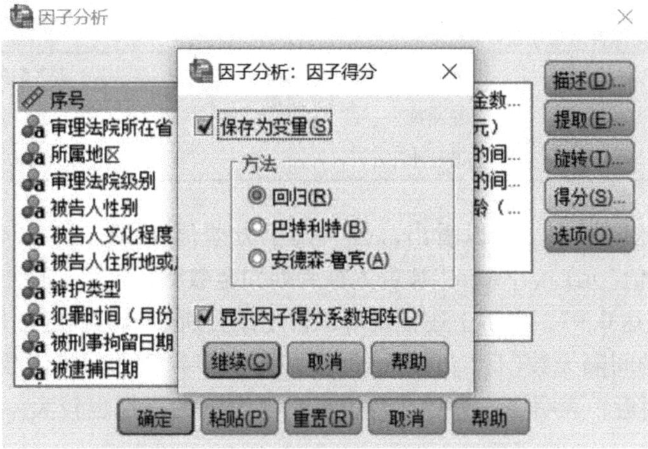

图 13.7　“因子分析：因子得分”对话框

四、输出结果及分析

经过上述 SPSS 软件操作步骤我们可以得到如下的输出结果。首先，是各变量间的相关性矩阵图，由表 13.1 可知，抢夺财物价值和被告人被判处罚金数额之间的相关系数较高，为 0.937，再次说明变量间确实存在着重复的信息。

表 13.1　相关性矩阵

		Zscore[被告人犯罪时年龄(周岁)]	Zscore[刑事拘留到逮捕的间隔天数(日)]	Zscore[逮捕到一审判决的间隔天数(日)]	Zscore[抢夺财物价值(元)]	Zscore[被告人被判处罚金数额(千元)]
相关性	Zscore[被告人犯罪时年龄(周岁)]	1.000	-0.161	-0.094	0.129	0.167
	Zscore[刑事拘留到逮捕的间隔天数(日)]	-0.161	1.000	-0.303	0.021	0.011
	Zscore[逮捕到一审判决的间隔天数(日)]	-0.094	-0.303	1.000	0.228	0.108
	Zscore[抢夺财物价值(元)]	0.129	0.021	0.228	1.000	0.937
	Zscore[被告人被判处罚金数额(千元)]	0.167	0.011	0.108	0.937	1.000

对所选取的 5 个变量的相关数据进行 *KMO* 和球形检验，判断因子是否适合主成分分析，见表 13.2。其中，*KMO* 统计量取值范围在[0，1]，*KMO* 统计量越小代表越不适合进行主成分分析，本案例样本的 *KMO* 值为 0.446，低于 0.5，可能是由于案例数据样本较小所导致的；球形检验的显著性水平值 $P \leqslant 0.05$，则认为相关系数矩阵并非单位矩阵，因此可以拒绝原假设，说明本案例样本数据可以进行主成分分析及因子分析。

表 13.2 *KMO* 和球形检验

KMO 取样适切性量数		0.446
球形检验	近似 χ^2	257.519
	自由度	10
	显著性水平	0.000

从表 13.3 的提取栏中，可以看出，公共因子方差值在 78% 和 97% 之间分布。其中，Zscore[抢夺财物价值(元)]、Zscore[被告人被判处罚金数额(千元)]的公共因子方差值均在 0.95 以上，最大值达 0.97，表示上述变量可以被主成分所表示的程度还是比较高的；Zscore[刑事拘留到逮捕的间隔天数(日)]、Zscore[逮捕到一审判决的间隔天数(日)]的公共因子方差值均在 0.78 附近，表明主成分对这两个变量所表示的程度也较大，但与其他变量相比相对较弱。

表 13.3 公共因子方差

	初始	提取
Zscore[被告人犯罪时年龄(周岁)]	1.000	0.881
Zscore[刑事拘留到逮捕的间隔天数(日)]	1.000	0.788
Zscore[逮捕到一审判决的间隔天数(日)]	1.000	0.786
Zscore[抢夺财物价值(元)]	1.000	0.970
Zscore[被告人被判处罚金数额(千元)]	1.000	0.953

提取方法：主成分分析法。

表 13.4 显示的是提取的主成分方差的总解释量，可以看出，模型主要提取出三个主成分。按照旋转的方差百分比和载荷平方和累积来说，其中成分 1、成分 2 与成分 3 分别解释了数据总方差的 40.627%，25.479%，21.445%，提取出的三个公共因子对原始变量总方差的解释贡献率累积达到 87.550%，超过 85%，说明方差贡献率较大，公共因子可以很好地解释总方差。

表 13.4 总方差解释

成分	初始特征值			提取载荷平方和		
	总计	方差百分比	累计百分比	总计	方差百分比	累计百分比
1	2.031	40.627	40.627	2.031	40.627	40.627
2	1.274	25.479	66.105	1.274	25.479	66.105
3	1.072	21.445	87.550	1.072	21.445	87.550
4	0.569	11.371	98.922			
5	0.054	1.078	100.000			

提取方法：主成分分析法。

图 13.8 显示了进行降维处理的各成分对变量解释程度的碎石图结果，各因子特征值随因子个数变化的散点图再次体现了前两个主成分的重要性。本书在此使用实际中应用最为普遍的确定因子个数的方法——特征值法则，即选取特征值大于等于 1 的主成分作为初始因

子，放弃特征值小于 1 的主成分。如图 13.8 所示，从第一个因子开始，曲线迅速下降，自第三个点开始曲线开始变平缓。因此，可提取的最大因子数以三个较为合适。

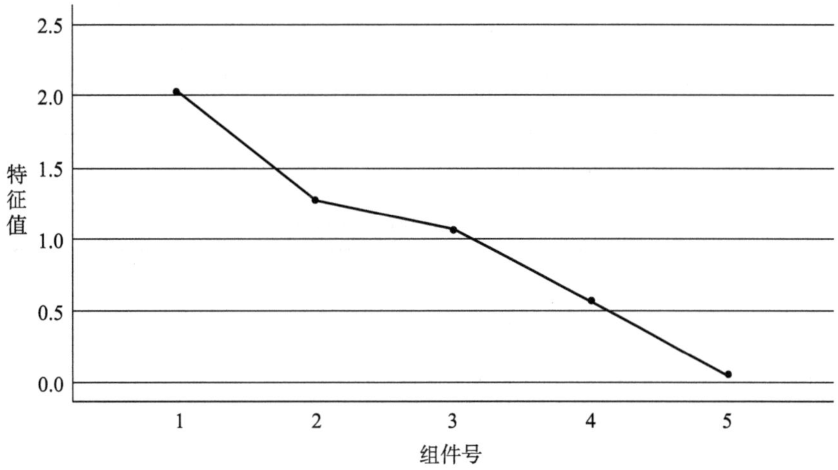

图 13.8 碎石图

接下来，为了更好地探索所提取的主成分因子与观测变量之间的关系，增加因子负载的分离度，以更好的解释所提取的主成分因子。本书在此使用因子旋转方法中应用更为广泛的最大方差法①来分析观测变量与旋转后的各因子之间的相关系数。由表 13.5 可以看到，成分 1 分别提取并解释了 Zscore[抢夺财物价值(元)]、Zscore[被告人被判处罚金数额(千元)]最多的信息，均达到 95%的信息以上，其他三个变量的信息提取相对较少。因此，提取的第一个主成分可以代表与资金有关的相关变量。成分 2 主要解释了 Zscore[刑事拘留到逮捕的间隔天数(日)]、Zscore[逮捕到一审判决的间隔天数(日)]的信息，分别达到 84%、71%。因此，提取的第二个主成分可以代表与判决间隔天数相关的信息。成分 3 主要解释了 Zscore[被告人犯罪时年龄(周岁)]89.9%的信息。

表 13.5 成分矩阵[a]

	成分		
	1	2	3
Zscore[被告人犯罪时年龄(周岁)]	0.263	−0.059	0.899
Zscore[刑事拘留到逮捕的间隔天数(日)]	−0.105	0.840	−0.269
Zscore[逮捕到一审判决的间隔天数(日)]	0.321	−0.710	−0.422
Zscore[抢夺财物价值(元)]	0.968	0.142	−0.110
Zscore[被告人被判处罚金数额(千元)]	0.954	0.203	−0.024

提取方法：主成分分析法。a. 提取了 3 个成分。

各变量使用最大方差法进行主成分分析的旋转后的成分得分系数矩阵、成分转换矩阵、未经旋转的成分得分系数矩阵、成分得分协方差矩阵，如表 13.6~13.9 所示。根据旋转后的系数

① 最大方差法(varimax)从简化因子负载矩阵的每一列出发，使和每个因子相关的负载平方的方差最大。该方法最直观的意义就是经过因子旋转后的每个成分上的负载尽可能拉大距离，一部分变量负载趋于±1，另一部分负载趋于 0，忽略不计。

矩阵表中的各因子值系数乘对应变量的标准化值，可以计算得到三个主成分的表达式。

$$F_1=0.123Zx_1+0.119Zx_2+0.209Zx_3+0.982Zx_4+0.970Zx_5$$
$$F_2=0.014Zx_1-0.808Zx_2+0.803Zx_3+0.075Zx_4+0.003Zx_5$$
$$F_3=0.931Zx_1-0.347Zx_2-0.312Zx_3+0.028Zx_4+0.106Zx_5$$

其中，Zx_1、Zx_2、Zx_3、Zx_4、Zx_5分别代表经过标准化处理后的变量被告人犯罪时年龄(周岁)、刑事拘留到逮捕的间隔天数(日)、逮捕到一审判决的间隔天数(日)、抢夺财物价值(元)、被告人被判处罚金数额(千元)。

表 13.6 旋转后的成分矩阵[a]

	成分		
	1	2	3
Zscore[被告人犯罪时年龄(周岁)]	0.123	0.014	0.931
Zscore[刑事拘留到逮捕的间隔天数(日)]	0.119	-0.808	-0.347
Zscore[逮捕到一审判决的间隔天数(日)]	0.209	0.803	-0.312
Zscore[抢夺财物价值(元)]	0.982	0.075	0.028
Zscore[被告人被判处罚金数额(千元)]	0.970	0.003	0.106

提取方法：主成分分析法。旋转方法：凯撒正态化最大方差法。

a. 旋转在 4 次迭代后已收敛。

表 13.7 成分转换矩阵

成分	1	2	3
1	0.966	0.207	0.152
2	0.221	-0.972	-0.078
3	-0.131	-0.109	0.985

提取方法：主成分分析法。

旋转方法：凯撒正态化最大方差法。

表 13.8 成分得分系数矩阵

	成分		
	1	2	3
Zscore[被告人犯罪时年龄(周岁)]	0.004	-0.020	0.850
Zscore[刑事拘留到逮捕的间隔天数(日)]	0.129	-0.624	-0.307
Zscore[逮捕到一审判决的间隔天数(日)]	0.081	0.618	-0.320
Zscore[抢夺财物价值(元)]	0.499	0.002	-0.037
Zscore[被告人被判处罚金数额(千元)]	0.492	-0.055	0.037

提取方法：主成分分析法。旋转方法：凯撒正态化最大方差法。组件得分。

表 13.9 成分得分协方差矩阵

成分	1	2	3
1	1.000	0.000	0.000
2	0.000	1.000	0.000
3	0.000	0.000	1.000

提取方法：主成分分析法。

旋转方法：凯撒正态化最大方差法。组件得分。

参 考 文 献

[1]贾俊平，何晓群，金勇进．统计学(第五版)[M]．北京：中国人民大学出版社，2018.

[2]郭志刚．社会统计分析方法——SPSS 软件应用(第二版)[M]．北京：中国人民大学出版社，2015.

[3]罗应婷，杨钰娟．SPSS 软件统计分析——从基础到实践(第二版)[M]．北京：电子工业出版社，2010.

[4]张文彤，董伟．SPSS 软件统计分析高级教程(第 3 版)[M]．北京：高等教育出版社，2018.

[5]时立文．SPSS 软件 19.0 统计分析从入门到精通[M]．北京：清华大学出版，2012.

[6]戴维·R. 安德森，等．商务与经济统计(原书第 11 版)[M]．北京：机械工业出版社，2012.

[7]Sincich T. 例解商务统计学(第 5 版)[M]．陈鹤琴，译．北京：清华大学出版社，2001.

[8]詹姆斯·R. 埃文斯．商业统计学精要[M]．潘文，丁海山，译．北京：中国人民大学出版社，2004.

[9]David Hoaglin，Frederick Mosteller，John W. Tukey. 探索性数据分析[M]．陈忠琏，郭德瑷，杨振海．北京：中国统计出版社，1998.

[10]David A. Freedman. 统计模型：理论和实践(原书第 2 版)[M]．吴喜之，译．北京：机械工业出版社，2019.

[11]杰拉德·凯勒．统计学：在经济和管理中的应用(第八版)[M]．李君，冯丽君，译．北京：中国人民大学出版社，2012.

[12]David Freedman，等．统计学[M]．魏宗舒，等，译．北京：中国统计出版社，1997.

[13]李金昌，苏为华．统计学(第五版)[M]．北京：机械工业出版社，2019.

附录一

《法学定量研究方法》调研报告

网络音乐作品付费会员制与版权保护的现状研究——以中国政法大学在读大学生为例

黄诗祺　武新阳　谢树涛　余迪雅　周　芳①

执行小结

音乐软件作为数字化音乐传播和消费的新媒介，是数字音乐商业活动的主要平台，也是数字音乐产业链中的重要环节。音乐、网络科技与知识产权法律之间的相互作用和影响都体现在音乐软件中的项目实践活动过程中。为研究自网络音乐作品付费会员制设立以来，公众对于该项制度的应对措施以及音乐作品著作权受重视和保护的程度，我们以中国政法大学学生为对象设计出调查问卷，并于 2019 年 10 月在中国政法大学的校园进行了线上和线下的问卷发放与回收。通过分析数据信息，我们发现：有超过 70%的大学生选择在音乐平台上付费；网络音乐平台对音乐作品版权的争夺和垄断造成单一平台无法满足音乐需求的现象；超过 95%的大学生对于付费会员制有利于版权保护持肯定态度。对此，我们给出如下建议：①建立公开、透明的下载付费费用制定标准；②发挥中国音乐著作权协会（以下简称“音著协”）实际作用，治理市场乱象；③培养互联网用户的付费意识。

① 以上学生均为中国政法大学刑事司法学院硕士研究生。

一、调查背景

音乐软件借助网络的开放性，迅速成为一种替代传统唱片消费的音乐传播和商业新平台。

在由唱片时代向数字时代迈进的初期，中国数字音乐经历了近十年的免费获取、下载和传播的野蛮生长时期。数字网络技术的飞速发展，使得复制、传播、保存音乐作品的成本大大降低，在为正版音乐提供便利传播渠道的同时，也为盗版音乐增加了新的传播途径。在2004年至2013年间，市场对音乐版权保护的规则尚未得到有效建立，对音乐版权的侵权行为泛滥。除了缺少严格的管理制度外，另一个重要的原因就是存在广泛的消费市场。盗版音乐便宜，甚至免费，吸引了很多音乐爱好者前来下载歌曲。这些渠道的存在与消费者需求有着紧密的联系，有的消费者为了省去充值音乐会员和购买专辑的费用，转而寻求各种便宜或者免费的渠道。

2013年7月1日开始，音乐版权正式走向了正版化，网络音乐下载开始收费。2015年7月8日，国家版权局发布了《关于责令网络音乐服务商停止未经授权传播音乐作品的通知》，通知要求网络音乐服务商停止未经授权传播音乐作品。在线音乐付费使用模式慢慢地从无到有，从边界走向主流。

2015年，国家版权局版权管理司相关负责人答《中国新闻出版广电报》记者问中，相关负责人介绍："加强网络保护并不是要求网络音乐全面收费，目前的网络音乐服务商只针对少数高品质音乐、首发音乐或者无广告播放服务，且多为包月形式，收费数额较低(平均每月不到10元)，并未给用户增加过多负担。"①但是，当下仍然存在非授权分享传播免费网络音乐资源的现象，公民是否愿意付费与付费率决定了网络音乐作品付费会员制对推动知识产权保护的作用大小。

二、调查设计

本次调查采用通过线上和线下相结合的方式发放问卷，针对中国政法大学的学生对于每周听音乐时长、音乐平台费用支出、关于版权保护的态度等问题进行了调查。该问卷(详见附录)共16题，含11道选择题、2道填空题(均为填数字)和3道量表题。

(一)调查方法

就调研设计的类型而言，本次调查属于探索性调研与描述性调研相结合。就问卷调查方式而言，我们在线下和线上均发放了问卷。就样本设计而言，考虑到时间、成本等因素，结

① 方圆．加强网络音乐版权保护不等于全面收费[N]．中国新闻出版广电报，2015-8-14(1).

合实际情况，我们在中国政法大学学院路校区内，按照学校男女比例，发放问卷合计 160 余份。

（二）样本选取

1. 有效样本筛选

从数据完整性和准确性角度出发，我们去除了因漏填、错填导致的无效问卷 39 份，筛选得到有效问卷 121 份。

2. 受访者基本信息

（1）性别分布（见附图 1.1）

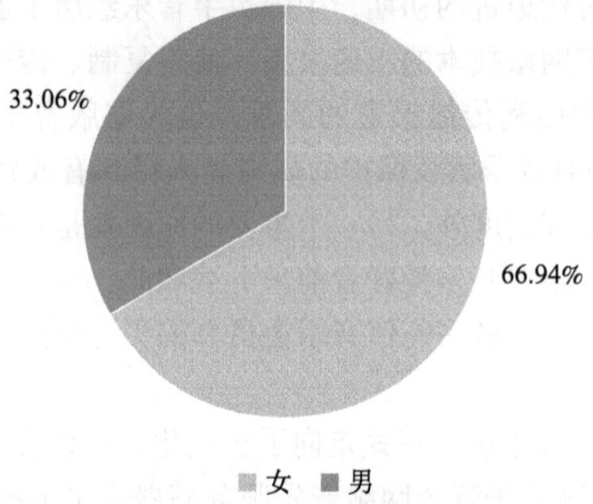

附图 1.1　调查对象性别分布图

在 121 份有效问卷中，包含女性 81 人，男性 40 人。根据中国政法大学 2019 年新生入学统计数据显示，本科生的男女比例为 3∶7，研究生（硕士和博士）的男女比例为 1∶2，结合此次样本容量，基本符合本校统共的男女比例。

（2）年级分布（见附图 1.2）

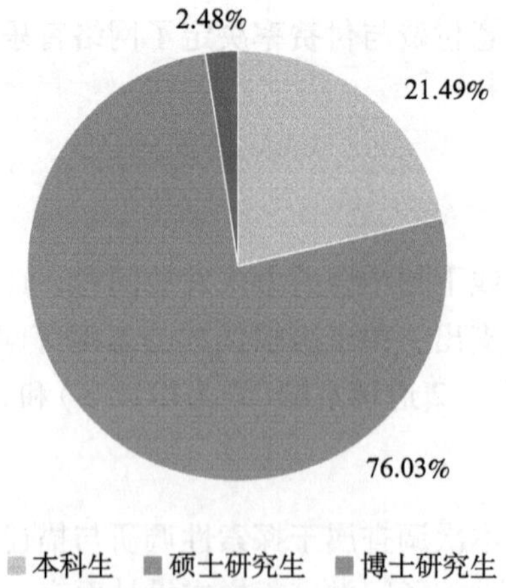

附图 1.2　调查对象年级分布图

受访者的年级覆盖了本科三年级至博士一年级，但由于是非概率抽样，此次硕士研究生的比例占据了76.03%。

(3)专业分布(见附图1.3)

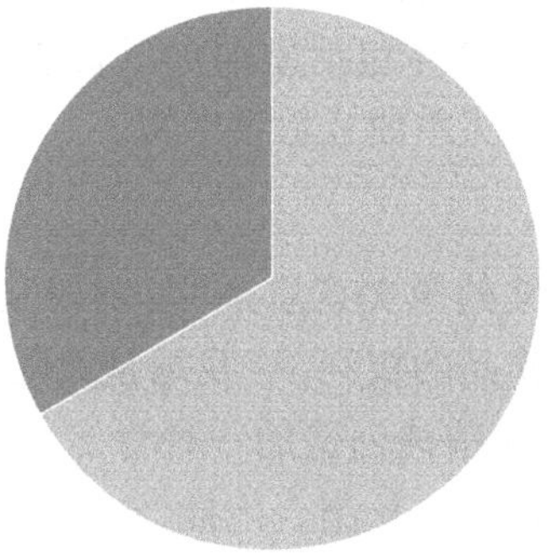

附图1.3 调查对象专业分布图

本次问卷调研中，法学专业的样本共计104份，非法学专业的样本共计17份，鉴于研究生占据了此次调查的大部分比例，该问卷分数基本符合统共的专业人数比例。

(三)报告术语界定

1. 网络音乐作品

网络音乐作品，是指在互联网以及无线网络中进行传播，并以数字的形式储存的一种作品。[①] 其优点在于传播更为方便快捷，且作品质量也能保存较为完好。相比于传统的音乐作品，网络音乐作品的著作权具有主体的广泛性、权利客体的高度灵活性、权利内容的特有性，以及权利特征的超常规性等显著特征。网络音乐作品其实是对原始作品的复制，与传统音乐作品在本质上没有差别，其显著特征在于不具有发行权的权利基础，很容易被非法复制、使用和传播；且许可使用复杂，侵权认定的争议性较大。

2. 流媒体音乐平台

流媒体音乐平台是指经营以流式传输的方式在网络播放的媒体音乐格式的平台。商家用一个视频传送服务器把节目当成数据包发出，传送到网络上。用户通过解压设备对这些数据进行解压后，节目就会像发送前那样显示出来。[②] 目前中国市场较大的音乐平台有QQ音乐、网易云音乐等，国外以Apple Music为代表的音乐平台广为知悉。

3. 网盘类资源分享平台

网盘，又称网络U盘、网络硬盘，是由互联网公司推出的在线存储服务。服务器机房为用户划分一定的磁盘空间，为用户免费或收费提供文件的存储、访问、备份、共享等文件

① 周亦欣．网络音乐作品著作权保护中的问题及对策[J]．法制与社会，2015(31)：64-65.

② 金海军．流媒体音乐的著作权许可与付费问题——美国的最新发展与借鉴[J]．电子知识产权，2018(8)：12-21.

管理等功能。用户只要连接到因特网，就可以管理、编辑网盘里的音乐文件，不需要随身携带，更不怕丢失。目前具有代表性的网盘类终端包括百度网盘、360 云盘等。

4. 付费会员制

网络音乐作品下载付费会员制，是指在网络环境下，用户通过网络传输下载音乐作品，同时向网站缴纳相应费用的行为。具体包括缴纳会员费成为平台 VIP 享受高品质音乐、播放或下载会员音乐作品等特权；购买单曲或数字专辑。

5. 版权保护

版权是英美法系的概念，英文的原文意思是“复制权”，是指作者的智慧的结晶，且未经版权所有人的许可而不得复制作品的权利。[①] 我国是大陆法系国家，我国通常将版权称为“著作权”，是法律对于知识产权人精神创造的一种肯定与支持。版权具有专属性，对于知识产权人来说，版权是其享有的使用、复制、传播作品的权利。我国将版权等同于著作权，对于音乐作品的版权保护，主要是指我国的知识产权法律法规对音乐作品的复制、传播等权利的保护。

三、调查结果

(一)大学生听音乐情况梳理

1. 流媒体音乐平台是大学生听音乐的主要渠道(见附表 1.1)

附表 1.1　听音乐渠道统计表

	人数	百分比
合计	134	100%
流媒体音乐平台	119	88.8%
网盘类资源分享平台	8	6.0%
CD、磁带等传统唱片	4	3.0%
其他	3	2.2%

结果显示，流媒体音乐平台(如酷狗音乐、QQ 音乐、酷我音乐、网易云音乐、虾米音乐等)是大学生听音乐的主要渠道(88.8%)，其他渠道人数差别不大。其中，网盘类资源分享平台(百度网盘、360 云盘等)位居次席，仅占据 6%；CD、磁带等传统唱片是排名第三的渠道，占据 3%。此外，有 3 名同学选择了“其他”(2.2%)，分别注解道“电台”“综艺节目”和“微博”。

① 常诗竞．版权保护背景下的数字音乐传播策略研究[J]．传播力研究，2019，3(27)：35.

2. 流媒体音乐平台上，人均时长为 8.399 小时（见附表 1.2）

附表 1.2 听音乐时长统计表

N	有效	121
	缺失	0
	均值	8.339
	均值的标准误差	0.864 4
	中值	5.000
	众数	3.0
	标准差	9.508 3
	方差	90.408
	偏度	2.493
	偏度的标准误差	0.220
	峰度	8.219
	峰度的标准误差	0.437
	全距	60.0
	极小值	0.0
	极大值	60.0
	和	1 009.0
百分位数	25	3.000
	50	5.000
	75	10.000

通过上表可知，受访者听音乐时长差异较大。听音乐的最低时长为 0 小时/周，最高时长为 60 小时/周。平均时长为 8.339 小时/周，中位数为 5 小时/周，众数为 3 小时/周，只有 1/4 的人每周听音乐的时长超过了 10 小时。

在箱线图（见附图 1.4）中，硕士研究生听音乐的时长偏低。硕士和博士研究生的上下差距较大，相比之下说明本科生每周听音乐时长相对集中。同时，本科生和硕士研究生野点较多，说明在较高的时长分段内有断层现象。

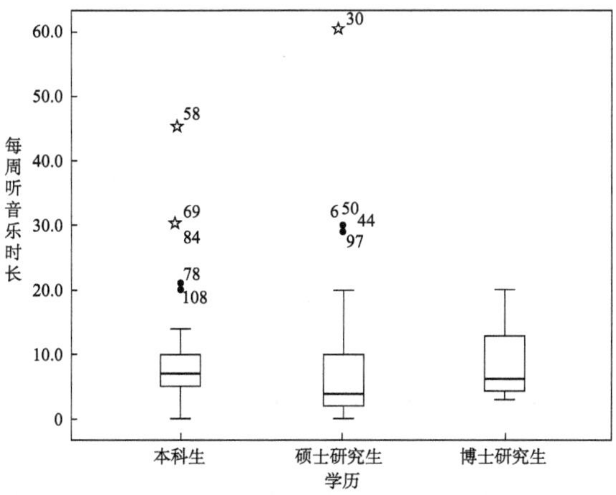

附图 1.4 学历与每周听音乐时长箱线图

在箱线图附图 1.5 中，整体看来，法学与非法学专业的学生听音乐时长差别不大。前者较后者的时长稍少一些，但法学专业的野点较多，在较高时长的分段内有断层现象。

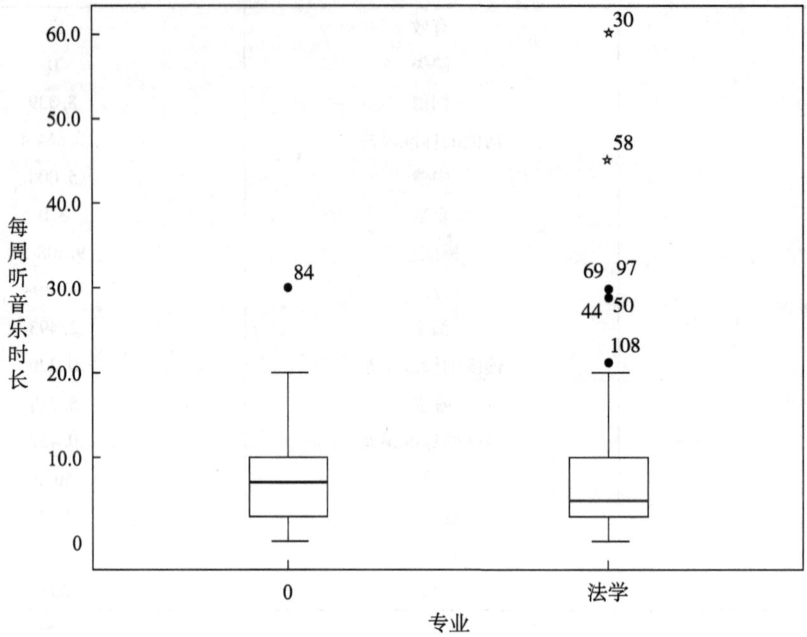

附图 1.5　专业与每周听音乐时长箱线图

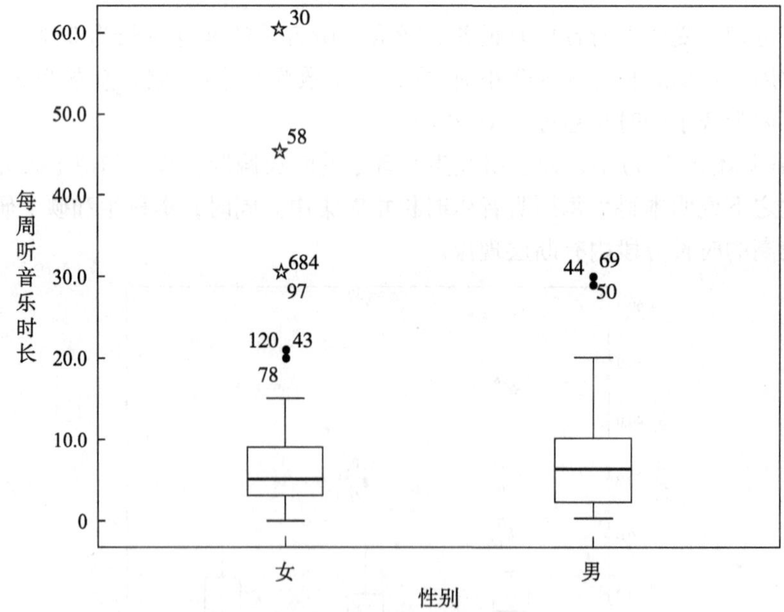

附图 1.6　性别与每周听音乐时长箱线图

由附图 1.6 可知，男性较女性的听音乐时长更长一些，但女性在较高时长的分段内断层现象更严重。

3. 有超过70%的大学生选择在流媒体音乐平台上付费(见附图1.7)

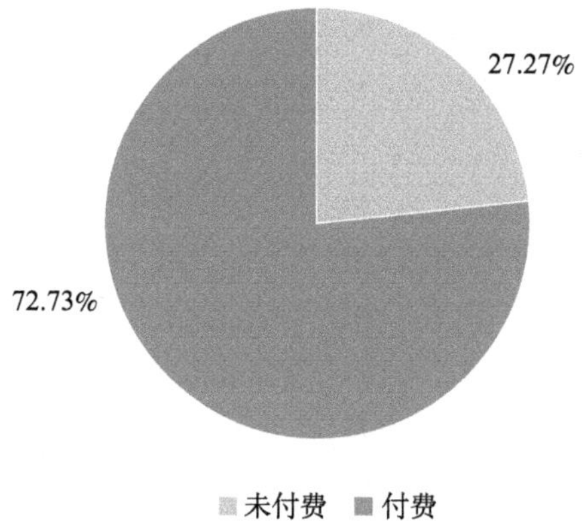

附图1.7 大学生在流媒体音乐平台是否付费的比例饼状图

(二)大学生在流媒体音乐平台的付费情况

1. 流媒体音乐平台上的人均费用支出超过70元(见附表1.3)

附表1.3 大学生每年在流媒体音乐平台上的费用支出统计表 单位:元

N	有效	88
	缺失	0
	均值	70.86
	均值的标准误差	7.308
	中值	50.00
	众数	20[a]
	标准差	68.556
	方差	4 699.912
	偏度	1.403
	偏度的标准误差	0.257
	峰度	1.697
	峰度的标准误差	0.508
	全距	298
	极小值	2
	极大值	300
	和	6 236

续表

百分位数	10	10.00
	20	20.00
	25	20.00
	30	20.00
	40	30.00
	50	50.00
	60	70.80
	70	100.00
	75	100.00
	80	120.00
	90	173.00

注：a 存在多个众数，显示最小值。

通过上表可以看出，大学生每年在流媒体音乐平台上的平均费用支出是 70.86 元，接近于目前平台会员的包年价格；极小值是 2 元，基本相当于一首单曲的价格，极大值是 300 元，相当于四大音乐平台的会员包年价格；值得注意的是上表中低于中位数 50 的学生在平台消费跨度不大，基本集中在 20~30 元，高于中位数的学生在平台消费跨度较大。

2. 大学生在流媒体音乐平台付费形式没有明显的偏向性(见附表 1.4)

附表 1.4　大学生在流媒体音乐平台的付费形式统计表

	人数	百分比
合计	124	100%
充值会员	57	46.0%
购买单曲或数字专辑	67	54.0%

由上表可知，大学生在流媒体音乐平台上的付费形式没有明显的差别，购买单曲或数字专辑的人数稍高一些。

3. 网络音乐平台对音乐作品版权争夺造成单一平台无法满足音乐需求(见附图 1.8)

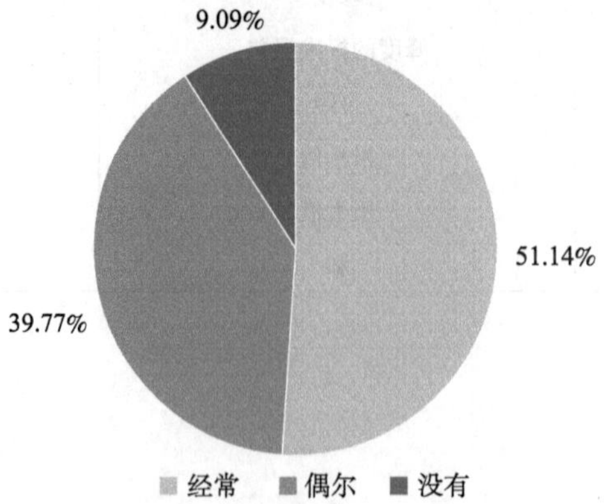

附图 1.8　是否遇到在甲平台充值后想听的歌只能在乙平台上听的情况

由上图可以看出，超过 50%的人经常遇见单一平台无法满足音乐需求的情况，仅有 9.09%的人没有遇到过该种情形。根据目前我国对于数字音乐作品版权保护的规定，网络音乐平台必须要获得版权，这就导致各大网络音乐平台的版权授权争夺，增加网络音乐平台的成本，对于消费者来说，听众必须要下载多个网络音乐平台 App，仅充值一个平台的会员不再能满足需求。

4. 音乐平台音乐版权竞争力直接影响到平台的盈利(见附表 1.5)

附表 1.5 在遇到单一平台充值后无法满足需求后的做法统计表

	人数	百分比
合计	106	100%
充值乙平台的会员（包括单独购买该歌曲）	30	28.3%
寻找免费资源	37	34.9%
不听该歌	39	36.8%

通过上表可知，三种做法的人数差别不明显，值得关注的是仅有将近 1/3 的人选择充值，而其余 2/3 或积极寻求免费资源，或消极选择不听该歌。所以从音乐平台商家的角度来讲，只有抢夺到更多的音乐作品版权，才能保证自家平台的影响力，且如若具有版权的音乐作品数量不够多，由于消费者不会再在第二家平台进行消费，这部分版权音乐能给平台带来的盈利作用也不大。

5. 流媒体音乐平台在音乐版权上的优势是大学生愿意在平台付费的主要原因(见附表 1.6)

附表 1.6 大学生愿意在流媒体音乐平台付费的原因统计表

	人数	百分比
合计	170	100%
注重知识产权保护，支持正版音乐	52	30.6%
被会员专享音乐特权吸引（如下载高品质无损音乐等）	38	22.4%
为偶像打榜	32	18.8%
免费资源较难寻找	42	24.7%
其他	6	3.5%

结果显示，大学生群体愿意在平台付费的原因首先是注重音乐版权保护，支持正版音乐(30.6%)，第二大原因在于免费的资源较难找(24.7%)，享受音乐特权(22.4%)以及为偶像打榜(18.8%)同样也是较高的消费理由。此外，有 6 名同学选择了“其他付费原因”(3.5%)，分别注解道“很多歌不付费就没办法听”“平台能听的歌相对较多”“喜欢用主流音乐平台 App，觉得这样听歌比较方便”“懒”“对软件的资金支持”以及“花钱省事”。报告小组认为，前两个回答可以归纳总结为音乐平台具有垄断性地位，我们未考虑到这一原因是问卷设置时的不足；“喜欢用主流音乐 App”和“对软件的资金支持”表现了音乐平台自身的优越性，报告小组由于只注重音乐作品而忽视了平台本身的优点，也是问卷设置时的不足；其余两个回答(“懒”和“花钱省事”)可以看出，选项“免费的资源相对难找”设置得不够严密，调查对象的回答与其有重合，但也不完全相同。

6. 大学生对音乐平台单曲或数字专辑和会员定价整体上比较满意(见附表1.7和附表1.8)

附表1.7 大学生对于音乐平台上单曲或数字专辑定价合理性的评价统计表

	人数人数	百分比
合计	88	100%
1	7	8.0%
2	7	8.0%
3	33	37.4%
4	31	35.2%
5	10	11.4%

附表1.8 大学生对于音乐平台上会员定价合理性的评价统计表

	人数	百分比
合计	88	100%
1	3	3.4%
2	9	10.2%
3	33	37.5%
4	28	31.9%
5	15	17.0%

由附表1.7及附表1.8可以看出，对于单曲(或数字专辑)以及会员的定价，满意度较好(评价为3~5分，满分5分)合计百分比均超过了80%，说明大学生对于定价的设置持有较好的态度，且对于会员与单曲(或数字专辑)的定价设置，满意度几乎没有差别。

(三)大学生未在音乐平台付费的情况

1. 个人客观因素是不在音乐平台付费的主要原因

附表1.9 大学生不曾在音乐平台上付费原因统计表

	人数	百分比
合计	52	100%
听歌不频繁，没必要	15	28.8%
平台现有免费歌曲已满足需要	22	42.3%
平台收费不合理	4	7.7%
有较多免费资源获得途径	10	19.3%
其他	1	1.9%

结果显示，大学生群体不愿意在平台付费的原因首先是现有免费歌曲已经满足需要(42.3%)，第二大原因在于听歌不频繁，没必要(28.8%)。以上两个原因合计71.1%，表明由于个人客观因素不进行平台付费的权重比较大。需要注意的是，仍有19.3%的人群认为目前已有较多的免费途径可以获取到资源便不再进行付费。由此观之，音乐作品本身具有较强的可复制性和传播便捷的优势，导致盗版音乐仍然是一个比较严重的问题。最后，7.7%的人群认为平台的收费制度不合理，可以看出，在影响消费群体选择付费与否时，音乐平台收费制度的合理性问题并不占主导地位。此外，有1名同学选择了“其他不付费原

因”，注解道“穷”，报告小组认为其同样也属于个人客观因素。

2. 音乐平台收费设置在不曾在平台付费的大学生人群中影响很小(见附图 1.9)

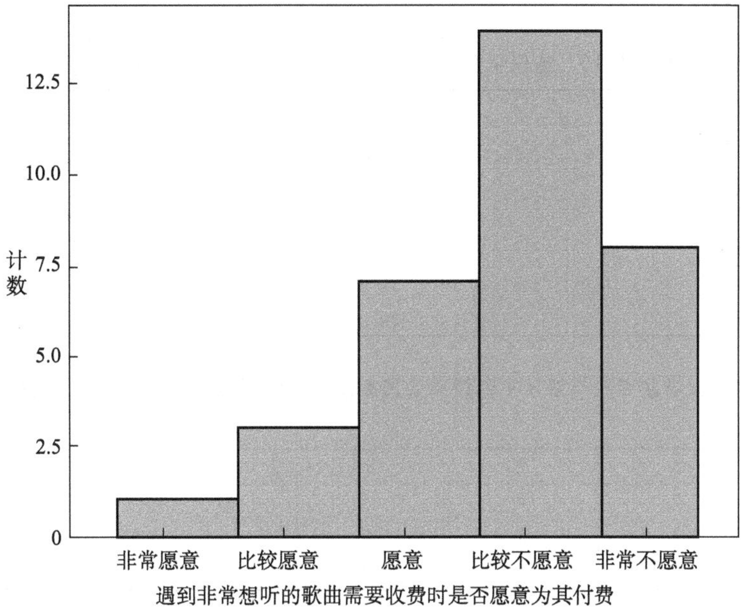

附图 1.9 未在音乐平台付费的大学生遇到非常想听的歌曲是否愿意付费条形图

通过上图可以看出，在不付费的人群中，“比较不愿意”和“非常不愿意”的占据了多数，即音乐作品本身对于选择不付费的人群并不具有较大的吸引力，故如若进行收费设置在此人群中不会有较大的变化。

3. 未曾在音乐平台付费的大学生主要选择寻找免费资源作为替代措施(见附图 1.10)

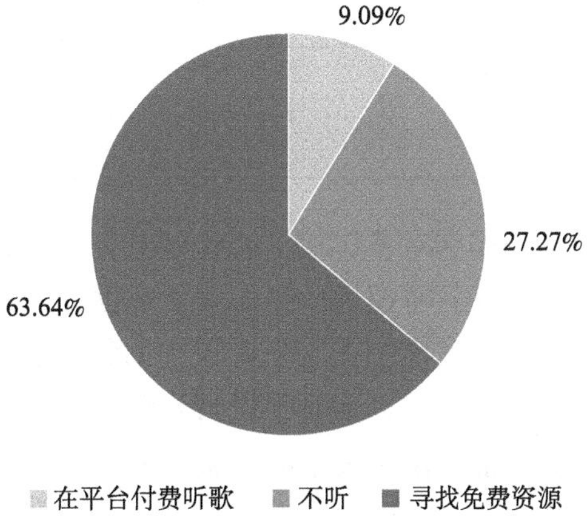

附图 1.10 未在音乐平台付费的大学生遇到非常想听的歌曲后的做法饼状图

由上图可以看出，在上述情形下的替代性措施，大部分人群会选择寻找免费资源，这同样也不利于版权保护。

(四)音乐作品版权保护的现状分析

1. 超过95%的大学生对于音乐平台付费会员制有利于版权保护持肯定态度(见附表1.10和附表1.11)

附表1.10 音乐平台付费会员制是否有利于版权保护统计表

	人数	百分比
合计	121	100%
1	2	1.7%
2	4	3.3%
3	25	20.7%
4	51	42.1%
5	39	32.2%

附表1.11 大学生专业与音乐平台付费会员制是否有利于音乐作品版权保护问题的交叉表

单位：人

	1	2	3	4	5	
合计	2	4	25	51	39	121
非法学	1	1	4	5	6	17
法学	1	3	21	46	33	104

总体来看，有95%的大学生对于“音乐平台付费会员制是否有利于版权保护”这一问题有较为肯定的态度(评价3~5分)，且专业的不同，即法学和非法学专业的选择在该方面几乎没有差别，所以，在大学生群体中音乐平台付费的设置在一定程度上的确有利于版权的保护。

2. 法学专业学生对于音乐作品著作权了解程度更深(见附表1.12)

附表1.12 大学生对音乐作品著作权了解程度统计表

单位：人

	1	2	3	4	5	
合计	3	18	50	40	10	121
非法学	2	5	8	1	1	17
法学	1	13	42	39	9	104

由上表可以看出，专业的不同在对著作权了解程度上有着明显的区别：法学专业对于音乐作品著作权的了解程度相对较好，有超过2/3的人了解程度达到了3或4，而对比非法学专业，对音乐作品著作权的了解程度集中在了2或3。由此推之，非法学专业的群体对于音乐作品著作权相关的知识了解是不够的，这对于提高公众维护版权意识也留有较大的空间。

3. 学历和专业对了解国家加强在音乐版权方面的保护影响较小(见附表1.13)

附表1.13 大学生对国家加强对音乐作品版权保护的了解程度统计表

	人数	百分比
合计	121	100%
非常了解	7	5.8%
比较了解	39	32.2%

续表

	人数	百分比
了解	24	19.8%
不太了解	48	39.7%
不了解	3	2.5%

总体来看，大学生对国家加强对音乐作品版权保护的了解程度有着较为明显的分别，即了解(非常了解、比较了解和一般了解)与不了解(不太了解和不了解)的比例达到了3∶2。

附表1.14 基于版权保护的付费原因与对国家加强音乐作品版权保护的交叉表

单位：人

	非常了解	比较了解	了解	不太了解	不了解	
合计	7	39	24	48	3	121
非基于知识产权保护目的	1	9	9	15	2	36
注重知识产权保护目的	4	21	8	19	0	52
缺失	2	9	7	14	1	33

上表值得关注的是，在付费人群中选择注重知识产权保护原因的群体里，有接近1/5的人不太了解国家对音乐版权方面的保护，即对于这部分群体宣传版权保护的相关知识以及提高版权意识是非常可观的。

附表1.15 基于版权保护的付费原因与对国家加强版权保护了解程度的交叉表

单位：人

	非常了解	比较了解	了解	不太了解	不了解	
合计	5	30	17	34	2	88
本科生	1	9	4	8	1	23
硕士研究生	3	21	12	26	1	63
博士研究生	1	0	1	0	0	2

附表1.16 专业与对国家加强音乐作品版权保护了解程度的交叉表

单位：人

	非常了解	比较了解	了解	不太了解	不了解	合计
合计	5	30	17	34	2	88
非法学	1	2	1	7	1	12
法学	4	28	16	27	1	76

从附表1.15以及附表1.16可以看出，无论是专业还是年级的差别，对于国家音乐版权保护方面不太了解的群体均有一定的数量，均超过了1/3，可见，国家在音乐版权保护方面的知识普及是不足的。

4. 多数大学生支持对音乐版权的保护(见附表1.17，1.18，1.19)

附表1.17 大学生对于音乐版权保护的态度统计表

	人数	百分比
合计	121	100%
非常支持	41	33.9%
比较支持	52	43.0%
支持	19	15.7%
不关心	7	5.8%
不支持	2	1.7%

附表1.18 年级与对于音乐版权保护的态度交叉表

单位：人

	非常支持	比较支持	支持	不关心	不支持	合计
合计	38	35	10	4	1	88
本科生	17	3	1	2	0	23
硕士研究生	19	32	9	2	1	63
博士研究生	2	0	0	0	0	2

附表1.19 专业与对于音乐版权保护的态度交叉表

单位：人

	非常支持	比较支持	支持	不关心	不支持	
合计	41	52	19	7	2	121
非法学	6	3	5	2	1	17
法学	35	49	14	5	1	104

从以上三个表可以看出，从整体看，音乐版权保护有着数量可观的支持者，且不同年级和专业的学生在保护态度上没明显的差别。

四、研究局限

(一)问卷题目设置

(1)个别题目的选项考虑不够严密。

(2)个别题目的问题浅尝辄止，深度的挖掘不够，留有分析的余地不大。

(3)上下题目有调查重叠的现象。

(二)问卷发放

(1)样本主要为研究生群体，各分组的样本数量不够均衡，削弱了样本的多样性。

(2)线下发放的部分问卷未及时核对，线上问卷填写质量不高，导致收集的无效问卷较多，有效问卷数量较少，分析的样本数量不足。

(三)数据分析

(1)由于调查主题的限制，茎叶图等图表无法在报告中应用和体现。

(2)数据分析能力稍显不足，对图表的描述不够充分，对数据分析的尺度把握不到位。

五、对策建议

(一)建立公开、透明的下载付费费用制定标准

我国目前关于著作权相关立法较为完备，作为近些年来新兴的会员制付费下载模式，一方面的确起到了倒逼音乐市场创作传播的规范性，但另一方面盗版仍然是消费者的第一替代性措施。音乐平台运营商如要让版权深入消费者的消费习惯中就要培养消费群体树立正确的消费观念。平台可以在消费者观念中化被动为主动，主动公开平台与收费制度相关的非保密性数据，主动公开收费标准，考虑同消费者一起尊重数字音乐版权的版权利益。

(二)发挥音著协实际作用，治理市场乱象

虽然网络音乐作品的著作权问题没有明确规定在"集体管理制度"之中，但是在目前中国网络音乐发展的环境下，音著协依然是监管主体和责任主体。然而令人尴尬的是，作为本应维护著作权人权益的音著协，长期以来却遭到音乐著作权人的质疑。如年度网络传播权协议，无论音乐作品被下载多少次，总钱数是不变的。这种方式并没有彻底抵制盗版，也没有对会员制的付费方式作出保障性的具体措施。加之目前我国对于数字音乐作品版权保护的规定是一味要求网络音乐平台必须要获得版权，导致各大网络音乐平台的版权授权争夺，增加网络音乐平台的成本。音著协可以考虑集体管理制度等治理方式，成就网络音乐运营商长远发展，同时体现著作权人的创作价值，以用户的期待感印证著作权人的创作价值和网络音乐运营商的运营价值

(三)培养互联网用户的付费意识

互联网数字音乐的用户是数字音乐发展的重要贡献者，在数字音乐的版权保护措施上要培养消费者的付费习惯，对于用户，要鼓励用户尊重数字音乐版权，要购买数字音乐，而不是从多种渠道非法获得数字音乐。互联网用户要从正规的版权授权网络平台试听、下载数字音乐，要树立正确的消费观念，要尊重数字音乐版权的版权利益，要让版权深入消费者的消费习惯中。

参考文献

一、专著类

[1]冯晓青．知识产权法(第三版)[M]．北京：中国政法大学出版社，2015.

[2]陈健．知识产权法[M]．北京：中国政法大学出版社，2019.

[3]王迁．网络环境中的著作权保护研究[M]．北京：法律出版社，2011.

二、期刊类

[1]周亦欣．网络音乐作品著作权保护中的问题及对策[J]．法制与社会，2015(31)：64-65.

[2]金海军．流媒体音乐的著作权许可与付费问题——美国的最新发展与借鉴[J]．电子知识产权，2018(8)：12-21.

[3]常诗竞．版权保护背景下的数字音乐传播策略研究[J]．传播力研究，2019，3(27)：35.

[4]彭志强，王佩玉，游双．在线音乐付费使用模式的问题与对策[J]．牡丹江大学学报，2018，27(9)：17-20.

[5]丁卯．网络音乐作品下载付费会员制现状调研——以陕西省西安市高校大学生群体为例[J]．牡丹江大学学报，2015，24(4)：122-124.

三、报纸类

[1]方圆．加强网络音乐版权保护不等于全面收费[N]．中国新闻出版广电报，2015-08-14(1).

四、论文类

[1]杨舒怡．知识付费平台的发展现状与发展趋势研究[D]．长春：东北师范大学，2019.

附：调查问卷

网络音乐作品付费会员制与版权保护的现状研究

被访者编码：□□□□□□□□□

访问时间：____月____日____时____分至____时____分

访问员姓名(签字)：______________

核对人姓名(签字)：______________

核对人的检查结果：合格(　　)　不合格(　　)

亲爱的同学：您好！

我们是中国政法大学的学生，受商学院委托，现在正通过问卷调研网络音乐作品付费会员制与版权保护的现状。

本调查问卷将花 2-3 分钟完成。我们将对所有问卷的反馈信息严格保密，所有数据只做调研分析，无任何商业用途，希望能得到您的配合和支持，谢谢！

访谈员注意事项： (1)题目分单选题和多选题，其中多选题已在题目中注明，其余均为单选。 (2)在访谈过程中，在相应选项上划“√”，待结束后，将相应的选项字母填至问题后的括号内。

1. 您听音乐的频率是________小时/周。
2. 您一般通过以下哪些渠道听音乐？(可多选)
   A. 流媒体平台(如酷狗音乐、QQ 音乐、酷我音乐、网易云音乐、虾米音乐等)
   B. 网盘类资源分享平台(百度网盘、360 云盘等)
   C. CD、磁带等传统唱片
   D. 其他________
3. 您是否在音乐平台付过费？
   A. 是　　　　B. 否
   回答“A. 是”，跳转至第 4 题；回答“B. 否”，跳转至第 10 题。
4. 您每年在音乐平台的支出费用大约是________元。
5. 您一般使用的付费形式为？(可多选)
   A. 充值会员
   B. 购买单曲或数字专辑
6. 您是否遇到过在甲平台充值会员后，想听的歌却只能在乙平台听？
   A. 经常　　　　B. 偶尔　　　　C. 没有
   回答“A. 经常”和“B. 偶尔”，跳转至第 7 题；回答“C. 没有”，跳转至第 8 题。

7. 如果遇到上述情况，您会怎么做？
A. 充值乙平台的会员(包括单独购买该歌曲)
B. 寻找免费资源
C. 不听该歌
8. 您愿意在音乐平台付费的原因是？(可多选)
A. 注重知识产权保护，支持正版音乐
B. 被会员专享音乐特权吸引(如下载高品质无损音乐等)
C. 为偶像打榜
D. 免费资源较难寻找
E. 其他________
9. 请给目前音乐平台会员定价的合理性打分。(5 为最高分)
会员包月价格　5　4　3　2　1
个别单曲(专辑)收费价格　5　4　3　2　1
10. 您不曾在音乐平台付过费的原因是什么？(可多选)
A. 听歌不频繁，没必要
B. 平台现有免费歌曲已满足需要
C. 平台收费不合理
D. 有较多免费资源获得途径
E. 其他________
11. 如果今后当您非常想听的歌曲需要收费时，您是否愿意为其付费？
A. 非常愿意　　B. 比较愿意
C. 愿意　　D. 比较不愿意
E. 非常不愿意
回答“A. B. C.”，跳转至第 13 题；回答“D. E.”，跳转至第 12 题。
12. 您会通过什么渠道听该首歌？
A. 在平台付费听歌
B. 不听
C. 寻找免费资源

最后总问题

13. 您认为网络音乐作品付费会员制是否有利于音乐作品版权保护？(5 为最有利)
5　4　3　2　1
14. 您对音乐作品著作权相关知识的了解程度为？(5 为十分了解)
5　4　3　2　1
15. 您是否了解近些年来国家加强了网络音乐版权的保护？
A. 非常了解　　B. 比较了解
C. 了解　　D. 不太了解
E. 不了解

16. 您对国家加强网络音乐版权保护的态度如何？

A. 非常支持 B. 比较支持

C. 支持 D. 不关心

E. 不支持

个人信息部分

性别________

学历________

专业________

年级________

每月平均支出________

附录二

基于统计回归的抢夺罪影响因素分析

宋思慧　徐霜蕾　刘凡菁　张晋敏①

摘要：抢夺是指行为人在被害人“不及抗拒”或者行为人致使被害人处于“不及抗拒”的状态后，利用这一状态，实施“强力手段”或“和平手段”公然取得被害人财物的行为。我国刑法第二百六十七条对抢劫罪的量刑做出了具体规定，为维护人民生命财产安全与社会稳定提供了保障。本文运用 SPSS 统计软件对 2020 年 4 月部分抢夺罪案件进行了实证分析，主要分析方法有描述性统计分析、列联表分析、单因素与多因素方差分析、回归分析，得出的结论有秋冬季节抢夺案的发生率高，文化程度与犯罪时年龄存在相关关系，国民收入水平影响着抢夺案的发生率，影响被告人刑期与罚金的因素有差异。

关键词：抢夺罪；影响因素；统计分析

一、研究意义

近年来，由于受犯罪成本低，犯罪收益高，刑罚力度低以及消极文化的影响，“两抢”案件频发，呈现出流动人口、有前科人员以及青少年作案比例上升的趋势，并且犯罪日益现代化和智能化，甚至出现了持枪抢夺，严重威胁到人民生命财产安全与社会稳定。因此，本文通过分析 2020 年 4 月部分抢夺罪案件的数据，以期得到各因素之间的关系，为降低抢夺罪的发生率，维护社会稳定提供基础。

二、文献综述

本文使用 CNKI 数据库，将主题限定为“抢夺罪”，时间限定为“1980-2021”，语言限定为“中文”，得到 674 篇论文。

运用 CiteSpace 对所选论文进行作者分析，附图 2.1 显示了发文量在三篇以上的作者情况，姓名越大代表作者在该领域的发文量越多。我们发现清华大学法学院的张明楷教授在抢夺罪领域的发文量最多，达到了 7 篇；清华大学周光权、中国人民大学刘明祥、武汉大学徐光华教授的发文量都达到了 3 篇。

① 以上为中国政法大学商学院硕士研究生。

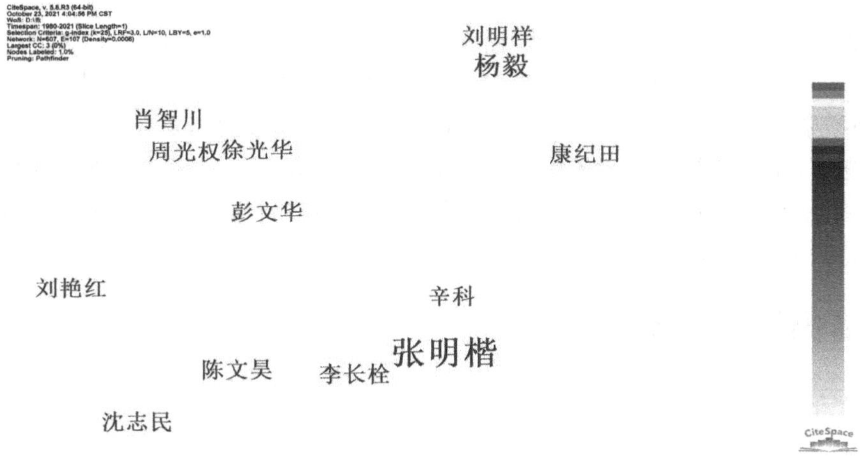

附图 2.1　发文作者共现图谱

通过对所选论文进行关键词共现分析(附图 2.2)，节点越大代表该关键词出现的频率越高，本文发现学者们的研究内容主要集中在以下几个方面：

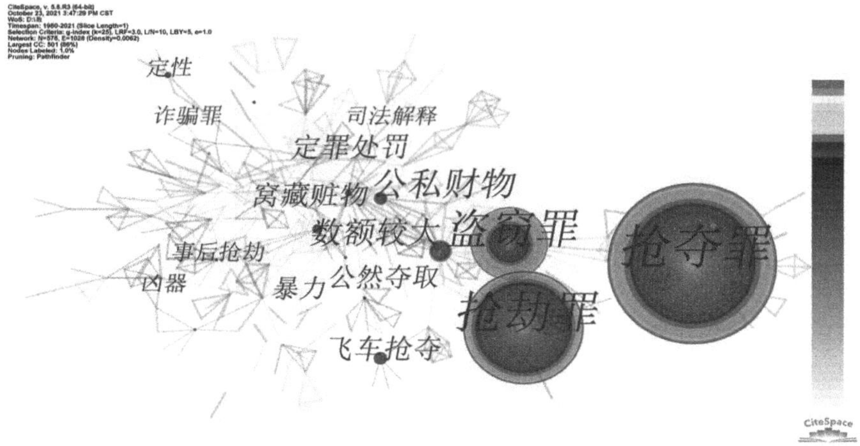

附图 2.2　关键词共现图谱

部分学者围绕抢夺罪的相关罪别进行分析，比如抢劫罪、盗窃罪、诈骗罪之间的联系与区别。清华大学张明楷(2006)认为，从秘密与公开角度区分盗窃与抢夺存在缺陷，盗窃与抢夺的区别在于对象是否属于他人紧密占有的财物，行为是否构成对物暴力。

部分学者对抢夺罪的犯罪形式进行了分析，是否采取暴力，公然夺取、飞车抢夺以及携带凶器抢夺是主要的犯罪形式。清华大学周光权(2014)认为携带凶器盗窃与抢夺这一情形将刑法的保护法益从单纯保护财产权变为同时保护人身权。

部分学者对抢夺罪的定罪量刑进行了分析，携带凶器抢夺、事后转化抢劫、抢夺公私财物数额较大、窝藏赃物等是影响定罪量刑的关键因素。清华大学张明楷(2013)认为行为人犯盗窃、诈骗、抢夺罪并且当场使用暴力或者以暴力相威胁构成事后抢劫罪。中国人民大学刘明祥(2001)认为，将事后抢劫的前行为定为犯盗窃、诈骗、抢夺罪存在缺陷。

部分学者对抢夺罪的定性、司法解释方面进行了研究。中国人民大学刘明祥(2019)认为抢夺是公然夺取公私财物的行为，这一定性的科学合理性毋庸置疑，新说不够合理。

近些年，抢夺罪频发，严重威胁到了社会稳定与人民生命财产安全。针对此，学者们从不同角度进行了研究，提出了诸多建设性见解。但学者们的研究也存在不足，主要集中在法学方面的理论分析、实证研究较少。因此本文运用 SPSS 统计软件对 2020 年 4 月部分抢夺罪案件进行实证分析，为降低抢夺罪的发生率，维护社会稳定提供参考。

三、描述性统计分析

(一)文化程度与辩护类型分析

从附图 2.3 可以看出，近两年犯抢夺罪的被告人中，小学与初中学历占绝大多数，说明抢夺罪还是以低学历为主。由于被告人文化程度较低，相关法律知识较为薄弱，常采用“自行辩护”的方式，其次为“法律援助辩护”。此外，大多数人无法负担委托辩护的相关费用，经济能力弱也是其选择“自行辩护”和“法律援助辩护”的原因之一。

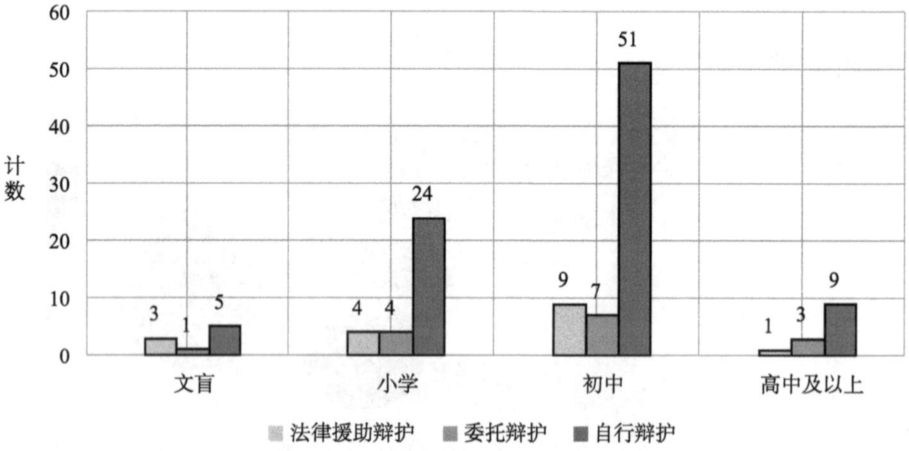

附图 2.3 文化程度与辩护类型统计图

(二)犯罪季节分析

将一年分为春(3—5 月)、夏(6—8 月)、秋(9—11 月)、冬(12—2 月)四季，分别统计每季抢夺罪案件发生次数，有重叠月份的按照案件最开始发生月份统计。由附图 2.4 可知，秋季案发率为 48%，接近一半的案件发生于每年 9—11 月。其次为冬季，占比为 28%。因此 76%的抢夺案发生于每年秋冬季节，公安民警应在这两季加强防范，增派巡逻人手，保卫公民生命财产安全。其次，公民也要重点加强自身防范，尽量避免携带过多贵重物品、单独外出。

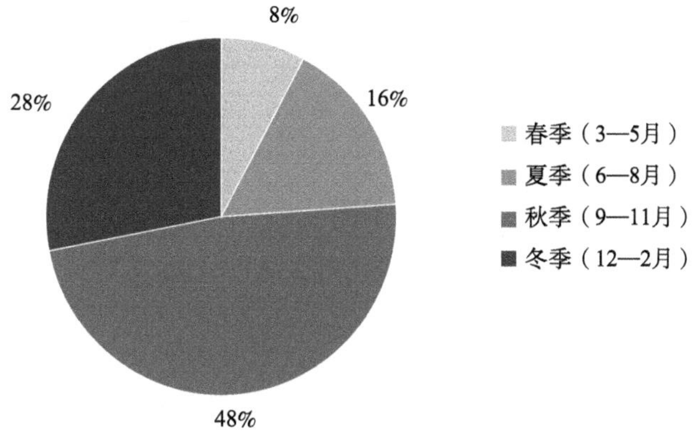

附图 2.4　季节与案件发生次数统计图

四、列联分析

(一)数据描述

为了解被告人的文化程度是否与犯罪时年龄相关，我们在中国裁判文书网中，使用关键词“抢夺罪”“刑事一审”“判决书”和“2020-04-01 至 2020-04-30”进行检索，获取到 2020 年 4 月 1 日至 30 日期间以抢夺罪定罪量刑的刑事一审判决书，得到 123 个研究样本。去除三个数据缺失值，有效数据为 120 个，对其进行列联分析。

文化程度为文盲和小学的记为“1”，初中、高中、中专、大学专科和大学本科学历的记为“2”，犯罪时年龄在 0~20 岁的记为“1”，20~40 岁的记为“2”，40 岁以上的记为“3”。

(二)文化程度与犯罪年龄的交叉列联分析

本文将三个犯罪时年龄段分别与两类文化程度进行列联分析，得出如下结果(见附表 2.1 和附图 2.5)。

附表 2.1　被告人文化程度与犯罪时年龄交叉表

			犯罪时年龄			总计
			1	2	3	
被告人文化程度	1	计数	6	24	10	40
		期望计数	6.7	28.3	5.0	40.0
		占被告人文化程度的百分比	15.0%	60.0%	25.0%	100.0%
		占犯罪时年龄的百分比	30.0%	28.2%	66.7%	33.3%
	2	计数	14	61	5	80
		期望计数	13.3	56.7	10.0	80.0
		占被告人文化程度的百分比	17.5%	76.3%	6.3%	100.0%
		占犯罪时年龄的百分比	70.0%	71.8%	33.3%	66.7%

续表

		犯罪时年龄			总计
		1	2	3	
总计	计数	20	85	15	120
	期望计数	20.0	85.0	15.0	120.0
	占被告人文化程度的百分比	16.7%	70.8%	12.5%	100.0%
	占犯罪时年龄的百分比	100.0%	100.0%	100.0%	100.0%

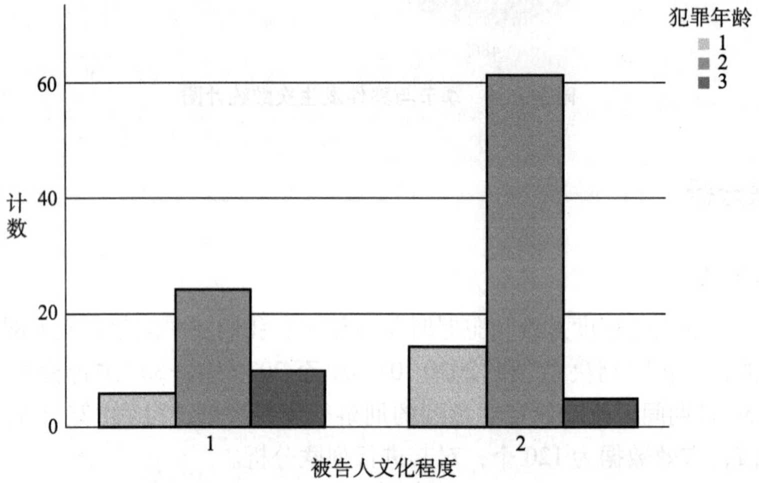

附图 2.5　被告人文化程度与犯罪时年龄条形图

由附表 2.1 得，被告人文化程度为文盲和小学的有 40 人，初中及以上的有 80 人，犯罪时年龄在 0~20 岁的有 20 人，20~40 岁的有 85 人，40 岁以上的有 15 人。由附图 2.5 可以看出文化程度在初中及以上的人较少在 40 岁以后犯罪，较多在 20 岁前犯罪，文化程度为文盲和小学的人较少在 20 岁以前犯罪，较多在 40 岁以后犯罪，各个学历下，犯罪年龄在 20~40 岁的都是最多的。

(三)χ^2 检验

1. 提出原假设与备择假设，选取显著性水平 $\alpha=0.1$。

H_0：被告人文化程度与犯罪时年龄无关

H_1：被告人文化程度与犯罪时年龄相关

2. 将数据录入 SPSS 软件软件进行 χ^2 分析，得到如下结果(见附表 2.2)。

附表 2.2　χ^2 检验

	值	自由度	渐进显著性水平(双侧)
皮尔逊卡方	8.594[a]	2	0.014
似然比	8.056	2	0.018
线性关联	4.119	1	0.042
有效个案数	120		

a. 0 个单元格(0.0%)的期望计数小于 5。最小期望计数为 5.00。

从附表 2.2 中可以看出，P 值为 0.014，远小于显著性水平 0.1，因此可以拒绝原假设，接受备择假设，即认为被告人文化程度与犯罪时年龄相关。

五、方差分析

(一) 罚金的单因素方差分析

1. 提出假设

H_0：$u_1 = u_2 = u_3$　被告人辩护类型对罚金没有显著影响

H_1：$u_1 \neq u_2 \neq u_3$　被告人辩护类型对罚金有显著影响

2. 单因素方差分析(见附表 2.3)

根据已有数据将被告人的辩护类型分为三组，“自行辩护”定义为“1”，“法律援助辩护”定义为“2”，“委托辩护”定义为“3”。

附表 2.3　方差分析表

罚金

			平方和	*df*	均方	*F*	显著性水平
组之间	（组合）		608.163	2	304.082	3.770	0.026
	线性项	未加权	21.463	1	21.463	0.266	0.607
		加权(*E*)	159.013	1	159.013	1.971	0.163
		偏差	449.150	1	449.150	5.568	0.020
组内			9 680.255	120	80.669		
总计			10 288.419	122			

F=组间方差/组内方差，其中组间方差 $MSA = \dfrac{SSA}{k-1} = \dfrac{\sum_{j=1}^{k} n(\bar{x}_j - \bar{\bar{x}})^2}{k-1}$，组内方差 $MSE = \dfrac{SSE}{n-k} = \dfrac{\sum_{i=1}^{n}\sum_{j=1}^{k}(x_{ij} - \bar{x}_j)^2}{n-k}$。如果因素 A 的不同水平对结果没有影响，那么在组间方差中只包含有随机误差，两个方差的值会接近 1；如果不同水平对结果有影响，组间方差就会大于组内方差，组间方差与组内方差的比值就会大于 1；当这个值到某种程度时，就可以说不同水平之间存在显著差异，或者说因素 A 对结果有显著影响。由附表 2.3 得出组间方差与组内方差值，F 值为 3.770，显著大于 1，因此选择不同辩护类型的被告人所处罚金有显著差异。

对 P 与 α 进行比较，取 α 为 0.05，由附表 2.3 得 P 为 0.026，$0.026<0.05$，因此拒绝原假设，不同辩护类型的被告人所处罚金有显著差异，不同辩护类型对被告人所处罚金有显著影响。

由附表 2.4 可知，选择自行辩护的被告人与选择法律援助辩护的被告人两组组间方差的显著性水平为 0.007，小于 α 值，说明两组之间所处罚金的平均值有显著差异；选择自行辩护的被告人与委托辩护的被告人两组组间方差的显著性水平为 0.607，大于 α 值，说明两组之间所处罚金的平均值无显著差异；选择委托辩护的被告人与选择法律援助辩护的被告人两组组间方差的显著性水平为0.095，大于 α 值，说明两组之间所处罚金的平均值无显著差异。

附表 2.4 被告人辩护类型多重比较表

因变量：罚金
LSD(L)

(I)被告人辩护类型	(J)被告人辩护类型	平均差(I−J)	标准错误	显著性水平	95%置信区间	
					下限值	上限
1	2	−6.517 97*	2.375 19	0.007	−11.220 7	−1.815 3
	3	−1.256 94	2.436 83	0.607	−6.081 7	3.567 8
2	1	6.517 97*	2.375 19	0.007	1.815 3	11.220 7
	3	5.261 03	3.128 42	0.095	−0.933 0	11.455 1
3	1	1.256 94	2.436 83	0.607	−3.567 8	6.081 7
	2	−5.261 03	3.128 42	0.095	−11.455 1	0.933 0

*是指均值差的显著性水平为0.05。

由附图2.6可知选择自行辩护的被告人所交罚金最少，选择法律援助的被告人所交罚金最多，选择委托辩护的被告人所交罚金介于两者之间且与自行辩护的被告人所交罚金较接近。

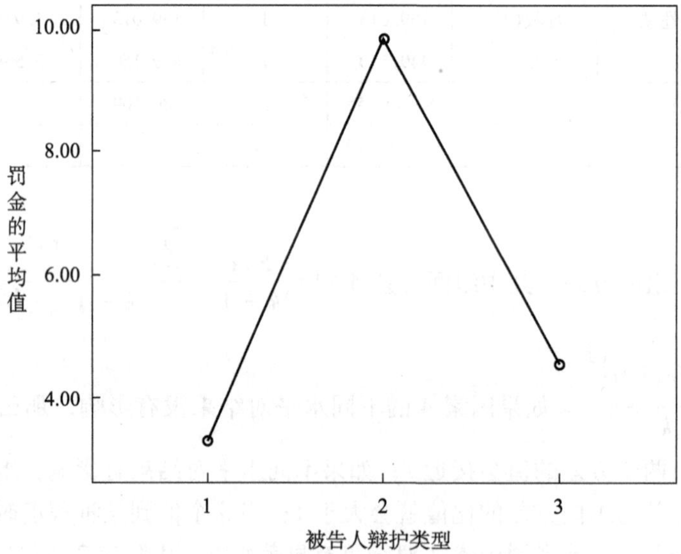

附图 2.6 罚金平均值与被告人辩护类型

3. 结论

由SPSS软件分析可知，在5%的显著性水平下，用于检验被告人辩护类型的 P 值小于0.05，所以拒绝原假设，表示选择不同辩护类型的被告人最后所处罚金有显著差异，即被告人的辩护类型对所处罚金有显著影响。

(二)共同犯罪与累犯的多因素方差分析

1. 提出假设

H_0：被告人是否为共同犯罪，其犯罪年龄之间无显著差异；

被告人是否具有累犯等从重处罚情节，其犯罪年龄之间无显著差异

H_1：被告人是否为共同犯罪，其犯罪年龄之间有显著差异；

被告人是否具有累犯等从重处罚情节，其犯罪年龄之间有显著差异

2. 多因素方差分析

将被告人是否为共同犯罪分为两组，“是”定义为“1”，“否”定义为“2”；是否具有累犯等从重处罚情节分为两组，“是”定义为“1”，“否”定义为“2”。

由附图 2.7 可知具有累犯等从重处罚情节的被告人，其犯罪时年龄大约在 29 岁和 34 岁间，不具有累犯等从重处罚情节的被告人其犯罪时年龄大约在 23 岁和 30 岁之间。

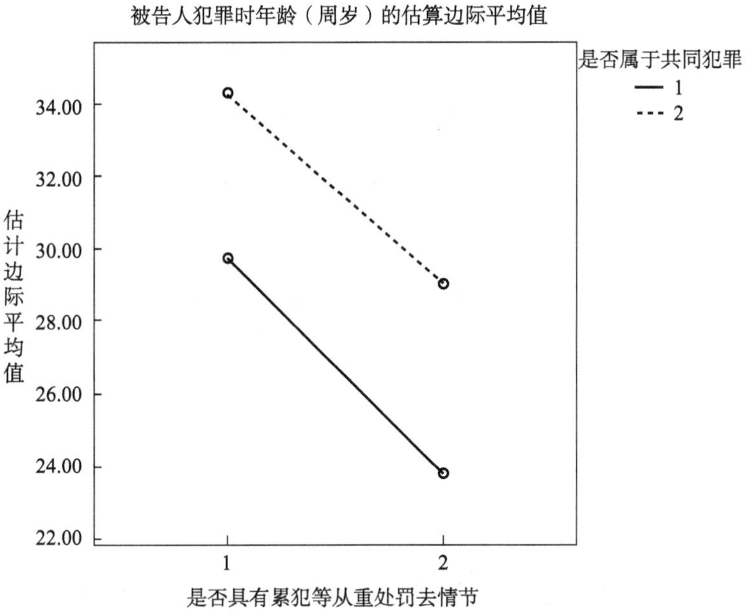

附图 2.7　被告人犯罪年龄与是否具有累犯等从重处罚情节

由附图 2.8 可知共同犯罪的被告人，其犯罪时年龄大约在 30 岁和 34 岁之间，不是共同犯罪的被告人其犯罪时年龄大约在 24 岁和 28 岁之间。

由附表 2.5 知，是否具有累犯等从重处罚情节的显著性水平，P 值为 0.000，小于 $\alpha=0.05$，由此应拒绝原假设，则被告人是否具有累犯等从重处罚情节，其犯罪时年龄之间有显著差异；是否属于共同犯罪的显著性水平，P 值为 0.002，小于 $\alpha=0.05$，由此应拒绝原假设，则被告人是否为共同犯罪，其犯罪时年龄之间有显著差异；但是否具有累犯等从重处罚情节与是否属于共同犯罪两者共同的显著性水平，P 值为 0.829，大于 $\alpha=0.05$，应接受原假设，即是否具有累犯等从重处罚情节与是否属于共同犯罪对被告人犯罪时年龄无交互作用。

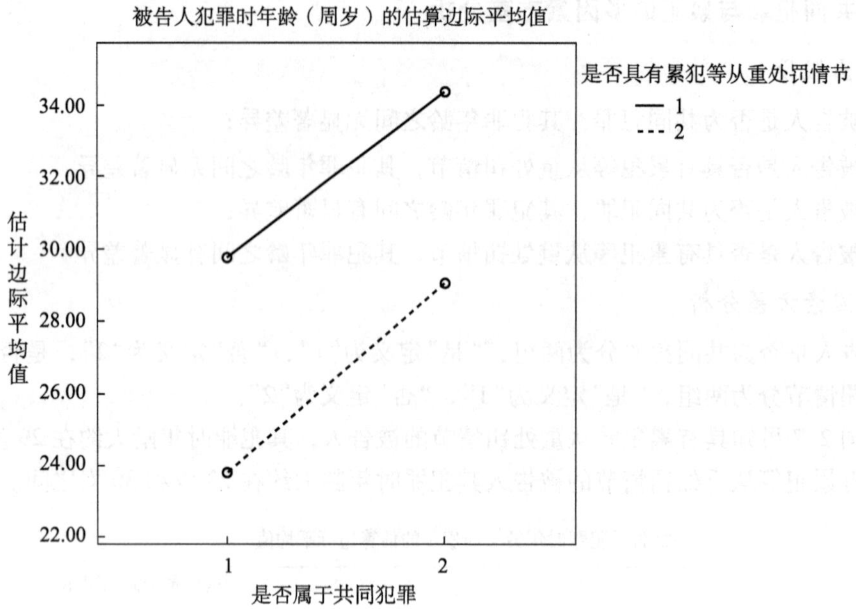

附图 2.8　被告人犯罪年龄与是否共同犯罪

附表 2.5　主体间效应的检验

因变量：被告人犯罪时年龄(周岁)

源	Ⅲ类平方和	自由度	均方	F	显著性水平	偏 Eta 方	非中心参数	观测幂[b]
校正的模型	1 517.820[a]	3	505.940	8.658	0.000	0.180	25.975	0.994
截距	86 369.904	1	86 369.904	1 478.099	0.000	0.926	1 478.099	1.000
是否具有累犯等从重处罚情节	805.072	1	805.072	13.778	0.000	0.105	13.778	0.957
是否属于共同犯罪	612.291	1	612.291	10.479	0.002	0.082	10.479	0.894
是否具有累犯等从重处罚情节×是否属于共同犯罪	2.741	1	2.741	0.047	0.829	0.000	0.047	0.055
错误	6 895.106	118	58.433					
总计	118 393.000	122						

a. $R^2=0.180$(调整后的 $R^2=0.160$)。

b. 用 $\alpha=0.05$ 进行计算。

3. 结论

由 SPSS 软件分析可知，在 5%的显著性平下，用于检验被告人是否为共同犯罪，被告人是否具有累犯等从重处罚情节的 P 值小于 0.05，所以拒绝原假设。被告人是否为共同犯罪，其犯罪时年龄之间有显著差异；被告人是否具有累犯等从重处罚情节，其犯罪时年龄之间有显著差异，被告人是否为共同犯罪与被告人是否具有累犯等从重处罚情节对其犯罪时年龄有影响，但两者对犯罪年龄的影响无交互作用。

六、回归分析

(一)影响抢夺罪刑期因素的回归分析

1. 模型设定

为探究抢夺罪量刑的影响因素，选取数据资料中所有可能的影响变量做相关性分析，初步判定各变量之间的相关关系，为后续模型设定做前期准备。从相关系数矩阵中截取“刑期(月)”一行，得到附表2.6。可以看出抢夺财物价值(千元)、是否属于共同犯罪、逮捕到一审判决的间隔天数(日)、罪犯所属地区与刑期(月)存在显著的相关关系，因此选取这些变量进行多元回归分析。但分析结果显示“逮捕到一审判决的间隔天数(日)”这一变量在模型中不显著，因此剔除该变量，而“是否具有累犯等从重处罚情节”在模型中显著，加入该变量。

最终选取因变量：刑期(月)；自变量：抢夺财物价值(千元)、是否属于共同犯罪、是否具有累犯等从重处罚情节、罪犯所属地区。

其中是否属于共同犯罪、是否具有累犯等从重处罚情节、罪犯所属地区为虚拟变量。“共同犯罪”可以作为“在共同犯罪中的地位”的替代变量，因为在原始数据中标记共同犯罪为“是”的罪犯信息中，均为主犯或不区分主从犯。

建立的回归模型为：$\hat{Y}=b_0+b_1X_1+b_2X_2+b_3X_3+b_4D_1+b_5D_2$

其中：$b_2=1$，是共同犯罪(充当主犯或不区分主从犯)，否则为0；

$b_3=1$，具有累犯等从重处罚情节，否则为0；

$b_4=1$，罪犯属中部地区，否则为0；

$b_5=1$，罪犯属西部地区，否则为0。

附表2.6 相关性分析

相关系数	抢夺财物价值(千元)	是否属于共同犯罪	逮捕到一审判决的间隔天数(日)	是否具有累犯等从重处罚情节	中部地区	西部地区
刑期(月)	0.75**	0.319**	0.199*	0.117	0.197*	0.014

**代表在0.01级别(双尾)，相关性显著；*代表在0.05级别(双尾)，相关性显著。

基于此，本文提出以下四个假设：

假设1：抢夺财物价值越高，则刑期越长；

假设2：若在共同犯罪充当主犯，则刑期越长；

假设3：若存在累犯等从重处罚情节，则刑期越长；

假设4：所属不同地区所犯抢劫罪严重程度及所获刑期不同。

2. 模型检验

在建立起多元回归模型之前首先要对其进行一系列检验，验证该模型的可靠性。

首先进行拟合优度检验：从附表2.7可知模型R^2为0.671，调整后的R^2为0.654，相对较高；同时$DW=1.682$，$d_u<DW<4-d_u$，判定该模型不存在一阶自相关问题。

其次进行假设检验：从附表2.8即方差分析分析表中可知方程总体F值为41.112，$P=0.000$小于显著性水平0.05，拒绝原假设。

附表 2.7 模型摘要

模型	R	R^2	调整后的 R^2	标准估算的错误	DW 值
1	0.819	0.671	0.654	6.683 47	1.682

附表 2.8 方差分析分析表

模型		平方和	自由度	均方	F	显著性水平
1	回归	9 182.067	5	1 836.413	41.112	0.000
	残差	4 511.54	101	44.669		
	总计	13 693.607	106			

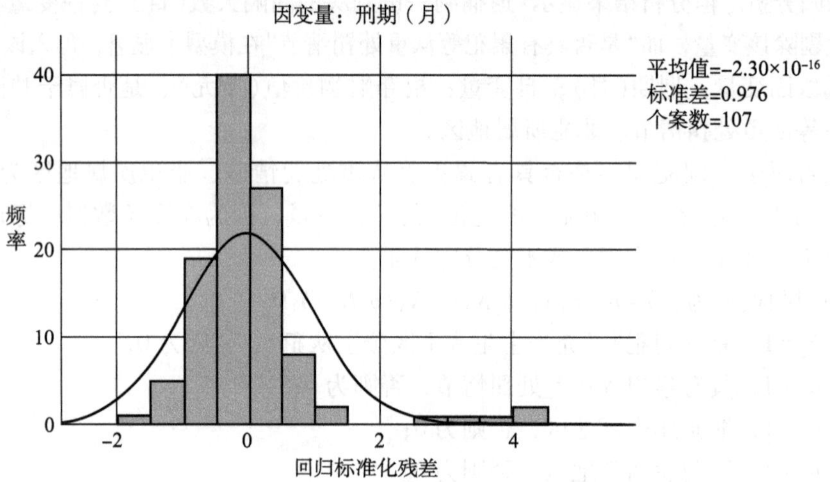

附图 2.9 残差与刑期直方图

同时通过附图 2.9 即残差与刑期的直方图可以看出，残差序列呈正态分布。因此该模型总体来说是可靠的，可以进行进一步分析。

3. 建立多元回归模型

通过 SPSS 软件建立带有多个虚拟变量的多元回归模型，并得到如下结果(见附表 2.9)。

附表 2.9 回归分析结果

模型	未标准化系数		标准化系数	t	显著性水平	共线性统计	
	B	标准错误	Beta			容差	VIF
（常量）	5.277	1.219		4.328	0.000		
抢夺财物价值	0.289	0.023	0.739	12.385	0.000	0.917	1.091
是否共同犯罪	5.14	1.396	0.213	3.683	0.000	0.974	1.027
是否累犯	4.578	1.332	0.201	3.438	0.001	0.952	1.051
中部地区	3.158	1.708	0.116	1.848	0.067	0.822	1.216
西部地区	2.95	1.502	0.121	1.964	0.052	0.854	1.171

从附表 2.9 中可以看出所有自变量均对刑期产生显著影响，因此模型 t 检验通过。VIF

值全部小于10，接近1，模型不存在多重共线性，该检验通过。

随着罪犯抢夺财物价值的提高，量刑会有相应的上升，即平均抢夺财物价值每升高一千元，刑期平均提高0.289个月。在犯罪过程中充当主犯或该案件不区分主从犯会比单人作案量刑平均高5.14个月。若罪犯是多次犯罪或在案件中存在其他从重处罚情节，其刑期会平均升高4.578个月。同时从该分析结果可以看出刑期的判决结果显著存在地域差异，中部地区人员获刑会比东部地区人员平均多3.158个月，且西部地区人员较东部地区人员平均多2.95个月。

基于以上分析，验证可得上文提出的四个假设均成立。回归模型如下：

$$\hat{Y}=5.277+0.289X_1+5.14X_2+4.578X_3+3.158D_1+2.95D_2$$

（二）影响抢夺罪罚金因素的回归分析

1. 模型一

（1）模型设定

根据抢夺罪量刑的相关法律法规及现实量刑情况和以上所做的相关分析和方差分析，首先建立以下多元回归模型：

$$Y=b_0+b_1X_1+b_2X_2$$

Y为被告人被判处罚金数额，X_1为由逮捕到一审判决的间隔天数，X_2为抢夺财物价值。

（2）模型检验

在建立起多元回归模型之前首先要对其进行一系列检验，验证该模型的可靠性。

首先进行拟合优度检验：从表附2.10可知模型R^2为0.942，调整后的R^2为0.885，相对较高；同时$DW=1.831$，$d_u<DW<4-d_u$，判定该模型不存在一阶自相关问题。

其次进行假设检验：从附表2.11即方差分析分析表中可知方程总体F值为420.967，$P=0.000$小于显著性水平0.05，显著拒绝原假设。

附表2.10 模型摘要

模型	R	R^2	调整后R^2	标准估算的错误	DW值
1	0.942	0.887	0.885	3.2736	1.831

附表2.11 方差分析分析表

模型		平方和	自由度	均方	F	显著性水平
1	回归	9 022.745	2	4 511.372	420.967	0.000
	残差	1 146.685	107	10.717		
	总计	10 169.430	109			

同时通过附图2.10即残差与被告人被判处罚金数额的直方图可以看出，残差序列呈正态分布。因此该模型总体来说是可靠的，可以进行进一步分析。

（3）建立多元回归模型

通过SPSS软件建立带有多个虚拟变量的多元回归模型，并得到如下结果（见附表2.12）。

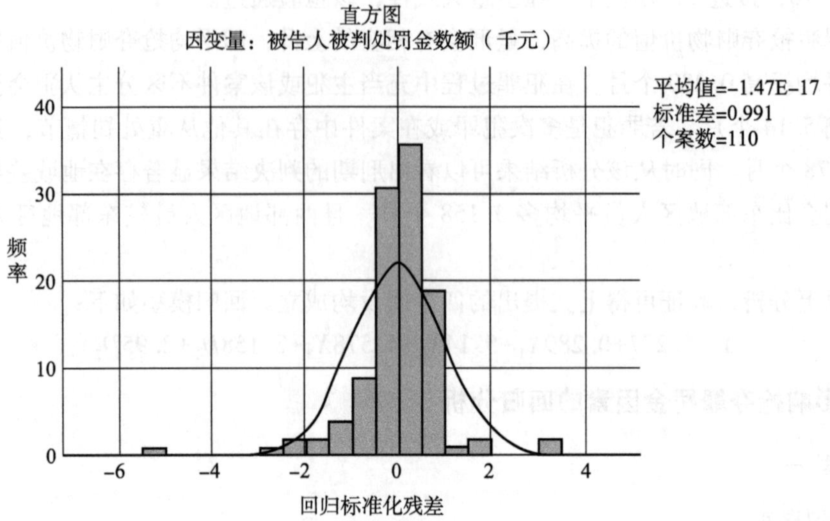

附图 2.10 残差与被告人被判处罚金数额直方图

附表 2.12 回归分析结果

模型		未标准化系数		标准化系数	t	显著性水平	共线性统计	
		B	标准错误	Beta			容差	VIF
1	（常量）b_0	3.451	0.776		4.450	0.000		
	逮捕到一审判决的间隔天数（日）	-0.017	0.005	-0.103	-3.114	0.002	0.955	1.047
	抢夺财物价值（千元）	0.000 322	0.000	0.958	28.854	0.000	0.955	1.047

从附表 2.12 中可以看出所有自变量均对罚金产生显著影响，因此模型 t 检验通过。VIF 值全部小于 10，接近 1，模型不存在多重共线性，该检验通过。

逮捕到一审判决的间隔天数每增加一天，被告人被判处罚金数额就减少 17.097 元；被告人抢夺财物金额每增加 1 元，被告人被处罚金数额就增加 0.322 元。这里与我们普遍印象相悖的是，犯案金额对处罚金额的影响没有那么大。

基于以上分析，得到如下回归模型：

$$Y=3.451\,059-0.017\,097X_1+0.000\,322X_2$$

2. 模型二：加入累犯因素

在抢夺罪量刑标准的相关文件中，是否具有累犯等从重处罚情节会对被告人的量刑极为不利，因此在模型一的基础上加入是否具有累犯等从重处罚情节，建立模型二：

$$Y=b_0+b_1X_1+b_2X_2+b_3D$$

$$D_{西部}=\begin{cases}1，是\\0，否\end{cases}$$

附表 2.13　回归分析结果

模型		未标准化系数		标准化系数	t	显著性水平
		B	标准错误	Beta		
1	(常量)	3.089	0.812		3.806	0.000
	逮捕到一审判决的间隔天数(日)	-0.018	0.005	-0.107	-3.226	0.002
	抢夺财物价值(元)	0.000	0.000	0.965	28.912	0.000
	是否具有累犯等从重处罚情节	0.908	0.631	0.047	1.439	0.153

由附表 2.13 知，D 系数的 T 值为 1.439，P 值为 0.153，结果并不显著，这与相关法律规定的要求不一致，可能是由于样本量较小或者其他因素的干扰。

3. 模型三：加入地区因素

考虑到实际执法中东西中部司法水平的差异，我们在模型一的基础上添加另一虚拟变量，以东部地区的罚金为标准默认值，得到如下模型：

$$Y=b_0+b_1X_1+b_2X_2+b_3D_{西部}+D_{中部}$$

$$D_{西部}=\begin{cases}1，地区为西部地区\\0，其他\end{cases}，D_{中部}=\begin{cases}1，地区为中部地区\\0，其他\end{cases}$$

(1)步进法(见附表 2.14)

附表 2.14　回归分析结果

模型		输入 Beta	t	显著性水平	偏相关	共线性统计 容差
1	逮捕到一审判决的间隔天数(日)	-0.103	-3.114	0.002	-0.288	0.955
	D_西部	0.001	0.042	0.966	0.004	0.981
	D_中部	0.047	1.349	0.180	0.129	0.950
2	D_西部	-0.007	-0.203	0.839	-0.020	0.975
	D_中部	0.052	1.573	0.119	0.151	0.947

(2)输入法(见附表 2.15)

附表 2.15　回归分析结果

模型		未标准化系数		标准化系数	t	显著性
		B	标准错误	Beta		
1	(常量)	3.152	0.855		3.686	0.000
	逮捕到一审判决的间隔天数(日)	-0.017	0.005	-0.105	-3.170	0.002
	抢夺财物价值(元)	0.000	0.000	0.948	27.956	0.000
	D_西部	0.264	0.722	0.013	0.365	0.716
	D_中部	1.299	0.814	0.057	1.595	0.114

由附表 2.14 和附表 2.15 可以看出，D_西部，D_中部在步进法中被排除，使用输入法时其显著性水平分别为 0.716 和 0.114，不能通过系数的 t 检验，因此地区因素不能很好地

解释被告人罚金的多少。

4. 模型四：加入辩护类型(见附表 2.16)

由于方差分析中显示了辩护类型对被告人被判处罚金数额相关影响，在模型四中以模型一为基础加入虚拟变量 D_法律援助辩护，D_委托辩护，得到如下模型：

$$Y=b_0+b_1X_1+b_2X_2+b_3D_{法律援助辩护}+b_4D_{委托辩护}$$

$$D_{法律援助辩护}=\begin{cases}1, & 辩护类型为法律援助辩护\\0, & 其他\end{cases}, \quad D_{委托辩护}=\begin{cases}1, & 辩护类型为委托辩护\\0, & 其他\end{cases}$$

附表 2.16 回归分析结果

模型		未标准化系数		标准化系数	t	显著性水平
		B	标准错误	Beta		
1	(常量)	1.271	0.347		3.662	0.000
	抢夺财物价值(元)	0.000	0.000	0.936	27.752	0.000
2	(常量)	3.451	0.776		4.450	0.000
	抢夺财物价值(元)	0.000	0.000	0.958	28.854	0.000
	逮捕到一审判决的间隔天数(日)	-0.017	0.005	-0.103	-3.114	0.002
3	(常量)	3.313	0.767		4.320	0.000
	抢夺财物价值(元)	0.000	0.000	0.946	28.442	0.000
	逮捕到一审判决的间隔天数(日)	-0.018	0.005	-0.107	-3.274	0.001
	D_ 法律援助辩护	1.834	0.891	0.067	2.059	0.042

利用步进法进行分析，由表附 2.16 得到模型四为：

$$Y=3.313-0.018X_1+0.000\,318X_2+1.834D_{法律援助辩护}$$

法律援助辩护这种方式对于被告人被判处罚金数额具有不利影响，利用法律援助辩护这种方式比自我辩护会增加罚金 1 834 元。

5. 模型五：加入共犯虚拟变量(见附表 2.17)

同样地，相关的量刑规定中主从犯的判定往往导致量刑结果的不同，因此以单独作案为基准，加入虚拟变量 D_从犯、D_不区分主从犯、D_主犯，得到如下模型：

$$Y=b_0+b_1X_1+b_2X_2+b_3D_{从犯}+b_4D_{不区分主从犯}+b_5D_{主犯}$$

附表 2.17 回归分析结果

模型		未标准化系数		标准化系数	t	显著性水平
		B	标准错误	Beta		
1	(常量)	1.271	0.347		3.662	0.000
	抢夺财物价值(元)	0.000	0.000	0.936	27.752	0.000
2	(常量)	3.451	0.776		4.450	0.000
	抢夺财物价值(元)	0.000	0.000	0.958	28.854	0.000
	逮捕到一审判决的间隔天数(日)	-0.017	0.005	-0.103	-3.114	0.002

续表

模型		未标准化系数		标准化系数	t	显著性水平
		B	标准错误	Beta		
3	（常量）	3.473	0.749		4.640	0.000
	抢夺财物价值(元)	0.000	0.000	0.950	29.534	0.000
	逮捕到一审判决的间隔天数(日)	-0.020	0.005	-0.124	-3.775	0.000
	D_不区分主从犯	2.356	0.790	0.096	2.982	0.004

利用步进法进行分析，由附表2.17可知虚拟变量D_从犯与D_主犯系数t检验中结果并不显著，因此模型五为：

$$Y=3.473-0.02X_1+0.000\,319X_2+2.356D_{不区分主从犯}$$

共同犯罪的不区分主从犯的判决比单独犯罪时的罚金更高，比单独犯罪时的罚金高出2 356元。

根据以上五个模型可以得到影响抢夺罪被告人被判处罚金数额的四个影响因素：抢夺财物价值、逮捕到一审判决的间隔天数、法律援助辩护与共犯中不存在主从犯。这些因素的作用方向也有所差别，并与我们的往常认知存在一定差距。地区因素对罚金的影响并不显著。

七、结论

(一)秋冬季节抢夺案发生率高

对于抢夺案来说，统计结果显示案件往往发生在秋冬季节，秋冬天气转冷，恶劣天气与人的犯罪行为可能存在一定的关系，但受限于样本量，这一现象仍需要进一步探究。

(二)文化程度与犯罪时年龄存在相关关系

整体上犯抢夺罪的被告人文化程度低。文化程度为文盲和小学的人由于谋生手段受限，统计结果显示其较多在40岁后犯罪，因此要大力提高国民素质及受教育水平。

(三)国民收入水平影响着抢夺案的发生率

被告人犯罪年龄与文化程度之间也具有一定的相关关系，文化程度为文盲和小学的人较多在40岁以后犯罪，而文化程度较高的则容易在20岁前犯罪，这两类人收入水平较低，往往导致其实施犯罪行为，因此国民收入水平的提高或许在一定概率上能减少抢夺罪案件的发生。从被告人辩护方式上来看，“自行辩护”是比率最高的方式，其次为“法律援助辩护”。因为其大多无法负担委托辩护的相关费用，经济能力弱也是其选择“自行辩护”和“法律援助辩护”的原因。

(四)影响被告人刑期与罚金的因素有差异

对于刑期而言，地域区别对刑期有显著影响，存在解释能力，但对于罚金来说，辩护类型和逮捕到一审判决的间隔天数能够有效解释罚金数量。显然，涉案金额能够对二者都做出强有力的解释。总而言之，在抢夺罪案件审理量刑结果上，被告人本身属性及审理过程往往会对最终结果有很强的解释力，而且这些解释与我国量刑规定密切相关，基本符合抢夺罪的量刑规定，一定程度上反映了我国司法机关在司法公正上的良好表现。

参考文献

[1]王飞跃，李平．抢夺罪客观要件论．中南大学法学院[J]．中国刑事法杂志，2006，(4)：41-49.

[2]李炜，王海平．海口市抢劫抢夺犯罪现状及综合治理[J]．海南大学学报(人文社会科学版)，2000(4)：65-70.

[3]胡艺坤．我国抢劫犯罪的对策分析——以犯罪经济学为视角[J]．上海公安学院学报，2019，29(3)：17-26.

[4]张明楷．盗窃与抢夺的界限[J]．法学家，2006(2)：119-131.

[5]周光权．从法益保护角度理解“携带凶器盗窃”[J]．人民检察，2014(6)：74-75.

[6]张明楷．事后抢劫罪的成立条件[J]．法学家，2013(5)：111-130.

[7]刘明祥．事后抢劫问题比较研究[J]．中国刑事法杂志，2001(3)：54-61.

[8]刘明祥．也谈盗窃与抢夺的区分[J]．国家检察官学院学报，2019，27(5)：99-112.

附录三

影响抢夺罪刑期因素数据分析

林申琦　张子潇　韩宝苹　刘宇靖　郑俊豪①

一、引言

我国司法实践遵循罪刑法定原则，法无禁止即可为，法无授权不可为。目前我国量刑主要分为三个步骤：首先是确定量刑起点，量刑起点（社会危害性大小）= 犯罪起因+犯罪手段+犯罪后果+被告人主观恶性+特殊情节。其基本原则为根据具体犯罪的基本犯罪构成事实，结合犯罪起因、犯罪手段、犯罪后果、被告人主观恶性等因素，综合判断量刑起点。其次是在量刑起点的基础上，确定基准刑。基本原则为在量刑起点的基础上，根据其他影响犯罪构成的犯罪数额、犯罪次数、犯罪后果等犯罪事实增加刑罚量，确定基准刑。最后调节基准刑，确定宣告刑。宣告刑 =（基准刑×调节幅度）×（20%～+20%）。虽然我国刑法的量刑体系看上去逻辑缜密，但是由于案件诸多量刑情节尚未确定，在量刑小区间内，法官仍有自由量刑权。不同犯罪因素对刑期影响的重要程度也没有明确的数据说明。在此背景下，本文试图利用多元回归分析和列联表分析来探究共同犯罪、从重处罚以及抢夺金额对抢夺罪刑期的影响。

二、文献综述

（一）定义

我国刑法第二百六十七条规定，“抢夺公私财物，数额较大的，或者多次抢夺的”，构成抢夺罪。但对抢夺的含义并未予以界定。从历史沿革来看，我国较早明确规定并单独处罚抢夺罪的法律是《大明律》，专设有“白昼抢夺”条，民国时期的 1928 年刑法和 1935 年刑法，以及后来在中国台湾地区继续施行的“刑法”，也都单独规定了抢夺罪，但均对“抢夺”的含义未做界定。尽管《大明律》中的“白昼抢夺”有“在光天化日之下抢夺的意思”，隐含有公开夺取财物的成分，但毕竟没有像俄罗斯刑法第 161 条那样，明确规定“抢夺，即公开夺取他人财产的”行为。

民国时期的判例对“抢夺”含义的解释，虽然表述不一，但均将“公然夺取”或“公然掠取”作为其核心。如民国时期最高法院 1933 年上字第 1334 号判例指出：“抢夺罪，系指公然

---

① 以上为中国政法大学商学院硕士研究生。

夺取而言。若乘人不备窃取他人所有物，并非出于公然夺取，自应构成盗窃罪。”该院 1943 年上字第 2181 号判例指出：“抢夺罪以乘人不及抗拒，公然掠取其财物为成立要件，虽掠夺之际或不免于暴行，然与强盗罪之暴行，必须至使人不能抗拒之情形，迥然有别。”1949 年之后，台湾地区继续施行民国时期公布的刑事判例，对“抢夺”含义的理解，与上述判例的解释大体相同。近几年，最高人民法院公布的有关指导性案例对“抢夺”的理解，也与民国时期上述判例的解释没有明显差异。

我国 1979 年刑法施行初期，刑法学界的通说将“抢夺”界定为，“乘人不备，公然夺取”。后来，发现司法实践中也有一些这样的案件：财物的所有者或管理者事实上早已觉察或有所防备，只不过力不能及，只能眼看着行为人拿走财物，并且行为人对此也明知，如果将“乘人不备”作为抢夺的必要条件，无疑是不适当地限制了抢夺罪的成立范围，不利于惩罚犯罪、保护法益。为此，通说把“抢夺”由“乘人不备，公然夺取”改为“公然夺取”，朝扩大抢夺范围的方向做了调整。

（二）区分

1. 抢夺罪与盗窃罪的区分

盗窃罪是“秘密窃取”，不要求对所有人秘密，只要对被害人秘密。传统观点将秘密作为主客观要件；修正观点是主观上自认为秘密即可，客观上可以公开窃取，注被害人失去财物时不知抗拒。抢夺罪是“公然夺取”，“公然夺取是指采用可以使被害人立即发觉的方式，公开夺取其持有或管理下的财物”。“公然”表明行为明目张胆，不限于在公共场所或者当着众人。传统观点要求“乘人不备”，注抢夺出其不意，被害人没有防备；修正观点是被害人可以事前防备，但抢夺当时被害人来不及抗拒。何荣功教授也认为，“窃取是指行为人采取隐秘的、自认为不为财物所有人或保管人所知的方法将财物取走的行为”，“窃取行为也不排除可以使用一定程度（轻微）的暴力（包括对物和对被害人人身实施）。行为人以平和（非暴力、胁迫）手段违背被害人意志公然转移占有被害人财物，构成犯罪，应当认定为成立抢夺罪”。

2. 抢夺罪与抢劫罪的区分

抢劫罪中的暴力常指行为人对被害人的身体直接进行伤害，通常情况下表现出的杀伤行为都较凶残，既可以通过凶器劫取财物，也可以徒手实施暴力，使得被害人丧失反抗能力。抢劫罪中的暴力最终要指向人，但是不一定非要直接针对人来实施暴力，尽管只对物施加有形力，只要能遏制被害人的反抗的意识或行动的自由，就是抢劫罪中的暴力。因此，抢劫罪中暴力的对象是人，通过对他人人身权利的侵犯来实现自己非法占有他人财物之目的，这便是抢劫罪最本质的特征。

三、数据来源

本文所引用的数据来源于中国裁判文书网，使用关键词“抢夺罪”“刑事一审”“判决书”和“2020-04-01 至 2020-04-30”进行检索，获取到 2020 年 4 月 1 日至 30 日期间以抢夺罪定罪量刑的刑事一审判决书，得到 123 个样本。为了研究共同犯罪、从重处罚以及抢夺金额对刑期的影响，取得被告人抢夺财物价值、是否属于共同犯罪、刑期、是否有从重处罚情节等相关变量数据。

四、数据分析

（一）建立多元回归模型并提出假设

1. 回归模型

$$Y=A_0+A_1X_1+A_2X_2+A_3X_3+e$$

Y 代表刑期，X_1 代表抢夺金额、X_2 代表共同犯罪、X_3 代表从重处罚，分别作自变量。

2. 提出假设

$$H_0：A_i=0$$

$$H_1：A_i\neq 0$$

其中 H_0 表示总体变量中的 X_i 与 Y 的线性关系不显著，当 i 为 1 时表示 X_1 与 Y 的线性关系不显著，i 为 2 时表示 X_2 与 Y 的线性关系不显著，i 为 3 时表示 X_3 与 Y 的线性关系不显著。H_1 表示 X_i 与 Y 之间存在线性关系。

（二）拟合优度检验

附表 3.1 中的 R^2 表示回归模型中的三个自变量对因变量的解释程度，当 R^2 越接近 1 时代表自变量对因变量的解释程度越大，当 R^2 越接近 0 时代表自变量对因变量的解释程度越小。附表 3.1 中的 R^2 为 0.651，表示回归模型的两个自变量对因变量的解释程度较好，自变量和因变量之间的线性关系较强。后面调整后的 R^2 去除了因变量个数对解释程度的影响，因为当自变量逐渐变多时，R^2 会越来越大，但这不能代表自变量对因变量的解释程度上升，因此需要减去自变量个数对解释程度的影响。附表 3.1 显示调整后的 R^2 为 0.642，说明抢夺金额、共同犯罪和从重处罚对刑期的解释程度较强。

附表 3.1　样本的模型摘要[d]

模型	R	R^2	调整后 R^2	标准估算的错误	更改统计					DW 值
					R^2 变化量	F 变化量	自由度 1	自由度 2	显著性水平 F 变化量	
1	0.745[a]	0.555	0.551	7.309	0.555	148.544	1	119	0.000	
2	0.780[b]	0.608	0.601	6.894	0.052	15.779	1	118	0.000	
3	0.807[c]	0.651	0.642	6.530	0.043	14.517	1	117	0.000	1.782

a. 预测变量：（常量），钱（千）。

b. 预测变量：（常量），钱（千），是否属于共同犯罪。

c. 预测变量：（常量），钱（千），是否属于共同犯罪，从重处罚。

d. 因变量：刑期。

附表 3.2 方差分析[a]分析表

模型		平方和	自由度	均方	F	显著性水平
1	回归	7 935.942	1	7 935.942	148.544	0.000[b]
	残差	6 357.578	119	53.425		
	总计	14 293.521	120			
2	回归	8 685.802	2	4 342.901	91.385	0.000[c]
	残差	5 607.719	118	47.523		
	总计	14 293.521	120			
3	回归	9 304.795	3	3 101.598	72.741	0.000[d]
	残差	4 988.725	117	42.639		
	总计	14 293.521	120			

a. 因变量：刑期。
b. 预测变量：(常量)，钱(千)。
c. 预测变量：(常量)，钱(千)，是否属于共同犯罪。
d. 预测变量：(常量)，钱(千)，是否属于共同犯罪，从重处罚。

(三)多元回归

通过观察附表 3.3 中的显著性水平可以看出，常量、抢夺金额、共同犯罪和从重处罚的显著性水平均小于 0.05，说明抢夺金额、共同犯罪和从重处罚与刑期之间存在明显的线性关系。

附表 3.3 系数[a]

模型		未标准化系数		标准化系数	t	显著性水平	相关性			共线性统计	
		B	标准错误	Beta			零阶	偏	部分	容差	VIF
1	(常量)	10.217	0.709		14.410	0.000					
	钱(千)	0.296	0.024	0.745	12.188	0.000	0.745	0.745	0.745	1.000	1.000
2	(常量)	8.711	0.769		11.332	0.000					
	钱(千)	0.283	0.023	0.713	12.245	0.000	0.745	0.748	0.706	0.981	1.020
	是否属于共同犯罪	5.499	1.384	0.231	3.972	0.000	0.330	0.343	0.229	0.981	1.020
3	(常量)	6.584	0.917		7.177	0.000					
	钱(千)	0.293	0.022	0.739	13.298	0.000	0.745	0.776	0.726	0.966	1.035
	是否属于共同犯罪	5.297	1.312	0.223	4.037	0.000	0.330	0.350	0.220	0.979	1.021
	从重处罚	4.578	1.202	0.210	3.810	0.000	0.127	0.332	0.208	0.984	1.016

a. 因变量：刑期。

观察偏相关系数与部分相关系数，两个系数都可以更加准确地判断对应的自变量对因变量的解释程度，其中抢夺金额的偏相关系数和部分相关系数都高于 0.7，因此可以得出抢夺金额对刑期的解释程度较强。而共同犯罪和从重处罚的仅为 0.350、0.220 和 0.332、0.208，可以看出共同犯罪和从重处罚的解释程度不强。但是步进法对优秀变量的选择标准是显著性检验，只要该变量的显著性水平 P 值小于 0.05，则选取该变量。偏相关系数为 0.350 和 0.332，表明是否属于共同犯罪和是否具有累犯等从重处罚情节两个自变量与因变量之间存在中等的线性关系，即两个自变量对因变量的解释程度为中等水平。

从附表 3.3 中可以得知样本的回归方程为 $Y=6.584+0.293X_1+5.297X_2+4.578X_3$，其中 6.584 为截距，从方程方面看，当 $X_1=0$，$X_2=0$，$X_3=0$ 时，$T=6.584$。其中 0.293 表明，当 X_2，X_3 控制不变时，X_1 每变化一个点，Y 随之变化 0.293 个点。附表 3.1 中的 5.297 和 4.578 同上，将 0.293、5.297 和 4.578 进行比较，可以看出共同犯罪对刑期的影响更大。

共线性对多元回归的影响程度较大，因此需要观察自变量的共线性情况。可以通过容忍度和 *VIF* 值对共线性进行描述。其中 *VIF* 越大则共线性越强，*VIF* 越接近 1 则共线性越弱。共线性越弱则方程的解释可信度越高。通过附表 3.3 可以得知，当方程包括抢劫金额、是否属于共同犯罪和是否具有累犯等从重处罚情节等三个自变量时，抢劫金额的 *VIF* 为 1.035，是否属于共同犯罪的 *VIF* 为 1.021，是否具有累犯等从重处罚情节的 *VIF* 为 1.016，因此三个变量几乎不存在多重共线性。同时，多个维度特征值约为 0，条件指标大于 10 时提示有多重共线性，证明可能存在多重共线性问题，从附表 3.4 中可以看出，不存在严重的共线性问题。因此该数据在方程中解释的可信度较高，多重共线性对方程几乎不存在影响。

附表 3.4 共线性诊断[a]

模型	维	特征值	条件指标	方差比例			
				（常量）	钱（千）	是否属于共同犯罪	是否具有累犯等从重处罚情节
1	1	1.349	1.000	0.33	0.33		
	2	0.651	1.439	0.67	0.67		
2	1	1.806	1.000	0.14	0.12	0.14	
	2	0.742	1.560	0.07	0.87	0.17	
	3	0.451	2.001	0.79	0.02	0.69	
3	1	2.250	1.000	0.07	0.05	0.08	0.06
	2	0.879	1.600	0.01	0.71	0.00	0.14
	3	0.594	1.946	0.02	0.16	0.81	0.15
	4	0.276	2.854	0.91	0.08	0.11	0.64

a. 因变量：刑期。

最后通过直方图（见附图 3.1）和 P-P 图（见附图 3.2）对方程的初始条件进行检验，即残差需要满足正态分布，多元线性回归才具有意义。从直方图中可以看出，该数据与正态分布的形状基本符合，同时观察 P-P 图，可以看出散点基本分布在 45 度线附近。当散点分布在 45 度线附近时，可以得知该数据的残差符合正态分布。结合上述直方图和 P-P 图可以得出结论，该样本数据的残差符合正态分布，因此满足多元回归的前提假设，结果更具有可靠性。

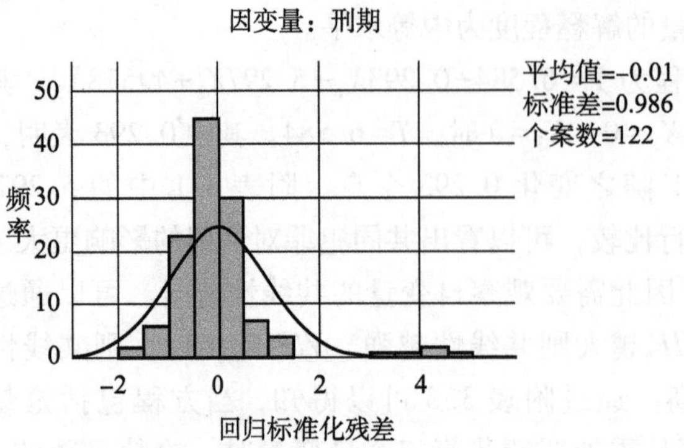

附图 3.1 直方图

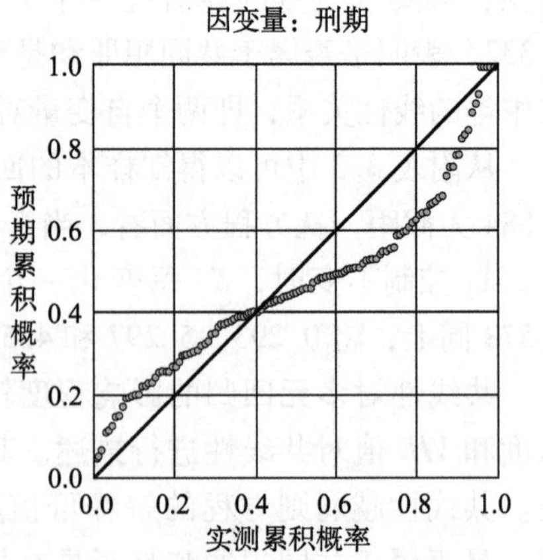

附图 3.2 回归标准化残差的正态 P-P 图

(四)列联分析与 χ^2 检验

1. 列联表分析(见附表 3.5)

附表 3.5 是否具有累犯等从重处罚情节×是否属于共同犯罪交叉表

			是否属于共同犯罪		总计
			否	是	
是否具有累犯等从重处罚情节	否	计数	47	19	66
		期望计数	46.7	19.3	66.0
		占是否具有累犯等从重处罚情节的百分比	71.2%	28.8%	100.0%
		占是否属于共同犯罪的百分比	54.0%	52.8%	53.7%
		占总计的百分比	38.2%	15.4%	53.7%
	是	计数	40	17	57
		期望计数	40.3	16.7	57.0
		占是否具有累犯等从重处罚情节的百分比	70.2%	29.8%	100.0%
		占是否属于共同犯罪的百分比	46.0%	47.2%	46.3%
		占总计的百分比	32.5%	13.8%	46.3%
总计		计数	87	36	123
		期望计数	87.0	36.0	123.0
		占是否具有累犯等从重处罚情节的百分比	70.7%	29.3%	100.0%
		占是否属于共同犯罪的百分比	100.0%	100.0%	100.0%
		占总计的百分比	70.7%	29.3%	100.0%

利用 SPSS 软件，本文对是否具有累犯等从重处罚情节与是否属于共同犯罪之间进行了独立性检验，检验两者之间是否存在关联。首先，对是否具有累犯等从重处罚情节和是否属于共同犯罪之间进行列联表分析。如附表 3.5，具有累犯等从重处罚情节的共犯占比为 13.8%，具有累犯等从重处罚情节但不是共犯占比为 32.5%，但是仅仅通过列联表，无法得出两者之间是否独立。因此需要使用χ^2 检验对其独立性进行检验。

假设 H_0：是否具有累犯等从重处罚情节与是否属于共同犯罪更为重要之间独立

H_1：是否具有累犯等从重处罚情节与是否属于共同犯罪更为重要之间不独立

2.χ^2 检验

将数据带入 SPSS 软件，进行χ^2 检验，得出结果如附表 3.6 所示。当设置置信区间为 5%时，P 值小于 0.05 时拒绝原假设；P 值大于 0.05 时，在当前数据下无法拒绝原假设，因此接受原假设。由附表 3.6 可得，P 值为 0.900，远大于 0.05。因此接受 H_0，拒绝 H_1。即是否具有累犯等从重处罚情节与是否属于共同犯罪更为重要之间独立，即两者之间相互不影响。

附表 3.6　χ^2 检验

	值	自由度	渐进显著性水平(双侧)	精确显著性水平(双侧)	精确显著性水平(单侧)
皮尔逊卡方	0.016[a]	1	0.900		
连续性修正[b]	0.000	1	1.000		
似然比	0.016	1	0.900		
F 精确检验				1.000	0.528
有效个案数	123				

a. 0 个单元格(0.0%)的期望计数小于 5，最小期望计数为 16.68。

b. 仅针对 2×2 表进行计算。

五、结论

本文为了研究共同犯罪、从重处罚以及抢夺金额对刑期的影响，从 2020 年 4 月抢夺罪一审判决书的数据库中获取相关数据，以刑期作为因变量 Y，抢夺金额、共同犯罪、从重处罚分别作自变量 X_1，X_2，X_3，建立多元回归模型并提出假设，进行拟合优度检验、多元回归分析以及列联分析等。通过上述对四个变量的分析，我们可以得出以下结论：共同犯罪对刑期的影响更大；是否具有累犯等从重处罚情节与是否属于共同犯罪更为重要之间相互不影响。

首先，按照我国刑法的第二百六十七条规定，抢夺金额分为较大、巨大和特别巨大三个层次，其对应的刑期分别为 0~3 年、3~10 年、10 年以上等，由此可见抢夺金额对刑期的影响。其次，共同犯罪是指二人以上共同故意犯罪，依据我国刑法的有关规定，共同犯罪对量刑是有影响的。在现实生活中，因为共同犯罪的各位参与人之间相互鼓励相互帮助，更容易形成法益伤害，对法益侵害的程度更高，杀伤力更大，会带来更多的隐患。因此在一些情况下成立共同犯罪会加重量刑，比如犯罪集团的首要分子不仅要对自己实施的犯罪行为负刑事责任，也要对其他成员实施的犯罪负刑事责任，很大程度上也意味着刑期会被延长。最后，当犯罪分子存在犯罪手段恶劣、社会影响极坏等情况时，如非法拘禁殴打被害人、奸淫幼女、警察犯罪等，法院在审判案件时都会从严从重处罚犯罪分子，即应当比照一般罪犯的量刑，在法定刑期范围内，选择较重的刑种或较长的刑期。

总之，是否属于共同犯罪、是否具有累犯等从重处罚情节以及抢夺金额这三类因素都会对刑期产生一定的影响，而经过数据分析发现其中是否属于共同犯罪对刑期的影响最为显著，也映射出共同犯罪会对社会造成更加严重的危害，因此，我们要坚决打击犯罪团伙，在加大处罚力度的同时加强对青少年的心理教育，净化社会环境，从而形成良好的社会风气，致力于构建公平、正义、友爱的和谐社会。

参考文献

[1]张明楷．盗窃与抢夺的界限[J]．法学家，2006(02)：119-131.

[2]何荣功．也论盗窃与抢夺的界限——兼与张明楷教授商榷[J]．当代法学，2012，26(04)：66-72.

[3]阮齐林．论盗窃与抢夺界分的实益、倾向和标准[J]．当代法学，2013，27(01)：76-82.

[4]董玉庭．盗窃与抢夺的新界分说质疑——兼与张明楷教授商榷[J]．人民检察，2010(15)：20-25.

[5]徐光华．“公开盗窃说”质疑[J]．法商研究，2015，32(03)：94-102.

[6]阮齐林．论盗窃与抢夺界分的实益、倾向和标准[J]．当代法学，2013，27(01)：76-82.

[7]张开骏．抢夺罪构成要件及本质特征的新解释——由合理区分抢夺罪与盗窃罪展开的分析[J]．政治与法律，2021(09)：53-63.

[8]王宸来．论抢夺罪与抢劫罪的界限——以“飞车抢夺案”为例[J]．法制博览，2019(14)：255.

附录四

对于抢夺罪刑期、处罚金额相关判定因素及判定方式的探究

王雅琪　孙睿瑾　金昊辰　刘家祺[①]

摘要：本文采用 117 个来自 2020 年 4 月 1 日至 30 日期间以抢夺罪定罪量刑刑事一审判决书中的数据，通过方差分析和皮尔逊相关分析筛选自变量后，使用多元线性回归模型尝试探究所给数据中哪些因素与被告人被判刑期和处罚金额有关系。通过分析结果表明，被告人抢夺金额与被告人刑期和处罚金都有关系，同时，被告人是否有累犯等从重处罚情况与被告人刑期之间有相关关系，被告人是否共犯与被告人处罚金额有相关关系。

关键词：方差分析；多元线性回归；抢劫罪

一、研究背景

抢夺罪是一种常见的多发性的传统性犯罪，刑期与处罚金额将被视为针对抢夺罪仅有的两种有效用的方式，二者的效用在于威慑（武暾，2014），影响刑期和处罚金额的因素成为大家关注的问题，本文运用 SPSS 软件，通过方差分析和多元线性回归方程，试图探究影响刑期和处罚金额的因素，但由于本文所用样本数量有限，所以 SPSS 软件分析可能存在误差。本文所采用的数据来源于中国裁判文书网，中 2020 年 4 月 1 日至 30 日期间以抢夺罪定罪量刑的刑事一审判决书，共得到 123 个样本数据，通过筛选，排除 6 个变量，共 117 个变量。

二、数据分析

（一）皮尔逊相关性分析方法数据分析

分析过程：依次点击“被告人抢夺财物价值”“罚金数额”，将两者放入“变量”框中，因为抢夺财物价值和罚金数额都为刻度级数据，故相关系数勾选“皮尔逊”，点击“确定”。同理，对被告人抢夺财物价值、被判刑期这两变量也进行皮尔逊相关性分析。具体见附表 4.1、附表 4.2。

---

① 以上为中国政法大学商学院硕士研究生。

附表 4.1 相关性

		抢夺金额	被处罚金(千元)
抢夺金额	皮尔逊相关性	1	0.936**
	显著性水平(双尾)		0.000
	个案数	117	117
被处罚金(千元)	皮尔逊相关性	0.936**	1
	显著性水平(双尾)	0.000	
	个案数	117	117

**代表在 0.01 级别(双尾)，相关性显著。

附表 4.2 相关性

		抢夺金额	刑期
抢夺金额	皮尔逊相关性	1	0.748**
	显著性水平(双尾)		0.000
	个案数	117	117
刑期	皮尔逊相关性	0.748**	1
	显著性水平(双尾)	0.000	
	个案数	117	117

**在 0.01 级别(双尾)，相关性显著。

结论：因为相关系数 $|r|$ 在 0.8~1.0 是极强相关，在 0.6~0.8 是强相关，在 0.4~0.6 是中等程度相关，在 0.2~0.4 是弱相关，在 0.0~0.2 则是极弱相关或无相关。所以根据皮尔逊相关性分析可以得到：抢夺金额和被处罚金的相关系数 r 为 0.936，即两者之间为极强相关；抢夺金额和刑期的相关系数 r 是 0.748，虽然没有前面两者的相关性高，但抢夺金额和被判刑期也属于强相关。得知这些信息之后，针对被处罚金和刑期都可作与抢夺金额的一元线性回归，也可以加入分类变量，转换为虚拟变量，然后进行多元回归分析。

（二） 单因素方差分析

1. 方差齐性检验

分析过程：在进行方差分析之前，我们需要检验数据是否符合方差分析的检验的假设条件，因此我们在此先进行方差齐性的检验，由于数据样本量较少，在研究各个因素对被处罚金与被判刑期的影响的过程中，各项因素都无法同时通过方差齐性检验与单因素方差分析，在此我们采取了取 ln 值的方法以减少样本量过少造成的问题，在以被处罚金和被判刑期的 ln 值为因变量研究前述分类变量时可得结果如下：

在此部分我们首先进行方差齐性检验，首先提出原假设与备择假设。

原假设 H_0：$\sigma_1=\sigma_2$(方差相等)

备择假设 H_1：$\sigma_1\neq\sigma_2$(假定方差不等)

(1)是否共犯与对被处罚金的方差齐性检验(见附表 4.3)

附表 4.3　方差齐性检验

		莱文统计	自由度 1	自由度 2	显著性水平
ln 被处罚金	基于平均值	0.020	1	115	0.887
	基于中位数	0.003	1	115	0.959
	基于中位数并具有调整后自由度	0.003	1	111.171	0.959
	基于剪除后平均值	0.037	1	115	0.848

通过附表 4.3 可以看出是否是共犯对被处罚金检验值显著性水平都大于 0.05，可以通过方差齐性检验。

(2)是否有累犯等从重处罚情节与被处罚金的方差齐性检验(见附表 4.4)

附表 4.4　方差齐性检验

		莱文统计	自由度 1	自由度 2	显著性水平
ln 被处罚金	基于平均值	0.608	1	115	0.437
	基于中位数	0.351	1	115	0.555
	基于中位数并具有调整后自由度	0.351	1	101.895	0.555
	基于剪除后平均值	0.379	1	115	0.539

通过附表 4.4 可以看出是否有累犯等从重处罚情节对被处罚金检验值显著性水平都大于 0.05，可以通过方差齐性检验。

(3)是否是共犯对被判刑期的方差齐性检验(见附表 4.5)

附表 4.5　方差齐性检验

		莱文统计	自由度 1	自由度 2	显著性水平
ln 刑期	基于平均值	4.664	1	115	.033
	基于中位数	2.579	1	115	.111
	基于中位数并具有调整后自由度	2.579	1	96.063	.112
	基于剪除后平均值	3.862	1	115	.052

通过附表 4.5 可以看出是否是共犯对刑期的基于平均数的显著性水平小于 0.05，所以应该拒绝原假设，即方差不具有齐次性，无法通过方差齐次性检验，故对此影响因素进行排除。

(4)是否有累犯等从重处罚情节与被判刑期的方差齐性检验(见附表 4.6)

附表 4.6　方差齐性检验

		莱文统计	自由度 1	自由度 2	显著性水平
ln 刑期	基于平均值	1.924	1	115	0.168
	基于中位数	1.837	1	115	0.178
	基于中位数并具有调整后自由度	1.837	1	104.934	0.178
	基于剪除后平均值	1.473	1	115	0.227

通过附表 4.6 可以看出是否有累犯等从重处罚情节对刑期的显著性水平均大于 0.05，所以可以通过方差齐性检验。

结论：通过以上方差齐性检验得出是否是共犯对被处罚金、是否有累犯等从重处罚情节对被处罚金以及是否有累犯等从重处罚情节对刑期的各个检验值显著性水平都大于 0.05，可以通过方差齐性检验，所以将分析其影响显著性水平。

2. 各因素对被处罚金与刑期认定的影响显著性水平分析

在此部分我们对通过方差齐性检验的因素进行影响显著性水平分析，首先提出原假设 H_0 与备择假设 H_1：

H_0：$\mu_1=\mu_2$ 自变量对因变量没有显著影响

H_1：$\mu_1\neq\mu_2$ 自变量对因变量有显著影响

如果拒绝原假设 H_0 则意味着自变量对因变量有显著影响，也就是自变量与因变量之间有显著关系；如果不拒绝原假设 H_0，则没有证据证明自变量对因变量有显著影响，也就是自变量与因变量之间无显著关系，具体自变量与因变量之间的影响显著性分析如下：

(1)是否共犯对被处罚金额确定的影响显著性水平分析(见附表 4.7)

附表 4.7 方差分析 ln 被处罚金

	平方和	自由度	均方	F	显著性水平
组间	3.856	1	3.856	8.825	0.004
组内	50.254	115	0.437		
总计	54.110	116			

通过附表 4.7 可以看出是否是共犯对被处罚金影响显著性水平小于 0.05，说明这个因素对其因变量的影响是显著的。

(2)是否有累犯等从重处罚情节对处罚金额确定的影响显著性水平分析(见附表 4.8)

附表 4.8 方差分析 ln 被处罚金

	平方和	自由度	均方	F	显著性水平
组间	0.023	1	0.023	0.048	0.827
组内	54.088	115	0.470		
总计	54.110	116			

通过附表 4.8 可以看出是否有累犯等从重处罚情节对处罚金额确定的影响显著性水平大于 0.05，因此可以予以排除。

(3)是否有累犯等从重处罚情节对刑期确定的影响显著性水平分析(见附表 4.9)

附表 4.9 方差分析 ln 刑期

	平方和	自由度	均方	F	显著性水平
组间	3.317	1	3.317	12.351	0.001
组内	30.879	115	0.269		
总计	34.196	116			

通过附表 4.9 可以看出是否有累犯等从重处罚情节对刑期确定的影响显著性水平小于

0.05，这个因素对其因变量的影响是显著的。

结论：通过上述表格结果最终分析可以得到，被告人是否是共犯对处罚金额有显著影响，可以作为一组自变量进行回归分析；被告人是否有累犯等从重处罚情节对被判刑期有显著影响，也可以作为一组自变量进行回归分析。

（三）多元回归分析

上文先进行皮尔逊相关性分析，确定自变量中唯一的一个定量数据与两个因变量，即被告人被罚金额和被判刑期显著相关。然后再对自变量中的分类变量进行齐性检验和方差分析，发现没有分类自变量对两个因变量有显著影响。于是，将因变量刑期与处罚金额取对数，再与分类自变量进行齐性检验和方差分析，发现是否是共犯对处罚金额有显著性影响，是否有累犯等从重处罚情节对刑期有显著性影响，之后通过多元回归分析，将是否是共犯、是否具有累犯等从重处罚情节的定性变量设置虚拟变量，研究抢夺金额、是否有累犯等从重处罚情节对于刑期的线性关系以及是否是共犯、抢夺金额对于处罚金额的线性关系。以下为回归分析的步骤及结论。

运用多元回归分析的基本思路是确定因变量和多个自变量以及它们之间的关系后，设立自变量参数的回归方程对因变量进行预测，具体如下：

$$Y=C+\beta_1 X_1+\beta_2 X_2 \quad \text{（附 4-1）}$$

式中：Y 为因变量，C 和 β 是回归系数，X 为所选取的影响因素。

在此部分，我们首先提出原假设与备择假设。

H_0：$\beta_1=\beta_2=0$　自变量、因变量之间无线性关系

H_1：β_1、β_2 至少有一个不等于 0　自变量、因变量之间有线性关系

1. 第一次回归分析

将抢夺金额、是否有累犯等从重处罚情节作为自变量，刑期（取 ln）作为因变量进行回归分析，选择步进法得到以下结果（见附图 4.1，附图 4.2，附图 4.3）。

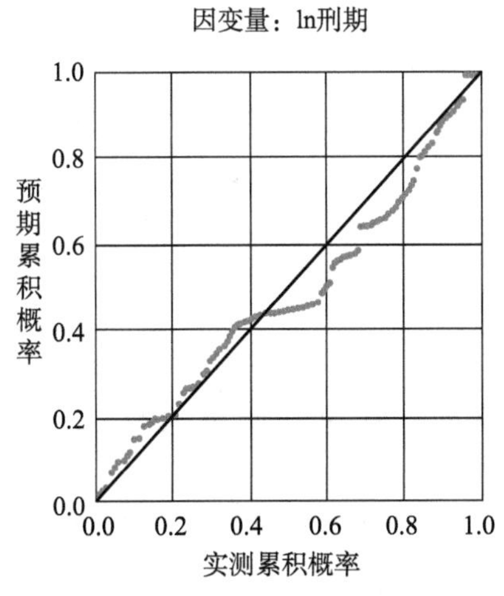

附图 4.1　回归标准化残差的正态 P-P 图

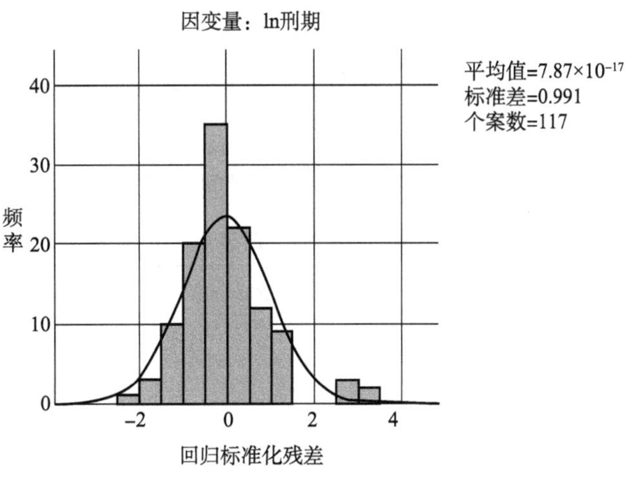

附图 4.2　直方图

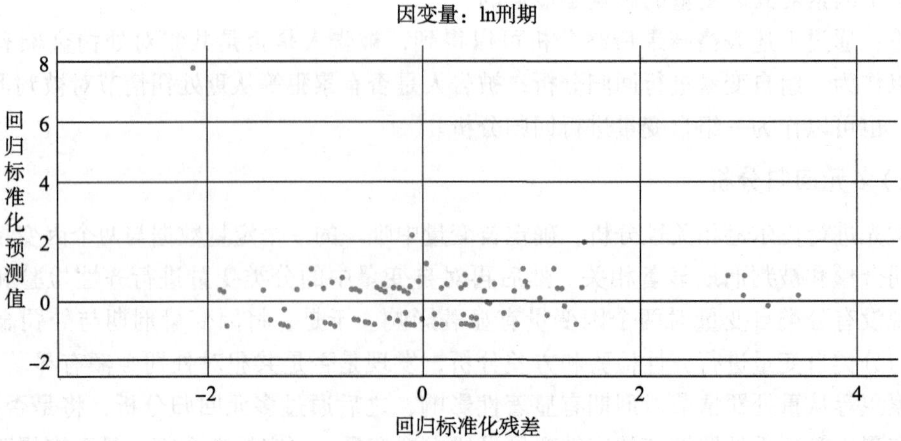

附图 4.3 散点图

从残差图以及 P-P 图可以看出，散点位于 45 度线附近，数据符合正态分布，残差图正常，散点图也不是很规律的图形，我们继续进行回归检验(见附表 4.10)。

附表 4.10 相关性

		ln 刑期	是否有累犯等从重处罚情节	抢夺金额
皮尔逊相关性	ln 刑期	1.000	0.311	0.552
	是否有累犯等从重处罚情节	0.311	1.000	−0.121
	抢夺金额	0.552	−0.121	1.000
显著性水平(单尾)	ln 刑期	.	0.000	0.000
	是否有累犯等从重处罚情节	0.000	.	0.098
	抢夺金额	0.000	0.098	.
个案数	ln 刑期	117	117	117
	有累犯等从重处罚情节	117	117	117
	抢夺金额	117	117	117

由附表 4.10 可知，各变量间的皮尔逊相关性均小于 0.8，所以相关性不高，并且显著性水平均为 0.000，可以排除自变量间的多重共线性。

附表 4.11 输入/除去的变量[a]

模型	输入的变量	除去的变量	方法
1	抢夺金额	.	步进(条件：要输入的 F 的概率<=0.050，要除去的 F 的概率>=0.100)
2	是否有累犯等从重处罚情节	.	步进(条件：要输入的 F 的概率<=0.050，要除去的 F 的概率>=0.100)

a. 因变量：ln 刑期。

附表 4.12　模型摘要

模型	R	R^2	调整后的 R^2		R^2 变化量	F 变化量	自由度 1	自由度 2	显著性水平 F 变化量	DW 值
1	0.552[a]	0.305	0.299	0.454 61	0.305	50.460	1	115	0.000	
2	0.671[b]	0.450	0.440	0.406 18	0.145	30.058	1	114	0.000	1.582

a. 预测变量：（常量），抢夺金额。
b. 预测变量：（常量），抢夺金额，是否有累犯等从重处罚情节。
c. 因变量：ln 刑期。

由附表 4.12 可知，模型 2 中多重判定系数即 R^2 为 0.450，调整后的 R^2 为 0.440，拟合优度一般，同时也表示在用样本量和模型中自变量的个数进行调整后，刑期的变差中，能被抢夺金额、是否有累犯等从重处罚情节这两个自变量的多元回归方程所解释的比例为 44.0%。

附表 4.13　方差分析[a]

模型		平方和	自由度	均方	F	显著性水平
1	回归	10.429	1	10.429	50.460	0.000[b]
	残差	23.767	115	0.207		
	总计	34.196	116			
2	回归	15.388	2	7.694	46.634	0.000[c]
	残差	18.808	114	0.165		
	总计	34.196	116			

a. 因变量：ln 刑期。
b. 预测变量：（常量），抢夺金额。
c. 预测变量：（常量），抢夺金额，是否有累犯等从重处罚情节。

由附表 4.13 中知，两个自变量对因变量的影响显著性水平为 0.00，都远小于 0.05，拒绝原假设，所以可以得出抢夺金额和是否有累犯等从重处罚情节与被判刑期都有线性关系，且线性关系显著。

由附表 4.14 得知，$VIF<10$，说明本文所取数据多重共线性不显著，进一步排除自变量间的多重共线性；且表中抢夺金额的偏相关系数为 0.625，部分相关系数为 0.594，而是否有累犯等从重处罚情节的偏相关系数为 0.457，部分相关系数为 0.381，这表示，虽然两个自变量对因变量都有影响，但是抢夺金额对被判刑期的影响更加显著。

附表 4.14　系数[a]

模型		未标准化系数		标准化系数	t	显著性水平
		B	标准错误	Beta		
1	（常量）	2.309	0.045		51.428	0.000
	抢夺金额	0.011	0.002	0.552	7.104	0.000
2	（常量）	2.111	0.054		39.095	0.000
	抢夺金额	0.012	0.001	0.599	8.554	0.000
	是否有累犯等从重处罚情节	0.417	0.076	0.384	5.482	0.000

续表

模型		B 的 95.0%置信区间		相关性			共线性统计	
		下限	上限	零阶	偏	部分	容差	*VIF*
1	（常量）	2.220	2.398					
	抢夺金额	0.008	0.014	0.552	0.552	0.552	1.000	1.000
2	（常量）	2.004	2.218					
	抢夺金额	0.009	0.014	0.552	0.625	0.594	0.985	1.015
	是否有累犯等从重处罚情节	0.266	0.567	0.311	0.457	0.381	0.985	1.015

a. 因变量：ln 刑期。

附表 4.15 共线性诊断[a]

模型	维	特征值	条件指标	方差比例		
				（常量）	抢夺金额	是否有累犯等从重处罚情节
1	1	1.352	1.000	0.32	0.32	
	2	0.648	1.444	0.68	0.68	
2	1	1.829	1.000	0.12	0.08	0.11
	2	0.876	1.445	0.01	0.78	0.12
	3	0.295	2.491	0.87	0.15	0.77

a. 因变量：ln 刑期。

结论：通过以上分析我们可知自变量对因变量的影响显著且排除自变量间的多重共线性，所以以自变量为抢夺金额、是否有累犯等从重处罚情节，因变量为 ln 刑期的模型较好。根据附表 4.15，我们可得出线性方程：$Y=2.111+0.012X_1+0.417X_2$。

其中 Y 为刑期的 ln 值，以月为单位，X_1 为抢夺金额，以千元为单位，X_2 为是否有累犯等从重处罚情节，值为 1 或 0。此方程可解释为：当不考虑被告人是否有累犯等从重处罚情节时，被告人抢夺金额增加 1 千元，被告人刑期平均可增加 0.012 个月，即 1.012 个月；当被告人抢夺财物金额不变时，如果被告人有累犯等从重处罚情节，被告人刑期增加 0.417 个月，即 1.417 个月。其中 X_1 不可为 0，若抢夺金额为 0 则不会构成抢夺罪所以不适用此线性方程。

2. 第二次回归分析

将是否是共犯、抢夺金额作为自变量，被处罚金（取 ln）作为因变量进行回归分析，选择步进法得以下结果（见附图 4.4，附图 4.5，附图 4.6）。

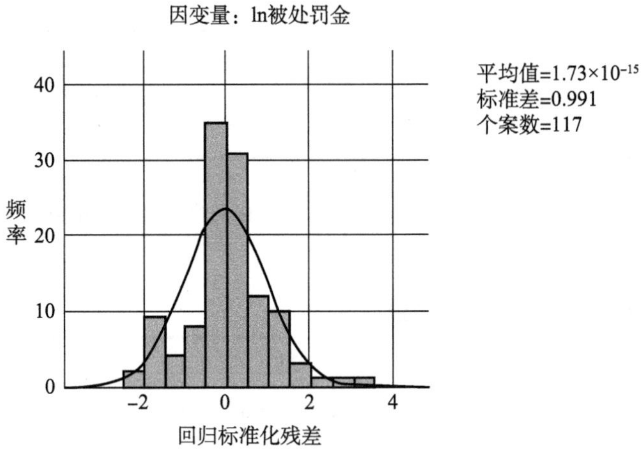

附图 4.4　直方图

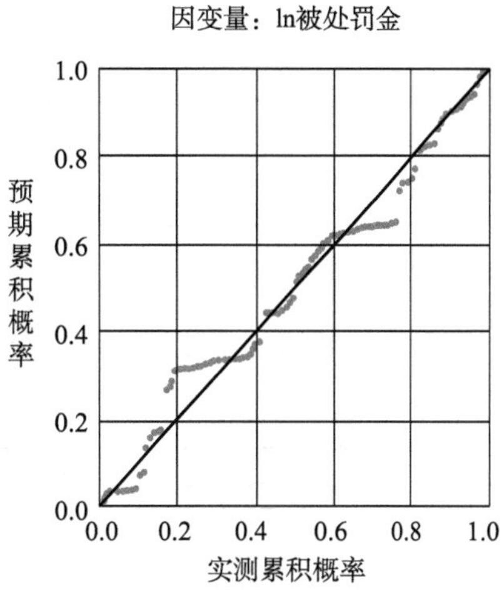

附图 4.5　回归标准化残差的正态 P-P 图

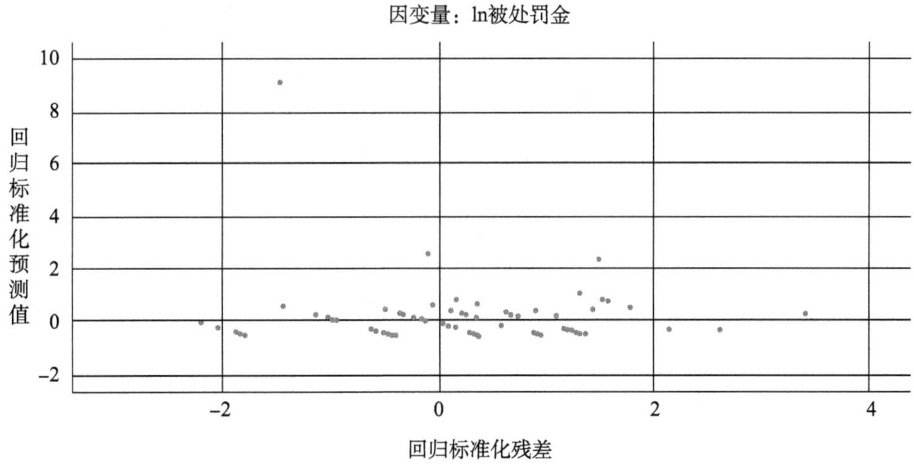

附图 4.6　散点图

从残差图以及 P-P 图可以看出，散点位于 45 度线附近，数据符合正态分布，残差图正常，并且散点图也不齐整，我们继续进行回归检验(见附表 4.16)。

附表 4.16　相关性

		ln 被处罚金	抢夺金额	是共犯
皮尔逊相关性	ln 被处罚金	1.000	0.653	0.267
	抢夺金额	0.653	1.000	0.134
	是否是共犯	0.267	0.134	1.000
显著性水平(单尾)	ln 被处罚金	.	0.000	0.002
	抢夺金额	0.000	.	0.075
	是否是共犯	0.002	0.075	.

续表

		ln 被处罚金	抢夺金额	是共犯
个案数	ln 被处罚金	117	117	117
	抢夺金额	117	117	117
	是否是共犯	117	117	117

由附表 4.16 可知，各变量间的皮尔逊相关性均小于 0.8，所以相关性不高，并且显著性水平均为 0.000，可以排除自变量间的多重共线性。

附表 4.17 输入/除去的变量[a]

模型	输入的变量	除去的变量	方法
1	抢夺金额	.	步进(条件：要输入的 F 的概率<=0.050，要除去的 F 的概率>=0.100)
2	是否是共犯	.	步进(条件：要输入的 F 的概率<=0.050，要除去的 F 的概率>=0.100)

a. 因变量：ln 被处罚金。

附表 4.18 模型摘要[c]

模型	R	R^2	调整后 R^2		标准估算的错误	R^2 变化量	F 变化量	自由度 1	自由度 2	显著性水平 F 变化量	DW 值
1	0.653[a]	0.427	0.422	0.519 31	0.427	85.642	1	115	0.000		
2	0.678[b]	0.460	0.450	0.506 47	0.033	6.904	1	114	0.010	2.090	

a. 预测变量：(常量)，抢夺金额。

b. 预测变量：(常量)，抢夺金额，是否是共犯。

c. 因变量：ln 被处罚金。

由附表 4.18 可知，模型 2 中多重判定系数即 R^2 为 0.678，调整后的 R^2 为 0.460，拟合优度比第一次多元回归模型要好一些，同时也表示在用样本量和模型中自变量的个数进行调整后，被处罚金的变差中，能被抢夺金额、是否是共犯这两个自变量的多元回归方程所解释的比例为 46.0%。

附表 4.19 方差分析[a]

模型		平方和	自由度	均方	F	显著性水平
1	回归	23.096	1	23.096	85.642	0.000[b]
	残差	31.014	115	0.270		
	总计	54.110	116			
2	回归	24.868	2	12.434	48.472	0.000[c]
	残差	29.243	114	0.257		
	总计	54.110	116			

a. 因变量：ln 被处罚金。

b. 预测变量：(常量)，抢夺金额。

c. 预测变量：(常量)，抢夺金额，是否是共犯。

由附表 4. 19 可知抢夺金额和是否是共犯对被处罚金的显著性为 0. 000，都远小于 0. 05，拒绝原假设，所以可以得出抢夺金额和是否是共犯与被处罚金都有线性关系，且线性关系显著。

由附表 4. 20 可知，*VIF*<10，说明本文所取数据多重共线性不显著。进一步排除了自变量间的多重共线性。且抢夺金额的偏相关系数为 0. 647，部分相关系数为 0. 623，而是否有累犯等从重处罚情节的偏相关系数为 0. 239，部分相关系数为 0. 181，这表示，虽然两个自变量对因变量都有影响，但是抢夺金额对被处罚金的影响更加显著。

附表 4. 20　系数[a]

模型		未标准化系数		标准化系数	*t*	显著性水平
		B	标准错误	Beta		
1	（常量）	0. 964	0. 051		18. 805	0. 000
	抢夺金额	0. 016	0. 002	0. 653	9. 254	0. 000
2	（常量）	0. 888	0. 058		15. 341	0. 000
	抢夺金额	0. 015	0. 002	0. 629	9. 050	0. 000
	是否是共犯	0. 269	0. 102	0. 183	2. 628	0. 000

模型		*B* 的 95. 0%置信区间		相关性			共线性统计	
		下限	上限	零阶	偏	部分	容差	*VIF*
1	（常量）	0. 863	1. 066					
	抢夺金额	0. 013	0. 019	0. 653	0. 653	0. 653	1. 000	1. 000
2	（常量）	0. 773	1. 003					
	抢夺金额	0. 012	0. 019	0. 653	0. 647	0. 623	0. 982	1. 018
	是否是共犯	0. 066	0. 472	0. 267	0. 239	0. 181	0. 982	1. 018

a. 因变量：ln 被处罚金。

附表 4. 21　共线性诊断[a]

模型	维	特征值	条件指标	方差比例		
				（常量）	抢夺金额	是否是共犯
1	1	1. 352	1. 000	0. 32	0. 32	
	2	0. 648	1. 444	0. 68	0. 68	
2	1	1. 815	1. 000	0. 14	0. 11	0. 14
	2	0. 743	1. 563	0. 06	0. 87	0. 16
	3	0. 442	2. 027	0. 79	0. 02	0. 70

a. 因变量：ln 被处罚金。

结论：通过以上分析我们可知自变量抢夺金额、是否是共犯对因变量 ln 被处罚金的影响显著且排除自变量间的多重共线性，所以以自变量为抢夺金额、是否有累犯等从重处罚情节，因变量为 ln 被处罚金的模型较好。根据附表 4. 21，我们可得出线性方程：$Y=0.964+0.015X_1+0.269X_2$。

其中 Y 为被处罚金的 ln 值，以千元为单位，X_1 为抢夺金额，以千元为单位，X_2 为是否共犯，值为 1 或 0。此方程可解释为：当不考虑被告人是否是共犯时，被告人抢夺金额每增加 1 千元，被告人的处罚金增加 1.015 千元；当被告人抢夺财物金额数目不变时，如果被告人是共犯，被告人的处罚金增加 1.309 千元。

三、结论

本文以抢夺罪定罪量刑刑事一审判决书中的数据为基础，通过单因素方差检验，筛选出了影响法院裁决此类案件的因素，并且用这些因素建立了多元线性回归模型，具体结论如下：

(1)被告人抢夺金额与被告人被判刑期、处罚金额都有显著关系，且与其他因素相比，被告人抢夺金额对被判刑期、处罚金额的影响最为显著。当不考虑被告人是否有累犯等从重处罚情节时，被告人抢夺金额每增加 1 千元，被告人刑期平均可增加 1.012 个月；当不考虑被告人是否是共犯时，被告人抢夺金额每增加 1 千元，被告人的处罚金增加 1.015 千元。

被告人是否有累犯等从重处罚情节与被告人刑期之间有相关关系，被告人是否是共犯与被告人处罚金额有相关关系，即当被告人抢夺金额不变时，如果被告人有累犯等从重处罚情节，被告人刑期增加 1.517 个月，如果是共犯，被告人的处罚金额增加 1.309 千元。

(2)是否是共犯与抢夺金额相比对被处罚金的影响更大，是否有累犯等从重处罚情节则与抢夺金额相比对刑期的影响更大。说明在抢夺金额达到某种数额区间的情况下，法院对于刑期和处罚金额的判决中，会更加看重罪犯的犯罪情节和犯罪背景即是否是共犯与是否有累犯等从重处罚情节。

(3)研究两个模型得出的两个线性回归方程可以为法院对于抢夺罪犯的刑期与处罚金额提供参考，但是具体到各个省份(自治区、直辖市)对于不同抢夺金额的判决标准是不同的，本文主要以全国的数据为基础，为各个省份(自治区、直辖市)具体裁量刑罚提供了依据与参考，但本文研究所依据的数据较少，相信通过对数据的进一步完善与优化——具体包括增添有用数据与人工剔除不合理判决数据，可以大大增加模型的可信度，为各级人民法院依法依规判决提供更加可靠的参考，可以增强判决的公正性与合理性。

参考文献

[1]余颖，等．四川省农村地区家长幼儿性相关问题的应对方式及影响因素分析[J]．中国学校卫生，2021，42(10)：1487-1490.

[2]于泽洋，等．天津市青年学生男男性行为者新型毒品使用现状及影响因素分析[J]．中国学校卫生，2021，42(10)：1504-1507.

[3]李超锋，张劲松．教师背景特征影响大学生评教分数的实证分析[J]．中南民族大学学报(自然科学版)，2021(05)：512-518.

[4]刘聪颖，等．护生职业认同及影响因素调查分析[J]．现代职业教育，2021(43)：74-75.

[5]焦思盈．中国企业微博类别对消费者参与度影响研究[J]．现代商贸工业，2021(28)：43-47.

[6]毛麒麟，杨杉．大数据下的保险公司退保数据分析[J]．现代计算机，2021(20)：129-133.

[7]武暾．抢劫罪的经济分析[J]．南阳理工学院学报，2014(05)：31-35.

[8]武暾．犯罪与刑罚的经济观念[J]．周口师范学院学报，2014(03)：96-98.

附录五

关于抢夺罪量刑处罚的影响因素分析

高楚依　张鹏涛　孙博乔　毛庆庆　赵佳莹①

摘要：本文采用110个来自2020年4月1日至30日期间以抢夺罪定罪量刑刑事一审判决书中的数据，利用SPSS统计软件对其中的各类因素进行实证分析。通过方差分析检验影响刑期和罚金判决结果的因素，选取变量建立线性回归模型。主要分析方法有描述性统计、单因素方差分析、线性回归模型，得出的结论有抢夺财物价值对刑期和罚金有显著影响，是否有累犯等从重处罚情节、是否团伙作案对从刑事拘留到逮捕时间有显著影响，被告人采用的辩护类型对从逮捕到一审判决的时间有显著影响。

关键词：方差分析；回归分析；抢夺罪；刑期与罚金

引言

抢夺罪在司法实务中是比较常见的罪名之一，由于犯罪行为错综复杂以及法规的抽象和概括性，使得在实务中对于抢夺罪进行解释的时候存在一系列疑难问题未得到妥善解决，影响了司法机关对抢夺行为定罪量刑②。在此基础上，本文分析所用数据来源于中国裁判文书网，使用关键词"抢夺罪""刑事一审""判决书"和"2020-04-01 至 2020-04-30"进行检索，获取到2020年4月1日至30日期间以抢夺罪定罪量刑的刑事一审判决书，得到123个研究样本。由于抢夺财物金额、抢夺罪犯文化程度和判决日期的缺失，剔除13个无效样本，还剩110个有效样本。研究对象既包括被告人的文化程度这类与被告人个体相关的变量，也包括刑事拘留到逮捕的间隔天数(日)、逮捕到一审判决的间隔天数(日)等审前阶段的时间变量，还包括被告人被判处刑期(月)、罚金数额(千元)等直接表现定罪量刑结果的相关变量。以此考察在抢夺案的审判中，上述变量中是否存在影响审判结果的主要依据，并通过方差分析、回归分析等统计方法进行检验，并以刑拘—批捕——审—定刑的先后时间顺序入手，首先是对被告人个体相关的变量比如抢夺罪犯文化程度等对判刑结果的影响，判刑结果包括刑期和罚金；然后进一步对犯罪过程中的变量进行分析，研究被告人的犯罪前科、犯罪类型对从刑事拘留到逮捕时间的影响；以及被逮捕之后，被告人选择的辩护类型对于从逮捕到一审判决时间的影响。

---

① 以上为中国政法大学商学院硕士研究生。

② 孟静宜．浅析抢夺罪与抢劫罪的区别与联系[J]．法制与经济(中旬)，2013(03)：44-45.

一、文献综述

根据《中华人民共和国刑法》第二百六十七条，抢夺公私财物，数额较大的，或者多次抢夺的，处三年以下有期徒刑、拘役或者管制，并处或者单处罚金；数额巨大或者有其他严重情节的，处三年以上十年以下有期徒刑，并处罚金；数额特别巨大或者有其他特别严重情节的，处十年以上有期徒刑或者无期徒刑，并处罚金或者没收财产。

其在定义上与盗窃罪、抢劫罪等存在一定的相关性。庄明(2004)就抢夺罪、盗窃罪、抢劫罪在一些特定情形下的区分问题进行了研究，认为在实务中，存在“先盗窃然后转为抢夺的案件处理”“既像盗窃，又像抢夺行为的案件定性”“突然猛力夺取他人所挎肩包，致人重伤或者死亡的情况如何认定”等问题，并就各种情况下的定性提出了自己的看法①。

此外，飞车抢夺、跟车偷逃通行费或停车费等行为如何适用抢夺罪等问题也受到一定程度的关注。钱宇文(2021)就2021年所判定的一起跟车闯卡逃费被判抢夺罪的判例进行了个案研究②，陈占平(2021)就河北省首例跨省闯卡逃费案进行个案研究，文中同济大学法学教授金泽刚认为虽然从表面上看并没有从受害者(即收费人员)手上直接抢夺财产，但是受害方难以对其所偷逃的费用立即进行追讨，并产生直接财产损失。本质上，该案件符合抢夺罪“侵犯他人财产权益”的根本特征③。

在量刑方面，对于量刑本身的研究已经非常丰富，根据中国知网对量刑问题的大数据统计，文献综述超过12 000篇，发文数量呈上升趋势，研究主题集中在量刑建议、从宽制度、定罪量刑等问题上。但是对于抢夺罪与量刑这一交叉研究课题，研究相对较少。仅发现廖万里(2007)等人关于两起跨省抢劫、抢夺案的量刑问题进行了研究④。故本文根据统计的样本数据，对于抢夺案的犯罪特点、量刑过程中的影响因素进行统计研究，以进一步深化对抢夺罪的案发特点、判罚特点的了解。

二、研究方法及目的

1. 研究概述

本文分析基于给定的110个可用样本数据，以特定的思路展开相关分析。具体而言，分析基于样本数据所提供的各种变量，提出相应的问题并运用合适的统计分析方法进行检验。下文将主要通过对三个问题的分析来增进对抢夺罪的认识：①抢夺罪案件及其抢夺罪犯的特征。需要特别指明的是，本文所用数据都是2021年4月的，这可能意味着部分特征有特殊性，不具有广泛的参考意义。②考察影响抢夺罪犯所受刑罚严重程度的因素，其中刑罚的严重程度由两个变量度量：刑期和处罚金额。③考察影响司法机关破案与法庭判决效率的因素，其中司法机关破案和法庭判决效率由两个变量度量：刑拘到逮捕的时间间隔和逮捕到一

---

① 庄明．抢夺罪若干疑难实务问题探讨[J]．佛山科学技术学院学报(社会科学版)，2004(01)：61-63.

② 钱宇文．跟车闯卡“逃单”被判抢夺罪[J]．检察风云，2021(15)：48.

③ 陈占平．偷逃通行费被判抢夺罪——全国“一张网”后河北首例跨省闯卡逃费案件宣判[J]．中国公路，2021(12)：31.

④ 廖万里，廖明，杜晓丽．省际标准不一的数额犯该如何定罪量刑[J]．中国审判，2007(04)：60-61.

审判决的时间间隔。

2. 研究方法

方差分析，又称“变异数分析”，由费希尔发明，用于两个及两个以上样本均数差别的显著性检验。方差分析的基本思想是：通过分析研究不同来源的变异对总变异的贡献大小，从而确定可控因素对研究结果影响力的大小。回归分析法指利用数据统计原理，对大量统计数据进行数学处理，并确定因变量与某些自变量的相关关系，建立一个相关性较好的回归方程(函数表达式)，并加以外推，用于预测今后的因变量的变化的分析方法。

本文主要运用方差分析法和多元线性回归模型进行分析。其中方差分析的目的在于考察定类数据对定量数据的影响，其原理是比较不同组别的均值差异。但由于比较均值差异，需要将样本的方差分解成组间方差和组内方差。如果样本数据本身的方差大小有明显差异，那么就无法判断分解出的组间方差差异是来自定类数据的影响还是来自数据本身的方差大小差异，所以在进行方差分析之前要进行齐性检验。

3. 研究目的

通过统计分析，检验不同的自变量对因变量是否有显著影响，首先是对被告人个体相关的变量，比如文化程度等对判刑结果的影响，判刑结果包括刑期和处罚金额；进一步对犯罪过程中的变量进行分析，研究被告人的犯罪前科，犯罪类型对从拘留到逮捕的时间间隔的影响；以及被逮捕之后，被告人选择的辩护类型对于从逮捕到一审判决时间间隔的影响。

三、关于抢夺罪犯的特征进行描述统计分析

1. 数据来源与处理

本文分析所用数据来源于中国裁判文书网，使用关键词“抢夺罪”“刑事一审”“判决书”和“2020-04-01 至 2020-04-30”进行检索，获取到 2020 年 4 月 1 日至 30 日期间以抢夺罪定罪量刑的刑事一审判决书，得到 123 个研究样本。由于抢夺财物金额、抢夺罪犯文化程度和判决日期的缺失，剔除 13 个无效样本，还剩 110 个有效样本。

在数据处理方面，首先根据我国教育阶段情况对抢夺罪犯文化程度做以下划分，将高中和中专记为高中类，将大学以上、大学本科、大学专科记为大学类，于是抢夺罪犯文化程度分为五类：文盲、小学、初中、高中、大学。其次，抢夺罪犯的年龄按照最新年龄段划分为 18 岁以下的青少年、18~45 岁的青年、45 岁以上的中年；此外，在对犯罪地位的划分中，又根据是否为共犯具体分为：共犯主犯、共犯从犯、共犯主次不分、单犯。最后，对庭审环节抢夺罪犯所选择的辩护类型划分为：自行辩护、委托辩护以及法律援助辩护。

2. 描述统计分析

(1)抢夺罪犯的性别特征

对上述 110 个样本数据中，抢夺罪犯仅有 1 名女性，其余 109 人皆为男性。实施抢夺犯罪行为的罪犯绝大多数为男性(见附图 5.1)。

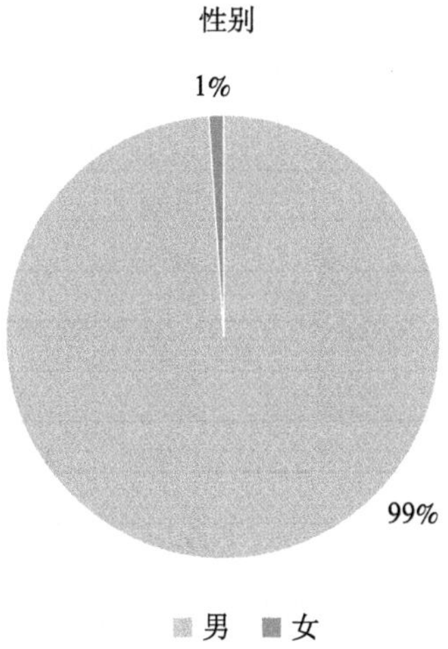

附图 5.1　抢夺罪犯的性别分布图

(2)抢夺罪犯的年龄分布(见附图 5.2)

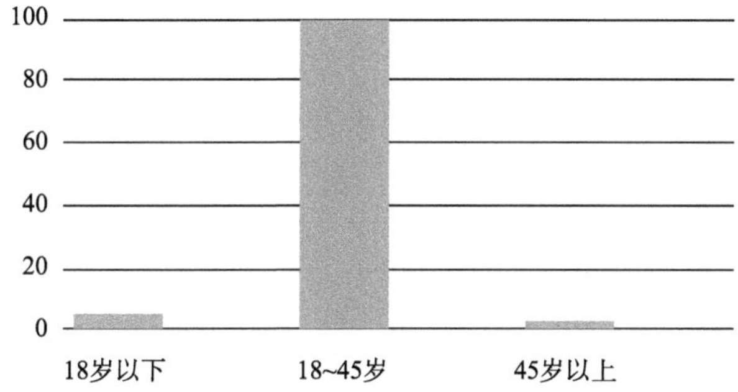

附图 5.2　抢夺罪犯的年龄分布图

在上述柱形图中，选取的样本数据中关于年龄存在某个样本数据的缺失，故年龄的样本数据仅有 106 个，其中，18 岁以下的有 5 人，18～45 岁的有 100 人，45 岁以上的有 1 人。可见，结合上述抢夺罪犯的性别特征分析，青年阶段的男性更容易成为实施抢夺行为的主体。

(3)抢夺罪犯的文化程度特征(见附图 5.3)

由附图 5.3 可知，在 110 个样本数据中，抢夺罪犯文化程度属于文盲的占比仅有 7%，属于小学学历的占比 26.4%，属于初中学历的占比 57.3%，属于高中中专学历的占比 6.4%，属于大学学历的占比约 3%。可见，抢夺罪犯的文化程度多集中于小学初中学历水平。犯罪倾向与文化程度呈倒 U 形关系，该分布或与具有不同文化程度的人群分布比例相关，尚不能形成结论。

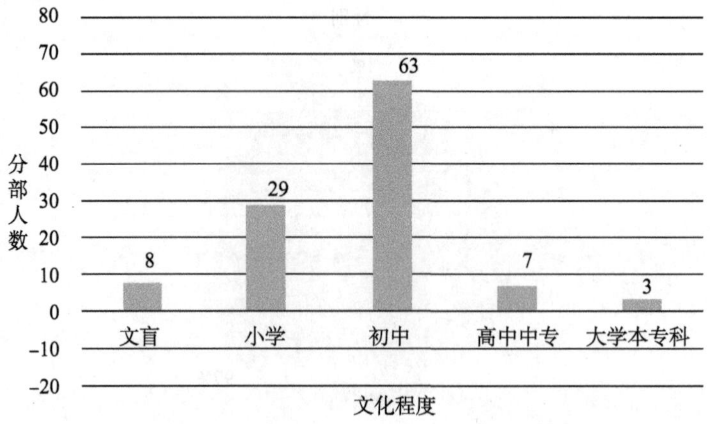

附图 5.3　抢夺罪犯的文化程度分布图

(4)抢夺罪犯选择的辩护类型、是否累犯、犯罪地位(见附图 5.4)

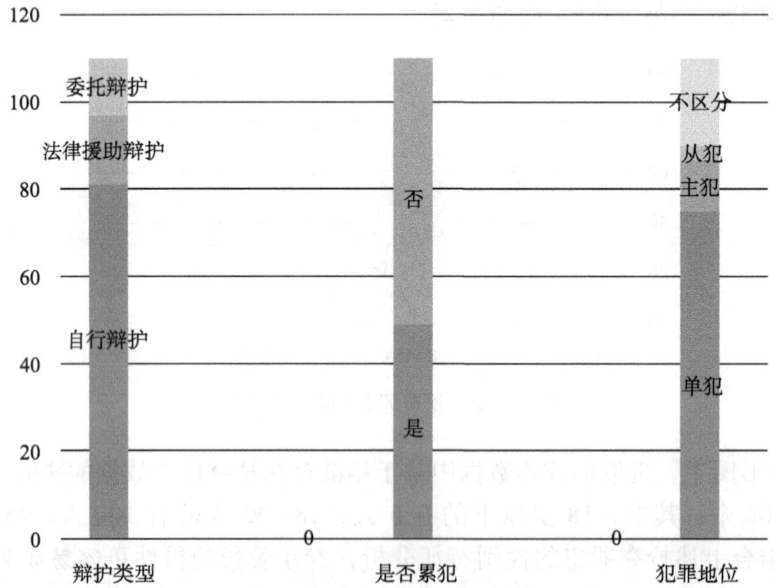

附图 5.4　抢夺罪犯选择的辩护类型、是否累犯、犯罪地位分布图

本文在对抢夺罪犯的犯罪地位、犯罪情节以及被告后采取的辩护类型进行描述性统计，发现具有累犯等从重处罚情节的人有 49 人，没有累犯等从重处罚情节的有 61 人，占比相当；在犯罪过程中把犯罪地位分为四大类，其中单犯的最多，为 75 人，处于从犯地位的最少，为 3 人。被告人采取的辩护类型分为 3 种，分别是自行辩护、法律援助辩护和委托辩护，其中自行辩护最多，为 81 人，其余法律援助辩护和委托辩护数量接近，分别为 16 人和 13 人。由图表可知，抢夺罪犯更倾向于单犯，有累犯等从重处罚情节的罪犯占比接近一半。

此外，在庭审过程中，大多数抢夺罪犯选择自行辩护而不是委托辩护或者法律援助辩护，原因可能是缺乏法律意识或无法承担相关成本。

3. 数据发现

由上述描述性统计分析可知，在 2020 年 4 月抢夺罪一审判决的样本数据中，抢夺罪犯的特征大多为男性，且年龄主要集中于 18~45 岁的青年阶段，其文化程度更接近于小学初中水平。这类群体一半以上的人在作案时更偏向于单犯，且在犯罪情节中有将近一半存在累犯等从重处罚行为，被告后一半以上的人采用了自行辩护，没有寻求律师或相关组织机构的援助。

四、关于抢夺罪判罚的影响因子探究

1. 提出假设

我们把刑期以及处罚金额作为被解释变量，根据影响程度依次提出“抢夺财物价值”“是否有累犯等从重处罚情节”“是否团伙作案”“辩护类型”“文化程度”五个解释因子作为设想。

解释变量中，“抢夺财物价值”作为定量变量，而“是否有累犯等从重处罚情节”“是否团伙作案”“辩护类型”“文化程度”则是定性变量。是否有律师辩护更有利于减轻处罚；如被告人文化程度，是否越有知识越能掌握某些知识从而减轻处罚，是否团伙作案可能会被法官认为是有其他严重情节，可能会遭受更重惩罚。

2. 进行检验

(1)对定性变量的方差分析

我们依次对“累犯”“是否团伙作案”“辩护类型”“文化程度”四个解释变量逐一进行单因素方差分析，来确认其是否符合方差齐次性，并对方差的显著性水平进行观察，观察结果如下(见附表 5.1)。

附表 5.1 影响因子方差分析综合表

自变量	因变量	方差齐性检验	方差分析(显著性水平)	结论
文化程度	刑期	通过检验	0.752	不显著
辩护类型		未通过检验		未确定
是否有累犯等从重处罚情节		通过检验	0.119	不显著
是否团伙作案		未通过检验		未确定
文化程度	处罚金额	通过检验	0.948	不显著
辩护类型		未通过检验		未确定
是否有累犯等从重处罚情节		通过检验	0.268	不显著
是否团伙作案		通过检验	0.231	不显著

根据统计结果，其中“是否有累犯等从重处罚情节”“文化程度”在与“刑期”的方差分析中，通过了方差齐性检验，但其显著性水平分别为 0.119 和 0.752，在 10%的显著性水平下并不能拒绝原假设，因此，“是否有累犯等从重处罚情节”“文化程度”并不能作为“刑期”的有效解释变量。

“是否团伙作案”“辩护类型”在与“刑期”的方差分析中，未能通过方差齐性检验，因此暂不能明确其与“刑期”的相关关系。

“是否有累犯等从重处罚情节”“是否团伙作案”“文化程度”在与“处罚金额”的方差分析中，通过了方差齐性检验，但其显著性水平分别为0.268，0.231，0.948，在10%的显著性水平下并不能拒绝原假设，因此，“是否有累犯等从重处罚情节”“文化程度”并不能作为“处罚金额”的有效解释变量。

“辩护类型”在与“处罚金额”的方差分析中，未能通过方差齐性检验，因此暂不能明确其与“刑期”的相关关系。

(2)对定量变量的相关分析

我们对解释变量“抢夺财物价值”分别与被解释变量“刑期”“处罚金额”进行两变量相关分析，以观察其相关性(见附表5.2)。

附表5.2 “刑期”“处罚金额”的相关性

皮尔逊相关性	刑期	被告人被处罚金
抢夺财物价值	0.747**	0.939**

**表示在0.01级别(双尾)相关性显著水平。

根据统计结果，抢夺财物价值与刑期的相关度为74.7%，相关度较高；而抢夺财物价值与被处罚金额相关度超过93%，高度相关。为进一步理清抢夺财物价值对刑罚程度的影响，构建回归模型进行分析。

3. 构建回归模型

$$Y_1=b_{10}+b_{11}X_1$$

$$Y_2=b_{20}+b_{21}X_1$$

$$Y_1=b_{30}+b_{31}X_1+b_{32}X_2$$

$$Y_2=b_{40}+b_{41}X_1+b_{42}X_2$$

其中用Y_1代表刑期，Y_2代表被处罚金额；X_1代表抢夺财物价值，X_2是根据是否有共犯构建的虚拟变量。若有共犯为1，否则为0。

五、回归模型结果及分析(见附表5.3)

附表5.3 回归模型结果综合表

		调整后R^2	显著性水平	模型结果	方法
模型一	X_1	0.553	0.000	$Y_1=10.496+0.294X_1$	输入
模型二	X_1	0.876	0.000	$Y_1=1.256+0.315X_1$	输入
模型三	X_1	0.601	0.000	$Y_1=8.87+0.282X_1+5.518X_2$	输入
	X_2		0.000		
模型四	X_1	0.876	0.000	$Y_1=1.496+0.313X_1+0.763X_2$	输入
	X_2		0.286		

回归模型结果表明抢夺财物价值显著影响刑期和处罚金额。值得注意的是，虚拟变量中是否为共犯对刑期有显著影响，而对被处罚金额的影响不显著，这可能因为团伙作案更容易被法官认为性质更恶劣，容易受到更重的处罚，表现在相比于个人作案，团伙作案的刑期平

均要多大约5.5个月。之所以没有表现在被处罚金额上，可能原因在于被处罚金额和抢夺金额高度相关，前文中所述二者的相关系数高达0.93也证明了这一点。

六、关于抢夺罪从刑事拘留到逮捕时间间隔的影响因子研究

1. 提出假设

我们将“是否有累犯等从重处罚情节”“是否团伙作案”作为解释变量，“从刑事拘留到逮捕时间间隔”作为被解释变量，以探究影响“从刑事拘留到逮捕时间间隔”的影响因子。由于“是否有累犯等从重处罚情节”“是否团伙作案”均属于定性变量，在构建回归模型之前，需进行方差分析，以观察其方差齐性水平以及显著性。

2. 进行检验

将“是否有累犯等从重处罚情节”“是否团伙作案”逐一进行单因素方差分析(见附表5.4)。

附表5.4　“是否有累犯等从重处罚情节”“是否团伙作案”方差齐性检验结果

		莱文统计	自由度1	自由度2	显著性水平
是否有累犯等从重处罚情节	基于平均值	1.426	1	108	0.235
	基于中位数	0.783	1	108	0.378
	基于中位数并具有调整后自由度	0.783	1	78.851	0.379
	基于剪除后平均值	0.759	1	108	0.386
是否团伙作案	基于平均值	0.244	1	108	0.622
	基于中位数	0.301	1	108	0.585
	基于中位数并具有调整后自由度	0.301	1	92.229	0.585
	基于剪除后平均值	0.507	1	108	0.478

根据统计结果，两个解释变量与被解释变量之间的方差齐性检验均大于0.05，其均符合进行方差分析的条件，故再进行方差分析，以观察其显著性水平(见附表5.5)。

附表5.5　“是否有累犯等从重处罚情节”“是否团伙作案”方差分析结果

方差分析					
是否团伙作案					
	平方和	自由度	均方	F	显著性水平
组间	3 518.469	1	3 518.469	3.095	0.081
组内	122 760.486	108	1 136.671		
总计	126 278.955	109			
是否有累犯等从重处罚情节					
	平方和	自由度	均方	F	显著性水平
组间	4 921.228	1	4 921.228	4.380	0.039
组内	121 357.726	108	1 123.683		
总计	126 278.955	109			

根据统计结果，其中“是否有累犯等从重处罚情节”“是否团伙作案”与“从刑拘到逮捕时长”在10%的显著性水平上具有较强的相关性。

3. 构建模型

为进一步探究“是否有累犯等从重处罚情节”“是否团伙作案”两个解释变量与“从刑拘到逮捕时间间隔”的影响机制，我们基于线性回归分析构建了多因素回归模型：

$$Y=C+\beta_1X_1+\beta_2X_2$$

其中 X_1 为解释变量“是否有累犯等从重处罚情节”，将其转换为虚拟变量，即 $X_1=1$(有累犯等从重处罚情节)，$X_1=0$(无累犯等从重处罚情节)。

X_2 为解释变量“是否团伙作案”，将其转换为虚拟变量，即 $X_2=1$(非团伙作案)，$X_2=0$(团伙作案)。

通过 SPSS 软件对数据进行回归分析，采用输入法得到系数分析结果如附表 5.6 所示。

附表 5.6 回归分析结果

系数[a]								
模型		未标准化系数		标准化系数	t	显著性水平	共线性统计	
		B	标准错误	Beta			容差	VIF
	(常量)	31.477	6.507		4.837	0.000		
	是否有累犯等从重处罚情节	12.307	6.433	0.181	1.913	0.058	0.987	1.014
	是否团伙作案	−10.547	6.814	−0.146	−1.548	0.125	0.987	1.014

a. 因变量：刑事拘留到逮捕的间隔天数(日)。

可得模型公式为：

$$Y=31.477+12.307X_1-10.547X_2$$

对统计结果进行观察可以发现容差均为 0.987，VIF 值均为 1.014，两因子之间不具备自相关性，该模型在 90%以上的置信水平下显著，该模型对“从刑事拘留到逮捕间隔天数”具有一定的解释能力。

对公式的解读可以发现，抢夺罪犯若有累犯等从重处罚情节，其刑事拘留到逮捕的间隔天数会更长，我们对其成因猜测为：①累犯人员更容易引起警方的怀疑从而在案件的早期便进入警方视线而被拘留控制；②累犯人员在犯案时具有更强的反侦察意识从而善于破坏犯罪现场，甚至做出干扰警方视线的行为；③累犯人员在被拘捕后心理承受能力更高，在面对警方的审讯时招供所需花费的时间更长。

抢夺罪犯若为团伙作案，其刑事拘留到逮捕的间隔天数会更长，我们对其成因猜测为：①团伙犯罪更容易引起警方的警觉，为了防止其在外进行串供以及分散外逃，警方会更早采取拘留措施；②团伙作案情节相对更复杂，警方破获所花费时间更长。

七、从逮捕到一审间隔天数影响因子的探究

1. 提出假设

我们将“辩护类型”作为解释变量，“逮捕到一审间隔天数”作为被解释变量，以探究影响“逮捕到一审判决的间隔天数”的影响因子。由于“辩护类型”属于定性变量，在构建回归模型之前，需进行方差分析，以观察其方差齐性水平以及显著性。

2. 进行检验

将“辩护类型”与“逮捕到一审判决的间隔天数”进行单因素方差分析(见附表5.7)。

附表5.7 “辩护类型”与“逮捕到一审判决的间隔天数”方差齐性检验结果

		莱文统计	自由度1	自由度2	显著性水平
逮捕到一审判决的间隔天数(日)	基于平均值	2.116	2	107	0.126
	基于中位数	1.363	2	107	0.260
	基于中位数并具有调整后自由度	1.363	2	96.670	0.261
	基于剪除后平均值	1.942	2	107	0.148

根据统计结果，解释变量与被解释变量之间的方差齐性检验均大于0.05，其均符合进行方差分析的条件，故再进行方差分析，以观察其显著性水平(见附表5.8)。

附表5.8 “辩护类型”与“逮捕到一审判决的间隔天数”方差分析结果

逮捕到一审判决的间隔天数(日)					
	平方和	自由度	均方	F	显著性水平
组间	16 028.594	2	8 014.297	2.497	0.087
组内	343 357.769	107	3 208.951		
总计	359 386.364	109			

根据统计结果，“辩护类型”与“逮捕到一审判决的间隔天数”在10%的显著性水平上具有较强的相关性。

3. 构建模型

为进一步探究“辩护类型”解释变量与“逮捕到一审判决的间隔天数”的影响机制，我们基于线性回归分析构建单因素回归模型：

$$Y=C+\beta_1X_1$$

其中 X_1 为解释变量“辩护类型”，将其转换为虚拟变量，即 $X_{1、}=1$(自行辩护)，$X_{1、}=0$(非自行辩护)。

通过SPSS软件对数据进行回归分析，采用输入法得到系数分析结果如附表5.9所示。

附表5.9 回归分析结果

模型		未标准化系数		标准化系数	t	显著性水平	共线性统计	
		B	标准错误	Beta			容差	VIF
1	(常量)	150.483	10.483		14.356	0.000		
	独自辩护	-26.705	12.216	-0.206	-2.186	0.031	1.000	1.000

可得模型公式为：

$$Y=150.483-26.705X$$

对统计结果进行观察可以发现该模型在95%以上的置信水平下显著，该模型对“逮捕到一审判决的间隔天数”具有一定的解释能力。

对公式的解读可以发现当事人在采用自行辩护的情况下，从逮捕到判决的时间更短，即有律师在场的情况下，不论律师是自己聘请的还是法律援助的律师，均会增长逮捕到一审判决的间隔天数。我们对其成因提出了 2 个猜想：①由于非自行辩护如法律援助辩护和委托辩护方式牵涉律师的选择，会增加该环节所花费的时间；②律师的存在会增加庭审所花费的时间。

八、总结

(1)抢夺罪犯的特征是大多为男性，且年龄主要集中于 18~45 岁的青年阶段，其文化程度更接近于小学、初中水平。这类群体一半以上的人在作案时更偏向于单犯，且在犯罪情节中有将近一半存在累犯等从重处罚情节，被告后一半以上的人采用了自行辩护，没有寻求律师或相关组织机构的援助。

(2)处罚金额与抢夺财物金额高度相关，基本不受其他因子影响。

(3)刑期与抢夺财物金额高度相关，但是相关度相较于处罚金额与抢夺财物金额之间的相关度更低，即法院在判处刑期是以抢夺财物金额为主要的依据，但并非唯一依据。

(4)抢夺罪犯若有累犯等从重处罚情节，其刑事拘留到逮捕的间隔天数会更长；抢夺罪犯若为团伙作案，其刑事拘留到逮捕的间隔天数会更长。

(5)当事人在采用自行辩护的情况下，从逮捕到一审判决的间隔天数更短，即有律师在场的情况下，不论律师是自己聘请还是法律援助，均会增长逮捕到一审判决的间隔天数。

参考文献

[1]钱宇文．跟车闯卡“逃单”被判抢夺罪[J]．检察风云，2021(15)：48.

[2]陈占平．偷逃通行费被判抢夺罪——全国“一张网”后河北首例跨省闯卡逃费案件宣判[J]．中国公路，2021(12)：31.

[3]孟静宜．浅析抢夺罪与抢劫罪的区别与联系[J]．法制与经济(中旬)，2013(03)：44-45.

[4]廖万里，廖明，杜晓丽．省际标准不一的数额犯该如何定罪量刑[J]．中国审判，2007(04)：60-61.

[5]庄明．抢夺罪若干疑难实务问题探讨[J]．佛山科学技术学院学报(社会科学版)，2004(01)：61-63.